古典文獻研究輯刊

十七編

潘美月・杜潔祥 主編

第 **18** 冊

趙翼研究資料彙編（下）

趙興勤、蔣宸、趙韡 編

國家圖書館出版品預行編目資料

趙翼研究資料彙編（下）／趙興勤、蔣宸、趙韡　編—初版
— 新北市：花木蘭文化出版社，2013〔民102〕
目 46+254 面；19×26 公分
（古典文獻研究輯刊 十七編；第 18 冊）
ISBN：978-986-322-443-3（精裝）
1.（清）趙翼　2.學術思想
011.08　　　　　　　　　　　　　　　　102014879

ISBN-978-986-322-443-3

9 789863 224433

古典文獻研究輯刊
十七編　第十八冊　　　　　　ISBN：978-986-322-443-3

趙翼研究資料彙編（下）

作　　　者　趙興勤、蔣宸、趙韡
主　　　編　潘美月　杜潔祥
總 編 輯　杜潔祥
企劃出版　北京大學文化資源研究中心
出　　　版　花木蘭文化出版社
發 行 所　花木蘭文化出版社
發 行 人　高小娟
聯絡地址　235 新北市中和區中安街七十二號十三樓
　　　　　　電話：02-2923-1455／傳真：02-2923-1452
網　　　址　http://www.huamulan.tw 信箱 sut81518@gmail.com
印　　　刷　普羅文化出版廣告事業
初　　　版　2013 年 9 月
定　　　價　十七編 20 冊（精裝）新台幣 31,000 元

趙翼研究資料彙編（下）

趙興勤、蔣宸、趙韡　編

目次

趙兵備詩來嘲余牡丹未開遽爾召客因走筆用原
韻作四百二十字報之並邀同作
趙兵備以十四日招客讌牡丹花下期以花朵絕小
作詩解嘲因用原韻復得五百八十字答之
端午日偶成二首，即束趙兵備
雲溪競渡十二首（其九）
趙兵備以地理數事見訪，因走筆奉答，猥蒙長篇
獎假，並目爲行祕書，因率成四截句酬之，即
戲效其體
趙兵備翼以所撰唐宋金七家詩話見示，率跋三首
（附和作）
將至旌德，趙兵備翼枉詩相餞，未暇報也。山館
無事，戲作長句束之，並約同遊黃山
新正十九日，趙兵備翼招同莊宮允通敏、劉宮贊
種之暨舅氏蔣檢討蘅、湛貽堂雅集，適同年曾
運使燠過訪，遂並邀入會，並詞館也。兵備作
三詩紀事，余依律奉答，並寄顧修撰皐、莊吉
士騂男、謝吉士幹是集本約三君，修撰以道阻，
二吉士以屬疾，皆不至
十七日消寒第七集，楊上舍槐招同趙兵備翼、莊
宮允通敏、劉宮贊種之、金太守棨、方明府寶
昌早飯石竹山房，復至秦園茶話始別，分體得
五古一首
自琴溪歸里，頻日趙兵備翼、方大令寶昌聯舫約
觀競渡，率賦一首，即和兵備原韻
題趙兵備翼《秋山晚景》長卷
趙兵備枉贈詩有「虛名若論時長短，縱不千年
亦百年」二語，爰廣其意，戲簡一篇
趙兵備見示題《湖海詩傳》六截句，奉酬一首
前題趙兵備行卷有「十萬黃金詩一萬」之句，
兵備復枉詩相嘲，爰戲答一篇
今歲孫上舍振學九十，趙兵備翼八十，吳上舍騏
七十，其弟上舍彪五十，趙司馬懷玉六十，汪
上舍燾、吳大令階並五十，將以二月二日合宴
於更生齋，並招將及八十之孫封翁勳、楊刺史
奮、吳封翁端彝、劉總戎烜，將及七十之陳大

卷七　軼　事

袁枚

【神和病】趙雲菘探花年十六時，戚人張某患神和病，有女鬼相纏，形神鵠立，奄奄欲斃。其母遍禱諸神，卒無效驗。唯趙坐其榻，鬼不敢至。趙去，鬼笑曰：「汝能使趙探花常坐此乎？」母苦求趙公，趙不得已，往，秉燭相伴，至第三夜，不勝其倦，略閉目。病人精已遺矣。越數日而卒。（《新齊諧》卷二十，清乾隆嘉慶間刻隨園三十種本）

【乩僊靈蠢不同或倩人捉刀】乩僊靈蠢不同，趙雲松在京師，煩鄉人王殿邦孝廉請僊。殿邦本有素所奉僊，不須畫符，焚香默祝即至，下筆如飛，俱有文義。或雲松與之倡和，意中方想得到某字，而乩上已書，每字皆比雲松早半刻。及雲松在滇南果毅公阿將軍幕下，阿公之子豐升赫，亦能請僊，一夕邀雲松同觀，而乩大動，不能成字。雲松知其非通品也，乃戲為之傳遞，意中想一事，依約至喉間，則乩上即書此字。意中故停不構思，則乩上不能成字矣。（《續子不語》，王英志主編：《袁枚全集》第四冊，江蘇古籍出版社 1993 年版，第 64 頁）

王昶

【滇行日錄（一則）】（乾隆三十四年，1769）二月初二日。得錢沖齋受谷、趙雲松翼書。沖齋與余丁丑召試同年，由戶部郎中出為陝西興漢道，三十二年奉命赴滇，改授雲南糧儲道。雲松以中書舍人中進士第三，入詞館，出為廣西鎮安府知府，今以相理軍事來滇，兩君隨副將軍在騰越，以詩見贈，有：「遂

令日下無名士，卻喜天南有故人」之句，余作詩報之。（轉引自《德宏史志資料》第十三集，德宏民族出版社 1990 年版，第 57 頁）

趙翼

【辛巳殿試】辛巳殿試，閱卷大臣劉文正公、劉文定公，皆軍機大臣也。是科會試前，有軍機行走之御史眭朝棟上一封事，請復迴避卷，即唐人所謂別頭試也。上意其子弟有會試者，慮己入分校應迴避，故預為此奏，乃特點朝棟為同考官，而命於入闈時，各自書應避之親族，列單進呈。則眭別無子弟，而總裁劉文正、于文襄應迴避者甚多。是歲上方南巡，啟蹕時曾密語劉、于二公留京主會試，疑語泄而眭為二公地也，遂下刑部治罪。部引結交近侍例，坐以大辟。於是軍機大臣及司員為一時所指摘。且隔歲庚辰科狀元畢秋帆、榜眼諸桐嶼，皆軍機中書，故蜚語上聞，有歷科鼎甲皆為軍機所佔之說。及會試榜發，而余又以軍機中書得雋，傅文忠為余危之，語余不必更望大魁。而余以生平所志在此，私心終不能已。適兩劉公又作閱卷大臣，慮其以避嫌擯也，乃變易書法，作歐陽率更體。兩劉公初不知，已列之高等。及將定進呈十卷，文定公慮余卷入一甲，又或啟形跡之疑，且得禍，乃遍檢諸卷，意必得余置十名外，彼此俱無累矣。及檢，一卷獨九圈，當以第一進呈。九圈者，卷面另粘紙條，閱卷大臣各以圈點別優劣於其上，是歲閱卷者九人，九人皆圈者，惟此一卷。文定公細驗，疑是余，以語文正。文正覆閱，大笑曰：「趙雲崧字跡，雖燒灰亦可認。此必非也。」蓋余初入京時，曾客公第，愛其公子石庵書法，每倣之。及直軍機，余以起草多不楷書，偶楷書即用石庵體，而不知余另有率更體一種也。文定則謂，遍檢二百七卷，無趙雲崧書，則必變體矣。文正又覆閱，謂：「趙雲崧文素跅弛不羈，亦不能如此謹嚴。」而文定終以為疑，恐又成軍機結交之局。兆將軍惠時方奏凱歸，亦派入閱卷，自陳不習漢文，上諭以諸臣各有圈點為記，但圈多者即佳。至是兆公果用數圈法，而惟此卷獨九圈，餘或八、或五，遂以第一進呈。先是，歷科進呈卷皆彌封，俟上親定甲乙，然後拆。是科因御史奏改，遂先拆封，傳集引見。上是日閱十卷，幾二十刻，見拙卷係江南人，第二胡豫堂高望浙江人，且皆內閣中書；而第三卷王惺園杰則陝西籍。因召讀卷大臣，先問：「本朝陝西曾有狀元否？」皆對云：「前朝有康海，本朝則未有。」上因以王卷與翼互易焉。惺園由此邀宸眷，翔步直上，而余僅至監司，此固命也，然賤名亦即由此蒙主知。臚傳之日，一甲三人例出班跪，余獨掛數珠，上

陛座遙見之。後以問傳文忠，文忠以軍機中書例帶數珠對，且言「昔汪由敦應奉文字，皆其所擬」。上心識之。明日諭諸大臣，謂：「趙翼文自佳，然江浙多狀元，無足異。陝西則本朝尚未有，今當西師大凱之後，王杰卷已至第三，即與一狀元亦不爲過。」次日，又屢言之。於是鄉、會試，翼皆蒙欽點房考，每京察必記名，及授鎮安府、赴滇從軍、調廣州、陞貴西道，無一非奉特旨。上之恩注深矣。向使不歸田，受恩當更無限。尋以太恭人年高，乞歸侍養，凡五年。丁艱又三年。在家之日已久，服闋赴補，途次又以病歸，遂絕意仕進。此固福薄量小，無遠到之器，亦以在任數年，經歷事端，自知吏才不如人，恐致隕越，則負恩轉甚。是以戢影林下，不敢希榮進也。（《簷曝雜記》卷二，中華書局1982 年版，第 26～28 頁）

湯大奎

　　【炙硯瑣談（節錄）】趙甌北翼觀察以詩雄視館閣，著述等身。嘗雌黃近時作者，自袁簡齋太史外，鮮所當意。己亥秋，余自里中北上，贈詩云：「新詩一卷手親編，雅意還參棒喝禪。問道於盲公誤矣，望風而拜我甘焉。消磨綠鬢人將老，墮落紅塵骨自僂。得效雌黃亦何幸？丁儀終藉定文傳。」時余以近稿質之觀察。「僂吏才名兩浙聞，風流不減杜司勳。西湖載鶴官如水，東野爲龍我願雲。故里暫歸欣結隊，單車遠出又離群。鄉邦詞客多星散，把酒何人話夕曛？」不見叔度，寒暄載更，清言霏屑，何啻子荊零雨篇也。（《炙硯瑣談》卷上，清乾隆五十七年趙懷玉亦有生齋刻本）

　　【炙硯瑣談（節錄）】余題《曝書亭集》，有「杜陵詩格沉雄響，一著朝衫底事差」句，甌北觀察謂：「此論未的。竹垞登朝及歸田後詩始佳，從前但作假唐詩耳。不知竹垞佳處，全在氣格。初刻文類一編，沉實高華，自是景隆遺響。自通籍後，不過以料新調脆炫人目睛，風格頹然放矣。嗜好雖各有不同，酸鹹固不可不辨。」（《炙硯瑣談》卷上，清乾隆五十七年趙懷玉亦有生齋刻本）

汪啓淑

　　【水曹清暇錄（節錄）】近聞揚州有游孝女，年纔十七，垂簾市中測字，所得青蚨以養父母，名頗藉甚。趙觀察翼曾賦五古，援典賅博，因漫錄之，其詩云：「相字古未聞，相傳始唐末。玉局崔道士，北千止剽奪。見《北夢瑣言》。宣和謝潤夫，聲名徹禁闥。御書朝字來，知十月十日。問官得請字，謂未全言責。問孕得也字，謂腹有虵疾。見《夷堅志》及《寓蒦》。迨乎南渡後，專家益

輩出。土加畫為王，杭移點成術。權相書退字，日與人甚密。知其糾結深，至老不罷黜。權閹書囚字，國內大人一。其如四無依，懸縊兆可必。見《說郛》。斯皆擅絕技，巧中百不失。至今江湖閒，往往習其術。大抵遊食徒，星卜同一律。何哉游氏女，亦復矜弄筆？設案闤闠中，風吹面如漆。波磔或拆離，偏旁或配匹。卜者信手拈，輒為判凶吉。問女年幾何，何不處在室？有嫗坐其旁，一一為縷述。幼小讀詩書，今年十有七。親老鮮兄弟，藉此養衰疾。街頭字一個，堂上米一溢。嗟哉女何賢，曾閱出巾櫛。豈惟夙慧深，託業良可郵。揚州銷金窩，動擲千萬鎰。廚有臭酒肉，途有墜鈿舄。何不涓滴分，憫此嬋媛質？免使傍路塵，含羞對囂聒。我欲竟此語，或已笑迂闊。」（《水曹清暇錄》卷六，清乾隆五十七年汪氏飛鴻堂刻本）

【水曹清暇錄（節錄）】時俗遇金危危日，貪夫多具牲牢、酒食、笙歌、香燭，以媚財神，然詠之者甚少。前見雲菘一律，已經採錄，頃見江右萬廷蘭七古，並錄之。詩云：「金危危，雞鳴盥漱待朝曦。男肅衣冠女塗脂，堂上燈燭光陸離，堂下結綵氍毹施。大戶刲羊血淋漓，羅列肴核豐盛粢，龍井之茶惠泉醨，栴檀香爇陌錢隨，霏烟不辨戶與墀。小戶豚肩羹豆箕，餺飥餿糝雜羹糜，老夫拈香妻屢屢，泥首百拜周四陲。伏地細語同一祈，神之格兮黃金遺，連城之璧十朋龜，如遊寶山爭攜持。予求予取不予疵，此月失驗彼日宜。神之聽之不我欺，典衣脫珥營盤匜。前者瓦缶後玻璨，幣重言甘身忘疲。霜華在戶秋風吹，皚皚朔雪堆敝帷。手足凍裂皸膚皮，無米何以為朝炊？憲書買得呼兒披，明年幾度金危危？」廷蘭號梅皋，壬申進士，館選改授知縣，因人連累，久幽犴戶。有才無命，良可惜也！（《水曹清暇錄》卷七，清乾隆五十七年汪氏飛鴻堂刻本）

【水曹清暇錄（節錄）】戲法雖不足重，然酒酣吟倦，亦可一醒耳目。藥法南省擅長，手法北地爛熟。至於近日拋罈、弄盤，尤為都門絕技，惜詠之者甚少。毘陵耘菘趙觀察翼，曾有《幻戲》詩，漫錄於此。詩云：「飛鳧作鳧石成羊，蹇驢摺疊收巾箱。古來僊人往往弄狡獪，豈知能事乃竟出駔儈？躶而向客露褌襠，此中安得復壁藏？妙手空空向空撮，斯須現出般般活。膽瓶風暖花霏香，瓷盌泉清魚唼沫。或設看核飣盤匜，巨棗如瓜藕如雪。觀者不知何處來，傳有鬼運如輿儓。問渠擅此驅使百靈訣，何不搬取銅山奪金穴？竊鈎應可積滿簏，肱柴不須持寸鐵。答言此技貽自漢左慈，非己所有莫致之。乃知雖具神僊彈指術，只供寒乞餬口資。」至於拋壜、弄盤，則未見於吟詠。

（《水曹清暇錄》卷八，清乾隆五十七年汪氏飛鴻堂刻本）

　　【水曹清暇錄（節錄）】哈蜜在燉煌之西，去京師七千餘里。其地惟產瓜，有淡黃、粉紅、碧色三種，不及待其熟即摘，裹重氈運至京師。亦有剖而焙成條者。耘菘趙觀察翼有詩云：「甘瓜來自燉煌西，重氈裹壓明駝蹄。或長如枕大如斗，覆棚培土法未稽。路遙價貴競珍重，綠膚弗忍刮以鎞。副之猶恐太暴殄，截來寸寸成方圭。其中應有汁滿腹，日久暈入紅玉肌。甘芬不數文官果，清脆欲賽哀家棃。惜哉到京已多節，切處先愁寶刀折。僅堪杯酒佐解酲，未得巾絺效消熱。潤肺雖同咽清露，戰牙不免嚼寒雪。我思此瓜亦熟秋夏期，郵千萬里到乃遲。色味幸非香荔變，節候已等摽梅悲。李廣本足侯萬戶，數奇毋乃不遇時。古來物產可移植，曷弗試種當陽陂。杜詩：「陽陂可種瓜。」君不見蘴蓏分根自大食，茉莉購種從波斯，菠稜舊爲婆羅荣，安榴故是塗林枝，高昌葡萄上苑茂，大宛苜蓿離宮滋。即如西瓜產回紇，胡嶠出塞驚絕奇。今已蔓延徧中土，功妙驅暑逾涼颸。可知芸生信蓄變，遷地亦有諧土宜。阿誰好事姑藝此？未必踰淮橘爲枳。倘同萍實結滿畦，六七月閒涼沁齒。老饕斯時快大嚼，寧羨刷藕調冰水。」（《水曹清暇錄》卷十六，清乾隆五十七年汪氏飛鴻堂刻本）

李調元

　　【淡墨錄（節錄）】趙翼，字雲松，陽湖人。由內閣中書，乾隆二十六年辛巳第一甲第三名進士及第，授編修，官至迤西道。年十六時，戚人張某患神弱病，有女鬼相纏，形神鵠立，奄奄欲斃。其母遍禱諸神，卒無效驗，唯趙坐其榻，鬼不敢至。趙去，鬼笑曰：「汝能使趙探花常坐此乎？」其母苦求趙公，趙不得已往，秉燭相伴，至第三夜，不勝其倦，略閉目，病者精已遺矣，越數日卒。後果中第一甲第三。官至廣西江右道，以分校作雜詠十餘章，足以解頤。《封門》云：「官封恰似懸符禁，人望居然入海深」；《聘牌》云：「金鎔應識披沙苦，禮重眞同採納庹」；《供給單》云：「日有雙雞公膳半，夜無斗酒客談狐」；《分經》云：「多士未遑談虎觀，考官恰似劃鴻溝。」《薦條》云：「品題未便無雙士，遇合先成得半功。佛海漸登超度筏，神山猶怕引回風」；《落卷》云：「落花退筆全無豔，食葉春蠶尚有聲。沉命法嚴難自訴，返魂香到或重生」；《撥房》云：「未妨螺蠃羸覡生子，笑比琵琶過別船」，俱新穎。出守廣州府，升右江道，以母老歸。著有《甌北集》，人爭購之。詩有別才，其謂是歟？（《淡墨錄》卷十五《雲松詩有別才》，遼寧教育出版社 2001 年版，第 214～215 頁）

戴璐

【藤陰雜記（節錄）】己亥江南解元錢棨，辛丑會狀。翁閣學作《三元》詩，德定圃師和韻，趙雲崧翼作《三元考》，謂唐張又新、崔元翰，宋孫何、王曾、宋庠、楊寘、王巖叟、馮京，金孟宗獻，元王宗哲，明商輅，及錢而十二。（《藤陰雜記》卷一，清嘉慶石鼓齋刻本）

【藤陰雜記（節錄）】吏部、翰林院、禮部、國子監土地，俱祀韓昌黎，未知所自。趙甌北翼入翰林，詩以解嘲云：「瀛洲署中坎社鼓，社公傳是韓吏部。建置本末無可徵，肇祀不知意何取。從來名賢歿爲神，各視生平所建豎。或班侍郎居碧落，或冊眞人位紫府。或選閻羅分殿十，或封遮須列爵五。鬼官司命周顗除，太陽都錄魏徵補。白傅已列蓬萊僊，曼卿更拜芙蓉主。況公日星河嶽氣，立朝大節炳千古。絕脈能開道學先，餘事亦號文章祖。抗疏幾碎佛氏骨，從祀不慚宣聖廡。豈宜罰作土地神？坐使淮陰噲爲伍。屈宋詎稱衙官職？欒郤翻充皂隸戶。生前磨蠍坐命宮，曾謫嶺南鮫鰐浦。庸知身後尙蹭蹬？無端又遭左遷侮。鄉先生可祭於社，此土初非公故土。即云立社爲欒公，公未久修史館簿。區區冷官一臠肉，豈足爲公增華膴？我來展謁聊解嘲，且勿牢騷碩人俣。幸未改塑浮屠像，潮州有公像，作浮屠形，郭青螺易一木主。儒服依然端章甫。香火祠雖處末僚，翰墨緣仍近藝圃。猶勝杜陵老拾遺，變作十姨呼阿姥。杜拾遺廟訛作杜十姨，塑女像。見《蓼花洲閒錄》。（《藤陰雜記》卷一，清嘉慶石鼓齋刻本）

【藤陰雜記（節錄）】壬午鄉試，趙甌北編修翼分校，作《秋闈雜詠》詩，一時傳誦。錄其最警策者，如《宣名》云：「觚稜淑景日初寅，御紙簽名下紫宸。同輩半爲揚觶客，至親翻有向隅人。一時朝服班行肅，隔夜巾箱檢點頻。卻笑門前迴避字，主人出後貼偏新。」《赴闈》云：「衣冠一隊出朝來，銜尾雕輪轣轆催。故友相逢休問訊，諸生傍睨或低徊。登瀛數恰符僊侶，觀象臺應聚鬥魁。太息十年辛苦地，敢期珊網入羅才。」《封門》云：「關鎖中分棘院森，外簾信息總沉沉。官封恰似泥丸固，人望居然入海深。選佛場清塵自隔，聚星堂迥路難尋。由來令甲嚴防禁，如水臣心久自箴。」《佔房》云：「紙窗鄰並似僧僚，三面分排判蕗茅。幽谷新鶯頻繞樹，畫堂舊燕早投巢。舊曾分校者，多佔正房，新進不知，則兩廂矣。宵來說鬼常盈座，曉起聞雞爲近庖。斗室敢嫌湫隘甚，風簷猶憶號簾敲。」《聘禮牌》云：「齋期停宴鹿鳴筵，白鏹仍頒錦盒鮮。鎔處金分三品貢，鐫來字異五銖錢。質精應識披沙苦，禮重眞同

納釆虔。卻笑儒珍常待聘，今朝何以答求賢？」《供給單》云：「食品開明二等殊，仍防中飽落廚夫。漫疑乞米書殷帖，不比充饑餅在圖。日有隻雞公膳半，夜無斗酒客談孤。歌魚詎敢彈長鋏，苜蓿儒餐分已逾。食單無魚酒。」《鄉廚》云：「不諳烹飪強司廚，每一房頭撥一夫。聊可燔柴當老婦，偏工媚竈諂人奴。奉奴僕甚謹，冀分餘瀝。饑腸定有羊蹄踏，敝袴誰憐犢鼻污？乞得爨餘頻護視，出闈一飽共妻孥。」《刻匠》云：「梨棗先期妙選材，風斤月斧一時來。官差獨應詩文役，儒術偏資刀筆才。詎以刃遊矜絕技？所期紙貴賣名魁，關心更有同門卷，預向經房訂幾回。」《分經》云：「不多數子領群流，餘輩經堂各探籌。多士未遑談虎觀，考官恰似劃鴻溝。逢來未必專門業，分後偏防易地謀。信有科場如射覆，量才人亦聽拈鬮。」《擬策》云：「策題分擬戒搜羅，不比賢良古制科。腹笥愁渠真太少，記珠笑我亦無多。略鈔兔冊留方便，暗度鴛針教揣摩。莫笑巽巖編摭拾，杲誰成誦口如河？巽巖編，即策括也。見《文獻通考》。」《刷題》云：「剞劂鐫完促刷題，以泥襯板，足踏之，使平，謂之「跳題」。錯疑響搨印層綈。烟雲頓滿非濡墨，刷印用煤汁。文字何災卻污泥？消息怕傳通信鳥，限期頻聽報更雞。刷時關防甚嚴，五鼓即發外簾散題。還愁漫漶文難別，監刻輪番仔細稽。」《選韻》云：「令甲初添試帖新，主司選擇為臚陳。華嚴字母刪奇險，韶濩詩林取雅馴。又手揮成知幾輩？吟髭撚斷定多人。最先一字休忘卻，官韻當頭耀炳麟。限得某字，例刻在第一。」《薦條》云：「三寸冰銜鏤刻工，卷端鈐與薦書同。品題未便無雙士，遇合先成得半功。佛海漸登超渡筏，神山猶怕引回風。笑論此即量才尺，大抵抽長在短中。」《文几》云：「東西棐几兩排連，序座居然十八儎。旁列如參尊宿座，經闈剛半主司筵。主司方桌，同考半桌。席間地豈睽函丈，每桌皆接連不隔。案上文常擁累千。詞館向論先後輩，如何位次按經編？」《卷箱》云：「曹倉鄴架漫相同，無限精靈閟此中。敗卷堆成團扇篋，佳文貯即碧紗籠。封鈐怕有冤啼鬼，扃鐍如防氣吐虹。在笥衣裳誰佔取？卻須破壁去飛空。」《紅燭》云：「五色迷離晚退堂，例燃紅蠟照昏黃。文星已炳增熒燈，官體聊存取吉祥。恰映朱衣人現影，不容硃卷字分光。傍晚不閱卷。別憐矮屋蠅頭字，剔盡寒花夜未央。」《藍筆》云：「中書不判五花工，凝碧池頭染翠融。欣賞情同青眼客，別裁權亞黑頭公。淡痕豈向眉添黛，濃抹何須帛勒紅？卻笑出藍凡幾輩，異時若個最蔥蔥。」《落卷》云：「幾陣雲烟過眼輕，案頭堆疊太縱橫。落花退筆全無豔，食葉春蠶尚有聲。續命縷殘誰起死？返魂香到或更生。闇投未必皆珠顆，無限人間歎不

平。」《副卷》云:「去取眞看雞肋如,棄之可惜味無餘。戰場旗色標偏將,馳道椎聲中副車。文采原輸全豹變,姓名休笑續貂書。側生荔子香雖減,猶勝西風落葉疏。」《撥房》云:「中額難均數迥懸,按房裒益主司權。未妨螟蠃艱生子,笑比琵琶別過船。紅藥贈行應割愛,錦窠託宿亦成緣。莫慚掠美如醃乞,磨勘嚴條藉獨肩。既撥房後,如磨勘干吏議,則所撥之房任之,原薦者不與。」《勘卷》云:「校勘深防吏議持,闈中先自細求疵。世情肯爲微瑕掩,宦況愁停薄俸支。入轂仍憐危絚落,千霄或厄閏年遲。頭場已中,後場有疵者,停科。始知完璧眞難得,看取縱橫抹筆乖。」《闈墨》云:「十八經房各數篇,篇端未有姓名鐫。人間可許千秋鏡,此地居然萬選錢。紙價明朝增幾倍,魁星一輩又諸天。卻愁眾口吹求甚,斤削先加鍥刻前。」《草榜》云:「編排紅號據文評,一榜翻疑以字行。恰似風簷繞起草,尚遲澹墨爲書名。異時雁塔依先後,明日龍頭可老成。填榜前一日。穎脫諸生應得兆,家家乾鵲樹頭鳴。」《諭帖》云:「匝月嚴扃絕寸箋,忽揮僮約出闈傳。定知書到堪金抵,卻命車來以賄遷。供給所餘,皆載以歸。露簡不封書半草,冰銜自寫筆如椽。還同路引經關隘,點驗層層始放前。」《塡名》云:「堂吏聲高唱拆封,關防加密鎖闈重。掀髯劇喜名流出,防口深愁熟客逢。星斗光連千炬火,魚龍氣動五更鐘。榮觀最是塡魁候,六幕文昌景倍濃。」《拜榜》云:「淋漓墨瀋遍塡名,肅穆朝衫告禮成。所願人皆爲國士,豈嫌師轉拜門生。滿堂燈火榮光照,一路笙簫雅樂迎。卻顧東方已辨色,卿雲糺縵日晶明。」《謝恩》云:「朝房冠佩雁行排,放榜明朝詣闕皆。報國文章聊可藉,儒官職役此爲佳。求師已有襴衫客,逢友多稱玉筍儕。稍遜皇華人復命,親承天語叩瑤堦。」《赴宴》云:「退朝車騎又喧闐,京兆堂高綵繡懸。嗷鳳盡來新貢士,餼羊猶見古興賢。堂餐味出官廚饌,廳壁圖開禮宴筵。主司及執事官皆與宴,堂上懸宴圖。此地恩榮慚最荷,去年驂從滿庭前。」《門包》云:「紅氈名帖認師生,執贄儀文草草成。修脯自行原有例,錙銖必較太無情。士如畫餅寧供啖,我亦荒莊敢取盈。莫以戔戔薄羔雁,窮經人本少金籯。」《房卷》云:「校官各自有房元,試牘從排似弟昆。十數名分新雁塔,一家人集小龍門。合編恰比聯珠宿,溯緒原非異繭盆。師說誰堪傳枕膝,十年詩法要相論。」時蔣苕生士銓亦與分校,賦【滿江紅】詞,《藍筆》云:「毛穎先生,新除授、蔚藍天使。青眼內、生平不識,楊朱墨氏。翠壁間題應減迹,綠天徧寫難尋字。草新詩、待借碧紗籠,添螺子。 黛眉恨,何關爾?青衫淚,多由此。判升沉、一旬辛苦,三年悲喜。疏密圈來

方入彀，縱橫抹去非知己。比盧公、老臉坐中書，操生死。」《薦條》云：「判姓分衛，縱五寸、六分寬窄。雕鏤出、一行細字，堪陪玉尺。左右分陳監試案，收藏不到司衡席。認經房、卷面印分明，存稽覈。　　天人界，鴻溝畫。雲霄路，函關隔。發軍符、好風吹送，幾行飛翮。半喜猶爭文字命，終身已注師生籍。抱遺珠、借慰老儒心，嗟何益！」《落卷》云：「經笥便便，知不等、巾箱儲蘊。歎燕石、豐年難售，賣中重韞。趙括殘兵同一泣，田橫義士都相殉。待求他、藥籠貯黃楊，偏逢閏。　　多烘冊，陳年券。魚豕字，尖又韻。向此中、沉淪苦海，地天俱悶。躍冶豈無干莫寶？藏鋒偶作鉛刀鈍。祝他年，拔宅共飛昇，休長困。」（《藤陰雜記》卷四，清嘉慶石鼓齋刻本）（案：法式善《槐廳載筆》卷二十亦收此條，後注引自《藤陰雜記》）

　　【藤陰雜記（節錄）】二忠祠在鮮魚口，吉水人祀文信國、李忠肅邦華。忠肅甲申殉節于吉安會館，即此。《舊聞考》稱在城內文信國祠，未確。柴市一祠，未聞作吉安會館。此祠又名「懷忠會館」。丞相祠堂邊華泉聯句：「花外子規燕市月，柳邊精衛浙江潮。」趙甌北翼《謁祠四首》詩注亦云：「李公殉節公祠下。」詩如「半生聲伎勤王散，一代科名死事尊」，「血碧肯污新贈諡，汗青終照舊題詩」，末首弔忠肅云：「就諡神前手掩關，又傳文水繼文山。故知曠世心相感，恰好同鄉跡再攀。地本表忠真死所，志同殉節肯生還？傳芭曲裏神絃緊，廟祀應增配食班。」昔同年歐陽晴岩新謁選，寓祠，頻經瞻拜。今兩遭回祿，未克修復，門榜徒存。盧陵節義之鄉，無人倡議重修，能無慨歎？（《藤陰雜記》卷五，清嘉慶石鼓齋刻本）

　　【藤陰雜記（節錄）】《如是我聞》載：倪少宗伯承寬《感舊為方俊官作》詩云：「落拓江湖鬢欲絲，紅牙按曲記當時。莊生蝴蝶歸何處？惆悵殘花剩一枝。」詩末有註：「俊官名蘭如，吳人，為莊本淳學士所狎，有『狀元夫人』之號。己卯入都，學士已歿，憔悴自傷，門前冷落。」宗伯詩語無泛設。嗣後南部李桂官方至，其詳見袁隨園、趙甌北長歌，稱史文靖於庚辰重赴瓊林宴，上亦呼「狀元夫人」，後依秦中幕府，較方為優。（《藤陰雜記》卷五，清嘉慶石鼓齋刻本）

　　【藤陰雜記（節錄）】新年例貼門神，查他山、唐寔君作傳誦已久。近趙甌北翼作，更欲突過前人。詩云：「劍笏森森謹護呵，東西相向儼誰何？滿身錦繡形空好，一紙功名價幾多？闕鬼漫同鍾進士，序神還讓寇閻羅。欲稽故實慚荒陋，或仿黃金四目儺」，「執戟垂紳將相權，曾傳褒鄂壯凌烟。描來花

樣輝三徑，報滿瓜期例一年。人欲登龍先仰望，門雖羅雀肯他遷？誰家健婦誇持戶，勞績殊難企及肩」，「漫嗤兩腳踏空虛，身已離塵跡自疏。甘守倉琅監鎖鑰，肯隨朱履上堂除。無言似厭人投刺，含笑應羞客曳裾。暮夜金來君莫受，防他冷眼伺門閭。」（《藤陰雜記》卷五，清嘉慶石鼓齋刻本）

　　【藤陰雜記（節錄）】教子衚衕一宅，暑有樹木，亦指爲寄園故址。王蘭泉司寇昶寓時，有蒲褐山房，勒詩於石。趙甌北翼比鄰而居，贈詩：「寄園本是吾家地，輸與高人占清閟。」（《藤陰雜記》卷七，清嘉慶石鼓齋刻本）

　　【藤陰雜記（節錄）】愍忠寺石壇，傳爲唐太宗征高麗回瘞戰骨處。趙甌北翼詩：「一區開作塹，萬骨聚爲屯。豈乏功臣狗？兼多君子猿。生無半面識，死比併頭婚。聊免群烏啄，差無餓虎蹲。結蒲工不暇，裹革例難援。」（《藤陰雜記》卷八，清嘉慶石鼓齋刻本）

　　【藤陰雜記（節錄）】延壽寺，宋徽宗北來寓此。趙甌北翼弔詩：「牟駝岡下去匆匆，旄葛曾歌此寺中。花石綱空成艮嶽，鐘魚界豈是離宮？兩河有地更新主，四海無家作寓公。遺跡不須悲古刹，黃龍北去更途窮」，「往事無端感靖康，但知割地少周防。削瓜疆土蝸爲國，厝火君臣燕處堂。空有同聲呼少帝，絕無一戰作降王。可憐問寢循家法，古寺猶傳禮佛香」，謂欽宗寓愍忠寺，時來問安。（《藤陰雜記》卷十，清嘉慶石鼓齋刻本）

　　【藤陰雜記（節錄）】王橫雲《土城》詩：「城北逶迤接上垣，蕭蕭戰壘暮雲繁。書生膽氣橫千古，匹馬來看古薊門。」城在德勝門外土阜，至今呼「蕭太后土城」，爲遼聖宗之母，瀛洲澶淵之役偕行，此駐師處。今梨園子弟盛演《蕭後打圍》，婦孺皆知其英武也。趙甌北翼《懷古》詩云：「郊圻屹立土門崇，蕭后曾經此詰戎。赤帝敢傷吾子白？雌風偏勝大王雄。封椿坐困南朝費，歲幣終來內府充。千載遺蹤雙阜在，猶傳女隊促裝紅」，「負扆圖成鬢未華，手攜嗣主戰邊沙。不聞宮掖悲人彘，肯使兵塵喪帝豝？粉黛三千歌入塞，燕雲十六紀傳家。笑看瓊島妝臺女，空把才名後代誇。」（《藤陰雜記》卷十二，清嘉慶石鼓齋刻本）

李斗

　　【揚州畫舫錄（節錄）】劉重選建梅花書院，親爲校士，而無掌院。迨劉公後，歸之有司，皆屬官課。朱公修復，乃與安定同例，均歸鹽務延師掌院矣。安定書院自王步青始，梅花書院自姚鼐始。安定掌院二十有三人：王步

青，字罕皆，號巳山，雍正癸卯進士；吳濤，字柱中，號旭亭，康熙戊戌進士；儲大文，字六雅，號畫山，康熙辛丑進士；王竣，字次山，雍正甲辰進士；查祥，字星南，號雲在，康熙戊戌進士；陳祖範，字亦韓，號見復，雍正癸卯進士；王喬林，字文河，雍正癸卯進士；張仕遇，雍正癸卯進士；邵泰，字北崖，康熙辛丑進士；蔣恭棐，字西圃，康熙辛丑進士；沈起元，字子大，號敬亭，康熙辛丑進士；劉星煒，字圃之，號印子，乾隆戊辰進士；王延年，字湧輪，號介眉，雍正丙午進士；杭世駿，字大宗，號堇浦，乾隆丙辰博學鴻詞；沈慰祖，字礪齋，雍正庚戌進士；儲麟趾，字梅夫，康熙己未進士；蔣士銓，字心餘，號清容，乾隆丁丑進士；吳珏，字並山，乾隆癸未進士；吉夢熊，字渭崖，乾隆壬申進士；周升桓，字山茨，乾隆甲戌進士；趙翼，字雲崧，號甌北，乾隆辛巳進士；張燾，字暮青，號涵齋，乾隆辛巳進士；王嵩高，字少林，乾隆□□進士；梅花掌院五人：姚鼐，乾隆癸未進士；茅元銘，字耕亭，乾隆壬辰進士；蔣宗海，字春農，乾隆壬申進士；張銘，字警堂，乾隆丁卯舉人；蔣之前則吳珏，自安定移席焉。以安定肄業諸生掌梅花書院者，唯蔣宗海舍人一人；掌安定書院者，唯王嵩高太守一人。廣陵書院在東關大街，知府恒豫籾始。掌院三人：謝浤生，字海漚，乾隆壬午舉人；杜諤，乾隆戊戌進士；郭均，字直民，號篠村，乾隆丁未進士。（《揚州畫舫錄》卷三，中華書局 1960 年版，第 64～65 頁）

【揚州畫舫錄（節錄）】大面王炳文，說白身段酷似馬文觀，而聲音不宏。朱道生工《尉遲恭揚鞭》一齣，今失其傳。二面姚瑞芝、沈東標齊名，稱國工。東標《蔡婆》一齣，即起高東嘉於地下，亦當含毫邈然。趙雲崧《甌北集》中有《康山席上贈謌者王炳文、沈東標》七言古詩。（《揚州畫舫錄》卷五，中華書局 1960 年版，第 127 頁）

【揚州畫舫錄（節錄）】郝天秀，字曉嵐，柔媚動人，得魏三兒之神，人以「坑死人」呼之。趙雲崧有《坑死人歌》。（《揚州畫舫錄》卷五，中華書局 1960 年版，第 131 頁）

【揚州畫舫錄（節錄）】雨花菴門外嵌石刻曰「硯池染翰」，聯云：「高樹夕陽連古巷，盧綸。小橋流水接平沙。劉兼。」門前石版橋三折，橋頭三夐人立，其洞穴大可蛇行，小者僅容蟻聚，名曰「玉玲瓏」，又名「一品石」。《圖志》云：「相傳為海嶽菴中舊物」。趙雲崧詩云：「九峰園中一品石，八十一竅透寒碧」，蓋謂此也。園中九峰，奉旨選二石入御苑，今止存七石。高東井文

照《九峰園》詩云：「名園九個丈人尊，兩叟蒼顏獨受恩。也似山王通籍去，竹林惟有五君存。」（《揚州畫舫錄》卷七，中華書局 1960 年版，第 169 頁）

【揚州畫舫錄（節錄）】甲辰，管松厓幹珍巡視南漕，駐揚州。謝未堂司寇、秦西巖觀察、沈既堂轉運、吳杜村翰林、趙雲崧觀察公讌是園，各賦詩以紀其勝。管公有「雨師若爲淮山石，洗出芙蓉九點青」句，一時傳爲名句。（《揚州畫舫錄》卷七，中華書局 1960 年版，第 173 頁）

【揚州畫舫錄（節錄）】顧阿夷，吳門人。徵女子爲崑腔，名「雙清班」，延師教之。初居小秦淮客寓，後遷芍藥巷。班中喜官《尋夢》一齣，即金德輝唱口。玉官爲小生，有男相。巧官眉目疏秀，博涉書籍，爲紗帽小生，自製宮靴，落落大方。小玉爲喜官之妹，喜作崔鶯鶯，小玉輒爲紅娘；喜作杜麗娘，小玉輒爲春香，互相評賞。金官憑人傲物，班中謂之「鬥蟲」，而以之演《相約》、《相罵》，如出鬼斧神工。徐狗兒清拔文雅，羸瘦玉削，飲食甚微，坐戲房如深閨，一出歌臺，便居然千金閨秀。三喜爲人矜莊，一遇稀姓生客，輒深嚬蹙額，故其技不工。顧美爲阿夷女，凌獵人物，班中讓之，而有離心焉。二官作趙五娘，咬薑呷醋，神理親切。龐喜作老旦，垂頭似雨中鶴。魚子年十二，作小丑，骨法靈通，伸縮間各得其任。季玉年十一，雲情雨意，小而了了。秀官人物秀整，端正寡情，所作多節烈故事，開時藏手袖間，徐行若有所觀，豐神自不可一世。康官少不慧，涕淚狼藉，而聲音清越，教曲不過一度，使其演《癡訴》、《點香》，甫出歌臺，滿座歎其癡絕。瞽婆顧蝶，粥其女於是班，令其與康官演《癡訴》，作瞎子情狀，態度最得神。乃知母子氣類相感，一經揣摩，便成五行之秀。申官、酉保姊妹作《雙思凡》，黑子作紅綃女，六官作李三娘，皆一班之最。後場皆歌童爲之，四官小鑼，又能作大花面，以《鬧莊》、《救青》爲最，其笑如范松年。教師之子許順龍，亦間在班內，作正旦，與玉官演《南浦囑別》，人謂之生旦變局。是部女十有八人，場面五人，掌班教師二人，男正旦一人，衣雜把金鑼四人，爲一班。趙雲崧《甌北集》中有詩云：「一夕綠尊重作會，百年紅粉遞當場」，謂此。（《揚州畫舫錄》卷九，中華書局 1960 年版，第 203～204 頁）

【揚州畫舫錄（節錄）】顧姬，行四，字霞娛，工詞曲，解詩文，住姜家墩天心庵旁。會錢湘舲三元棨過揚州，於謝未堂司寇公讌席中品題諸妓，以楊小保爲女狀元，霞娛爲女榜眼，楊高爲女探花。趙雲崧觀察有詩云：「酒綠燈紅紺碧花，江鄉此會最高華。科名一代尊沂國，絲竹千年屬謝家。拇陳酣

攡拳似雨，頭銜豔稱臉如霞。無雙才子無雙女，並作人間勝事誇。」（《揚州畫舫錄》卷九，中華書局 1960 年版，第 212 頁）

【揚州畫舫錄（節錄）】盧見曾，字抱孫，號雅雨山人，山東德州人。父道悅，字喜臣，號夢山，康熙辛丑進士，官知縣，入祀鄉賢，著有《公餘漫草》、《清福堂遺稿》。公工詩文，性度高廓，不拘小節，形貌矮瘦，時人謂之「矮盧」。辛卯舉人，歷官至兩淮轉運使，築蘇亭於使署，日與詩人相酬詠，一時文讌盛於江南。乾隆乙酉，揚州北郊建拳石洞天、西園曲水、虹橋攬勝、冶春詩社、長堤春柳、荷浦薰風、碧玉交流、四橋煙雨、春臺明月、白塔晴雲、三過留蹤、蜀岡晚照、萬松疊翠、花嶼雙泉、雙峰雲棧、山亭野眺、臨水紅霞、綠稻香來、竹樓小市、平岡艷雪二十景。丁丑脩禊虹橋，作七言律詩四首云：「綠油春水木蘭舟，步步亭臺邀逗留。十里畫圖新閬苑，二分明月舊揚州。空憐強酒還斟酌，莫倚能詩漫唱酬。昨日宸遊新侍從，天章捧出殿東頭。」「重來脩禊四經年，熟識虹橋頓改前。潏汊暢交零雨後，浮圖高插綺雲巔。雕欄曲曲生香霧，嫩柳紛紛拂畫船。二十景中誰最勝？熙春臺上月初圓。」「溪劃雙峰線棧通，山亭一眺盡河東。好來鬥茗評泉水，會待圍荷受野風。月度重欄香細細，烟環遠郭影濛濛。蓮歌漁唱舟橫處，儼在明湖碧漲中。」「迤邐平岡艷雪明，竹樓小市賣花聲。紅桃水暖春偏好，綠稻香含秋最清。合有管絃頻入夜，那教士女不空城？冶春舊調歌殘後，獨立詩壇試一更。」其時和脩禊韻者七千餘人，編次得三百餘卷。乙酉後，湖上復增綠楊城郭、香海慈雲、梅嶺春深、水雲勝概四景，署中文讌，嘗書之於牙牌，以爲侑觴之具，謂之「牙牌二十四景」。後休致歸里，有留別詩云：「力饘宣勤敢自憐？薄才久任受恩偏。齒加孫冕餘三歲，歸後歐公又九年。犬馬有情仍戀主，參苓無效也憑天。養疴得請懸車日，五福誰云尚未全？」「祖道長筵舟滿河，綠揚城郭動驪謌。重來節使經三考，歸去輿人賦五袴。絳帳唱酬通籍在，潘門交際紀群多。二分明月尊前判，半照離人返薜蘿。」「平山回望更關愁，標勝家家醉墨留。十里林亭通畫舫，一年簫鼓到深秋。每看絳雪迎朱旆，轉似青山戀白頭。爲報先疇墓田在，人生未合死揚州。」「長河一曲繞柴門，荒徑遙憐松菊存。從此風波消宦海，纔知烟月足家園。枌榆社集牛謌好，伏臘筵開鶴髮尊。癡願無多應易遂，杖朝還有引年恩。」公兩經轉運，座中皆天下士，而貧而工詩者，無不折節下交。後趙雲崧觀察弔之，有詩云：「虹橋脩禊客題詩，傳是揚州極盛時。勝會不常今視昔，我曹應又有人思」，其一時風雅，可

想見矣。公子二：長謙，仕至武漢黃德道；次謨，十歲工詩，善擘窠書。孫四：蔭浦、蔭惠、蔭恩、蔭□，位皆通顯。其時賓客，備記於左。……（《揚州畫舫錄》卷十，中華書局 1960 年版，第 228～229 頁）

法式善

【槐廳載筆（節錄）】己亥江南解元錢棨；辛丑會、狀。翁閣學作《三元》詩，德定圃師和韻。趙雲崧翼作《三元考》，謂唐張又新、崔元翰，宋孫何、王曾、宋庠、楊寘、王巖叟、馮京，金孟宗獻、王宗哲，明商輅，及錢而十二。《藤蔭雜記》。（《槐廳載筆》卷五，清嘉慶刻本）

余金

【熙朝新語（節錄）】趙雲松翼未第時，其戚張某爲女鬼所祟，醫禱罔效。趙往省之，坐其榻上，張恍惚聞小語曰：「趙探花至矣，姑避之。」及趙出，祟如故。張家苦求趙樸被宿其處，旬日頗安，趙歸家，祟大作，而張竟不起。趙登乾隆辛巳一甲三名，官至迤西道。（《熙朝新語》卷十三，顧靜標校，上海書店 2009 年版，第 205 頁）

錢泳

【銅鼓】銅鼓形如坐墩，中空無底，扣之有聲，面圓而多花紋，其上隱起，有四耳，作蛙龜之狀，無鑄造年月字樣。有徑二尺餘者，有徑尺許者，亦大小不等。余生平所見，不下三四十枚，惟晉陵趙甌北先生家所藏一枚爲最大。今雲南、四川、廣東西俱有之。國初趙秋谷有《銅鼓歌》，朱竹垞有《銅鼓考》，謂皆出自諸葛孔明所鑄，其實非也。《後漢書・馬援傳》：於交阯得駱越銅鼓，援取其鼓以鑄銅馬。是在孔明之前。《晉書・食貨志》：廣州夷人寶貴銅鼓。又《載記》云：「赫連勃勃鑄銅爲大鼓，以黃金飾之。」又在孔明之後。惟《嶺表錄異》云：「蠻夷之樂，有銅鼓焉。」《新唐書》云：「蠻人讌聚則擊銅鼓。」則銅鼓者，實苗蠻之所造，非孔明也。（《履園叢話》卷二，中華書局 1979 年版，第 50～51 頁）

【淵如觀察】孫淵如觀察名星衍，陽湖人。父勳，舉人，爲山西河曲令。觀察生之夕，祖母許夢星墮於懷，因以名之。幼聰穎，年十餘齡，能背誦《昭明文選》，不遺一字。比長，肄業金陵鍾山書院。袁簡齋太史屢稱之曰：「天下清才多，奇才少。今淵如乃天下奇才也。」一時名士如楊西禾、洪稚存、

顧立方、錢獻之、汪容甫、趙味辛、呂叔訥、楊蓉裳、黃仲則、何南園、方子雲、儲玉琴、汪劍潭輩，皆為傾倒。觀察尤好山水之遊，金石之學，錯綜經義，泛覽百家，以及釋道諸書，莫不賅貫，原始要終。先達中如王西莊、朱竹君、錢辛楣、王蘭泉、姚姬傳、趙雲松諸先生，亦莫不賞異之也。乾隆五十一年，始舉於鄉，明年成進士，對策稱旨，以第二人及第，授編修，充三通館校理。散館，以刑部主事用，旋陞員外，除郎中，總辦秋審處。每有疑獄，平反核讞，全活甚多。出為山東兗沂曹濟道，權臬使，治行廉平，活死罪誣服者十餘輩，亦不以之罪縣官，曰：「縣官實不盡明刑律，皆僚幕誤之也。」是以山左吏治為之一變。丁母艱後，不復出，買屋金陵，築五松園，將為終老計。當道延為主講，如揚州之安定、紹興之蕺山、西湖之詁經精舍，造就後學，問字者千餘人，一時推為學者。嘉慶八年，為貧起官，補授山東督糧道，請開東省水利，宣泄衛河，以滋漕運；增給兵米，以恤滿營。又以先儒伏生、鄭康成有功聖學，直在唐宋諸儒之上，請立博士，俾臁承襲，上之撫部。其後劉學使鳳誥，又以邱氏為左邱明後，與伏、鄭並置博士，俱奉部駁，未得行。公事之餘，惟與二三同志稽古論文，著書刻書為事。他如伏犧陵、陽陵、柳下惠、閔子、曾點、澹臺滅明諸墓，以及季桓子井，皆搜求遺逸，立石表之，俾不失墜。又創建吳將孫子祠於虎邱，重建烈愍祠於金陵，於金壇九里鎮掦得孔子延陵十字碑，於句容得三國吳葛府君碑及梁天監井欄文，於德州得北魏高湛碑，插架盈箱，神與古會。十六年辛未，引疾歸金陵，奉侍河曲公。又五年而卒，年六十有六。公生平最喜刊刻古書籍，有《平津館叢書》若干卷。（《履園叢話》卷六，中華書局 1979 年版，第 158～159 頁）

【異事（節錄）】陽湖趙甌北先生中乾隆庚午鄉榜，其外孫湯文卿錫光又中嘉慶庚午鄉榜。先生賦詩云：「我方重赴鹿鳴筵，且喜東床有後賢。一代賓興傳異事，外孫外祖聚同年。」文卿亦賦詩呈先生云：「騷壇一代主齊盟，少小相依識性情。難得母家成宅相，竟於甥館繼科名。翹才也算登黃閣，執拂曾經侍碧城。但願王筠同外祖，再看春榜問前程。」（《履園叢話》卷十三，中華書局 1979 年版，第 355 頁）

【孽報（節錄）】業師金安安先生外孫中銑、中鈺，俱家文敏公稼軒司寇之公子。乾隆甲午歲，余年十六，在安安先生家見之。時中銑已得內閣中書，中鈺亦議敘中書科中書。兩公子俱年二十外，狀貌魁梧，聰明絕世，能詩，工六法，真善承家學者。不數年後，俱無疾而死，中銑死於舟中，中鈺死於

車中，云皆遇鬼祟活捉，其事甚確。後余在揚州，晤趙甌北先生，譚及此事，云：文敏公因奉旨差辦貴州威寧州劉標虧空一案，訊得原臬司高積曾辦公表姪蔣牧論絞，竟挾私加意苛求，遂斬高以報復之，事隔十年，兩子俱爲所祟。甚矣哉！鬼神之靈也。先是，公出差貴州時，道經衡陽，知回雁峰有老僧名通慧者，善相人，公往求相，僧云：「觀公之相，必登臺輔，兩子簪纓。然眉宇間稍露殺氣，公能種德，相可改也。公其勉之！」及返衡陽，復見其僧，僧大驚曰：「可惜！」餘無一語。公有兩孫，余亦曾見之，一中副車，早死；一有痰疾，不言不語。家道亦陵替矣。（《履園叢話》卷十七，中華書局 1979 年版，第 457～458 頁）

【朱玉】秦淮女校書朱玉，頗敏慧，能識人。蓬雲孝廉未第時，玉最欽重，以才子目之。後蓬雲中式，玉自誇鑑賞之眞。嘉慶庚午，趙甌北先生重赴鹿鳴，嘗主其家，是時玉有徵蘭之信，先生書楹帖一聯贈之，云：「憐卿新種宜男草，愧我重看及第花。」一時傳爲佳話。（《履園叢話》卷二十一，中華書局 1979 年版，第 570～571 頁）

【官妓】唐宋時俱有官妓，如白香山之與元微之、歐陽永叔之與蘇東坡，皆所不免。近時無官妓，而竟有太守、監司俱宿娼者。余笑曰：「此無他，亦行古之道也。」趙甌北先生有《題白香山集後》云：「風流太守愛魂消，到處春遊有翠翹。想見當時疏禁網，尚無官吏宿娼條。」（《履園叢話》卷二十一，中華書局 1979 年版，第 572 頁）

【悟情】悟情女士姓翁氏，揚州人。其姊雲卿，爲和希齋大司空側室，和歿後，雲卿殉節。時悟情年十五六，同在京師，親見其事。忽悟曰：「人生富貴功名，一死便了。又何必作葵藿之傾心、楊花之飄蕩耶？」乃慨然出京，相依京口駱佩香夫人，以守貞自誓。嘉慶甲子十月，余偶過丹徒，見之。悟情狀如男子，意氣豪放，善吹簫，能填詞，尤嫻騎射，上馬如飛，一時名公卿，皆敬其爲人，眞奇女子也。後出家爲比丘尼，趙甌北先生有詩贈之。（《履園叢話》卷二十三，中華書局 1979 年版，第 627 頁）

顧祿

【放煙火】各鄉社廟，或放煙火，有集數十架於庭，次第傳爇，媚神以爲樂者。范來宗《金匼園觀煙火》詩云：「金匼是何園？其地曠非奧。久成荒礫場，旁建社公廟。居民思媚神，立竿光照耀。空中掣金蛇，耳畔轟火炮。

爭趨忘近遠，聚觀雜耄少。有客遠方來，目笑頭屢掉。僝直記禁園，盛會元宵鬧。漫天黑夜陳，遍地白日照。雉堞打襄陽，蜃樓現海嶠。垂老返江湖，百思不能到。偉哉天上觀，豈易人間肖。即此娛社公，聊乞豐年召。」案：唐高承《事物紀原》云：「火藥雜戲，始於隋煬帝。孟襄陽謂即火樹也。」（案：高承，古籍著錄其爲宋「元豐中人」，此云唐人，似誤）瞿宗吉《煙火戲》詩：「天花無數月中開，五色祥雲繞絳臺。」沈榜《宛署雜記》云：「燕城煙火，有響炮、起火、三級浪、地老鼠、沙碢兒、花筩、花盆諸製，有爲花草、人物等形者，花兒名百餘種，統名曰煙火。」趙甌北有《西廠觀煙火》詩云：「晚直郊原月未斜，昇平樂事覽繁華。九邊鹿靜平安火，上苑春催頃刻花。跋浪魚龍煙似海，劈空雷電礮爲車。歸途尙有餘光照，一路林巒映紫霞。」吾鄉承平氣象，無異輦下也。（《清嘉錄》卷一，清道光刻本）

焦循

【劇說（節錄）】《見聞錄》云：「一梨園子弟腹漸膨大，時轉動，宛如懷孕。一日正演劇，痛甚，下一胞，中有肉長三四寸，似人形。其人以不勝痛楚卒。」乾隆壬寅、癸卯間，吾邑優人范姓者亦有此事，但未死。事見趙觀察翼《甌北詩集》。（《劇說》卷六，民國誦芬室讀曲叢刊本）

鄭澍若

【虞初續志（節錄）】雙湖太守禁妓，簡齋太守以詩解之，趙雲崧觀察翼《戲題五絕句》云：「登車紅袖滿啼痕，詩老爲招已斷魂。十四樓高功保障，平康護法好沙門。」「八十衰翁已白紛，惜花心在老逾殷。哥舒半段槍無敵，崽救人間娘子軍」，「南部煙花手護持，君房下筆妙言辭。女閭援到齊桓例，莫是貪他夜合貲」，「巧爲蛾眉作主張，一言感煞眾紅粧。知君九十開筵日，定有湘蘭百妓觴」，「多少妖姬又冶容，家家虔炷瓣香濃。青樓占得長生位，也抵先儒祀瞽宗。」（鄭澍若輯《虞初續志》卷十二，清咸豐小嬛嬛山館刻本）

陸繼輅

【長門賦】雲松先生《陔餘叢考》疑陳皇后既得復幸，何以不見於紀傳。不知陳后本未復幸，即奉黃金百斤爲相如、文君取酒，亦絕非眞有此事。乃長卿自欲擬作此賦，姑妄言之，亦如無是公、烏有先生設爲問答，固賦家之常耳。（《合肥學舍箚記》卷二，清光緒四年興國州署刻本）

【子居刪詩】嘉慶庚午，雲松兵備再宴鹿鳴，作七律四首。時余方廢業，而公索和甚力，彊為之，不復存稿。公既捐館舍，回憶公得余詩，喜甚，定為海內和作弟一，大興舒鐵雲位次之。知己存歿之感，愴然於懷。因向公子廷俊求得舊牋，補錄集中。後子居見之，以為不佳，仍為刪去。余年十六七時，至江陰應學使者試，作《君山望江》等詩，畫水攜呈顧晴沙先生光旭，先生大驚異之，目為怪才。今此數作，亦並為子居所刪。（《合肥學舍箚記》卷二，清光緒四年興國州署刻本）

【湘君】雲松兵備謂：「湘君、湘夫人，非堯女也。乃一夫一婦，為神於湘水者。《湘君》篇中『望夫君兮未來』，若女子，則不應稱夫君。」此殊不然。「夫」讀作「扶」，「夫君」猶言此君，男女皆可稱。《洛神賦》：「雖潛處於太陰，長寄心於君王」，且可以君王稱宓妃矣。又言「女嬃媛兮為余太息」，非指湘君，即女嬃也，尤非。是《九歌》乃神絃，非若《離騷》自述之辭，忽以己姊闌入，此何體邪？（《合肥學舍箚記》卷二，清光緒四年興國州署刻本）

梁章鉅

【楹聯叢話（節錄）】明末李忠肅都憲邦華，聞外城陷，遂棄家移宿於文信國祠中，李亦吉水人，既北面再拜，復就信國公位前三揖，曰：「邦華鄉邦後學，合死國難，請從先生於九泉矣。」遂以白繒繫於信國之龕柱而死。後其鄉人換題新額，為「二忠祠」。又題楹柱云：「後死須知無二道，先生豈願有忠名」，幾於千金莫能易一字矣。趙甌北詩所謂「故知曠世心相感，恰好同鄉迹再攀」是也。舊有邊華泉聯云：「花外子規燕市月，柳邊精衛浙江潮。」
（《楹聯叢話》卷一「故事」，清道光二十年桂林署齋刻本）

【楹聯叢話（節錄）】汪文端公由敦有東嶽廟一聯云：「雲行雨施，不崇朝而遍天下；理大物博，祖陽氣之發東方」，熔鑄經傳之文，亦自名貴。相傳是趙甌北翼代擬，文端以之進御耳。（《楹聯叢話》卷三「廟祀上」，清道光二十年桂林署齋刻本）

【楹聯叢話（節錄）】袁簡齋《續同人集》云：「過客贈隨園聯句，可存者如同年裘叔度侍郎云：『民不能忘，始信淵、雲兼政事；敏而好學，莫疑巢、許是閒人』，徐兆璜別駕云：『廉吏可為，魯山四面墻垣少；達人知足，陶令歸來歲月多』，莊念農太守云：『著手成春，卷中著述皆千古；有官不仕，林下逍遙見一人』，家止木中翰云：『雲山、金石、圖書，此地可稱三絕；循吏、儒林、隱

逸，先生自有千秋』，趙雲崧觀察云：『野王之地有二老，北斗以南只一人』，沈凡民先生云：『天爲安排看山處，風來灑掃讀書窗』，又『曠代儻才流下界，半天人臥在高窗』，李晴江明府云：『潘安仁閒可奉親，郭林宗貞不絕俗』，郭運青侍講云：『爲官不過六百石，著書豈止五千言』，錢辛楣少詹集查初白詩云：『人指所居爲福地，天留此老應文星』，陶怡雲云：『方朔少時，二十萬言書盡讀；傅隆老去，八千餘紙手親鈔』，黃世墢云：『二十科翰林，老猶似少；一百卷文集，多而能精』，余自嘲云：『不作公卿，非無福命都緣懶；難成儻佛，爲愛文章又戀花』，又《隨園詩話》補遺云：「上海李林松仲熙贈聯云：『眞才子必得其壽，謫儻人未免有情。』」（《楹聯叢話》卷六「勝蹟上」，清道光二十年桂林署齋刻本）

【楹聯叢話（節錄）】趙甌北《簷曝雜記》云：「金鰲玉蝀橋新修成，橋柱須鐫聯句，余在樞直，擬句云：『玉宇瓊樓天尺五，方壺員嶠水中央』，自以爲寫此處光景甚切合，汪文端公爲改『尺五』作『上下』二字，乃益覺生動也。」（《楹聯叢話》卷六「勝蹟上」，清道光二十年桂林署齋刻本）

【楹聯叢話（節錄）】《南野堂筆記》載：小倉山房題句甚多，其中有可移作楹帖者，如黃之紀云：「到處自開詩世界，無人不拜老神儻」，趙雲崧云：「喬木十圍人共老，名山一席客爭趨」，丁珠云：「身閒但急千秋業，官罷還貪一縣花」，黃仲則云：「文章草草皆千古，仕宦匆匆只十年」，葉紹楏云：「偶談舊雨人俱古，能坐春風客亦佳」，蒲忭云：「六代雲山隨杖履，一園花鳥盡聰明」，汪汝弼云：「曠代誰標才子號，聞名都當古人看」，孫原湘云：「黃初詞賦空千古，白下江山送六朝」。（《楹聯叢話》卷六「勝蹟上」，清道光二十年桂林署齋刻本）

【楹聯叢話（節錄）】趙甌北先生早賦歸田，不與外事，惟以著作自娛，劉石庵先生手書贈聯云：「務觀萬篇，半皆歸里作；啓期三樂，全是達生言。」趙得之甚喜。（《楹聯叢話》卷九「佳話」，清道光二十年桂林署齋刻本）

【楹聯續話（節錄）】黃右原比部奭曰：「記得關廟聯，尙有兩家可錄者，忘爲何人所撰。一云：『王業不偏安，拒操和權，諸葛猶非知己；春秋大一統，帝蜀寇魏，紫陽乃許同心』，一云：『生蒲州，輔豫州，保荊州，鼎峙西南，掌底江山歸統馭；主元德，友翼德，仇孟德，威鎮華夏，眼中漢賊最分明』」。按原本作『兄元德，弟翼德』，近於《演義》，陳壽《志》雖有『義同兄弟』之語，並無孰兄孰弟主名，改本較爲妥協。趙甌北有關廟聯云：「乃聖乃神乃武乃文，扶四百載承堯之運；自西自東自南自北，如七十子服孔之心」，余於《聯話》前編偶遺之。（《楹聯續話》卷一「廟祀」，清道光南浦寅齋刻本）

【楹聯續話（節錄）】桂林陳蓮史方伯繼昌爲文恭西元孫，登嘉慶庚辰科三元，時繼蓮龕方伯繼昌適維藩粵西，手贈楹帖云：「高祖當朝一品，文孫及第三元」，語雖渾成，終覺太質而鮮味。後蓮史歷官中外，洊至直隸藩伯，潘芝軒閣老贈聯云：「畿輔爲屏越五百里，科名蓋代第十三人」，則傳誦於人口。按歷代至今登三元者，唐有張又新、崔元翰，宋有王曾、宋庠、馮京、王巖叟、孫何、楊寊，金有孟宗獻，元有王宗哲，明有商輅，我朝則已有錢棨、陳繼昌兩人。趙甌北《賀錢湘舲三元》詩云「累朝如君十一個」，是繼以錢、陳共十三人也。然其間如張又新在當時，實稱爲「張三頭」，謂進士狀頭、宏詞敕頭、京兆解頭；見《摭言》。崔元翰爲京兆解頭、禮部狀頭、宏詞敕頭、制科三等敕頭，則是四元；見《說儲》。王巖叟以明經科鄉舉、省試、廷對皆第一，則是明經，非進士科；見《宋史》本傳。《金史·楊伯仁傳》謂：「孟宗獻發解第一，伯仁讀其程文，謂當成大名，是歲宗獻府試、省試、廷試皆第一，則當時稱爲『孟四元』，孟盍時尚多一府試耳。」又見《歸潛志》及《中州集》。是三元故事又各微有不同也。又按《雞窗剩言》記：「黃觀，洪武甲子南京解元，辛未會試第一，廷對禦戎策，太祖擢置狀元，後殉建文之難，亦見傅維麟《明書·忠節傳》」，似洪武中已有一三元，不獨商文毅一人。然《明史·黃觀傳》但云「以貢入太學，洪武二十四年會試、廷試皆第一」，而《選舉志》亦謂「三試第一者，明代惟商輅一人」，則黃觀之三元，似又未確實，故趙甌北止云「十一人」。（《楹聯續話》卷三「佳話」，清道光南浦寓齋刻本）

【楹聯續話（節錄）】吳穀人先生亦終於安定講席。吳山尊輓以聯云：「仕隱追隨，頹景相憐如一日；師生骨肉，名山可許附千秋」，劉金門侍郎時寓居揚州，亦輓以聯云：「正味在文章，凡識字人同一哭；清風論出處，擬私諡者定何辭」，蓋先生詩文集名《有正味齋》也。畢秋帆先生總制兩湖時，值剿捕流寇，未蕆功而薨，趙甌北挽以聯云：「羊祜惠猶留峴首，馬援功未竟壺頭」，此不但峴首、壺頭用典精切，而羊祜、馬援亦成佳對，且切合時事，開闔俯仰，尤見情餘於文也。按此聯甌北亦自得意，後衍成挽詩，編入全集內矣。（《楹聯續話》卷三「挽詞」，清道光南浦寓齋刻本）

【制義叢話（節錄）】坊刻有僞作羅倫《致知在格物》一篇，其破題曰：「良知者，廓於學者也。」按羅文毅中成化二年進士，當時士無異學，使果有此文，則「良知」之說，始於彝正，不始於伯安矣。況前人作破，亦無此體，以其爲先朝名臣而借之耳。　　按俞長城《百二十名家》中尚載此文，趙甌北翼《陔

餘叢考》云：「破題不始於八股，李肇《國史補》載，李程《日五色賦》既出闈，楊于陵見其破題云，『德動天鑒，祥開日華』，許以必擢狀元，是唐人於作賦起處，已日『破題』」。又劉貢父《詩話》載，閩士作《清明象天賦》，破題云：「天道如何？仰之彌高」，又《螢雪雜苑》載，俞陶作《天之歷數在舜躬賦》，破題云：「神聖相授，天人會同，何謳歌不之堯子？蓋歷數在於舜躬」。陳元裕主文衡，出《大椿八千歲爲春秋》賦題，滿場破題皆閣筆，遂自作云：「物數有極，椿齡獨長，以歲歷八千之久，成春秋二序之常」。蔡曼卿作《君人成天地之化賦》，破題云：「物產於地，形鍾於天，賴君人之有作，成化工之未全」。陳尹作《漢文帝前席賈生賦》，破題云：「漢文好問，賈生力陳，忘其勢而前席，重所言之過人」。陳季陸出《皇極統三德與五事》賦題，魁者破題云：「極有所會，理無或遺，統三德與五事，貫一中與百爲」。張六門客作《坤厚載物賦》，或誦其破題於六日：「粵有大德，其名日坤」，六應日：「續兩句可贈和尚，日：『非講經之座主，乃傳法之沙門。』」，又范蜀公賦《長嘯卻敵騎》，破題云：「制動以靜，善勝不爭」，宋景文破題云：「月滿邊塞，人登戍樓」，是皆賦之破題也。詩亦有破題，《六一詩話》謂，梅聖俞《河豚》詩開首：「春洲生荻芽，春岸飛楊花」，只此破題，已道盡河豚好處。《螢雪雜說》載，湯黃中《試秋燕已如客》詩，破題云：「近人方賀夏，如客已驚秋。」《石林詩話》亦謂，駱賓王《靈隱寺》詩，惟破題「鷲嶺鬱岧嶢，龍宮隱寂寥」是宋之問所作，下皆賓王作。此又詩之破題也。《夷堅志》載，程覺改習《易經》，謁老儒張師韓，傳《易》義。張教以預擬題目，如「聖人作，萬物覩」之類，仍教以破題及主意，於是遂捷。此則經義之破題也。（《制義叢話》卷二十三，清咸豐九年刻本）

【首縣】小住衢州府城西安令某，極言衝途附郭縣之不可爲，因舉俗諺「前生不善，今生知縣；前生作惡，知縣附郭；惡貫滿盈，附郭省城」云云。按此語熟在人口，宋漫堂《筠廊隨筆》已載之，云其先文康公起家陽曲令，常述此語，則其來亦遠矣。近時有作《首縣十字令》者，一日紅，二日圓融，三日路路通，四日認識古董，五日不怕大虧空，六日圍棋馬釣中中，七日梨園子弟殷勤奉，八日衣服齊整言語從容，九日主恩憲德滿口常稱頌，十日坐上客常滿樽中酒不空，語語傳神酷肖。或疑「認識古董」四字爲空泛，不知南中各大省州縣交代前，憑首縣核算，有不能不以重物交抵者。余在江南，嘗於萬廉山郡丞承紀處，見英德石山一座，備皺瘦透之美，中有趙甌北先生鐫題欵字云「係在丹徒任內交代抵四百金者」，又於袁小野郡丞培處，見一范

寬大幅山水，亦係交代抵五百金者。使非認識古董，設遇此等物，何從判斷乎？若第十字所云，則亦惟南中衝途各缺有之，偏遠苦瘠之區，尚攀躋不上也。（《歸田瑣記》卷七，清道光二十五年刻本）

【退庵隨筆（節錄）】天后廟祀，詳見《元史・祭祀志》。蓋自宋宣和間官爲致祭，廟號「順濟」，紹興、乾道、淳熙、慶元、開禧、景定間，累加封號，第稱夫人。至元中，以護海運有奇應，始封天妃。本朝康熙間，以澎湖之役，始敕建祠湄州，加封天后聖母。暨乾隆二年、二十二年、五十三年、嘉慶五年、道光六年，累加封號，積至三十二字，祀事徧海內，而神之靈益著。其緣起見宋潛說友《臨安志》，以宋人言宋事，其言必有所承嗣，是何喬遠《閩書》、張燮《東西洋考》、吳任臣《十國春秋》皆因之，雖文有詳畧，而以爲莆田林氏女則無異同。惟近人全祖望、趙翼疑之，趙氏以爲水陰類，其象維女，天妃之名，即水神之本號，非實有林氏女其人，全氏則立「三怪」之論，肆口詆諆，皆似是而非之說。余別有文辨之。（《退庵隨筆》卷十，清道光十六年刻本）

【退庵隨筆（節錄）】趙甌北曰：「《南史》：兖州刺史滕恬、烏程令顧昌，皆以不葬親而入仕，爲清議所鄙；《唐書》：顏眞卿劾奏鄭延祚母死不葬三十年，有詔終身不齒；《宋史》：吳充奏士大夫親沒，或槁殯數十年，宜限期使葬，著爲令；《劉昺傳》：昺與弟煥皆侍從，而親喪未葬，坐奪職；《王子韶傳》：御史張商英劾子韶不葬父母，而冒轉運使判官之任，乃貶知高郵縣。又《道山清話》：孫莘老入相，不及一年，坐父死不葬，罷。可見前代此禁甚嚴，不知何時乃變成寬典耳。」（《退庵隨筆》卷十「家禮二」，清道光十六年刻本）

【退庵隨筆（節錄）】今閨閣中所供《張僊打彈》軸，相傳爲後蜀孟昶像，花蕊夫人攜入宋宮，念其故主，常懸於壁。一日，太祖詰之，詭云：「此蜀中張僊神，祀之能令人有子」，於是傳之人間，遂爲祈子之常祀。趙甌北獨闢之，以爲昶之入汴，宋祖親見之，花蕊果攜其像，宋祖豈不能識別，而敢以詭辭對乎？考高青邱有《謝海雪道人贈張僊像》詩云：「余未有子，海雪以此像見贈，蓋蘇老泉嘗禱之而得二子者。因賦詩以謝云：道人念我書無傳，畫軸捲贈成都僊。云昔蘇夫子，建之玉局禱甚虔。乃生五色兩鳳鶵，和鳴上下相聯翩」，然則此像本起蜀中。閨閣祈子，久已成俗，是以花蕊攜以入宮。後人以其來自蜀中，轉疑爲孟昶像耳。按《蘇老泉集》謂：張僊名遠霄，眉山人，五代時遊青城山成道。陸放翁《答宇文使君問張僊事》，自注云：「張四郎常挾彈，視人家有災者，輒以鐵丸擊散之」，又《贈宋道人詩》云：「我來欲訪

鐵彈僊，嗟哉一失五百年」。《續通考》云：「張遠霄一日見老人持竹弓一、鐵
彈三來質錢三百千，張無靳色。老人曰：『吾彈能闢疫，當寶用之。』後老人
再來，遂授以度世法。是蜀中本有是僊，今所畫張弓挾彈，正其生平事實，
特未知何以爲祈子之礼，或緣《禮記》『高禖弓韣』之語，展轉附會而實以姓
名乎？」（《退庵隨筆》卷十「家禮二」，清道光十六年刻本）

【三元】國朝百餘年來，直至錢湘舲棨，始有「三元」之稱。趙甌北《賀
錢三元》詩云「累朝如君十一個」，謂唐張又新、崔元翰，宋王曾、宋庠、
馮京、王嚴叟、孫何、楊寘，金孟宗獻，元王宗哲，明商輅也。此十一人中，
雖均稱爲「三元」，又各微異耳。考張又新，當時實稱爲「張三頭」，謂進士
狀頭、宏詞敕頭、京兆解頭，見《摭言》。王嚴叟以明經科鄉舉、省試、廷
對皆第一，則是明經，非進士科，見《宋史》本傳。此後繼錢三元者，又有
陳蓮史繼昌，而國朝「三元」之稱益著。（《稱謂錄》卷二十四，清光緒刻本）

【國師】乾隆中有章嘉呼土克圖來京師，上稱之爲「國師」，居旃檀寺。
每元旦入朝，坐黃幰車，所過爭以手帕鋪道，伺其輪壓而過，則以爲有福。
其車直入東華門。蓋尊寵章嘉，正所以帖伏外夷，乃長駕遠御之深意。趙甌
北嘗及見章嘉，顏狀殊醜劣，行步需人扶掖，然蒙古經及中土大藏佛經，皆
能背誦如流。汪文端由敦嘗叩一佛事，輒答以某經某卷，撿之果不差。則呼土
克圖亦未可輕量矣。（《稱謂錄》卷三十一，清光緒刻本）

【巧對錄（節錄）】趙甌北《簷曝雜記》云：「有用經書成句成天然對偶者，
如『天維顯思』，『民亦勞止』；『維汝一德』，『於今三年』；『有能奮庸』，『妥
立作相』；『行此四德』，『弼予一人』；『文王之德之純』，『周公之才之美』；『閒
暇而明政刑』，『會通以行典禮』；『禮樂自天子出』，『籩豆則有司存』；『欣欣
然有喜色』，「蕩蕩乎無能名」；『率百官若帝之初』，『於萬年受天之祜』；『發
號施令罔不臧』，『陳善閉邪謂之敬』；『聞俎豆未學軍旅之事』，『聽鼓鼙則思
將帥之臣』；『宣聰明而有作，不作聰明』，『由仁義以安行，非行仁義』；『五
百里采，五百里衛，外包有截之區』，『八千歲春，八千歲秋，上祝無疆之壽』；
『是爲馮婦也』，『無若宋人然』；『迅雷風烈，烈風雷雨』，『絕地天通，通天
地人』，『宰予晝寢，於予與何誅』，『子貢方人，夫我則不暇』，『孟孫問孝於
我我，賜也何敢望回回』。」（《巧對錄》卷二，清道光二十九年甌城文華堂刻本）

【巧對錄（節錄）】趙甌北《陔餘叢攷》云：「經史成語，有可摘爲佳句者，
如《百斛明珠》所載，韓玉汝治秦州尚嚴，民語曰：『莫逢韓玉汝』，有孫臨者，

對以『可怕李金吾』。東坡詩：『君特未知其趨耳，臣今時復一中之』。又『人言盧杞是姦邪，我覺魏徵但嫵媚』，後陸放翁用之。放翁又有『國家科第與風漢，天下英雄惟使君』句。又梅執禮詩，『天之未喪斯文也，吾亦何爲不豫哉』。《後山詩話》：『二十四考中書令』，王平甫對以『萬八千戶冠軍侯』。王安中《元旦致語》：『君子有酒多且旨，化國之日舒以長』。朱新仲詩：『此時老子興不淺，旦日將軍幸早臨』，『何以報之青玉案，我姑酌彼黃金罍』。吳師道詩：『丈夫不學曹孟德，生子當如孫仲謀』，『平生能著幾兩屐』，或對『一日須傾三百杯』，『長日惟消一局棋』。近日屬樊榭：『誰其云者兩黃鵠，我欲遺之雙鯉魚』。嚴佩珊：『春水方生公速去，桃花盡淨我重來』。吾友沈佩蘭：『與我周旋寧作我，爲郎憔悴卻羞郎』，皆極工也。」（《巧對錄》卷七，清道光二十九年甌城文華堂刻本）

　　【浪跡叢談（節錄）】人參之價，至今日而貴極矣。嘗讀趙雲崧先生詩序云：「曩閱國史，我朝初以參貿高麗，定價十兩一斤，麗人詭稱明朝不售，以九折給價，而我朝捕獲偷掘參者皆明人，以是知麗人之詐，起兵征服之。迨定鼎中原，售者多，其價稍貴。然攷查悔餘壬辰、甲午兩歲，俱有《謝揆愷功惠參》詩，一云『一兩黃參直五千』，一云『十金易一兩』，皆康熙五十年後事也。乾隆十五年，應京兆試，恐精力不支，以白金一兩六錢，易參一錢。廿八年，因病服參，高者三十二換，次亦僅二十五換。時已苦難買，今更增十餘倍矣。」詩中所云「中人十家產，不滿一杯味」，又云「乃因價不訾，翻若天勢利。但許活富人，貧者莫可冀」，良可慨也。揚州每年有奉發參觔，向由內務府按盛京等處所進參觔，分別奏明，發交兩淮變價，其參有四等、五等以及泡丁、渣末各項名目，其價由四百換以至一二十換多寡不等，約計每年應繳變價銀十三四萬兩，例皆按年遞繳，所得之參，除呈送督部運司外，餘按各商家引數分派。聞近年因咪夷滋擾，將所發粵海關參觔，又分派於各省關道，變價報解，亦畧同淮商之例。而外省之參，因此充足而不乏，但不甚佳耳。（《浪跡叢談》卷八，清道光二十七年刻本）

昭槤

　　【本朝文人多壽】王弇州著《文人九厄》，使人閱之索然氣盡。余按本朝文人多壽，可以證王之失。如王文簡公士禎七十七，朱竹垞彝尊八十四，尤西堂侗八十五，沈歸愚尚書德潛九十五，宋漫堂犖七十二，查初白慎行七十八，方靈皋苞八十二，袁簡齋枚八十二，錢辛楣大昕七十七，紀曉嵐尚書昀八十二，

彭芸楣尚書元瑞七十三。姚姬傳鼐八十四，翁覃溪方綱八十餘，梁山舟同書九十二，趙甌北翼八十二，四公至今猶存。(《嘯亭雜錄》卷二，中華書局 1980 年版，第 31 頁)

【王西莊復明】王光祿鳴盛，家居時，目已瞽者數年。後遇高郵醫曾某，以金針撥其翳，雙目復明。趙甌北曾以詩傳其事云。(《嘯亭雜錄》卷十，中華書局 1980 年版，第 321 頁)

【考據之難】本朝諸儒皆擅考據之學，如毛西河、顧炎武、朱竹垞諸公，實能洞徹經史，考訂鴻博。其後任翼聖、江永、惠棟等，亦能祖述淵源，爲後學津梁，不愧其名。至袁簡齋太史、趙甌北觀察，詩文秀雅蒼勁，爲一代大家，至於考據，皆非所長。《隨園隨筆》中載宋太宗高梁之敗，中遼人弩箭以崩。雖本王銍《默記》，然太宗自幽州敗歸後二十餘年始崩，弩箭之毒焉能若是之久？況《默記》所載，狄武襄跋扈，韓魏公擅權，至以司馬溫公之劾王廣淵，乃授執政之指，直與胡紘之劾眞、魏可同傳矣，其踳駁不一而足，奚可據爲典要？至趙甌北《簷曝雜記》，以湯若望、南懷仁至乾隆中猶存，其言直同囈語，未審老叟何以昏憒若此，亦著述中一笑柄也。(《嘯亭續錄》卷二，中華書局 1980 年版，第 428 頁)

【趙甌北】趙甌北翼，詩才清雋，與袁、蔣齊名，堪稱鼎峙。所著議論，尚多可取，然考訂每患疏漏。如詩話中載吳梅村《送人之閩詩》有「胡床對客招虞寄，羽扇揮軍逐呂嘉」之句，蓋謂當時制府李日芃、趙廷臣輩，而先生乃以姚啟聖收功當之。按：梅村卒於康熙辛亥，去姚少保滅鄭氏尚有十四年之久，何能預祝其成功也？至謂湯若望、南懷仁至乾隆初年尚存。按：懷仁諡法已見王文簡《諡法考》，其早死不待言。若望乃崇禎末人，焉能越百年而尚存？其與囈語何異？眞堪令人噴飯也！(《嘯亭續錄》卷五，中華書局 1980 年版，第 516 頁)

姚元之

【竹葉亭雜記（節錄）】有元一代之史，明人不解其國語，於其人姓名多譌舛錯謬。高宗御定《三合音訓》，先擬依其國語改定，如「脫脫」當爲「托克托」，「阿里不哥」當爲「額哷布格」，「帖木兒」當爲「特穆爾」之類，其名始正。惜自國子監取三史板交武英殿，久未舉行。善讀者取《音訓》查對，即了然矣。趙甌北纂《廿二史箚記》，將昔訓刻入，正此意也。道光初年，敕改軍機章京，又率意翻換，如「額哷布格」更爲「阿里克布克」，「和爾果

斯」更爲「和爾和遜」，此類不可勝數，閱者幾不能識爲何名。尤可笑者，史中有「金復蓋海」句，是總金州、復州、蓋平、海城四縣而言也，纂者改爲「金復哈噶」，蓋誤以「蓋海」爲人名也。又《睿宗傳》：「飲酒歡甚，顧謂左右曰」，纂者以「甚顧」二字改爲「薩賴」，蓋「甚顧」二字，刷本畧有模糊，遂誤以兩字爲人名。若此之類甚多，且挖改原書，不久必有脫落之弊。後奉旨校正，常州吳伯興宗丞孝銘，時官水部郎，分得列傳，與余話及，足知纂書官不出一手，亦重得其人也。（《竹葉亭雜記》卷四，清光緒十九年姚虞卿刻本）

鄭光祖

【古今人多誤】螺中有蟹，實本生成，而云蟹入螺殼。牛實有耳，而云鼻聽；兔實有雄，而曰皆雌。雷火有光即是電，雷電實一物，古或分爲二。今王漁洋《居易錄》謂鷗鵒尾有米，趙雲崧《簷曝日記》謂兔生鷹窩中，周櫟園《書影》謂女子不可識字。多見名宿胷羅萬卷書，文章考據之名滿天下，而於人情物理之眞，往往弗深考也。（《一斑錄》雜述五，清道光舟車所至叢書本）

【異類同生】虎生三子，中有一豹，如果有其事，豹與虎猶同類也。陝西山谷鳥鼠同穴，雖不同類，而田鼠化鴽，鴽化田鼠，理猶近也。乃東園友聞云雕生三子，中有一狗，飼之用獵，雕上飛，狗下走，所逐同至，曰「鷹背狗」，則天下安有是理哉？趙雲崧《簷曝雜記》云兔生鷹窠中，余前嗤之，由此以觀，余謂其迂腐，彼豈不笑我寡聞乎？（《一斑錄》雜述六，清道光舟車所至叢書本）

黃芝

【粤小記（節錄）】先泰泉先生之學，固本程朱而溯孔孟，然其論「罕言」章，則曰：「與」猶「示」也，所謂吾無行而不與二三子者也。夫利，誠亂之源也；罕言，固也。不知命無以爲君子，人而不仁如禮樂何？乃弗當示人哉！仁道至大，如己欲立欲達，安仁利仁，未嘗不言也。命雖理微，如道之廢興、得之不得之類，未嘗不言也。示人以命，則利心以義勝。示人以仁，則利心以理消。觀於風人之義，《小星》、《蟋蟀》則言命矣，《叔於田》、《盧令》則言仁矣，茲固世俗常談也，而謂吾夫子罕言，可乎哉？先祖之特見如此。近賢趙甌北翼云：「《四書》經朱子作注之後，固已至當不易，而後人又別出見解，稍與朱注異，而其理亦優者，固不妨兩存之」，如此類，是也。（《清代廣東筆記五種》，林子雄點校，廣東人民出版社 2006 年版，第 396 頁）

鄭復光

【石羊膽寒故能止喘】問石羊膽頗貴重，可止喘，醫書不載。《簷曝雜誌》甌北先生趙翼著。言其膽在足，倦則舐足，復健如初，故人謂其膽能止喘。何故？曰：余不諳藥性，但推其理，凡膽味苦性寒，人之喘，因行急氣熱，則肺為之鼓，而內氣不能充，故喘。寒能解熱，使肺斂而小，則氣無不充矣。石羊膽想寒更甚耳。存此以俟博雅通雅。廣西山羊血治跌打，能起死回生。余家有石羊膽二匣、山羊心血二瓶，瓶、匣俱甚小，銀為之，似一處之產，未知即此羊一物二名，或一類二種否？《粵西偶記》亦載有山羊心血。又見一書，忘其名。言廣西山羊行走如飛，捕之者須百人圍山，漸次逼攏，方可得之，若圍急，或從高跌下，如死，即須速擒，不則甦醒，復跳躍而去矣。（《費隱與知錄》，清道光活字本）

王培荀

【聽雨樓隨筆（節錄）】李雨村調元，與弟鼎元、驥元，先後入詞館，一時有聲藝林。余家藏《童山詩集》，紙板最精，較漁洋山人所刻全集，猶為勝之。既來川，所見則惡劣不及遠矣，未知何故。舊藏《雨村年譜》一冊，鼎元和叔編集，塗乙宛然。所刻《函海》，得吾鄉周林汲先生永年鈔本書三十種，後屢索不還。林汲先生博極群書，曉嵐宗伯薦修《四庫全書》，極一生搜求之力，所得半歸雨村。教匪之亂，其族人乘機焚萬卷樓，爭攜藏書以去，其未盡者，亦化為雲烟矣。趙雲菘之甥劉君來刺綿州，雨村指名求追，終未能得。雨村以養優被劾林居，猶自教歌舞，醒園池臺之盛，甲於西蜀。復又鑿小西湖，名困園，今皆廢為田疇菜畦荒陂矣。聞其妹季蘭亦能詩。小妻萬氏有詩云：「滿院花如錦，風光別樣新。綠楊三月雨，青草一年春。畫閣眼初覺，黃鶯囀正頻。拈針時不語，為憶未歸人。」林汲先生孫溪亭宗耀，補四川崇慶州州同，升貴州廣順州知州以卒。自其祖父與予家累世交好，來川時時相晤。今其子寶傳羈蜀難歸，藏書無存，與雨村之後同一陵夷，可歎也！（《聽雨樓隨筆》卷一，清道光二十五年刻本）

【聽雨樓隨筆（節錄）】周石書立矩，南川佛坡弟也，乾隆丙午舉人，就職通判。詩集經張船山、趙甌北兩先生評定。《贈友》云：「天生鴛偶唱蓮枝，香茗夫人絕妙詞。小院新涼花底坐，風吹鬢影對談詩」；《雲都寺》云：「結茅雲外看雲生，雲去人閒雨復晴。滿院西風黃葉下，僧房時有落棋聲。樹作濤

聲瀑作雷，須臾雲捲萬峰開。蒼蒼一縷松花徑，僧背蒲團說偈回。」石書遊
西湖，過虎邱，登黃鶴樓觀大江、岳陽樓觀洞庭湖，得江山之助，詩愈豪放。
《登澄海樓望海》一篇，尤為傑作：「人海卅年何擾擾？使人不得開懷抱。忽
然萬里豁雙眸，縹緲飛樓倚天表。樓頭一望空無礙，放眼直出青天外。茫茫
大地果是一稊米，盈天地閒一水耳。一島一洲一國土，百千萬國如棋布。想
從彼處望中原，亦祇一髮波濤閒。日出霞紅光照耀，濤頭出沒金銀山。百寶
生其中，日月出其裏，不知日月之外更有幾萬里。眼光到處青濛濛，我欲御
風徑造咸池東。快覩蒼蒼盡處畢，竟是何物捫參歷井遊蒼穹？一杯復一杯，
鈞天樂奏天風來，龍吟鼉吼震山谷，洪鐘巨磬聲如雷。此時快意世未有，醉
中把筆龍蛇走。筆濡蛟宮水，把酒問青天。濆洞巨壑無所用，何不盡化為桑
田？耕田鑿井萬古不能盡，宇宙從此無飢寒。蓬瀛方丈徒步逕可到，神僊與
我常往還。何用雲濤烟浪隔洶湧，禁使不得通人烟？不然海水盡變為酒泉，
招邀自古詩狂酒客痛飲千萬年，一消從來愁窮抑鬱同登儒，胡為乎，無邊無
底徒為萬怪窟宅蛟龍淵？擲筆狂吟風颯颯，顧影飄然愁獨立。憶我平生汗漫
遊，東歷三齊南百粵，曾浮海舶浴日亭，更觀海市蓬萊閣。天公有意教看遼
海山，浮家榆塞非飄泊，非飄泊，且流連，世閒何者非夢幻？往古來今惟有
海水空連天。大笑世人齷齪塵寰中，蠅營蝸鬥情難窮。井蛙眼光如豆大，何
不來觀大海開心胸？籲嗟乎，何不來觀大海開心胸？」船山評云：「無一句非
吾意中所欲言，無一字為吾筆下所能有。」其推服如此。嘗驅車過里門訪先
君，荀年十六，初學為文，持以就正，謬蒙許可，迄今風采如在目也。（《聽雨
樓隨筆》卷二，清道光二十五年刻本）

梁紹壬

【甌北控詞】趙雲松觀察，戲控袁簡齋太史於巴拙堂太守，太守因以一
詞為袁、趙兩家息訟，並設宴郡齋以解之，想見前輩風趣。其控詞云：「為妖
法太狂，誅殛難緩事。竊有原任上元縣袁枚者，前身是怪，括蒼山忽漫脫逃；
年老成精，閻羅殿失於查點。早入清華之選，遂膺民社之司，既滿腰纏，即
辭手版。園偷宛委，占來好水好山；鄉覓溫柔，不論是男是女。盛名所至，
軼事斯傳，借風雅以售其貪婪，假觸詠以恣其饕餮。有百金之贈，輒登詩話
揄揚；嘗一臠之甘，必購食單仿造。婚家花燭，使劉郎直入坐筵；妓宴笙歌，
約杭守無端闖席。占人閒之豔福，遊海內之名山。人盡稱奇，到處總逢迎恐

後；賊無空過，出門必滿載而歸。結交要路公卿，虎將亦稱詩伯；引誘良家
子女，蛾眉都拜門生。凡在爐陳，概無虛假，雖曰風流班首，實乃名教罪人。
爲此列款具呈，伏乞按律定罪，照妖鏡定無逃影，斬邪劍切勿留情。重則付
之輪迴，化蜂蝶以償夙孽；輕則遞回巢穴，逐獼猴仍復原身。」其羅織之詞，
雖云遊戲，亦實事也。（《兩般秋雨盦隨筆》卷一，清道光振綺堂刻本）

【楊妃詩】美人例爲人憐，雖至亡國敗家，猶有起而憐之者。袁簡齋先
生先開脫楊妃，一則曰：「《唐書》新舊分明在，那有金錢洗祿兒？」再則曰：
「如何手把黃金鉞，不管三軍管六宮。」趙甌北先生竟褒獎楊妃，一則曰：「馬
嵬一死諸軍退，妾爲君王拒賊多。」再則曰：「張均兄弟今何在？只有楊妃死
殉君。」（《兩般秋雨盦隨筆》卷一，清道光振綺堂刻本）

【老少年詩】趙甌北先生詠老少年句云：「雞皮三少候，鶴頂百年功」；
李散木先生詠老少年句云：「白髮上陽重被召，青衿歧路忽登科」，一寫其貌，
一寫其意。又有人一絕云：「一曲琵琶塞外哀，夢爲小草傍宮苔。秋風繫足書
傳到，猶帶關氏血淚來」，全從「雁」、「來」、「紅」三字著想，巧不可階。（《兩
般秋雨盦隨筆》卷一，清道光振綺堂刻本）

【袁趙蔣】簡齋大令、雲松觀察、苕生太史，一時齊名。桐鄉程春廬同
文心儀三公，而蔣以未見而沒，因繪《拜袁揖趙哭蔣圖》，以誌景仰。昭文孫
子瀟太史原湘，則專推袁、蔣二公，其詩云：「平生服膺止有兩，江左袁公江
右蔣。廬山瀑布鍾山雲，一日胸中百來往。」錢唐張仲雅太令雲璈，又瓣香袁、
趙二公，顏所居曰「簡松草堂」，後即以名其詩集，蓋性情之地，各有沆瀣也。
陽湖洪稚存太史亮吉，評三公之詩云：「袁詩如通天老狐，醉則見尾；趙詩如
東方正諫，時雜詼諧；蔣詩如劍俠入道，猶餘殺機」，洵稱確論。稚存先生詩
才奇險，好作驚人之句，有人仿其體調之云：「黃狗隨風飛上天，白狗一去三
千年」，聞者絕倒。洪聚生平所識詩人，作爲詩評，凡數十家，或問之曰：「公
詩如何？」洪自批云：「僕詩如急湍峻嶺，殊少迴旋。」（《兩般秋雨盦隨筆》卷
二，清道光振綺堂刻本）

【不倒翁】趙雲松觀察作《不倒翁》詩，欲用「黃胖春遊」四字，而未
得其對。明日方浴，忽憶「白題胡舞」，眞絕對也。喜而一躍，浴盆頓破。（《兩
般秋雨盦隨筆》卷六，清道光振綺堂刻本）

【下第詩】下第詩忌牢騷怒罵，趙甌北先生《壬申下第》三首之一云：「也
知得失等鴻毛，捨此將何術改操？親老河難人壽促，時清星敢少微高。長鳴棧

馬還思豆，未解庖牛忍善刀。回首短檠殘燭在，搬薑自笑鼠徒勞」，和平中正，宜其掇巍科，享盛名，臻耆耉也。（《兩般秋雨盫隨筆》卷七，清道光振綺堂刻本）

【嶽廟對】京師東嶽廟對云：「雲行雨施，不崇朝而徧天下；理大物博，祖陽氣之發東方」，汪文端公由敦所書，句則趙甌北先生所撰也。（《兩般秋雨盫隨筆》卷七，清道光振綺堂刻本）

吳振棫

【養吉齋叢錄（節錄）】順治間，大學士等俱內直，諸章奏即日票擬，面賜裁決。十八年以後，輔政大臣內直，大學士等在外疏奏，次日看詳及進呈，候旨止有學士，而大學士不預。康熙八年，從李文襄之芳請，仍復舊制，其後章疏票擬，主之內閣；軍國機要，主之議政處。若特頒詔旨，由南書房翰林視草。迨雍正七、八年間，以西北兩路用兵，設軍機房，領以親重大臣，選庶官之敏慎者，爲滿、漢章京。於是尋常吏事，仍由內閣票擬，大政皆由樞臣面奉指揮，擬旨繕發。高宗即位，改名總理處。三年，王大臣請罷總理，命復名軍機處。其時詔旨，皆大臣自行繕擬，次日授所屬進之。其後令章京具草，視定進呈，蓋自汪文端由敦始。趙甌北翼云：「乾隆十二三年間，滿、漢文皆軍機大臣屬草。迨傅文忠恆領揆席，滿司員欲藉爲見才營進地，文忠始稍假之。始不過短幅片紙，後則無一非司員所擬矣。汪文端見滿司員如此，而漢文必自己出，嫌於攬持，乃亦聽司員代擬。」（《養吉齋叢錄》卷四，清光緒刻本）

【辛巳殿試】乾隆辛巳殿試，將軍兆惠方奏凱歸，高宗隆其遇，特派讀卷。兆自陳不習漢文，上諭以諸臣各有圈點，圈多即佳卷。兆檢得趙翼卷九圈，遂定第一。先是，卷皆彌封，是科以御史奏，改先拆封，第一趙翼，江南人；第二胡高望，浙江人；第三王杰，陝西人。因問讀卷大臣曰：「本朝陝西曾有狀元否？」對曰：「未有。」上即以王爲第一，趙爲第三。越日，諭諸臣曰：「趙翼文自佳，然江浙多狀元。陝西則本朝未有，與一狀元不爲過。」是時西師凱還，而西人適得元，誠佳話也。（《養吉齋餘錄》卷八，清光緒刻本）

夏荃

【重遊泮水】重赴瓊林、鹿鳴是極盛事，亦是極難事，非少年科第享大年者不能。若入學六十年，謂之重遊泮水。說雖不典，然求之學校中，甚不易得，不可以其眇小而忽之。程丈星泉應韜於乾隆三十二年入學，至道光七年，花甲一周矣。是年，丈次孫祥鑿適補博士弟子員，塚孫祥芝以優行貢京師，丈因作

《重謁泮宮》詩，遍送同人，未始非藝林小小一段佳話也。近江丈永清潔，姪松齡太岳丈也，年八十二，與星泉丈同案。星翁沒數年，而丈巍然獨存，計入學六十五年，學中老前輩，莫之或先也，可謂閱人成世矣。高丈庸庵岳，年八十三，於乾隆三十八年癸巳入學，今五十九年，聞江丈甚鑵鑠，不須杖而行，高丈在家無事，尚讀時文，似此興會，即是壽徵。後輩那得有此？考盧抱經學士以雍正壬子補弟子員，及乾隆壬子，又見諸生遊庠，先生作《重逢入泮》詩紀事。趙甌北觀察以乾隆己丑入學，嘉慶乙丑，先生年七十九，又屆院試之期，亦作《重遊泮宮》詩。梁山舟先生有《和袁簡齋、錢璵沙兩公重遊泮宮》詩，有《和盧抱經同年壬子重遊泮宮》詩，先生又有《前庚申是某入泮之年，今又將屆期，感賦之作□（案：原文漫漶，不可辨）年》。（《退庵筆記》卷七，清鈔本）

朱翊清

　　【箸包船】道光丁酉九月，禾中三塔寺之南有村婦王氏，其母家相近陡門。時新穀方登，婦製餶餷一器，將往遺其父。其夫以次日將入城貿布，囑其速返。婦諾之，攜一子而去。無何，待至日暮不至，次日走問，始知其並未到家，各處尋訪不得，乃還。入門倒於牀上，輾轉尋思，不知其存其沒。未幾，矇矓睡去，忽見其妻被髮立於牀前，流血被面，涕泣言曰：「吾已為惡丐所殺。明日君但往南塘一路覓得昨所攜餶餷，即吾冤可雪。但今生與君永訣矣。」村農急起持之，倏不見，驚寤遂起，坐而待旦。出門沿塘行，未至萬壽山北里許，遙望隔岸一箸包船泊於河側，心疑焉，急呼塘畔行舟，渡至船邊。見船尾二小丐方相與爭食，一小丐手中擎餶餷二枚，罵曰：「昨師父以汝不會乞錢，故不許汝吃，以此一籃賞我，汝何得更來奪食？」村農近視其餶餷，酷似妻所作者，因問：「汝師昨從何處得此？」小丐曰：「昨有婦人攜一兒，招我師父擺渡。我師父遂撑過對岸，賺其進船，其所攜餶餷共有一籃，今猶剩此數枚也。」村農乃奔告婦翁，聚集數十人，操械而往，躍登船上。則老丐二人已歸。縛而搜之，其前後艙底有數甕，或鮮或槁，皆斷脊墮臂，貯滿其中，又有一小甕，泥封其口，□（案：原文漫漶，不可辨）開則其妻與兒之首，血淋漓尚未乾也。於是並取其甕，相與解官，擊鼓申報。邑令即提二丐鞫之，二丐直認不辭，及問其乾臘所自，則堅不肯招。聞二丐皆鴟視深顱，狀貌獰惡，其拷訊時亦並不呼痛也。此案不知作何結搆也。《烏青文獻》：浙西丐子結黨駕舟，散行各處，用迷藥拐騙子女，剔其目，挑其筋，曲折其手足，號曰盆景。令行街市，日責錢若干。其女子殊色者，則賣為娼，或自行淫；其穉而

肥者，直煮食之。故其人多強壯猙獰，不忌夾打。其老者亦割折之而取其腦
髓肝腎，賣以為藥，故積財甚富，賄勢豪為之窩，事露於官則夤緣說情釋放。
順治乙酉六月，有一數歲瞽目女子乞於市，悉其詳，相與蹤跡擒之，計十餘
人，解至捕衙，衙官欲庇之，眾大譁，乃撲殺之，并焚其舟。　　按此即甌
北所詠之《箬包船》也。余幼時嘗見捕衙中捕得二人，究其黨與，一任拷掠，
終不肯招，亦絕不呼痛乞饒。搜其船，得肝腎等數件，遂併其船發縣，其後
亦不知如何發落。或謂此輩常食人腦髓，故能熬刑，且上下無所不通，故其
類卒不可滅。昔萬曆中，高寀督礦閩中，原奏官魏天爵、林宗文百計媚寀，
因進一方云：取童男女腦髓，和藥服之，則陽道復生，能御女種子。寀大喜，
多買童稺，碎顱刳腦，貧困之家多割愛以售，惡少年至以藥迷人稺子，售於
寀，博取多金，稅署池中白骨齒齒。嗣買少婦數人，相逐為秘戲，以試方術。
歌舞孌童，又不下數十人，窮極荒淫。其後魏奄亦用此法，故能與客氏奸通。
及其死，宮女私孕者數人焉。是此輩為禍，由來已久，不獨如文獻所云賄勢
豪為奧援已也。(《埋憂集》卷五，清同治刻本)

湯用中

【翼駉稗編（節錄）】貴州兵備道署中鬼最多，往往白晝出現。先外祖甌
北先生觀察時，有陸貴者偶至廚下，見一人持帚舞跳竈前，近視則一無頭人，
大驚倒地。又僕婦蔣氏見群鬼竊食，驚喊，一鬼怒握拳，擊其頭，即墳起如
茶盌，久而不銷。予童時，猶及見蔣墳處堅如石焉。(《翼駉稗編》卷二《貴州兵
備道署鬼》，《筆記小說大觀》二十一編第九冊，臺灣新興書局有限公司，1987 年版第 5375
～5376 頁)

陸以湉

【四三楊】陽湖趙雲松觀察翼《陔餘叢考》謂史有三「三楊」，乃晉楊駿、
楊珧、楊濟，唐楊憑、楊凝、楊凌，明楊士奇、楊溥、楊榮也。按《元史》：
「楊湜，藁城人，與中山楊珍、無極楊卞齊名，時人有『三楊』之目。」是
有四「三楊」矣。(《冷廬雜識》卷一，清咸豐六年刻本)

【元遺山】元遺山為崔立撰碑，納降改服，詒後世口實。而搜羅散失，
作《中州集》、《壬辰雜編》、《續夷堅志》等書，俾金源氏一代文獻，因之而
存，其功豈淺鮮哉？趙雲松觀察詩云「無官未害餐周粟，有史深愁失楚弓」，
持論平允，是能知遺山之心者。(《冷廬雜識》卷三，清咸豐六年刻本)

【姚姬傳比部詩】姚姬傳比部以古文名天下，詩亦清俊可誦，如「地擁江聲出，天橫雨勢來」，「雨歇群山響，春深萬木齊」，「石壁凌江閣，風林隔浦船」，俱佳。姚與趙雲松觀察，皆於嘉慶庚午重赴鹿鳴宴，趙繪爲圖，姚題詩云：「敢道與君成二老？與逢此會亦千秋」，語亦婉妙。（《冷廬雜識》卷六，清咸豐六年刻本）

【三元】趙雲松觀察《贈三元錢湘舲閣學》詩云「累朝如君十一箇，事蹟半在青史留」，蓋指唐張又新、崔元翰，宋孫何、王曾、宋庠、楊寘、馮京、王嚴叟，金孟宗獻，元王宗哲，明商輅也。張又新、孫何、王曾、宋庠、楊寘、馮京、王嚴叟、商輅，史皆有傳，王曾、宋庠、商輅爲名宰相，馮京爲名執政。若張又新之諂附敗名，王宗哲之降賊偷生，適爲科名之玷耳。按《遼史·王棠傳》：「鄉貢、禮部、廷試皆第一」，是亦三元也，趙詩不之及，何耶？本朝三元：長洲錢棨、乾隆己亥解元，辛丑會、狀，官至內閣學士、臨桂陳繼昌，嘉慶癸酉解元，庚辰會、狀，官至江蘇布政使。皆克敦行誼，無愧名臣。（《冷廬雜識》卷八，清咸豐六年刻本）

吳元相

【松塵燕談（節錄）】陽湖趙雲菘觀察翼，總角時，有戚某抱病沉危，一女鬼爲屬。形容柴瘠，奄奄垂斃矣。某母禱祈莫驗。雲菘來候，則鬼輒避去。雲菘辭出，鬼復至。笑云：「豈能使趙郎久住此乎？」某母苦，語雲菘，不得已往燃燭以伴三日。夜倦極，暑出假寐，鬼已來接，數日竟卒。後雲菘長，登乾隆辛巳一甲第三人翰林，歷外郡，終貴西道。（《松塵燕談》卷二十一，《筆記小說大觀》三十九編第四冊，臺灣新興書局有限公司1985年版，第702～703頁）

葉名澧

【憫忠寺僧】京師宣武門外法源寺，唐名憫忠，遼金時典故最多，趙氏翼已考得數事。《廿二史箚記》卷二十八。偶閱遼僧行均《龍龕手鑑》，前有統和十五年丁酉七月初一癸亥，燕臺憫忠寺沙門智光字法炬序，遼時僧人喜講文藝，此序亦憫忠寺遺聞也。（《橋西雜記》，清同治十年滂喜齋刻本）

【避孔子諱】趙氏翼《陔餘叢考》：「《金史》：『明昌中，詔周公、孔子名俱令迴避，又詔有司，如進士名有犯孔子諱者避之，著如令』，此近代避聖諱之始。」錢氏大昕《養新錄》則云：「大觀四年，避孔子諱，改瑕邱縣爲瑕縣，龔邱縣爲龔縣。」名澧案：瑕縣、龔縣，《宋史·地理志》屬襲慶府、魯郡，本兗州。皆

大觀四年所改，以其地近聖人之居耳。他如京畿雍邱、封邱之屬，均未避改也。我朝申令極嚴，雍正三年，奉上諭：「孔子聖諱，理應迴避」，令九卿會議。九卿議以凡係姓氏，俱加「阝」爲「邱」字；凡係地名，皆更易他名；書寫常用則從古體「𠀤」字。議上，上諭：「朕細思今文出於古文，若改用『𠀤』字，是未嘗迴避也。此字本有期音，查《毛詩》，古文作期音甚多。嗣後除四書五經外，凡遇此字，並加『阝』爲『邱』，地名亦不改易，但加『阝』旁，讀作期音。庶乎允協足副尊崇先師至聖之意。」（《橋西雜記》，清同治十年滂喜齋刻本）

【趙甌北汪龍莊考史之法】趙氏翼成《廿二史箚記》三十六卷，自言「不能研究經學，惟歷代史書，事顯而義淺，便於流覽，爰取爲日課，有所得輒箚記別紙，……有稗乘胲說與正事岐誤者，不敢遽詫爲得閒之奇。修史時，此等記載無不蒐入史局，棄而不取，必有難以徵信之處，今反據以駁正史，不免貽譏有識。」錢氏大昕謂：「此論古特識，顏師古以後未有能見及此者。」同時汪氏輝祖治《元史》，專以本史參證，不更旁引他書，區以三類：曰證誤，曰證遺，曰證名。二君於學，皆能實事求是，可爲考史之法矣。蓋歷代修史，未必出於一人之手，前後踳駁，固可就本書以正其說。而裨官野史，當日登諸史館秉筆者，或持一之私見以爲定評，或有所避忌而不敢直言，三國以後，比比然矣。自予觀之，讀史者自當奉正史爲主，正史而外，不妨兼及別史，折衷於一是，凡支離謬誕之談，概從刪削焉。裴松之之注《三國志》，亦即此意，而惜其決擇之未精也。（《橋西雜記》，清同治十年滂喜齋刻本）

【迴避】趙氏翼《陔餘叢考》引《通考》：「唐開元二十四年，設別頭試，爲後世科場迴避親族之始。」考《宋史‧張士遜傳》：「科場初用糊名法，士遜爲巡捕官，以進士有姻黨，請迴避。自是有親嫌者皆迴避，著爲令」，是宋時迴避仍承唐制也。《宋史‧選舉志》：「舊制：秋貢、春試皆置別頭場，以待舉人之避親者。自緦麻以上親及大功以上婚姻之家，皆牒送，惟臨軒親試，謂之天子門生，雖父兄爲考官，亦不避」，是避親者就試別院，及赴廷對，雖考官不避也。《選舉志》又云：「嘉定元年，命朝官有親屬赴廷對者免差，充考校。十二年，禁假託宗枝，遷就服制者。」然考《夷堅志》：「汪義和預鄉薦，淳熙辛丑，其弟義端爲文院檢點試卷官，牒詣別頭，乃奏名，以黃甲榜登第。寶祐四年，同年錄王應麟爲覆考檢點試卷官，其弟應鳳名列一甲第九人」，當亦試別院者，而錄未之詳，又與嘉定時免差充考校之言不合。或淳熙以後改復舊制，有親屬赴廷試仍不避與？（《橋西雜記》，清同治十年滂喜齋刻本）

【謝皋羽】趙氏翼《陔餘叢考》嘗怪《宋史·忠義傳》從文天祥勤王者十九人，而無謝翱，又據《宋濂集》有《翱傳》：「福建長溪人，後徙浦城。文丞相開府，延平署諮事參軍，已而別去」，則未嘗無其人名。澧案：元袁桷《清容居士集·師友淵源錄》載其名曰「謝翱，南劍人，僧圓志，瑞州人，俱能古文，尚嚴簡，氣鬱，不自舒，困死」，南劍州，宋屬福建路。語甚略，清容蓋有所諱而然歟？圓志當亦宋室遺老毀家爲僧者，清容以之與皋羽同稱，可想見之矣。（《橋西雜記》，清同治十年滂喜齋刻本）

梁恭辰

【尹文端公】趙甌北翼曰：尹文端公節制兩江凡四度，德政固多，而最得民心者，在嚴禁漕弊一事。先是有司收漕以腳費爲名，率一斗準作六七升。公初巡撫江南，奏明每石令業戶別納兌費錢五十二文，而斗解聽民自概，有遺粒在斛之鐵邊者，亦謂之花邊，令民自拂去。後桂林陳文恭公撫吳，胡文伯爲藩司，皆守成規，弗使絲毫假借。有某令戈姓者，每石加收一升五合，輒被劾坐絞。漕務肅清者凡四十年，皆文端遺惠也，宜吳人思公至今不替云。家大人曰：「文端公之清漕，被其澤者在江南；而文端公之治獄，被其澤者且在天下後世。」凡強盜，律不論首從，皆斬。自分別法無可貸、情有可原兩條，免死者遂不計其數。余在吳中與程梓廷先生清釐盜案，先生深以此條爲非是，以爲自有分別辦法而犯案者益多，非正本清源之道。余謂此例實發自尹文端公，仰蒙高廟允行，至今遵辦數十年，合計各直省免死之人不下千萬，此天地好生之德，國家寬大之恩，我大清億萬年景運之延洪，未必不由於此。而尹文端公一家，韋平繼起，□組相承，即此已見其概，斷非後人所當輕議矣。（《北東園筆錄初編》卷一，《筆記小說大觀》一編第八冊，臺灣新興書局有限公司 1985 年版，第 4721～4722 頁）

【畢秋帆宮保】國朝狀元鮮外任者，畢秋帆先生（沅）及史漁村先生（致光）兩人，由府道洊歷總督，而加宮保、賞花翎。勳名之盛，則畢公遠勝於史。公未第時，先由中書直軍機。應庚辰會試，揭曉前一日，公與諸桐嶼（重光）、童梧岡（鳳三）皆在西苑。該班桐嶼應夜直，忽語公曰：「今夕須湘衡（畢公字）代我夜直。」公問故，則曰：「余輩尚善書，倘獲雋，可望鼎甲，須早回寓以待。若君書法，即中式，敢作分外想乎？」語竟，二人徑去不顧。公怡然爲代直。及日晡，適陝甘總督黃廷桂奏摺發下，則言新疆屯田事，公夜坐無事，乃熟讀之。無何，三人皆中。時新疆甫闢，上方欲興屯田，及廷

試，策問即及之。公屯田策獨詳覈冠場，擬以第四本進呈，上改第一，桐嶼次之，梧岡名在第十一。同直知其事者咸嗟歎。趙甌北曰：「倘揭曉之夕湘衡竟不代直，則無由知屯田事。以書法斷之，其卷必不能在十本內，而龍頭竟屬桐嶼矣。」昔賢每教人學吃虧，至是而益信。亦湘衡之性度使然，而福命即隨之歟？（《北東園筆錄初編》卷一，《筆記小說大觀》一編第八冊，臺灣新興書局有限公司 1985 年版，第 4724～4725 頁）

【祝由科】趙甌北與陳玉亭輝祖同直軍機，兩人皆少年，暇輒手搏相戲。玉亭有力，每握甌北手，輒痛不可忍。甌北受侮屢矣，時思所以報之。一日，在圓明園直廬，取凳一杌語玉亭曰：「吾閉目相擊，若觸吾杌而傷，非吾罪也。」蓋甌北自謂閉目則玉亭必不敢冒險來犯，而玉亭又意冒險來，甌北必不敢以杌擊也。忽聞杌端拇突一聲，玉亭已血滿面，將斃矣。急以湯灌之，始蘇。甌北大驚，悔，立呼車送之入城。是日散直，急騎馬往視。甫入西直門，而馬忽跳躍，甌北遂跌仆地，死去半刻方醒。乃先回宅將息，明日始往見玉亭，玉亭故無恙。後兩家奴子互相議論，始知甌北之跌，即玉亭所為。玉亭楚人，蓋素習祝由科，能以傷移於人也。（《北東園筆錄初編》卷四，《筆記小說大觀》一編第八冊，臺灣新興書局有限公司 1985 年版，第 4781～4782 頁）

【錢文敏公】錢梅溪云：余業師金安安先生祖靜外孫中銑、中鈺，俱家文敏公稼軒司冠之公子。乾隆甲午歲，余年十六，在安安先生家中見之。時中銑已得內閣中書，中鈺亦議敘中書科中書。兩公子俱年方弱冠，狀貌魁梧，聰明絕世，能詩，工八法，真善承家學者。不數年後，俱無疾而死。中銑死於舟中，中鈺死於車中，云皆遇鬼祟活捉。其事甚確而不知其何由致此。後余到揚州晤趙甌北先生，談及此事，云文敏公因奉旨查辦貴州威寧州劉標虧空一案，緣前任廉訪高積曾辦公表姪蔣牧論絞，公挾此私恨，加意苛求，竟斬高以報復之。事隔十年，而兩子俱為所祟，甚可懼也。先是，公出差貴州時，道經衡陽，知回雁峰有老僧名通慧者，善相人，公往訪之。僧云：「觀公之相，必登臺輔，兩子亦得簪纓，然眉宇間稍露殺氣，公能種德，則相可隨心改也，公其勉之。」及返衡陽，復見此僧，僧大驚曰：「可惜。」餘無一語，公亦默然。公有兩孫，余亦曾見之，一中副舉人，一有痰疾，不言不語，家道亦凌替矣。按：錢文敏公以少司寇丁憂回里時，夢見一大碑上書「哀哀哀」三字，心甚惡之，語其弟竹初明府。竹初曰：「三口為品，兄將來當著一品衣耳。」未幾，卒，詔贈尚書銜，其驗如此。（《北東園筆錄四編》卷五，《筆記小說

大觀》一編第八冊，臺灣新興書局有限公司 1985 年版，第 5217～5218 頁）

周壽昌

【查初白詩】查初白《敬業堂詩集》存者過多，遂少別擇。其沉博清轉之作，固據勝場，而下筆頹唐處，政復不免。趙雲松篇評句采，集爲《詩話》，列之放翁、遺山、梅村諸老之後。蔣心餘遂將《全集》痛加詆斥，謂是山歌村唱，其亦過矣。蔣評無刻本，予有一冊，是蔣手書。（《思益堂日劄》卷六，清光緒十四年王先謙等刻本）

喬松年

【蘿藦亭劄記（節錄）】袁子才詩爲通人所詬病，此亦是故爲《折楊》、《皇荂》之曲，以傾《下里》之聽，貶節干譽。意與樂天正同，但求諧於俗耳，不顧乖於雅音。然此兩君非不能爲雅音，就其集中擇十許篇不落凡猥之作，朗朗可誦。世之學兩公者，大抵無一篇可採。趙雲松譏袁「如通天老狐，時時露尾」（案：或爲作者誤記，此爲洪亮吉語），誠肖其狀。然袁是故作此態，非欲匿而不能。（《蘿藦亭劄記》卷四，清同治刻本）

蔣超伯

【趙佗】趙甌北先生云：「《漢書》：趙佗卒於建元四年，其時漢興已七十年，佗應年百餘歲。」乃《廣東新語》則云：「尉佗飲九眼井水，肌體潤澤，年百有餘歲，視聽不衰」，殆附會之說耳。（《南漘楛語》卷四，清同治十年兩罍山房刻本）

【洪北江】洪稚存先生於袁、趙、蔣三家，俱有不足，詆袁尤甚，比之通天神狐。而當時貴官大吏之詩，皆極讚美，世頗以爲諛。袁雖前輩自居，稚翁詩中僅稱爲「大令」，世亦以爲隘。其《乾隆府廳州縣志》爲生平得意之筆，覽其書者，咸以京相璠、司馬彪一流許之，而章實齊學誠痛加指斥，謂當首部院，不當冠以布政司也，見《文史通義》。然余服膺先生數語云：「環堂而行，跬步有幾，行之不已，可積千里；索書而觀，書苦易竟，循環讀之，義乃不盡。」（《南漘楛語》卷五，清同治十年兩罍山房刻本）

俞樾

【右臺僊館筆記（節錄）】光緒六年五月，浙江巡撫譚公疏稱：「台州府天

台縣民許治邦，生於乾隆三十五年，至同治十一年，百有三歲，經前撫臣楊昌濬照例請旌，並蒙賞給上用緞一匹，銀十兩。茲據天台縣職員陳補過等呈稱：許治邦見年一百十一歲，長曾孫許尊周於光緒五年八月孿生二子，次曾孫許尊賢亦生一子，許治邦家住福溪，人遊壽宇，越百齡有十歲，萃五世於一堂，仰懇天恩，從優旌表。」奉旨：「禮部知道。」按明徐應秋《玉芝堂談薈》，羅列古來長壽人百數十歲者甚多，國朝趙耘菘《陔餘叢考》中亦有一則，不及《談薈》之博。昔讀其書，每歎其異，不圖並世乃有斯人，恐天壤間更無第二人矣。（《右臺僊館筆記》卷十，清光緒二十五年刻春在堂全書本）

【湖樓筆談（節錄）】漢唐以來二千餘年之事，存乎史氏紀載者半，存乎委巷傳聞者亦半。學士大夫之所知，史氏紀載之事也。愚夫愚婦之所知，委巷傳聞之事也。然學士大夫少而愚夫愚婦多，則史氏之紀載不敵委巷之傳聞矣。是故元霸為唐高祖子，史固有之，然不壽早死，無所表見，而至今傳其神勇，比擬關張；唐薛仁貴、宋楊業皆一代名將，史固有之，然其後裔亦無聞焉，而至今稱道其家風，以為美談。沿習既久，雖士夫亦誤信之。趙雲菘《甌北集》有《關索嶺》詩云：「未必傳聞盡偽史策真」，亦善於解嘲矣。乃如《漢書·律曆志》所載，張壽王言驪山女亦為天子，在殷周閒。夫殷周之閒，事蹟具在，烏有驪山女為天子之事？當日陳之朝廷，傳之史策，何歟？是知不經之說，自古有之，好奇輕信亦所不免。後世負鼓盲翁，登場優孟，附會古人，張皇幽渺，復何尤焉？（《湖樓筆談》七，清光緒二十五年刻春在堂全書本）

【葛賢墓】葛賢初名誠，吳人也。明萬曆辛丑，太監孫隆以織造至蘇，六門設稅吏，凡負戴出入，必稅錢數文，閭閻騷動。賢以蕉扇招市人，殺其參隨，隆走杭得免。賢詣官待罪，後遇赦，不死。又十餘年，以壽終。吳人義之，呼為「葛將軍」，葬虎丘，其地即在五人墓側。近代詩家如隨園、甌北，皆有《五人墓》詩，而不及葛墓，因作此篇曰：　五人墓畔一抔土，尚有殘碑留廢圃。其人更在五人前，一樣英名照千古。相傳有明萬曆中，織造太監來孫隆。六門稅吏虎而冠，誅求不顧閭閻空。葛將軍，真鐵漢，蕉扇一揮吳市亂。老拳毒手各爭雄，霹靂青天狐鼠竄。束身歸罪官吏愁，銀鐺擲地寒颼颼。男兒死耳復何恨？含笑願從要離遊。戴吾頭來竟不死，從此義聲動吳市。後來顏馬沈楊周，五人乃是聞風起。我尋五人墓，因至將軍墳。當時國事何紛紛？赤丸砍吏固惡俗，銅山破賊真奇默。斯人不媿稱將軍，山塘七里烟波活，芳草離離埋俠骨。後人倘訪五人碑，無忘有此一條葛。（《春在堂詩編》丁辛編，

清光緒二十五年刻春在堂全書本）

【臨終自喜（其三）】雲煙過眼總無痕，爪印居然處處存。科老真將作祧祖，趙甌北詩：「科老已如祧廟主」。年高不僅見門孫。明人有「門孫」之稱，謂門生之子也。若余孫亦有門生，則不僅門孫矣。叨先詞館人千輩，再領鄉筵酒一尊。更喜崢嶸頭角在，謂曾孫僧寶。倘延祖德到雲昆。（《春在堂詩編》丙午編，清光緒二十五年刻春在堂全書本）

【律詩一聯中有重複字】國朝駢櫜道人《姜露庵筆記》云：香山、劍南今體詩多復字，然不犯於一聯中。其一聯犯復者，張公裕云「馬行舊路行來滑，龜放長河不共來」，東坡云「淒風瑟縮吹絃柱，香霧淒迷著鬢鬟」，遺山云「聞道舊傳言外意，忘言今得眼中人」，漁洋云「漢廷露下僊人掌，銀漢光連帝子家」，甌北云「禁中才子微之句，年少神僊子晉笙」。按此諸聯，皆不知而誤犯，惟遺山「言外忘言」二句，語意似相承，或有意為之，在律詩中可稱創格矣。（《茶香室叢鈔》卷八，清光緒二十五年刻春在堂全書本）

【張王李趙】國朝林春溥《開卷偶得》云：《路史·國名紀》曰：「張王李趙，易類是謀，謂皆黃帝之所賜姓。」《姓書》則謂王出靈王，李因老子，張、趙始周之中世。而不知商有李徵，夏有趙隱，王倪在唐堯之代，而張若者黃帝之臣。又黃帝子揮，亦封於張。廣西洞酋，迄今惟此四姓為雄。《易傳》之言，未為無本，而《姓書》之不足證，類若斯矣。按趙甌北《陔餘叢考》有《張王李趙》一條，但引朱弁《曲洧舊聞》，不知有《易緯》之說。然《易緯》「有是類謀」亦作「筮類謀」，此云「類是謀」，誤矣。檢「是類謀」亦無「張王李趙」之語，恐未足據。（《茶香室三鈔》卷六，清光緒二十五年刻春在堂全書本）

【一言至十五言詩】蜀何光遠《鑒戒錄》云：「杜先生光庭吟一言至十五言，《紀道德》、《懷古今》兩篇，可謂大製。」《紀道德》云：「道，德。清虛，元默。生帝先，為聖則。聽之不聞，搏之不得。至德本無為，人中多自惑。在洗心而息慮，亦知白而守黑。百姓日用而不知，上士勤行而必克。既鼓鑄於乾坤品物，信充牣乎東西南北。三皇高拱兮任以自然，五帝垂衣兮修之不忒。以心體之者為四海之主，以身率之者為萬夫之特。有皓齒青娥者為伐命之斧，蘊奇謀廣智者為盜國之賊。曾未若軒後順風兮清靜自化，曾未若皋陶邁種兮溫恭允塞。故可以越圓清方濁兮不始不終，何止乎居九流五常兮理家理國。豈不聞乎天地於道德也無以清寧，豈不聞乎道德於天地也有蹈繩墨。語不云乎仲尼有言朝聞道夕死可矣，所以垂萬古歷百王不敢離之於頃刻。」《懷

古今》云：「古，今。感事，傷心。驚得喪，歎浮沉。風驅寒暑，川注光陰。始銜朱顏麗，俄悲白髮侵。嗟四豪之不返，痛七貴以難尋。夸父興懷於落照，田文起怨於鳴琴。雁足悽涼兮傳恨緒，鳳臺寂寞兮有遺音。朔漠幽囚兮天長地久，瀟湘隔別兮水闊煙深。誰能絕聖韜賢飧芝餌術，誰能含光遁世鍊石燒金。君不見屈大夫紉蘭而發諫，君不見賈太傅忌鵩而愁吟。君不見四皓避秦峩峩戀商嶺，君不見二疏辭漢飄飄歸故林。胡爲乎冒進貪名踐危塗與傾轍，胡爲乎護權恃寵顧華飾與彫簪。我所以思抗跡忘機用虛無爲師範，吾所以思去奢滅慾保道德爲規箴。不能勞神傚蘇子張生兮干時而縱辯，不能勞神傚楊朱墨翟兮揮涕以沾襟。」按趙甌北《陔餘叢考》言古今詩體至十一言而止，不知有此二篇也。然此二篇實亦不佳，多用虛字襯貼，雖至二十餘言，亦復何難？（《茶香室三鈔》卷十五，清光緒二十五年刻春在堂全書本）

【鍾馗嫁魅】明文震亨《長物志》云：「懸畫月令，十二月宜鍾馗、迎福、驅魅、嫁魅」，按此知世傳「鍾馗嫁妹」，乃「嫁魅」之訛。趙甌北《陔餘叢考》云：「宗愨妹名鍾葵，後世因有《鍾馗嫁妹圖》。」此說恐非。（《茶香室三鈔》卷二十，清光緒二十五年刻春在堂全書本）

【都都平丈我】宋趙與旹《賓退錄》云：「曹元寵名組，嘗賦《紅窗迥》百餘篇，皆嘲謔之詞，故掩其文名。世傳俚語，謂假儒不識字者以《論語》授徒，讀『鬱鬱乎文哉』爲『都都平丈我』。元寵《題梁仲敍所藏陳坦畫村教學》詩云：『此老方捫蝨，眾雛亦附火。想見文字閒，都都平丈我。』」按此語至今流傳未絕，趙甌北集中曾用之，今乃知宋人固以入詩也。（《茶香室四鈔》卷十一，清光緒二十五年刻春在堂全書本）

【土譔】明趙宧光《寒山帚談》云：「無論眞楷已上不當土譔，即行書狂草，古人十九不失榘步也。」「土」字下自注云：「音杜。」按「杜撰」一語，由來久矣，《陔餘叢考》曾考其義，究亦未得。凡夫寫作「土」而讀作「杜」，轉似得之。「土」、「杜」，古通用，惟「譔」字據《漢書·揚雄傳》當作「譔」。他處亦有作「纂」者，《司馬遷傳》贊「孔氏纂之」是也；亦有作「篡」者，《藝文志》「相與輯而論篡」是也。據師古注，則皆可作「撰」，若從人作「譔」，轉非其字矣。沈作喆《寓簡》謂「田何善《易》，言《易》者本田何，何以齊諸田徙杜陵，號『杜田生』，今之里語謂白撰無所本者爲『杜田』或曰『杜園』，蓋本此。」此說大謬。田何之《易》，原出聖門，豈得云無所本乎？杜田生者，杜陵之田生，乃以「杜田」二字連讀，失其義矣。甌北歷引諸說，而專取此，

殊爲無見。「杜園」之說則誠有之，宋人譏孔文仲爲「杜園賈誼」是也。余謂「杜園」者，土園也。《漢書‧召信臣傳》稱大官園，園屬大官，是謂官園；刪乎官園，是謂土園。以人而論，則有土丁，有土民，見《宋史‧兵志》；以物而論，則有土鹽，有土礬，見《宋史‧食貨志》。凡此之類，皆可寫作「杜」，而讀作「土」也。《帚談》第二卷又云：「學書人於古法帖，不過浮慕幾字，遂肚饌改作，附名某家體法，大可怪也。」「肚」字下亦注：「一『土』字。」其字又作「肚饌」，何也？（《茶香室四鈔》卷十二，清光緒二十五年刻春在堂全書本）

【詩文相襲】明徐𤊹《筆精》云：「晉羊球《西樓賦》『畫棟浮細細之輕雲，朱栱溼濛濛之飛雨』，王勃《滕王閣》則襲爲『畫棟朝飛南浦雲，珠簾暮捲西山雨』，杜甫《陽城郡王新樓》又襲爲『碧窗宿霧濛濛溼，朱栱浮雲細細輕』。」又云：「唐詩往往蹈襲六朝人語句。戴叔倫『一年將盡夜，萬里未歸人』，則梁武帝『一年漏將盡，萬里人未歸』也；郎士元『暮蟬不可聽，秋葉豈堪聞』，則吳均『落葉思紛紛，蟬聲猶可聞』也；高適『功名萬里外，心事一杯中』，則庾信『悲生萬里外，恨起一杯中』也；杜甫『薄雲巖際宿，孤月浪中翻』，則何遜『薄雲巖際出，孤月波中上』也。」又云：「王勃《滕王閣序》『層巒聳翠，上出重霄；飛閣流丹，下臨無地』，乃襲王屮《頭陀寺碑》『層軒延袤，上出雲霓；飛閣透迤，下臨無地』，又不獨『落霞秋水』襲庾信也。」愚按趙甌北《陔餘叢考》有《古今人詩句相同》一條，所引數十事，而徐氏所引，無一及焉。蓋未見《筆精》一書也。（《茶香室四鈔》卷十三，清光緒二十五年刻春在堂全書本）

張培仁

【大壽】楚南孫良貴《湯老人傳》曰：「湯老人居漢陽門下，自言生明萬曆四十四年，爲楚王府護軍。先是，康熙乙未，老人百有十歲，出自咸寧山中，告於人曰：『我先明小臣，先哭熊經略，次哭楊都堂死閹逆之難，又哭賀閣老死國變。遯山中七十餘年矣，今遇聖朝，擬出而亯太平之福。』見者疑信相半。老人曰：『若曹年地誠後，聞定秀才尚在，是知我者。』是時定先生已九十三歲，以貢爲訓導，告歸已久，聞之，扶杖而前，熟視良久，曰：『是眞我先子故人湯雲山也，今尚在耶？』亟再拜稠人中，老人乃大笑，翔步而去。有訟產者，經數官不決。老人曰：『非我莫解。』遂謁令於堂，曰：『是天啓七年，乙祖某價置某姓之業也。曾與飲，署名。』令閱乙契，良然，乃懲甲而判焉。始信老人生於明萬曆年間者，非謾言也。邑中人以其年請於官，官乃聞於朝，獲旌錫焉。

越三十年，爲乾隆乙丑，老人已一百四十歲。予過鄂垣，乃造門晉謁，見老人，龐眉炯目，鬒鬖如五六十許人，喜健談，偶談及熊、楊諸公事，輒哭；及魏奄乾兒李魯生典楚學，借手誅擊楚士以洩憤於清流，頓怒髮上指，予亦爲之憤懣。次年，制府又以人瑞請於朝，得恩旨，準食五品俸。又五年，乃卒。」此與吾粵藍老人事相類。老人名祥，粵西宜山縣人，世業農。亦因民間爭田興訟，時已嘉慶年間，契據則康熙中葉者，令不能決。執契者曰：有證佐藍祥在，蓋當日在場作中者。令異之，召之來，一訊而決。問其年，已一百四十餘歲矣。洵人瑞也！事聞於朝，得邀仁宗御製詩章以寵之。特旨建花甲重周之坊，食四品俸。又數年，乃終。老人能畫花卉，兼工畫壽星，予得其一幀，寶藏之。　　世人之壽至八十餘，已屬僅見，乃本朝丁尚書卓保、徐相國元夢、梁侍講同書、趙觀察翼、潘榕皋舍人奕雋、謝編修啓祚、蔡相國新、沈歸愚尚書德潛，皆壽至九十餘，王祭酒世芳，竟至百四十歲，依然康健如常。熙朝人瑞，盛矣哉！至里巷中人享上壽者，又不知凡幾。（《靜娛亭筆記》卷四，清刻本）

黃鈞宰

　　【隨園】寓主人江君邀遊陶谷，至則釵裙成隊，先據其勝。去之，至隨園，園中柳谷、雙湖、小樓霞、群玉山頭，諸境已就頹敗，而一帶樓臺環山抱水，猶想見此老風流。相傳簡齋造園時，鳩工庀材，祇期數十年，不計久遠。達哉！當時袁、蔣、趙三家，互相標榜，而各有妒心。趙雲崧括蒼山猴之檄，雖云遊戲文章，然攻擊亦云虐矣。蔣苕生《臨川夢》傳奇有陳眉公出場詩云：「粧點山林大架子，附庸風雅小名家。翩然一隻雲間鶴，飛去飛來宰相衙」，亦明指隨園也。三家中，雲崧好財，簡齋好色，惟苕生淡於仕進，作《歸舟安穩圖》，奉母讀書，故品誼以蔣爲勝。是日，江君置酒妙香庵，予偶題【百字令】詞於東廊壁上，後有蜀女和之，文字知音，遂成離恨，此《鴛鴦印》院本之所由作也，事載《金壺淚墨》中。茲錄《隨園題句》云：「一帶樓臺已寂然，尙餘山水鬭清妍。先生自命足千古，我輩今來遲百年。名世文章成市道，清閨衣鉢託因緣。獨憐極盛難爲繼，脩竹臨門倚暮煙。」（《金壺七墨》之《金壺浪墨》卷八，清同治十二年刻本）

許起

　　【本朝文人多壽】王弇州著《文人九厄》，使人閱之索然氣盡。余案本朝文人享盛名而多壽考者，殊不乏人。茲爲略舉一二，已可證王之失。如王文

簡士禎，七十七；朱竹垞彝尊，八十四；尤西堂侗，八十五；沈歸愚尚書德潛，九十五；宋漫堂犖，七十二；查初白愼行，七十八；方靈皋苞，八十二；彭芝庭啓豐，八十四；袁簡齋枚，八十二；馮孟亭浩，八十三；錢辛楣大昕，七十七；紀曉嵐尚書昀，八十二；程易疇瑤田，九十；彭芸楣元瑞，七十三；董蔗林誥，七十九；姚姬傳鼐，八十五；翁覃谿方綱，八十六；梁山舟同書，九十三；趙甌北翼，八十八；王蘭泉昶，八十三；阮文達元，八十六；嚴鐵橋可均，八十二；郎蘇門葆辰，七十七；張秋水鑑，八十三；朱蘭坡洊，八十二；宋于庭翔鳳，八十五；鄧湘皋顯鶴，七十五；陳碩甫奐，七十八；錢警石泰吉，七十三；包愼伯世臣，八十一；何子貞紹基，七十五；吳讓之熙載，七十二；汪叔昉，七十八；章紫伯綬銜，七十二。其餘七八十者尚屬不少。附注：韜案觀嘉定錢竹汀《疑年錄》，海鹽吳氏、平湖錢氏、歸安陸氏《續錄》、《再錄》、《三錄》所載文人而享大年者，不勝枚舉。（《珊瑚舌雕談初筆》卷八，清光緒十一年木活字印本）

方濬師

　　【論耶穌教（節錄）】《海國圖志》引趙氏翼《簷曝雜記》：「天主堂供天主如美少年，名耶穌，彼中聖人也。像繪於壁而突出，似離立不著壁者。」按《建康實錄》曰：一乘寺，梁邵陵王綸所造，梁末賊起，遂延燒，陳尚書令江總捨堂宇寺，今之堂是也。寺門遍畫凹凸花，代稱張僧繇手跡，其花乃天竺遺法，朱及青綠所成，遠望眼暈如凹凸，就視即平，世咸異之，乃名凹凸寺。今洋人用藥水映人像於鏡中及一切畫冊，望之無不凹凸隨形者，趙蓋未知西竺法耳。李衛改天主堂爲天后宮，碑記丘嘉穗《天主教論》。沈大成讀《通典・職官》，其貶斥與楊光先同。惟趙翼《天主堂說》頗有原委。《海國圖志》均未載。王昶《金石萃編》謂，景教碑「西洋與大秦相距遼遠，似不能合」。不知其地雖遠，其教可傳，如亞美里加州，亦何嘗不因歐羅巴人到其國，遂習耶穌教耶？今之航海來中國者，其相距不更遠耶？昶又謂唐傳載波斯國俗似與今回回相同，碑稱「常然眞寂戢隱眞威」等，「眞」字不一而足，回回禮拜寺亦謂之眞教寺，似乎回回之教，未始不源於景教，其說更謬。回回入中國，見於《隋書》，景淨述景教碑在唐時，天主教實從回教變幻而出。前已載明。昶又謂碑稱景教「景」字之義，與景星、景光流照之義相符，是眞三家村學究解高頭講章語，道書具在，言「景」字者多矣，昶何以不一寓目耶？（《蕉軒隨錄》卷一，清同治十一年刻本）

【庶吉士列京察】乾隆三年京察，教習庶常館保送一等修撰、編修共五員，庶吉士共九員。嗣於乾隆五年，吏部議定：初任未及三年，俱不准保列一等。其歷次所保：修撰莊培因，編修趙翼、韋謙恆，庶吉士褚廷璋等，俱係中書出身，積算前俸。庶吉士景福，係壬申科進士，甲戌科未經散館，至丙子，歷俸已滿三年，是以循例保列。至三十六年四月，奉上諭：「本日引見京察各員內，翰林院庶吉士亦有列入一等者，該員尚未散館，授職不應遽膺薦剡，著撤去。嗣後庶吉士保列一等之例著停止。欽此。」（《蕉軒隨錄》卷七，清同治十一年刻本）

【烹魚雅趣】邵闇谷太守夫人善烹鱘鰉魚頭。張瘦銅中翰與趙雲松觀察半夜買魚，排闥喧呼。太守夫婦已寢，聞聲出視，不得已，屬夫人起而治庖。魚熟命酒，東方明矣，三人為之笑樂。中翰有句云：「昔年邵七同街住，半夜打門索煮魚」，想見前輩風流灑脫。道光間，徐稼生庶子與張星白侍郎同年至好，一日，庶子飲侍郎齋中，大醉，徑造內室，適侍郎夫人在玻璃窗下倦繡，庶子隔窗戲謔。夫人大怒，呼輿至庶子宅，立將庶子姬人攜歸，且告徐曰：「此非汝妾，乃張星白之妾矣。」迨夜深，仍不放歸。徐姬人眼雨首蓬，幾至構釁，同人力為排解乃罷。凡戲無益，此則不如闇谷夫人烹魚雅趣也。（《蕉軒隨錄》卷十，清同治十一年刻本）

【安積信敘梅村詩】「早年壇坫各相期，江左三家識力齊。山上蘼蕪時感泣，息夫人勝夏王姬」，洪北江先生《論詩截句》為吳祭酒詠也。日本刊有《梅村詩鈔》，其國人安積信姓安積，名信，字思順。序云：「清朝右文，作者蔚興，而王阮亭為一代冠冕。先阮亭而鳴者為吳梅村，後阮亭而鳴者為袁子才，並皆卓然成一家矣。近儒鈔王、袁二家集，即刊行於世，而梅村不與焉。柳田仲靜惜之，就吳詩集覽錄數百首，釐為三卷，將以與二家並行，而為學詩者之準也。徵予序，予非知詩者，何足以品藻之？然其請不可拒，乃漫敘所見曰：梅村遡源風騷，陶治六朝三唐，其高者直闖李、杜之室，次亦可以參長慶一席。鏤金錯采，出天入淵，縱橫變化，不拘常套。要皆從胸臆間流出，而風格之高超，法度之齊整，悉具其中矣。誰謂之非大家耶？若阮亭專以神韻為主，詩品固已夐乎無上，而其才學，又足以振之，是以氣格高古，風骨清遒，幾當與王、孟、韋、柳並駕而齊驅焉。而至於鯨魚碧海，牢籠千古，則恐未能摩少陵之壘；子才天分極高，學問極博，才華飄逸，驚心動魄，頗有李青蓮之風，而其閒未免纖巧奇僻之習，要皆不若梅村之具眾美也。故趙耘松《詩話》推梅村為大家，不取

漁洋，實爲卓見。然則後學所宜取準，其不在乎梅村耶？第梅村受知於莊烈帝，南宮首策，蓮燭賜婚，不十年，累遷至宮詹學士，負海內重名久矣。當都城失守，帝殉社稷時，不能與陳臥子、黃薀生諸賢致命遂志，又不能與顧亭林、紀伯紫諸子自放山林之閒，委蛇優遊，遂事二朝，是則不及尚書之峻整、隨園之清高遠矣。向使梅村能取義成仁，或隱身巖穴閒，其節概文章，皆足爲後學標準，而天下所推爲一代冠冕者，亦將不在阮亭，而在梅村矣，豈不尤可惜哉？」潘師按：倭奴小邦。其議論精嚴如此，祭酒有知，能毋九泉汗下耶？（《蕉軒隨錄》卷十三，清同治十一年刻本）

【混號（節錄）】趙甌北先生《陔餘叢考》曰：「世俗輕薄子互相品目，輒有混號。《呂氏春秋・簡選篇》：夏桀號『移大犧』，謂其多力，能推牛倒也。此爲混號之始。」因歷記史策以來至於明季人士之有混號者，可謂博矣。愚按：「混號」之稱，不始於桀也。驩兜爲渾敦，共工爲窮奇，鯀爲檮杌，三凶爲饕餮，他如京城太叔、隱元年。闞谷於菟、莊三十年、僖二十年。封豕，昭二十八年。皆明著於經傳者。不特此也，殷紂之爲獨夫，周靈王之爲髭王，百里奚之爲五羖大夫，非混號而何？（《蕉軒續錄》卷一，清光緒刻本）

李慈銘

【廿二史劄記 清趙翼撰】（其一）早起閱趙翼《廿二史劄記》。其書惟取歷史事蹟之稍新、制度之稍異者，分條連貫，多摘其舛誤，於他書罕所徵引，然殊便讀史者之記誦，亦案頭之一助也。其所記已徧及廿四史，而云「廿二」者，蓋仍合新舊《唐書》與新舊《五代史》爲一耳。咸豐戊午（一八五八）八月初五日。（其二）閱趙翼《廿二史劄記》。常州老生皆言此書及《陔餘叢考》，趙以千金買之一宿儒之子，非趙自作。以《甌北詩集》、《詩話》及《簷曝雜記》諸書觀之，趙識見淺陋，全不知著書之體，此兩書較爲貫串，自非趙所能爲。《叢考》又多入小說，又不如《劄記》之有體要，然於史事多是正纂集之功，無所發明，筆舌冗沓，尤時露村學究口吻，以際錢氏《廿二史考異》，固相去天壤，即擬王氏之《十七史商榷》，亦遠不逮也。同治庚午（一八七〇）七月初五日。（《越縵堂讀書記》三「歷史」，中華書局 2006 年版，第 419～420 頁）

【越縵堂讀史劄記（節錄）】蜀丞相諸葛亮與兄瑾書曰：「既受東朝厚遇，依依於子弟。又子喬良器，爲之惻愴，見其所與亮器物，感用流涕。」其悼如此，由亮養子喬咨述。故云。　　　慈銘案：趙氏翼《廿二史劄記》以此數語爲不

可解，今按子喬，當是松，字蓋松，嘗遺亮器物也。松爲權弟之子，故曰「依依於子弟」。志不明言松字子喬者，蓋史駁文，或闕誤也。下云「由亮養子喬咨述。故云」者，言亮之知松，由於喬之咨述也。喬本瑾子，爲亮後，亮爲之改字伯松，蓋亦由器松，故名字皆象之。趙氏以兩喬字同，遂以子喬爲亮自稱其子，非也。（《越縵堂讀史箚記》「三國志箚記」，民國鉛印本）

【祥琴室日記（節錄）】國朝陸隴其、沈德潛、程晉芳、程廷祚、朱仕琇、翁方綱，近時方東樹，皆愚而自用，謬種遺愚。若李贄、唐寅、祝允明、孫鑛、金人瑞、袁枚、趙翼、張問陶之流，誕妄不經。世上小兒稍有識者皆知笑之，不足責矣。（《祥琴室日記》，越縵堂日記本）

平步青

【簷曝雜記】《簷曝雜記》六卷，趙耘菘先生晚年所纂。《聽松廬文鈔》云：「此書體例稍雜，然掌故、土風、物產，略可考見。」庸按：卷一、二載朝章沿革，卷三、四紀滇、黔、粵西風土人物，魏默深《經世文編》多探之，足資援證。五卷則錄《池北偶談》、《居易錄》諸書昔人成說，無所參訂，且雜以隱語；六卷並附方藥，又多復出，殆茅簷曝背，隨手拉雜書之，授梓時不加芟削，讀者取瑜略瑕可也。（《霞外攟屑》卷五「玉樹廬芮錄」，民國六年刻香雪崦叢書本）

【重韻（節錄）】日錄有古人小詩，不避重韻，長排大篇，且有二三見者。然亦有非重韻，槧本以形近、音近而譌者。……《甌北詩話》卷十二：「詩有一首中用重韻者，任彥昇《哭范僕射》一詩，三押『情』字；沈雲卿《天長地闊》一詩，三押『河』字，蓋本《藝圃擷餘》。」庸謂：古詩可不拘，學林新編□，「□□□□老杜上，後園山腳日蓐收」云云。（《霞外攟屑》卷八上「眠雲舸釀說上」，民國六年刻香雪崦叢書本）

【趙高】《復堂日記》卷四：「庚辰，清泉歐陽軒赤城《月到山房詩》有《趙高》一絕云：『當年舉世欲誅秦，那計爲名與殺身？先去扶蘇後胡亥，趙高功冠漢諸臣』，意已恢詭。後又云：『閱古逸史載，趙高爲趙之公子，抱忠義之性，自宮隱秦宮中，爲趙報讎。張良大索時，即避高家，故得免難。詩云：大賈滅秦憑女子，奇謀興漢詎蕭曹。留侯椎鐵荊卿匕，不及秦宮一趙高。』書此以廣異聞，所稱古逸史，不知何書。」庸按《陔餘叢考》卷四十一《趙高志在報讎》條：「趙高之竊權覆國，備載《李斯傳》中，天下後世固無不知其奸惡矣。然《史記索隱》謂高本趙諸公子，痛其國爲秦所滅，誓欲報讎，乃

自宮以進，卒至殺秦子孫而亡其天下。則高直以句踐事吳之心，爲張良報韓之舉，此又世論所未及者也。《湖樓筆談》卷三考《蒙恬傳》：『趙高昆弟數人，皆生隱宮。其母被刑戮，世世卑賤。』則《索隱》謂高本趙公子，自宮以進者，亦未必然耳。《金史》：『宦者梁珫，本宋奄人也。勸海陵伐宋，人謂其與宋通謀，使海陵疲敝國中云。』據甌北此條，則古逸史本之《索隱》語，稍潤色，而今本《史記索隱》無之。《四庫提要》於《索隱三十卷》云：「明代監本刪削，亦未舉及此。」無名氏《煬王江上錄》入《四庫存目》：「宋內侍梁漢臣爲金人所得，謀欲弱金，勸金主都燕山，營汴梁，開海口，進兵采石，退至瓜洲，爲其下所害。」漢臣殆即珫字。（《霞外攟屑》卷八上「眠雲舸釀說上」，民國六年刻香雪崦叢書本）

【元遺山句】《妙香室叢話》卷七：「遺山七律步武少陵，如『三年浪走空皮骨，四海相望只弟兄』，又『黃耳聽從秋後到，白頭新自夜來生』，俱新穎可喜。至『并州倦客初投迹，楚澤寒梅又著花』，以及『滿眼旌旗驚世路，閉門風雪羨山家』等句，雖少陵不是過也。又『春風碧水雙鷗靜，落日青山萬馬來』，『清明寒食連三月，潁水嵩山又一年』，『樂事漸隨花共減，歸心長與雁相先』，『三秦形勢無今古，千里傳聞果是非』，『細水浮花歸夕澗，斷雲含雨入孤村』，『案上酒杯聊自慰，袖中詩卷欲誰親』，『華胥夢破青山在，梁甫吟成白髮催』，『百年星斗歸天上，萬古旌旗在眼中』，皆名句也。」庸按：《遺山全集》新穎名句何啻於是？《甌北詩話》卷八摘其「白首又多兵死鬼，青山原有地行僊」，「蛟龍豈是池中物，蟣蝨空悲地上臣」，又「只知霸上眞兒戲，誰識神州竟陸沉」，「蕩蕩青天非向日，蕭蕭春色是他鄉」，《送徐威卿》。「只知終老歸唐土，忽復相看是楚囚。日月盡隨天北轉，古今誰見海西流」，《鎮州》。「千里關河高首馬，四更風雪短檠燈」，《還冠氏》。「贈官不暇如平日，草詔空傳似奉天」，感時論事，聲淚俱下。然「細水浮花歸別浦」二句，乃韓偓《春盡》句，遺山易「漾夕澗」三字。顧氏云：「右詩五六句用韓致光語」，即以「空餘韓偓傷時語，留與纍臣一斷魂」標出，自成一體。遺山詩用前人成語極多，陶杜句尤甚。「白頭」句似指白髮，頭則何得云「夜來生」也？雖本少陵「白頭搔更短」，然杜句有語病，《湖樓筆談》卷六謂「髮可言短，頭不可言短」，元又何可襲乎？（《霞外攟屑》卷八上「眠雲舸釀說上」，民國六年刻香雪崦叢書本）（案：原文多漫漶之處，此據《遺山集》校改，不一一出注）

【青邱詩】《甌北詩話》卷八：「李青蓮詩，從未有能學之者，惟青邱與之

相上下。不惟形似，而且神似。青蓮樂府及五古，多主敘事，不著議論，蓋用古人意在言外之法，此古詩正體也。青邱樂府及《擬古》十二首、《寓感》二十首、《秋懷》十首、《詠隱逸》十六首，亦只敘題面，不復於題面內推究意義，發揮議論。如詠向長，則但說長之畢昏嫁，遊名山；詠周黨，則但說黨之辭徵聘，樂田里，而一種邁往高逸之致，自見於楮墨之外。此正是學青蓮處。七古內如《將進酒》、《將軍行》、《贈金華隱者》、《題天池石壁圖》、《登陽山絕頂》、《春初來》、《憶昨行》等作，置之青蓮集中，雖明眼者亦難別擇。然青邱非專學青蓮者，如《遊龍門》及《答衍師見贈》等作，骨堅力勁，則竟學杜；《太湖》及《天平山》、《遊城西》、《贈楊滎陽》、《寄王孝廉》、《乞貓》等作，長篇強韻，層出不窮，無一懈筆，則又學韓《送徐弋往蜀山書舍》。古體帶律奇峭生硬，更與昌黎之《答張徹》如出一手。集中本有《效樂天體》一首，又《聽教坊舊妓弟子陳氏歌》一首，亦神似長慶。《中秋玩月》、《張校理宅》又似李義山《玉波冷雙蓮》。及《鳳臺曲》、《神絃曲》、《秦箏曲》、《待月詞》、《春夜詞》、《黑河秋雨引》，又似溫飛卿。《蔡經宅》及《書夢贈徐高士》、《送李外史》等作，又皆似黃庭堅。可見其挫籠萬有、學無常師也。」庸按：歸愚《明詩別裁》亦謂：「侍郎詩上自漢魏盛唐，下至宋元諸家，靡不出入其閒。所選皆最上者，而五古錄《塞下曲》、《悲歌》、《顧榮廟》、《支遁庵》，僅四首；七古則《憶昨行》、《寄吳中故人》、《贈金華隱者》、《聽教坊舊妓郭芳卿弟子陳氏歌》外，又《明皇秉燭夜遊圖》、《登金陵雨花臺望大江》、《張中丞廟》、《唐昭宗賜錢武肅王鐵券歌》，共八首；五律三首、七律五首、七絕二首，大凡二十二首。」於青邱佳處未盡，不若甌北所論得侍郎之深也。查他山詩得力於蘇，而神似劍南。甌北以當十家之一，後人多訾其偏。然歸愚所錄五古一首、七古四首、七律五首、五排一首、七絕三首，大凡十四首。《敬業堂集》具在，佳篇奚止於是乎？（《霞外攟屑》卷八上「眠雲舸釀說上」，民國六年刻香雪崦叢書本）

【注詩難】注古人詩最難，即近人亦復不易。東坡逸詩有「山人更喫懶殘殘」句，《敬業堂詩集》卷三十七《題吳寶崖雪龕煨芋圖》云「何似雪龕風味好？平生不喫懶殘殘」，本之文忠。甌北《李郎曲》：「生平不喫懶殘殘」，直用初白末句；云「李下何妨一整冠」，人以為用古詩「李下不整冠」句，不知本元遺山《題山谷小黷》詩「只消一句脩脩利，李下何妨也整冠」也。所謂故事中再加故事，若此者，豈易注出處乎？（《霞外攟屑》卷八上「眠雲舸釀說上」，

民國六年刻香雪崦叢書本）

【一軍中有五帝】《殘唐五代傳》小說，與史合者十之一二，餘皆杜撰裝點。小說體例如是，不足異也。中有「五龍偪死王彥章」一段，時帥爲史建瑭，「五龍」則唐莊宗、明宗、晉高祖、漢高祖、周太祖也。復卿以無稽，詆之。韻霄曰：非無稽也。莊宗爲晉王時，與梁軍拒於河上，垂十年。時明宗爲大將，以騎五千襲取鄆。梁破德勝南柵，明宗爲先鋒救之，擊破梁軍。《五代史·明宗紀》。廢帝嘗從戰於河上，德勝之戰，以十數騎雜梁軍，奔入梁壘，斧其眺樓；胡桃之戰，又從莊宗奪土山。《廢帝紀》。明宗婿晉高祖，常在明宗帳下，號左射軍。劉鄩攻清平，莊宗馳救，爲鄩所圍，高祖以十數騎橫槊取之。又從擊梁將戴思遠於德勝渡，又從戰胡盧套，從戰楊邨寨，從取鄆。《晉紀》。而漢高祖時方爲晉高祖裨將，爲梁人所襲，馬甲斷，漢高祖輟騎以授之，自跨斷甲者，殿而歸。《漢紀》。是時莊宗、明宗、廢帝、晉高、漢高，皆在行閒。甌北《廿二史箚記》卷二十二謂「一軍共有五帝，此古來未有之奇。」可與唐元宗、肅宗、代宗、德宗、順宗一堂有五天子條爭勝。小說以周太祖易廢帝，又以主兵者爲史建瑭，與正史不符，使讀者反疑爲假借矣。至《說唐前傳》有「羅成一日擒五王」，無論朱粲等五僞王非同時禽俘，羅成並無其人，又安有此戰耶？此與戲劇中《反武場》，常遇春中武狀元，同試者有陳友諒、張士誠、方國珍、明玉珍四王，皆俗優妝點，不值一哂耳。（《霞外攟屑》卷九「小樓霞說稗」，民國六年刻香雪崦叢書本）

譚獻

【復堂日記（節錄）】今日見趙翼《雲崧全集》、《廿二史箚記》、《陔餘叢考》，究爲讀書人撰述詩文趨向，岐誤亦不失爲才士。（《復堂日記》日記卷一，清光緒刻半廠叢書本）

陳康祺

【郎潛紀聞（節錄）】雍正某年元日，王殿撰雲錦早朝後歸邸舍，約友人作葉子戲，已數局矣，忽失一葉，徧覓不獲，遂罷而飲。一日，蒙召對，上問以元日何事，具以實告。上嘉其不欺，出袖中一葉還之。當時邏察之嚴如此。此康祺少時所習聞，以誕妄，未敢登載，後閱趙雲崧《簷曝雜記》中有是條，謂聞之殿撰孫日杏者，當可取信，且亦可見世宗皇帝之整飭紀綱，陶育臣庶，固自寬嚴交劑，不徒恃聖明綜覈之長也。（《郎潛紀聞》卷十一，清光緒刻本）

【郎潛紀聞二筆（節錄）】蔣苕生蠅營獺祭之詞，趙雲松虎帳蛾眉之檄，同時俊彥，都已窺破此老（案：指袁枚）心肝。（《郎潛紀聞二筆》卷二，清光緒刻本）

【壬癸藏箚記（節錄）】趙甌北《簷曝雜記》稱：康熙中，諭遣侍衛托碩至俄羅斯定邊界，托碩美鬚眉，為其國女主所寵，凡三年，始得歸。所定規約十八條，皆從枕席上訂盟，至今猶遵守不變云云。梁茞林撫部南省，《公餘錄》據《會典》以駁之，畧謂自康熙二十八年平定羅剎，命內大臣索額圖與俄國使臣費要多羅定議，雍正五年，郡王額駙策凌與俄使薩華等定議，及乾隆三十三年、四十五年、五十七年，三次皆因俄國籲請開市，允准定約五條，從無托碩所定十八條於枕席訂盟之事。康祺按：他書紀述俄夷，均謂世傳女汗羅列男侍。夫以窮邊島國，禮教未興，即果有羈留使臣，昏荒曖昧之行，亦殊不足奇。唯碩托以天朝近臣，銜命萬里，何至俯受羈絆，廉恥蕩然，人如山陰之面首，跡異子卿之胡婦，當日同行星使，完節歸來，有不起而彈之者乎？趙氏之言，殆如郢書燕說矣。（《壬癸藏箚記》卷十，清光緒刻本）

金武祥

【粟香隨筆（節錄）】趙甌北觀察詩集有《壽金丈志達八十》詩云：「耆英遐福日初昇，解組仍欣紫誥膺。家慶及身看四代，儒餐每飯尚三升。品高鄉社迎車拜，詩就兒孫蘸筆謄。養老即今脩盛舉，蒲輪會見璽書徵」，又《題金玠堂明經客窗偶筆》詩云：「稗乘紛紛各逞才，壞人心合付秦灰。多君巧用齊諧體，演出儒家語錄來。」「史才獨擅苦無施，聊摭新聞小試為。毛穎陶泓原有例，古文手筆作傳奇。」「不炫新奇不撮空，採來都在見聞中。笑他司馬相如賦，烏有先生無是公。」「老藉叢書引睡魔，此編猶未廣搜羅。鄙人賣菜還求益，要看容齋五筆多。」及曾祖玠堂先生《二筆》成，觀察為序而評之，謂可作古文讀。今序已亡去，每篇末評語猶存。又外甥金皐京闈發解，喜賦云：「喜聽星郵報，賢書捷鹿鳴。恰成吾宅相，早決汝科名。辛苦三條燭，飛騰萬里程。渭陽推自出，亦覺有餘榮」，「鄉科年似我，發解亦京闈。敢詡傳衣付，須乘破竹機。遠書烏鵲喜，暖浪鯉魚飛。一第應連綴，期登鰲頂歸。」蓋觀察為程文恭公婿，余從伯枚偶先生為其外甥，又為其孫婿，累世姻婭，而文字之契尤深云。（《粟香隨筆》卷一，清光緒刻本）

【粟香隨筆（節錄）】明江陰典史閻公，本已解任，居邑東鄉華墅之砂山。事棘，乃入城籌戰守。趙甌北先生有《過華墅詠閻典史》詩云：「十三萬命繫

君身，那得山村作隱淪？報國豈論官最小？逆天弗顧運維新。斷頭巴郡無降將，嚙齒睢陽至食人。今日經過投袂處，百年猶覺膽輪困。」（《粟香隨筆》二筆卷三，清光緒刻本）

【粟香隨筆（節錄）】周櫟園撰《印人傳》，述其庭訓曰：「士人宦遊，圖章類多巨石，攜之輿筐，人恆疑此中爲何等物也。不若易象牙、黃楊，可絕暴客念，且減輿儓力。吾見文國博所鐫牙章最善，王祿之亦好作黃楊印，則知先輩亦不廢此。小子須識先輩隨事體恤處。」胡稚威徵君曰：「古今人皆死，惟能文章者不死。雖有聖賢豪傑，瑰意琦行，離文章則其人皆死。」隨園述仲小海之言曰：「但願人生一世，留得幾行筆墨被人指摘，便是大有福分人。不然，草亡木卒，誰則知之？而誰議之？」又趙甌北詩云：「公卿視寒士，卑卑不足算。豈知漏一盞，氣燄隨烟散。翻藉寒士力，姓名見豪翰。使其早知此，敢以勢位慢？」三說可以參觀。（《粟香隨筆》二筆卷三，清光緒刻本）

【粟香隨筆（節錄）】七律詩善於言情寫景者，推宋時陸放翁，本朝則查初白、趙甌北爲最。余七律詩喜倣之，爲蘭甫京卿摘入《識月軒詩話》者甚多。然言情詩，須一唱三歎，入人心脾；寫景詩，須有比興，方不淺薄。余愧未能也。余丁卯秋試報罷，《返章門》詩云：「歸來聊共賦閒居，翻悔當時作計疏。黽黽秋風憐下第，鬱蔥佳氣喜充閭。時生兒已四閱月。漫論辛苦三條燭，且報平安一紙書。寄湘省家報。遊遍江山名勝處，此行也算不曾虛」，馮子良先生評云：「想見胸次之曠，學養之純，大稿有『詩到和平是正聲』之句，即以移贈」，何廉昉太守評云「一氣瀟落，語語自然。竊念秋風五度，壯志都消，流水光陰，浮雲富貴，又何得失之介介哉？」（《粟香隨筆》二筆卷五，清光緒刻本）

【粟香隨筆（節錄）】趙甌北觀察句云：「潮定未分消長水，風橫兼使往來帆」，徐鳳木布衣句云：「水淺擱舟沙怒語，山彎轉柁月回眸」，皆善寫舟行之景。余舊有句云：「槳因水淺每雙擱，帆爲風橫時一斜」，廉昉以爲下句尤妙。（《粟香隨筆》二筆卷五，清光緒刻本）

【粟香隨筆（節錄）】元祐黨籍碑之在臨桂龍隱巖及融縣眞僊巖者，皆黨人子孫磨崖刻之，以永其傳。《甌北詩鈔》有《桂林元祐黨籍碑搨本歌》，徵引繁富，惟云「相傳星變已毀碑，此碑何以完無虧？」似未知即黨籍中梁燾曾孫梁律磨崖重刻之本。《萬善花室詩》有《融縣黨籍碑歌》，有云「從官沈公有賢裔，述職朝奉居南陲。自矜厥祖列忠黨，選石重泐融水湄」，則明敘黨籍中沈千曾孫沈暉重刻之本，較趙歌爲核實。又云「溫公蘇公最昭著，日星

朗朗人皆知。餘者歲遠或恐晦，得此炳耀千秋期」，則與趙歌所云「磨礪貞石妙鐫刻，翻似為作功德銘」同一用意。(《粟香隨筆》二筆卷五，清光緒刻本)

【粟香隨筆（節錄）】趙甌北觀察詩云：「幾被老天吞，濃雲裏一村。殷雷聲在甕，急雨勢翻盆。啼怖兒收淚，奔追客斷魂。忽然風一掃，夕照又當門」；袁厚安觀察詩云：「雨聲如突騎，凌屬勢無前。鯨跋三山浪，龍耕百道烟。癡雲團濕絮，密樹掛流泉。風定晴光轉，依稀噪晚蟬」；余舊有詩云：「疑捲江河水，憑空倒瀉奇。波濤千樹亞，風雨一亭危。佳節黃梅過，新涼翠簟知。喧豗聲不斷，遙識漲灘時」，皆摹寫夏雨，實有是景。(《粟香隨筆》二筆卷六，清光緒刻本)

【粟香隨筆（節錄）】青山莊在郡城北郭外數里許，與蒹葭、琴鶴諸勝為前明吳氏所築，後屬徐氏，復歸京江張愚亭方伯。適有三山在望、松蔭堂、水鏡軒、歸雲岫、涵碧池、新月廊、西堂、藤花徑、飛翠堂、留春亭、麥浪軒、水香庵、碧溪閒釣、靜香亭、修竹吾廬、渡雲梁、小山坳、臥雪樓、天放居、餐霞閣、飲虹橋、烟雨橫塘諸處，為基一百四十餘畝，皆層嵐疊翠，水木明瑟，涼房燠館，曲折迴環。明楊廷鑒《遊青山莊》七律一首、董以寧《蒹葭莊看梅》七律二首，均載邑志，此蓋極盛之時。至《甌北集》：《青山莊歌》，當與耕於先生先後所作。《春及堂藁》小序中本有「與趙雲松翼同遊之語」，其時已值頹敗，篇中盛衰之感，三致意焉。余幼時即未聞有往訪遺蹟者，亂後則北郭以外，瓦礫荊榛，益蕩焉泯焉矣。(《粟香隨筆》二筆卷七，清光緒刻本)

【粟香隨筆（節錄）】幼丞書來云：「先曾祖申浦公，著有《岸舫齋詩鈔》，官翰林時，卜居汪文端公故宅，時晴齋有《和趙雲松前輩舊題時晴齋》詩，一時和者甚眾。詩云：『僦得城南屋數楹，規模爽塏舊聞名。子山園小留全面，宋玉居寬未合併。分兩家賃居。客至有花兼有竹，窗開宜雨更宜晴。綠陰滿院紅曦少，秀色清光著意迎』，『曲曲疏籬短短欄，藤花開作紫雲觀。山形宛委窺非易，石勢嶙峋繪亦難。竹塢蕉亭容憩息，高梧文杏歷暄寒。洞天引得微泉出，有洌池波古井瀾。』」(《粟香隨筆》三筆卷五，清光緒刻本)

【粟香隨筆（節錄）】趙甌北《觀西洋樂器》詩後段云，「奇哉創物智，乃出自蠻貊。緬維華夏初，神聖幾更易。鷟鷟肇律呂，秬黍度寸尺。嶰谷截綠筠，泗濱採浮石。元聲始審定，萬古仰剏獲。迢迢裨海外，何由來取則？伶倫與后夔，姓名且未識。音豈師曠傳？譜非制氏得。始知天地大，到處有開闢。域中多墟拘，儒外有物格」，此與洪詩意相似。(《粟香隨筆》三筆卷六，清光緒刻本)

【粟香隨筆（節錄）】《述業》云：「余少時得國初文，讀之勃勃然，覺胸中才思湧出，因試取熊、劉、戚、趙石臺采臣諸家倣爲之，輒得其形似。外祖趙甌北先生，方箚記全史，因令博涉以廣其才。已而討源於王、錢、歸、唐，則望洋而歎，退而肆力於嘉魚、西江、婁東、雲間，務以思議求勝。尋客廣陵，受古文於郡博李嗇生先生，繇是訴訴然不能自已。時肄業安定書院，都轉曾公校文不悅時尚，主講吳榖人先生如之，余因得以向所從事者，窮思畢精，致之於文，而試輒高等，有文字之樂者三年。」（《粟香隨筆》四筆卷四，清光緒刻本）

【粟香隨筆（節錄）】濟南王培荀雪嶠《聽雨樓隨筆》云：「蒟醬，張騫至西南夷，食之而美，擅名蜀中久矣。來川物色不得，問土人，無知者。家人買黑豆腐，蓋村間所種，俗名茉芋，實蒟蒻也，形如芋而大，可作腐，色黑，有別味，未及豆腐之滑膩。」蒟蒻一名「鬼頭」，作腐時人多語則味澀，或云多語則作之不成，乃知蒟醬即此。俗間日用而不知，可笑也。「遙攜饞口入西川，蒟醬曾聞自漢年。腐已難堪兼色黑，虛名應共笑張騫。」茉芋亦名黑芋，生食之，口麻。徐小山中丞曾於越南軍次，郵寄桂蠹，余有《謝啓》，載三筆第七卷。今年遷江縣顏義宣大令，寄贈貴州所產雞㙡，此惟黔滇有之，亦南方珍味也。余有詩紀之云：「越南得桂蠹，黔滇得雞㙡。故人宿諾償萬里，郵致異味傳高風」，篇長不備錄。考《本草》，雞㙡，一名雞菌，高腳，繖頭，土人採烘寄遠，以充方物，點茶、烹肉皆宜，氣味似香蕈。趙甌北集有《南路州食雞㙡》詩。（《粟香隨筆》四筆卷四，清光緒刻本）（案：趙翼詩應爲《路南州食雞㙡》，見《甌北集》卷一五）

【粟香隨筆（節錄）】《三國志》裴松之注引書目，見趙氏翼《廿二史箚記》。《文選》李善注引書目，見汪氏師韓《文選理學權輿》中。《太平御覽》所引書目，見原書卷首。《後漢書》，章懷太子注，徵引繁富，凡四百三十八種，唐以前遺文佚簡，往往而在，國朝諸老輯錄古書，多取資於此，而無人臚載所引書目，亦屬闕憾。茲仿汪氏師韓體例，分別部居，錄之於右，其《續漢志》劉昭注引書目，亦附載焉。庶足備搜輯殘膌之資云爾。（《粟香隨筆》四筆卷八，清光緒刻本）

【粟香隨筆（節錄）】芸西廣文，爲嘉慶丙子舉人，甌北先生孫也。舊梓有詩詞稿，經亂不全。趙氏譜內載詩二十餘首，《蒼松篇呈松相國》云：道光二年三月作。「蒼松如龍一千尺，夭矯直欲騰高天。能作霖雨潤百物，濤聲倒捲傾流泉。艱難身世飽霜雪，獨扶元氣全貞堅。瀛海瞳瞳升旭日，託根恰在扶

桑側」，「恥隨凡卉爭春妍，誓以危柯表孤直。勁節能迴天地心，濃陰常護雲
山色。大廈終資棟梁器，清時不少滋培力。渥邀厚澤承丹露，自向遙空感知
遇」，「偃蓋蟠株倍激昂，平鱗鏟甲何疑懼。樗櫟無才轉自全，桑榆欲守終成
誤。幸逢景卿治化昌，仍依雲牖延休祥。古幹猶能屈金鐵，後凋況未遭斧戕。
千載蔽芾同甘棠，莫作飄零大樹傷。」《壬辰楚遊秋興》云：「楚尾吳頭去復
還，彊沽濁酒醉孱顏。贈行衰柳猶堪折，入世勞薪未得間。天末風濤三峽雨，
望中草木八公山。倚櫺展讀英雄記，莽莽川原夕照殷」，「何處吹來玉笛聲？
晴川芳草異鄉情。登樓我欲招王粲，弔古誰同哭禰衡？收拾見聞歸退筆，折
除富貴是浮名。胸中塊磊銷難盡，醉寫詩謠索客評」，「還朝衰繡雁鴻飛，首
路千旄露未晞。獨拜寵榮誇晝錦，可無忠藎慰宵衣。謗書一篋中山去，裝橐
千金粵海歸。努力松雲逢際會，旂常鍾鼎有光輝」，「客裏愁多腰帶寬，一城
砧杵覺宵寒。浮槎混入三遊易，生計真如百戰難。漸老鬢鬚愁對鏡，恐消髀
肉戀征鞍。北行轉得南旋便，暫把吳鉤燈下看」，共十四首，僅錄其四云。（《粟
香隨筆》五筆卷二，清光緒刻本）

　　【科名第一二三】趙甌北觀察《贈三元錢湘舲棨》詩云「累朝如君十一
個」，蓋唐張又新、崔元翰，宋孫何、王曾、宋庠、楊寘、王巖叟、馮京，金
孟宗獻，元王宗哲，明商輅也。國朝錢棨後，又有陳繼昌。自宋至今，計十
三人。孫子瀟太史原湘，乾隆乙卯以第二人舉於鄉，迨乙丑，復捷南宮第二，
殿試亦列二甲二名，大興舒鐵雲孝廉因有《臣無第三亦復無第一》之作。若
吾鄉季文敏芝昌，於道光壬辰第三人及第，後癸巳、己亥兩次大考，均列第
三，都人撰聯有云：「殿試第三，大考第三，又第三；三三見九，季僲九，九
轉丹成」，雖非鄉會名次，亦佳話也。（《粟香隨筆》五筆卷五，清光緒刻本）

　　【閻陳二公祠詩（節錄）】江陰乙酉，城守推閻、陳二公，詠其事者，自
趙甌北、味辛兩先生後，又有馮景亭宮允。近沈蒙叔學博寄示嘉興戴禮庭明
經德堅七古一篇，亦足爲後勁也。（《粟香隨筆》五筆卷七，清光緒刻本）

　　【陶廬雜憶（節錄）】《陶廬雜憶》一百首，即自題《一斤山人村居圖》：「一
編記載古猶今，梨棗重繙播藝林。甌北北江題句在，書成早識救時心。」先曾
祖玠堂先生諱捧闓，著有《守一齋客窗筆記》，意主勸誡。趙甌北先生題云：「稗
乘紛紛各逞才，壞人心合付秦灰。輸君巧用齊諧體，衍出儒家語錄來。」洪北
江先生題云：「瓠巴鼓瑟伯牙琴，弦外泠泠得賞音。不譜詼奇譜淳行，就中猶識
救時心。」庚申亂後，板毀，同治壬申，家君於長沙重刊之。周星譽云：「小說

家言，有唐、宋二派，今時盛行者《聊齋誌異》近唐，《閱微草堂》近宋。讀《守一齋筆記》，意主勸誡，有裨世教，當與唐、宋小說並傳。（轉引自王利器輯錄：《元明清三代禁燬小說戲曲史料》，上海古籍出版社 1981 年版，第 254 頁）

王之春

【詠村學詩】《隨園詩話》載有「牧童七八縱橫坐，天地元黃喊一年」之句，已形容盡致矣。趙雲松先生句云：「惟有村童讀書聲，都都平丈喧不已。」謂錯讀「鬱鬱乎」二字也。許文恪公乃普句云：「杖藜扶出村夫子，多少兒童散似鴉。」均是詠村學詩，亦足稱傳神之筆。（《椒生隨筆》卷一，喻嶽衡點校，嶽麓書社 1983 年版，第 9 頁）

【水龍】天津向多火患，城內外救火會凡百餘處，每會以水龍為主，多寡不等，原始不可考，蓋古無此名也。甌北詩中巽宮樓火之作有云：「四十三龍救不得，掣水五丈力亦窮。」自注云：救火具名水龍。（《椒生隨筆》卷四，喻嶽衡點校，嶽麓書社 1983 年版，第 46 頁）

【張江陵】千古權奸，私心必有所利；若無利欲之念，即不得以權臣目之。甌北詠張江陵云：「江陵至竟稱賢相，只愛持權不愛財。」誠為破的之論。考江陵曾孫同敞與瞿忠宣式耜守桂林，同被執，幽之民舍，兩人賦詩唱和四十餘日，同就戮於風洞山。賢者有後，理固然也。（《椒生隨筆》卷四，喻嶽衡點校，嶽麓書社 1983 年版，第 47 頁）

【北人好食蔥蒜】南人惡食蔥、蒜，北人好食蔥、蒜，土性然也。而蔥、蒜亦以北產為勝。直隸、河南、山東等省，無論富貴貧賤之家，每飯必具；最可恨者，車夫與剃頭匠耳。趙甌北《舒城旅店題壁》詩有云：「汗漿迸出蔥蒜汁，其氣臭於牛馬糞。」蓋亦深疾之也。今以二八女郎偶一吹氣，不可向邇，頗有西子不潔之歎。（《椒生隨筆》卷六，喻嶽衡點校，嶽麓書社 1983 年版，第 76 頁）

【八僊】八僊由來甚古，予竊以為傅會，否則成僊者夥矣，而何以此八人者。既無散期，且無增減，豈僊家亦有黨耶？其事蹟所說不一：一曰鍾離權，字君房，晉周處裨將，終南山遇東華真人得道。二曰呂喦，字洞賓，唐時舉進士不第，遇正陽真人得道。三曰張果，隱恒州中條山，召授銀青光祿大夫，天寶時尸解。四曰曹國舅，丞相彬子，皇后弟，遇洞賓得道。五曰何僊姑，零陵市人女，呂喦以桃與之，食半得不饑，老而尸解。又稱姑以開元中羽化，合在純陽前。六曰李元中，開元大曆間人，學道終南，陽神出，其徒化之，神無所依，乃附餓殍而起。七曰藍采和，衣破

藍衫，黑布腰帶，足一跣一靴，醉則持三尺大拍板爲踏踏歌，後至濠梁，擲靴帶拍板乘雲去。八日韓湘。昌黎姪孫也，少學道，能爲頃刻花，於瓣中示昌黎以字，後昌黎謫潮州，至藍關，湘適來候，昌黎乃悟。趙甌北云，戲本所演八僊，不知起於何時。按王氏《續文獻通考》及胡氏《筆叢》俱有辯論，則前明已有之，蓋演自元時也。其詩有云：「韓湘張果呂洞賓，此外載籍無其人。由來僊成本荒幻，何必捫龠求其眞。天下都散漢，竟作時代看。鐵拐無姓李，或言劉跛子。趙家外戚傳，不聞曹佾能修煉。藍衫老采和，丈夫忽變作妖娥。又況何姑愛酬答，偏與群眞坐聯榻。僊家想是無凡心，不妨男女相混雜。」故作諧語而視等無稽之意自見矣。(《椒生隨筆》卷六，喻嶽衡點校，嶽麓書社 1983 年版，第 82～83 頁)

【癡人莫若英雄】嘗讀甌北詩，有「英雄大抵是癡人」之句。又讀劉省三爵帥詩有云：「高官足榮貴，身後何所有？李廣若封侯，至今猶在否？」因憶小說《石頭記》中有歌語云：「古來將相在何方，荒塚一堆草沒了」，措詞異而用意同。是則千古癡人，莫英雄若也。然使英雄而不癡，非爲山林之眞隱，即爲廊廟之大奸矣。(《椒生隨筆》卷八，喻嶽衡點校，嶽麓書社 1983 年版，第 106 頁)

【詩文集】趙雲松先生云：有以明人詩文集二百餘種來售，余所知者不及十之二三。文人仰屋著書，不數百年，終歸湮沒，古今來如此者何限！因有「準擬驚人都有句，誰知點鬼也無名」之句。又以近日刻詩集者又十數家，戲題有云：「後代時逾前代久，今人傳比古人難。」又閱近人詩稿，戲題云：「名士求名氣力殫，到頭不出百年間。那知世有神通大，臥作長河立作山。」夫功德不足傳，而欲借雕蟲小技以壽世，眞是苦心。無如爝火之光，雖照不遠，可勝喟然！先命匠刷印詩集之作有云：「恨不借祖龍火，燒盡好詩獨剩我；恨不借黃虎刀(《明史·流賊傳》)，殺盡才士讓我豪」，大可藉以自解。又先生刻集時詠云：「書有一卷傳，亦抵公卿貴」，固自負亦自信也。然而傳之一字談何容易。(《椒生隨筆》卷八，喻嶽衡點校，嶽麓書社 1983 年版，第 106～107 頁)

許景澄

【許文肅公日記(節錄)】(五月)十五日(案：原書已闕，不知此繫以何年)，璉軒以寄售銅爵拓本手卷見示，爵高五寸六分，中容四合，重四百八十九銖。乾隆乙酉，桐鄉金氏德輿得自汪大令垕家，題額爲黃易，賦詩頗多，著者有趙翼、趙懷玉、盧文弨、查揆，款稱「雲莊」，或鄂巖比部。(《許文肅公日記》，光緒鉛印本)

葉昌熾

【緣督廬日記抄（節錄）】十月初九日，訪禮卿，見黃小松《紫雲山訪碑圖》，有覃谿、北江題詩。　　又趙甌北墨跡，亦有覃谿題詩，及宋芝山畫，皆精品。《訪碑卷》，禮卿以百二十金得之，與西蠡所藏《嵩洛訪碑圖》可為二妙。攜歸李南澗手箚一冊，皆致其妻兄朱荊園者，亦有覃谿題字及桂未谷、周林汲諸公題。（《緣督廬日記抄》卷六，民國上海蟬隱廬石印本）

倦遊逸叟

【梨園舊話（節錄）】邇來看堂會戲之苦，已略述其梗概。尤苦者酒席之惡劣，無以復加，幾有枵腹之歎。若稱祝者晚飯後始往，殊非敬禮之道。而日間所演者，率皆敷衍庸劣之劇，毫無足觀，必俟至夜間子丑之間，所謂名伶始漸次登場，而觀者已疲乏不堪，昏昏欲睡。若值隆冬，其苦更難言喻。憶從前堂會戲，大率午後開場，未申之交即觀佳劇，夜間遲至十二鐘，即已輟響，往觀者無不暢然意滿。以今視昔，觀劇之勞逸何如乎？趙甌北先生詩曰：「絕頂樓臺人倦後，滿場袍笏戲闌時。」此實無可奈何之境，故止戲不宜過遲也。（《梨園舊話》，張次溪編：《清代燕都梨園史料正續編》，中國戲劇出版社 1988 年版，第 829 頁）

王松

【臺陽詩話（節錄）】趙甌北嘗譏隨園云：「有百金以贈，則入詩話。揄揚武將，亦稱詩伯。」此固作詩話者之通弊。而余之作，則其跡同而心異，知我罪我，在所不計。余之志，在揚善隱惡，即闡揚或有失實之處，亦無太過之詞。蓋就余之所知者，文則敘其政績，武則表其戰功，但取其有徵，不必其能詩，亦不問其相識與否，又何計其贈之有無多少耶？卷中所採，不識者居半。其曾惠贈者亦多，然不過些須之饋，未嘗得其厚贈也。今日竟有一種刻薄人，聞人之善則吹毛索疵，必不肯信，且謂自三代後無完人，不指為好名、妝點修飾，則謂為傳聞附會、阿諛逢迎。聞人之惡，則手舞足蹈，捕風捉影，小則成大，虛則成真，又多方添設，必入人罪而後快。吾不知其用心何等耶？若謂余欲藉此以迎合當道，則聾瞶至此，亦不堪用矣。若謂營利，則三十餘年梅妻鶴子，所需無多；偃鼠飲河，不過滿腹，名利之心，早已澹然置之矣。而其不憚煩之意何居？則曰：余將欲善天下萬世以興起之耳，且使他日作史者見之，亦足以資考證。而論詩，則尺寸不能假借，可則可，否則否。若其不工詩者，而因欲

敘其功業援以入詩，稱爲詩伯，此則不能效隨園之故智也。蓋其人果有功業，自足傳於後世，又何必牽連及詩乎？（《臺陽詩話》卷上）

【臺陽詩話（節錄）】禮親王《嘯亭雜錄》云：「王弇州著《文人九厄》，使人閱之索然氣盡。按本朝文人多壽，可以證王之失；如王文簡公士禎七十七、朱竹垞彝尊八十四、尤西堂侗八十五、沈歸愚尚書德潛九十五、宋漫堂犖七十二、查初白愼行七十、方靈皋苞八十、袁簡齋枚八十二、錢辛楣大昕七十、紀曉嵐尚書昀八十二、彭芝楣尚書元瑞七十、姚姬傳鼐八十四、翁覃溪方綱八十餘、梁山舟同書九十二，趙甌北翼八十二；四公至今猶存云。」愚按文人壽夭，原屬無定，未可偏於一隅以論之也。友人嘗爲余言，小野湖山願，日本之文學家也，其詩可繼星巖翁之後。有己亥新年詠云：「八十又加六，長壽亦難得。前唯陸渭南，後是趙甌北。」噫！如公之壽，亦可爲文人多壽作一證。（《臺陽詩話》卷下）

徐珂

【趙翼知城不可棄】乾隆丙午，陽湖趙雲松觀察翼乞養歸，值臺灣林爽文作亂。浙閩總督李侍堯自浙赴閩，治軍事，趙偕往。臺灣鎮總兵柴大紀以易子析骸入告，諭鎮臣以護遺民內渡，命李拆閱，仍封發。李示趙。趙曰：「柴總兵久欲內渡，畏國法，故不敢。一棄城，則鹿耳門爲賊所有，全臺休矣。且以快艇追敗兵，澎湖其可守乎！大兵至，無路可入，東南將不可問。宜封還此旨，某已代繕折矣。」李悟，從之。翊日，接追還前旨之諭。及批折回，李膺殊賞。（《清稗類鈔》第二冊《趙翼知城不可棄》，中華書局 1986 年版，第 947～948 頁）

【趙雲崧口頭讖】趙雲崧觀察翼與洪稚存生同里，長同官京師，晚年同致仕。（案：此處記載有誤。洪氏宦遊京師時，甌北已歸里多年。「同致仕」云云，亦係誤記）歸陽湖，居密邇，朝夕過從，固極相得也。趙嘗戲語洪曰：「君他日當爲吾誌墓。」洪曰：「如此，則君當早逝，待吾下筆。」趙笑曰：「遲余死，正以延君壽，反相促耶？」後洪果先卒。趙深悔失言，常舉以告人，謂爲口頭讖。（《清稗類鈔》第十冊《趙雲崧口頭讖》，中華書局 1986 年版，第 4700 頁）

朱彭壽

【安樂康平室隨筆（節錄）】本朝自乾嘉以來，得鼎甲者，其出身以內閣中書及各部小京官居多，論者謂此二官於登第爲最利，此不揣其本之說也。中書除進士授職及舉貢捐納者外，餘則爲舉人考取，或召試特用人員。召用人員，惟乾嘉時有之。各部小京官，係由各省拔貢朝考一等，始用此職。自乾隆丁

西科始。膺是選者，大都工於書法，或當時知名之士，既登朝籍，遇事更得風氣之先。而殿試讀卷諸大臣，或爲舊時座師，或爲本署長官，或爲同鄉老輩，賞識有素，故此中遇合，亦非偶然。余官內閣凡十八年，自庚寅五月，由舉人入爲中書，至甲午，以襄校平定回苗各匪方略書成議敍，蒙恩以侍讀遇缺即補，並賞加四品銜。迨乙未會試中式時，適已南旋省親，遂於戊戌補行殿試後，呈請仍歸侍讀原班。然殿試甲第，則爲二甲第十一名，故當時頗有以不獲鼎甲爲余惜者。凡補應殿試者，於卷面蓋一補字紅戳，例不入進呈之前十名卷內。茲於歷科鼎甲及傳臚之曾官中書或小京官者，當登第時，小京官多有已轉主事者，此從其初言之。彙記之以誌盛事。

　　雍正癸丑科：榜眼田志勤。考取中書。

　　乾隆……辛巳科：榜眼胡高望、中書。探花趙翼、中書。傳臚蔣雍植。召試中書。（《安樂康平室隨筆》卷二，何雙生整理，中華書局 1982 年版，第 177～178 頁）

　　【安樂康平室隨筆（節錄）】唐以前人所撰各書，今遺佚者十之八九，幸賴裴松之《三國志注》、劉孝標《世說新語注》、酈道元《水經注》、李善《文選注》及宋初《太平御覽》、《太平廣記》引用較多，始得存其梗槪。然各書名目，記憶爲難，除《御覽》、《廣記》二書均於卷首標列外，復得考古諸家，如汪韓門太史師韓、所著《文選理學權輿》內，有《文選注引書目》。趙甌北觀察翼、所著《廿二史劄記》內，有《三國志注引書目》。近人汪振民明經之昌。所著《青學齋集》內，有《世說新語注引書目》。悉心探討，彙錄成篇，於後學良多裨益。

（《安樂康平室隨筆》卷六，何雙生整理，中華書局 1982 年版，第 272 頁）

郭夢星

　　【香山九老辨】《新唐書》謂白太傅與胡杲、吉旼、鄭據、劉眞、盧眞、張渾、狄兼謩、盧貞謙集，皆高年不事者，人慕之，繪爲《九老圖》。趙雲松辨云：「《香山集》自序《七老會》詩，謂：『胡、吉、劉、鄭、盧、張六賢，皆多年壽。余亦次焉，在履道坊合成尚齒之會，七老相顧，以爲希有，各賦七言六韻一章以紀之。時會昌五年三月二十四日也。秘書監狄兼謩、河南尹盧眞，以年未七十，雖與會而不及列。』後序又云：『其年夏，又有二老李元爽、僧如滿，年貌絕倫，亦來斯會，續命書姓名、年齒，寫其形貌，附於圖右，與前七老題爲《九老圖》。』是七老內無狄、盧而增元爽、如滿爲九老也。趙說如此，復引汪立名本，詳九人之官位、年壽及詩以爲證，固確有可據矣。

乃又附錄宋元豐五年洛陽耆英會，云與斯會者，年俱七十以上，獨司馬溫公年未七十，文潞公素重其人，用唐九老狄兼謩故事，請入會。若然，則九老中又有狄，兩說矛盾，而甌北存而不辨者，其以兼謩入會，見於朱子《名臣言行錄》，惟時《新唐書》已出，朱子本之以立言，故不再辨與？按溫公入會時，年六十四。(《午窗隨筆》卷三，清光緒二十一年刻寶樹堂遺書本)

孫寶瑄

【忘山廬日記（節錄）】趙甌北，雜家之學也。其《陔餘叢考》一書，頗可觀覽。其論秦趙高，謂是趙國之公子，趙亡，志在復仇，遂自宮以事秦，卒覆秦之天下。彼蓋據《史記索隱》注而云然。(《忘山廬日記》，鈔本)

佚名

【趙甌北守鎮安】趙甌北在鎮安，別無惠民處，惟去其病民者一二事而已。常平倉穀，每歲例當春借秋還，其穀連穗，故不斗量而權以稱出。借時盛以竹筐，每稱連筐五十斤，筐重五斤，則民得穀僅四十五斤耳。及還倉，則五十斤之外加筐五斤，息穀五斤，又折耗五斤，共六十五斤為一稱。民已加十五斤，然相沿日久，亦視為固然，不敢怨。余赴滇從軍之歲，粵西購馬萬匹濟滇軍。有司不無所累，遂於收穀時，別製大筐可盛百二十斤者收之，民無可訴也。及明年，甌北自滇歸，已無購馬費，則仍循舊例六十五斤可矣，而墨吏意殊不足，然未敢開倉也。府倉亦有社穀當收，即令於稱之六十斤處鑿一孔，貫錘繩於其中，不可動移，聽民自權。筐五斤，係前官放穀時所扣，息穀五斤，價交司庫，故六十斤為一稱。於是民之以兩筐來者，剩一筐去，城內外酒肆幾不能容。甌北適以事赴南寧，而歸順州牧欲以購馬歲所收為額，州民陳恂等赴寧來控。甌北立遣役縛其監倉奴及書吏，荷校於倉外，而各屬之收穀，皆不敢踰檢矣。又天保縣令某，先與署府某商謀，謂民間田土無所憑，故易訟，宜按田給照以息爭端，實則欲以給照斂錢也。而時未秋，民無所得錢，先使甲目造冊，將於秋收後舉行，而不虞余之自滇歸也。夏六月，余忽回郡，廉知之，以此令向日尚非甚墨，因語以此事固所以息爭。而胥役等反藉以需索，則民怨且集於官，不如自以己意出示罷之，尚全其顏面也。然計其所失，已不下萬餘金。某方銜次骨，而民間皆知以余故得免此橫錢，是以感最深。每甌北出行，各村民輒來舁輿至其村。巡歷而過，又送一村，其村亦如之。父老婦稚夾道膜拜，日不過行三十里。至宿處，土銼瓦盆，雞

豚酒醴，各有所獻，不煩縣令供頓也。及甌北調廣州，時方赴桂林，途次得
旨即赴新任，不復回郡。時署中惟一妾，巾車出城，滿街人戶無不設香案跪
送。又留一族孫鶴沖在郡，交代畢來廣時，街民送亦如之。是歲九月，陳恂
等七十餘人，又送萬民衣傘至廣。計程四千餘里，距甌北出鎮安已六七月矣，
亦可見此邦民情之厚也。（《清朝野史大觀》卷六，《筆記小說大觀》三十三編第七冊，
臺灣新興書局有限公司 1983 年版，第 31～32 頁）案：此段文字乃錄自趙翼《簷曝雜記》
卷三「鎮安倉穀、田照二事」，僅改動很少字句。

卷八　雜　綴

（道光）肇慶府志

【宗人府府丞龔鑅文墓文】國朝肇羅道許乃濟表墓文：公諱鑅文，字熙上，號曰簡庵。姓龔氏，祖起龍，自山東掖縣徙居肇慶郡城西。父鎮國，號康齋，任英德清遠把總，再世以公貴，贈如公官。祖母郭、前母陳、母郭，皆夫人。康齋公生公兄弟三人，公居次，少敏悟，長益好學。乾隆壬午，舉於鄉，癸未，成進士，改庶常，散館，授職檢討。大考以詩遺誤一字休致，旋丁內艱。服闋，迎駕山東，授主事。復丁外艱。服闋，補官刑部，轉禮部。丁未，由郎中擢江西道監察御史。戊申，駕幸天津，當召試迎鑾諸生，公疏言大臣子弟不得與寒士競進，得旨報可；復言軍機章京子弟請一併扣除，奉旨所奏甚公，均永著爲例。時京師久旱，有某侍郎家演劇，公將列之彈章，侍郎聞而亟止，公喜其悔過，立削稿。次年，擢光祿寺少卿，詣熱河行在，召對，天語詢及前摺，嘉獎再三，令有事直奏勿畏，仍命即回京，同王大臣驗看月選官。故事：驗看月選官，四五品京堂不得與，蓋異數也。是歲，連擢通政使司參議、順天府府丞。嘉慶元年丙辰，與千叟宴，拜賜稠疊，累遷通政使司副使、光祿寺卿、宗人府府丞。辛酉，致仕歸。邑人延主端江義學，負笈者三百人。有族人與廣文某訟墳山事，廣文畏公祖其族人，遣子以賄進。公曰：「官事自有官理，吾曷敢與聞？」峻拒之。公會試出陽湖趙雲崧先生門下，當趙任廣州守，屬公閱府試卷，有請託者賄公僕，昏夜懷重金列几上。公立斥去，而所取諸邑第一人如東莞趙湘，聯捷成進士，餘皆登鄉、會榜，相繼無見遺者。及需次部曹，有同客逆旅某，將往奉天，以負主人金，不能行，公拮据代償之，仍資以路費。其勵操尚義類

如此。公娶溫，繼娶陸，陸蓋余從叔祖母妹也，並累贈封夫人。子挺，正四品，蔭生。孫澍霖。公卒於嘉慶八年八月，年七十三，以十年冬祔塋於城南新江口長連山贈公之塋，禮也。嘉慶初，先大夫官治中時，數與公往還，余因得聞公言論丰采，嗣又忝爲詞館臺垣後進。今者承乏是邦，詢公之子若孫，亦已相繼下世，惟陸夫人貧老獨存，雖天道有不可知，而公之清風介節，矜式乎是邦者，固足不朽矣。嗚乎九京，可作武子之德；難忘一字，無慚有道之碑共覩。爰徇公外姪孫梁生剋嘉之請，立石置墓而表之如此。道光七年丁亥季春月。（《（道光）肇慶府志》卷八「古跡」，清光緒重刻道光本）

（光緒）崑新兩縣續修合志

【列傳三（節錄）】汪爲善，字保乾，一字心揆，號葉淵。先世自歙遷吳，祖揆正，助修崑邑文廟，隸籍崑山。爲善幼穎異，年十七，縣府院試均第一。乾隆庚辰，由廩貢生舉順天鄉試，辛巳成進士，選翰林院庶吉士。未就館，卒，年三十二。生有至性，家庭雍睦無間言，尤喜周濟貧乏，遺命捐建義莊贍族。著有《春秋述義》八卷，青浦王昶序，《蘭芬室詩鈔》四卷，同年生陽湖趙翼序，詩餘一卷，採入《國朝詞綜》。（《（光緒）崑新兩縣續修合志》卷二十四，清光緒七年刻本）

（光緒）寶山縣志

【文學（節錄）】范起鳳，字紫庭，諸生。天資英拔，以能詩名，爲長洲沈文愨德潛高弟。從事幕府，大江南北名下士皆樂與之交。乾隆丙申，獻賦天津，爲直省進呈卷首，召試，病免。晚客教授李保泰揚州學署，以疾返吳中，尋卒。所著《瘦生詩鈔》，錢塘袁枚、陽湖趙翼極賞之。劉文清墉視學江左，書其碣曰：「詩人范瘦生之墓」。（《（光緒）寶山縣志》卷之十，清光緒八年刻本）

（光緒）江都縣續志

【列傳第四（節錄）】程晉芳字魚門，一字蕺園，先世由歙遷揚。家饒富，喜讀書，蓄書五萬卷，丹黃皆徧。性好客，延攬四方名流，與袁枚、趙翼、蔣士銓爲詩歌唱和無虛日。（《（光緒）江都縣續志》卷二十四下，清光緒九年刻本）

（光緒）重修安徽通志

【人物志・文苑（節錄）】陳芳字鬱庭，青陽庠生，工詩、古文，與弟蔚

齊名，袁枚極稱之。著有《華溪草堂詩文集》，趙翼爲序以行世。(《(光緒)重修安徽通志》卷二百二十七，清光緒四年刻本)

清代名人軼事

【趙甌北重赴鹿鳴】陽湖趙甌北先生，中乾隆庚午鄉榜，其外孫湯文卿錫光，又中嘉慶庚午鄉榜。先生賦詩云：「我方重赴鹿鳴筵，且喜東床有後賢。一代賓興傳異事，外孫外祖敘同年。」文卿亦賦詩呈先生云：「騷壇一代主齊盟，少小相依識性情。難得母家成宅相，竟於甥館繼科名。魁才也算登黃閣，執拂曾經侍碧城。但願王筠同外祖，再看春榜問前程。」(葛虛存編、琴石山人校訂：《清代名人軼事》，馬蓉點校，書目文獻出版社 1994 年版，第 236 頁)

袁枚

【蔣心餘藏園詩序】作詩如作史也，才、學、識，三者宜兼，而才爲尤先。造化無才，不能造萬物；古聖無才，不能製器尙象；詩人無才，不能役典籍，運心靈。才之不可已也，如是夫。然而自古清才多，奇才少，晉人稱謝邈清才，宋神宗讀蘇軾文，歎「奇才，奇才」。才中分量，又不可以十百計。蔣君心餘，奇才也。癸酉過眞州，見僧舍題壁，心慕之，遂與通書。後來金陵，唱喁講討，相得益甚。去年余遊匡廬，過君家，君半體枯矣。聞余至，蹶然起，力疾遮留，手仡仡然授，口吃吃然託曰：「藏園詩非先生序不可。」藏園者，君所居園名也。嗚呼！君之初心，豈欲以詩見哉？及今病且老，計無所復，而欲以詩傳，可悲也！然君有所餘於詩之外，故能有所立於詩之中，其搖筆措意，橫出銳入，凡境爲之一空。如神獅怒蹲，百獸慴伏；如長劍倚天，星辰亂飛。鐵厚一寸，射而洞之；華嶽萬仞，驅而行之。目巧之室，自爲奧阼；祖而搏戰，前徒倒戈。人且羨、且妬、且駭、且卻走、且訾謷，無不有也。然而學之者，非折脅即絕臏矣，非壼哨即鼓儳矣。故何也？則才之奇，不可襲而取也。雖然，君之奇豈獨詩而已耶？君秀挺嶷立，目長寸許，聞忠義事，慷慨欲赴，趨人之急，若鷙鳥之發，恩鰥寡耆艾，無所靳。諧笑縱謔，神鋒森然，其意態奇。初入京師，望之者，萬頸胥延，登玉堂將速飛，忽不可於意，掉頭歸，其行止奇。不數年，聞天子屢問及之，乃往供職，卒浮沉不遷，及召見，將以御史用，而君病甚，不得已歸，遇合尤奇。嗟乎！君之數奇，豈其才之奇有以累之耶？然使君竟不病，竟不歸，峩峩而升，安知不躡青雲爲麟鳳之翔？又安知不缺且折，爲干將莫邪之傷？今雖其官棄，

其身全，殘於形，不殘於神。其名園以「藏」也，取善刀而藏之之意，宜也。不知刀可藏，詩不可藏。《周官》之書，藏山岩屋壁矣；白傅之詩，藏香山、東林兩寺矣。千百年來，誦讀遍天下。藏耶？不藏耶？同時趙雲松觀察，服君最深，適以詩來索序。余老矣，思附兩賢以傳，遂兩序之而兩質之。（《小倉山房文集》卷二十八，清乾隆刻增修本）

【答惠瑤圃中丞（節錄）】詩云：「惟其有之，是以似之。」孟子曰：「好善優於天下。」其中丞之謂歟？宋人以「大」字稱張文定公，所謂「大」者，包含遍覆之謂。近日弇山尙書，不愧此一字。然龐士元稱引人才，往往或逾其分。錢辛楣少詹，宏通淵雅，一代名儒，以枚與之相提並論，未免寵之太過。即雲松觀察之妙手靈心，聰明絕世，亦皆枚中年以後之畏友。中丞箚中，及此二人，謂搜讎索耦，實獲我心焉。（《小倉山房尺牘》卷七，王英志主編：《袁枚全集》第五冊，江蘇古籍出版社 1993 年版，第 145 頁）

王昶

【與趙少鈍書】前聞木果木事，即寓書瑞應甥，屬其轉告。爾時浪語流傳，恐非實據，未忍遽以奉聞。及前參贊大臣五公等來自美諾，又從副將軍而西，途次所聞，頗多可信。比抵省，見王升備述殉難顚末，不覺噭然慟哭失聲。時顧晴沙觀察已於草堂寺側立慰忠祠，以祀二十六君，即劉、富兩制府奏摺所陳者，遂具肴醴往奠祠下。此數旬來，間關兵火，剩有餘生；朋舊凋殘，氛祲方熾。時時涕淚覆面，所謂既痛逝者，行自念也。尊甫先生夙以文章稱海內，今又大節炳如，比諸古人，實鮮匹偶。況僕與尊甫先生車笠之盟三十年，於此平生事蹟，耿掛胸臆間，擬爲長律傾寫，而軍書旁午尚不暇，以爲惟於和沖之詩，及與南明弟詩內稍陳一二，錄以奉上，可謂長歌當哭也。尊甫先生在日，數數有「相君之面，老壽無疑，吾等數人墓誌，必出公手」之語，今果已先逝，而僕又稍能爲古文，刻石幽窆，實爲後死者之責，異日成之，以備信史。至尊甫先生滇蜀諸詩，足下來於軍應，悉攜其副以去。近如《索審淵畫》一百五十韻、《和雲松》十二首，皆曾見寄，倘無存稿，當別錄以郵於京師。其往來尺牘最夥，工者不啻蘇黃，今令小胥鈔出，容俟續寄。惟太夫人多病，下皆小弱弟，解釋勸慰，是在足下。幸稍稍殺哀，以爲門戶計。八千里外，歸櫬何時？薄寄賻儀，以爲通潞河邊隻鷄斗酒之用。攬涕作書，不勝哽咽。七月二十九日，郫縣雨夕，燈下書。（《春融堂集》卷三十二「書」，清嘉慶十二年塾南書舍刻本）

吳騫

【初白先生年譜序】《查初白先生年譜》一卷，予友陳君奉嶷手輯。奉嶷
爲先生外曾孫，母查孺人，先生弟某女孫也，夙通書史，熟諳家世。舊聞奉
嶷幼孤，稟慈氏之教以有成。居恒耳目濡染，斷蔥截髮之餘，側聞緒論，輒
謹識之，積以歲月，而成是書。故於先生出處、事跡，皆信而有徵，無少文
飾。先生學博而志宏，少年足跡半宇內，於書無所不窺，卓然爲當世儒宗。
所著《周易玩辭集解》及《敬業堂全集》，竝錄入《欽定四庫全書》。而詩學
尤爲海內談詩家首屈一指，長洲沈文恪公輯《別裁集》，亦極推許；近武進趙
雲松觀察撰《十家詩話》，國朝惟推梅村、敬業二家，且謂先生「直可繼香山、
劍南之後」。二公非如世之徒徇鄉曲之見者，蓋天下之公言也。古之人誦其詩，
必論其世，此年譜之所由興。《香山年譜》有陳伯玉及汪立名本傳世，《放翁
年譜》則雲松著之，而錢竹汀宮詹亦著之，獨先生未有年譜，不無闕典。顧
從來作年譜之弊，繁者每失於蕪，簡者又嫌於漏。奉嶷是書，考覈詳審，而
紀載謹嚴，可謂簡而有要，不蔓不支，既以慰北堂之思，又可爲讀敬業詩者
得知人論世之概。其與陳、汪、錢、趙諸公書竝垂不朽，無疑也。是爲序。(《愚
谷文存續編》卷一，清嘉慶十九年刻本)

李調元

【神譜序】子罕言命，而世人多言，是不知命也。子路請禱，而子言久
禱，是安命也。今世之事於神者多矣，蓋其意謂神可以禍福於人也。夫神，
未嘗能禍福於人也。神若能禍福於人，王莽僭，而何不殺之？董卓亂，而何
不戮之？堯舜將崩，而何不生之？桀紂將亡，何不救之？以是言之，神之於
人也，世之將興則福於人，世之將亂則禍於人。神人之道，固與時爲陞降也。
是則人所謂神，非神，自神也。然廟食之神，亦有至靈者。先正謂其浸久亦
散，豈神亦有氣數歟？大抵民間神廟至靈者，無非人心所感。人心一移，靈
響隨息。所謂「生之則神，死之則不神」也。如廟占山水嚴惡之處，則神多
靈；而在鄉村平衍之間，則反是。又如同是廟，同是一神，各相去里所，而
神有靈有不靈，何也？地氣所致。地之氣，固不能無盛衰時也。《朱子語錄》
曰：「先生每見世俗神廟可怪事，必問其處形勢如何」，可見地氣所關，固如
此也。然不但人之窮達有命，即神之窮達亦有命。如古今來神亦多矣，自孔
子，歷代崇封，各府州城縣俱設文廟祀之，固諸神所不及。此外惟關壯繆，

除敕建廟祀外，山陬海澨，人跡所到之處，大小無不有廟。較之諸神，是亦有幸有不幸焉，豈非神之命也？近日趙雲松先生有詩云：「六朝前祠廟，多祀城陽王。蔣侯加帝稱，亭之如明堂。其次項羽神，卞山赫烝嘗。後來時代改，氣燄皆消亡。乃有關壯繆，威靈久始彰。雕繢崇像設，面赤長髯蒼。婦孺盡膜拜，血食偏八荒。惟公秉忠義，固與日月光。然古烈丈夫，屈指難具詳。彼皆就湮沒，此獨垂無疆。鬼神亦聽運，何況人行藏？」正謂此也。至於神之封號，歷代帝王皆有，而莫盛於宋。自眞宗崇信道教，其臣如蔡京輩，從而附和之，宮觀寺院少有不賜名額，鬼神少有不封爵號者。自大中祥符以來，東封既崇，封爵遂濫。凡天下神祇，古今義烈，咸降敕進封，或奉冊尊號。當時中書省官，一半歲月與鬼神幹事，史稱「君臣若狂」是也。延於南渡，歲月無虛，及至前元，濫觴益甚。嶽岱皆帝，川瀆同王，瀆典紊彝，莫此爲極。明太祖既一天下，悉令革去，山川仍其本號「嶽瀆」，城隍土隅，俱令毀墁，而有司奉行未盡，尚存塑像。延及嘉靖，更揚道教，加以嚴嵩等附和清醮，其時奸道輩，始倡其說，作《封神傳》小說演義，布刊坊間，流俗傳播，據信爲實。不知古來各代，俱有封神，不止一時，亦不出一人也。余生長鄉村，見每邑歲時烝嘗，菲然飲食，山川鬼神，動至大牲，及問封號，俱茫然莫曉，覈其祭辰，亦相沿多舛。因思《論語》季路問事神之意，追其原本，仿《天官》、《地理志》，以爲此書名，曰《神譜》，以曾封者列於前，而未封者附於後，庶幾後之人有所稽考云爾。嗟乎！不述先人封祀鬼神之始，則其理不明；不述今人淫祀妖怪之由，則其疑難釋。至於「盡人事以聽天命」，則亦無以易於「敬鬼神而遠之」而已矣。（《童山集》文集卷六，清乾隆刻函海道光五年增修本）

段玉裁

【周漪塘七十壽序】余之僑居吳門也，因錢竹汀先生以定交於明經漪塘周子。乾隆、嘉慶以來，吳中之能聚書者，未有過於周子者也。始吳中文獻甲東南，好書之士，難以枚數，若錢求赤、錢遵王、陸敕先、葉林宗、葉石君、趙凡夫、毛子晉及其子斧季，皆雄於明季。入本朝，義門何氏屺瞻暨弟小山，爬搜古本，閉戶丹黃，尤稱博洽。乾隆初，朱丈文游頗蒐輯精好，見稱於惠定宇、戴東原兩先生。自余於壬子居吳，借書以讀，所恃惟周子。周子以篤好聚物，自明季諸君，以及何氏、朱氏之善本，每儲偫焉。牧翁曰：「有

聚書者之聚書，有讀書者之聚書。」周子非僅以聚書鳴也，實能讀書。自京師歸後，廢門數十年，無一切他好，終日與古爲徒，讎校不倦，博聞強識。閒嘗以宋晁公武家世、著述相咨詢，隨手裁荅，有《宋史》所未詳者。此何減劉原父荅歐陽永叔之入閣故事哉！周子三遷居，皆與余居相比近。余自喜卜居得近次道春明宅子，實爲天幸。然余始識周子，纔五十餘，而今則七十矣。嘉慶十六年二月廿一日，是爲誕辰，同志皆舉觴以賀。黃子蕘圃謂余曰：「先生盍一言乎？」蕘圃者，能繼周子而聚書、讀書之後勁也。余應之曰：「好書者多壽，今吾老友有梁氏山舟、程氏易田、趙氏甌北、翁氏覃溪、姚氏姬傳、張氏涵齋，皆年八十以上。竹汀孜古文士之壽，作《疑年錄》，惟曹憲至百五歲。今周子於諸君子，年最少，亦尚少於余。願諸君子及周子皆德日益邵，登曹憲之年，而余得執鞭追逐其閒也。」蕘圃曰：「先生可謂善頌善禱矣。」遂書之以爲序。（《經韻樓集》卷八，清嘉慶十九年刻本）

　　【張涵齋侍讀八十壽序】翰林侍讀宣城張涵齋先生，長余四歲。乾隆庚辰，同舉於鄉，至都，同館坐師東麓錢公所，相得甚歡。已而涵齋官翰林，余爲縣令蜀中，涵齋以正考官來相見。辛丑，余歸養親，既乃僑居閶門，涵齋亦營小築鱄鮮門而遷焉。十年以來，相與騫裳泛舟，過從講論，憶京華塵土中未嘗有此樂也。涵齋好學不倦，晚益專精，雖余所著《尙書撰異》、《毛詩傳小注》、《說文解字注》，亦有嗜痂之癖，手抄而嚴課程，日誦幾許，不自謂疲。蓋入今年已八十矣。余嘗謂好學者以書卷自養，往往多壽，所見盧召弓學士、王蘭泉侍郎、王鳳喈光祿、錢曉徵少詹事、趙瓯江文學，皆是也。至今歸然存者，有梁山舟學士，年八十有八；程易田方正，八十有六；趙雲松觀察，八十有四；翁正三閣學、姚姬傳比部，均八十，此五先生者，散處大江南北，雖所學不同，然余聞皆康強健飯，手不停披，著述方日出，與涵齋所好同也，則其神明同也；今例老而再經鄉會試中式之年，稱盛事。今嘉慶庚午，趙、姚二老皆重赴鹿鳴焉。明年辛未，梁、翁二老皆將重讌恩榮焉。藉非壽考作人之盛，而安有是歟？余於諸先生，皆從奉手有所請益，涵齋侍讀尤相狎相優，幸其同爲寅公，得以昕夕賞析。因四月降生之辰，敘欣慕諸老之意，舉觴一言，約涵齋從此不數日一晤，遍尋吳下山水花竹之勝，杯酒縱談，以消餘日。不識五先生者，皆有此樂否也？同年弟七十有六段玉裁再拜。（《經韻樓集》卷八，清嘉慶十九年刻本）

孫志祖

【家語疏證（節錄）】陽湖趙翼《陔餘叢考》引《韓詩外傳》「趙簡子將殺陽虎」，極辨其妄。考《外傳》竝無「趙」字，不知趙氏所據何本？（《家語疏證》卷三《困誓第二十二》，清嘉慶刻本）

管世銘

【鶴半巢詩集序（節錄）】國家初制，章疏票擬主之內閣，軍國機要主之議政處，其特頒詔旨，由南書房、翰林院視草。自雍正初年，設軍機處，領以親重大臣，復選庶官之敏慎者，爲滿漢章京，襄其事，機要章奏皆下焉。詔旨有明發，有密寄，由大臣面奉指揮，具稿以進。自是，內閣票擬，特尋常史事，而政本悉出機庭，兼議政、視草而一之。其初，節目寬簡，甲日撰稿，許乙丙而進御，一二大臣，實自主之。在直章京，特分司繕寫、登記、檢查、交發之事，前此隸斯職者，如趙璞函文哲、王蘭泉昶、趙雲崧翼、申笏山甫，並得於政事之暇，從容賦詠，藻耀一時。（梁章鉅、朱智《樞垣記略》卷二十二，清光緒元年刊本）（案：李祖陶輯《國朝文錄續編》「韞山堂文錄」〔清同治刻本〕亦收此篇，題爲《馮玉圃同年鶴半巢詩集序》，內容幾於全同，不復贅）

錢維喬

【答袁簡齋】半年未獲尺書，眷念殊甚。春仲，晤同里楊君云：「偕趙甌北飲於隨園，見先生健飯無恙。」方爲釋然。昨奉三月下旬手書，以自作挽詩屬和，先生可爲達矣。而蒙竊謂所以爲此，正有未盡達者在也。夫人有甚愛之物，而曰「吾何愛」，於是有甚惡之物，而曰「吾何惡」，於是蓋愛惡之情猶未化也。管寧種菜見金，揮鋤不異瓦石，其心絕無金之可貴；孟敏荷甑墮地，甑破不一顧，其心絕無甑破之可惜，此天民矣。先生負海內盛名，著述等身，晚得令子紹其業，且安享林泉之樂者已四十餘年，一世可以當人數世。先生之金不假鋤，而先生之甑尚未墮也，復何所容心哉？賈生有言：「泛乎若不繫之舟。不以生故自寶，養空而浮。」夫舟之放蕩於江湖也，不張帆，不鼓檝，今日一洲焉，明日一渚焉，未有預程其所止而擬諸形容者也。是故唯浮乃空，唯空乃所以爲養。僕所以祝先生宜力追古人，耄而好學，如衛武公行年九十有五而愼威儀，勤灑埽，自屬其神明。否則賈生養空之說，同符老氏恬淡虛無，眞氣從之，年命有不期永而彌永者。若夫鑿壙而偃息其中，荷鍤而歌挽於後，此晉人曠放之遺。爲此者，或有所不得已於胸焉。且其所

謂達，猶膚迹耳。僕經年不作詩，重違長者命，破例成七古一首，聊博一笑。（《竹初詩文鈔》文鈔卷三「書啓」，清嘉慶刻本）

　　【答袁簡齋書】簡齋先生足下：昨從甌北處奉到手箚，知先生患利甚劇，中多永訣語，不勝驚愕。徐玩詞意，並讀致甌北書，則見浩浩然如長江大河，氣甚壯而神極閒暇，可信先生之疾未至於不起也。豈先生一生曠達不羈，病革猶不爲莊語，故以是遊戲人耶？先生天才絕世，固非拘墟者所能知。然古今唯至聖，無可無不可方是中庸，不可能降此。則做一種人，即有一種窠臼，爲宋儒之理學，固成宋儒面目；爲晉人之狂蕩，亦墮晉人習氣。爲人欲無窠臼，夫豈易言？某二十年前，未嘗不慕通脫而厭拘方，獵詞華而希浮譽。近者稍自檢束，覺此心放失已久，所爲無一是處。重取童時所讀《學》、《庸》、《論》、《孟》諸書反覆體驗，乃知一字一句，皆所以教人爲人，所以教人不入於禽獸。故年來憂虞悔吝之意多，而酣豢縱適之情少。先生目我爲伊川，所不敢當，而其與先生志趣各殊，則誠未可概論也。「心存誠敬，更不如無心」，此語固有味，然「無心」二字，正自有辨。吾儒所謂「觀喜怒哀樂未發之中」，釋氏所謂「不思善，不思惡，乃本來面目」，其旨不同。要之，無心之中，有湛然虛明之本心在，初非槁木死灰也。先生雖上智利根，恐尚未能臻此境，而遽以責人哉？先生與甌北論詩，直抉其病根，不留餘地，固良友藥石之道。然竊謂詩文不能絕無疵累，古人且然。李杜大家，而集中不少拙率之句。此如高山巨壑，雖有醜樹惡石，不損其雄；西子毛嬙，即或亂頭粗服，無減其媚。若元明以降，詞人過爲修飾，幾於言言工整、字字妥帖，其魄力正坐此不逮前賢矣。若夫「言爲心聲」一語，誠爲要旨。詩雖小道，必有眞性情存，乃合乎溫柔敦厚之義，可參興觀群怨之用。今先生所論甌北詩一首，其云「胸有千秋愧此生」，甌北具上下古今之識，而自懼未能卓然不朽，此由衷之言。至云「家無半畝憂天下」，甌北之家，何至遂無半畝？而必能如范文正先天下之憂而憂，恐亦未必然。是此句不但膚廓，直欺人語耳！故甌北此詩，某所未愜者，不在末句，而在頷聯，與先生所斥不同也。陳思有云：「後世誰相知，定吾文者。」我輩詩文得失在寸心，而鑒別賴識者，有一二知己互相商榷，獎其所長而戒其所短，最是樂處。方今先生與甌北號爲一代作者，裒然成集，然欲其一無疵累處爲後人所指摘，吾知必不能。然有之亦不足爲病，某雖不才，謬蒙見許爲知言，故論列如是，非爲兩公作調人耳。先生著述等身，即果騎箕跨鶴，已爲不死之人，何況澹然灑然，更能忘此死生之見，疾將自去。秋風薦爽，萬物利貞之期，珍重珍重！（《竹初

詩文鈔》文鈔卷三「書啓」，清嘉慶刻本）

費淳

【甌北老夫子七十壽序】嘉慶元年，歲在丙辰，十月望後七日，爲吾師甌北先生七十攬揆之辰。淳不敏，距毘陵二百里，不獲躋堂稱祝，謹馳獻一言爲壽曰：自昔文章之士，負其聰明才力，孰不欲繼軌前哲，垂名後來。然才餒而不振，筆孱而不張，迄無所表見。其卓然有成，雄視今古者，間世不一二人。而此一二人者，往往以才之高、名之滿爲造物所忌，未必身都通顯；即通顯矣，或遭讒見尤，一生憂危脆脆之不暇。前代如昌黎、永叔、子瞻，類皆不免，似乎天之靳才名甚於靳祿位，而靳才名者之祿位，則尤甚焉。如是者人或歸咎於天，而不知二者天雖默司其權，要亦聽人之自取。今夫人大盈而取縑帛，儘其力而止，縑少則帛多，縑贏則帛絀，勢不得不然。天特能制其力之大小強弱，而固不必制其取此取彼之心。

吾師毘陵望族，少負不羈才，走京師，無階級憑，藉搦三寸管，名動公卿。旋入薇垣，直禁披，以廷試第三人改官翰林，出任太守、監司，遇風縱壑，不足擬其騰騫之勢矣。顧因孝思不匱，遽修《南陔》潔白之養，以其暇爲聲詩，歌詠太平，大江南北固多文士，終莫敢頡頏先生。或謂先生息轍於方盛之春秋，殆天之稍嗇其遇以昌其詩。淳竊謂不然。先生出守邊郡，與佐傅文忠公緬甸軍中，及調守廣州，擢貴西觀察，俱出自特恩。歸里以後，天子猶詢之左右大臣不忘。苟非堅賦遂初，則內而臺省綸扉，外而建牙持節，度已柄用久，誰能擠而止之者？先生蓋自計其才力所到，無所不可，而與其取於彼者奢，毋寧取其此者久。用是決然捨去，閉戶掩關，以色養餘閒，成不朽大業。然則才名祿位，皆先生自取自捨於其間，分寸揣量，神明獨運，固有人所不及知、天所不能制者矣，而豈冥冥之嗇其遇乎哉！

且先生博學多通，熟悉古人成敗利鈍，手指口講，如聚米畫沙。其典樞密，歷嚴疆，所在均著政聲。即淳來撫是邦也，安民察吏，受教良多。假使先生黼黻皇猷，當必更有卓犖可紀之績。然而簿書惟擾，夙夜勤勞，詩即工而勢不能如今日之工。惟其假半生寬閒之歲月，從容浸漬以儘其才。既早入東觀，翱翔於承明著作之廷；復出乘輶車，激宕於江山戎馬之助。故其詩雄麗如鯨鍾鼉鼓，蒼茫如天風海濤，漢、魏、唐、宋，不分畦畛而自成一家。是先生之詩姿學兼優，亦賴前後境遇適有以成之，則其去取抉擇，固由識高，終不可謂非天之厚其才名而復資之祿位，以補千古才人未有之局也。

先生性眞率，襟期灑落，家居不營園林池館之勝，不爲聲色侈靡之奉。督諸子，皆黌序有聲。平時手一編，寒暑不輟。穿穴訂正，成《陔餘叢考》一書，引據詳明，研覈精當。暇則訪名山之址，探鄧蔚之梅花，逍遙容與，如老鶴閒雲，無有滯礙。迄於今，回視與先生同在禁廷史館諸公，或盡瘁於樞輔，或鞅掌於風塵。而先生以江天高臥之身，吟風弄月，自知必傳於千秋萬載而無疑，此其快然意適爲何如？而徜徉歌嘯之中，所以養性全天者，復奚藉蒵苓導引之術歟？

淳忝出公門，學問文章，莫窺牆仞。猥以恩命之重，位備封圻，雖復廉愼自矢，冀不負師承，而戰戰兢兢，時懼隕越。其於先生，能無翹首興思，作天際眞人之想耶！淳前守毘陵，去任時先生宦遊甫歸；昨歲來，則先生優遊林下已二十餘年。聰強純固，曾不減昔時；而名山著作，已自壽於無窮。無論人世之祿位不與易，即兜率海山安足道也。書此以當一爵之侑。謹序。

欽命兵部侍郎兼都察院右副都御使、巡撫江蘇等處地方提督軍務，門生費淳頓首拜撰。(《西蓋趙氏宗譜・藝文外編》)

【甌北先生八十壽序】曩者嘉慶元年丙辰，吾師甌北先生壽七十，淳不揣譾陋，以言爲壽。越嘉慶丙寅，先生壽八十矣。淳自金陵內召，迄今備參政府，不奉顏色者四年。側聞先生矍鑠無異疇昔，莫不以爲一代之靈光，隆平之人瑞，而淳益爽然於先生之壽，非猶夫耄耋期頤所可同日而語也。今夫木有時而菾，水有時而涸。金石之堅也，而時乎剗泐；陵谷之高深也，而時乎變遷。蓋物託於有形則有敝，而惟名之壽於天壤者無窮期。先生以詩名海內，七律尤極自來未有之奇。故《甌北集》一出，四方求購，自遠而至，刊行以來，無慮萬本。凡世之稱詩者，無不知有先生，即無不信爲必傳於後。夫先生志高學廣，度不欲以詩人著，而即是成不朽之名，則所謂無窮期者，固即操券得之。以無窮視百年，曾旦暮之不若，而尙以區區數十寒暑之增加爲先生頌，當不值先生一哂也。

顧淳思之，名不藉壽而傳，壽必待名而顯。國家太和翔洽、敦龐純熙之澤浹於寰宇，民生其間，多黃髮鮐背之老，邀粟帛、建綽楔者歲不乏人。姓氏不出於鄉里，文采無紀於簡編，壽矣，誰則知之？乃自昔文人才士，照耀千古者，即又未必盡躋大耋。求其名壽兩顯者，莫如唐之九老，宋之洛陽耆英、五老諸會，然迄今無不知九老之有香山，耆英之有文、富、司馬，五老之有祁公。而《香山外史》載胡杲、吉取、鄭據、劉眞、盧眞、張渾、狄兼謨、盧貞八人，文、富、司馬外尙有十人，史並闕如。祁公與王渙、畢世長、

朱實、馮平爲五老，雖淹沒者不必盡舉其名。由是觀之，香山、潞公諸君以壽傳，亦仍以其名耳。而壽乃與之俱傳，則豈非壽之所賴於名重哉！

先生歷歷未久，不竟其用，故不得以文、富諸公律，而於香山則雅近之。歸田以來，手定名山之業，識日以老，境日以新，設非天假之年，或猶未能如是其美富。而於從容歌詠之餘，遐瞻遠矚，上撫前古，下計來茲，杳杳茫茫，聲聞若接，則此數十寒暑中，殆無日不可作千秋萬歲觀。而天下之景仰歡慕者，亦若因先生之壽而快及身之得見，即未見而猶幸此生之同時，然則謂先生壽，以名重可，謂名以壽重亦可。惜當世無聯吟入社之侶，與九老風流後先輝映，而要之名與壽相得益彰，又豈俟乎會之有無也歟？

淳遭逢明盛，建樹無聞，而行年亦且七十，亟欲請老以避賢者路。倘獲賦遂初，道出毗陵，猶將敬效公堂之祝，而荷蒙眷注優隆，未卜此願何時得遂。因敬推先生之壽之不同於眾者馳獻於先生，以與天下之壽公者證，兼與天下之讀公詩者證，當必以爲質言，而非淳一人之私言也。謹序。

賜進士出身，誥授光祿大夫、體仁閣大學士兼太子太保、戶部尚書事，受業費淳頓首拜撰。(《西蓋趙氏宗譜·藝文外編》)

王念孫

【伍徐】鉒人伍徐。「徐」，《廣音義》曰：「徐，一作逢。《漢書·陳勝傳》作『五逢』，引之曰：『徐與逢聲不相近，徐當爲徐字之誤也。』」《說文》：「徐讀若蓬。」「徐」與「逢」聲相近，故字相通。趙氏雲崧《廿二史箚記》謂《漢書》改「徐」爲「逢」，非也。(《讀書雜誌》史記第三，清道光十二年刻本)

武億

【重修三官廟記正書至元二十四年三月在孟縣摘星廟內】記爲懷孟路學政李孝純撰，懷孟路剋擇陰陽官管勾王德政書並篆額，其文云：「『三官』之號，他書不載，獨《道經》稱之其詳，不可得聞。蓋取無極之道，一以生二，二生三，三生萬，自是而計，無不在其中矣。而又上世貴質，制有鳥官、人官，故以三爲元數，官爲定名，從省文也。」按孝純所撰，皆摭取道家之緒言。近趙耘菘《陔餘叢考》所據古書，記稱「三官」之事特詳，然於此亦未嘗及也，故予爲存其概。孝純見哀恒山公詩，題爲將仕郎臨漳縣主簿者，疑即其人。(《授堂金石文字續跋》卷十三，清道光二十三年授堂重刊本)

吳錫麒

【張遜齋六十壽序（節錄）】遜齋先生家承華胄，生自德門。何家大小之山，峙如喬嶽；裴民東西之眷，望若神僊。時尊甫松坪公，讀中祕之書，騰木天之譽，論思靡間於退食，校勘不倦於焚膏。……晚年與兄琴溪公盤桓晨夕，燕喜春秋，時聽雨而剪燈，或遇風而獻詠，怡怡相對，款款彌勤，人以爲不可及也。家富儲藏，尤精鑒別。……生平不妄交遊，所欽重者：盧抱經、錢籜石、梁山舟、趙雲松諸先生，並皆碩德大儒，耆英重望。（《有正味齋集》駢體文續集卷三，清嘉慶十三年刻有正味齋全集增修本）

趙懷玉

【二愛軒詩鈔後序】詩至於唐，尚矣。李杜起開寶間，雄視一代。其後踵而興者不乏，迨長慶而元白始顯。兩人中，樂天尤著，雖詩之體格不逮李杜，而聲譽之盛，幾欲突而過之。自長安抵江西三四千里，凡鄉校、佛寺、逆旅、行舟之中，往往題其詩；士庶、僧徒、孀婦、處女之口，又每每詠其詩；甚至傳於雞林，行賈售其國相，率篇易一金。自古詩名之盛，殆未有過於斯者。然實則老嫗亦能解之，無他，其性情有獨眞也。宋陸務觀之詩，富於樂天，其擴寫性情，復極相類，故當時江湖間亦有「團扇家家畫放翁」之盛焉。毗陵夙稱詩國，就目中所見，自吾家耘菘先生外，前輩盛孟巖方伯殆堪匹亞，蓋皆陶冶於樂天、務觀者也。余於方伯爲內閣後進，哲弟甫山又余同歲生，曩在京師，過從最密。時方伯直樞禁，退食之暇，輒以書畫自娛，與其弟竝擅「三絕」之目。自己未出守秦中，余亦捧檄山左，契闊者十四寒暑。壬申夏，余主關中講席，始得重聯觴詠。時方伯督陝西糧儲，號爲膴仕，顧服食玩好，略不措意，惟書畫結習未忘，尤好爲詩，凡有所作，輒以示余，余或獻替，必忻然從之。其虛衷下問，不自滿假，有足多者，故詩亦駸駸而上。及余嬰末疾，數過講舍，慰問倡酬罔輟，未幾而陳臬章貢，又未幾而藩翰甘涼。天子意切向用，節鉞之寄，且在旦夕，乃偶示微疾，遽歸道山。聞者同聲悼惜，以爲方伯之仕宦與其詩篇，皆有日進不已之勢，而竟止於是，天若有意靳之也。今年夏，余抱疴家衖，令子比部思道奉諱旋里，手所著《二愛軒詩鈔》屬校，竝乞後序。受而讀之。古近體不名一格，要皆有見眞之處。集中《偶然作》云：「詩以道性情，各隨意所適。眞意苟不存，新奇亦何益？太璞恥雕琢，名姝鄙塗澤。未妨俗士嗔，不受明眼摘。所以古大家，落筆貴

眞率。」觀此，可以知其所自得矣。毘陵詩人流派，已詳莊君虛菴序中，余特述其始終聚散之蹟，並所以瓣香於樂天、務觀者，書之卷尾。後之讀是編者，或與余論不謀而合乎？（《亦有生齋集》文卷四“序”，清道光元年刻本）

【小山晚景圖記】《小山晚景圖》者，無錫華冠爲族祖雲崧先生寫眞，錢君維喬補作樹石，而名則先生所自署也。瘦峰一卷，古桂數本，竹長青而鳳宿，卉乍紅於鴈來，趺坐其間，擁書自得，所謂物以人重，情隨境傳者乎？夫自有書契，代多作述，大都附驥，何止汗牛？陳陳相因，觀者欲倦。先生則性靈獨闢，光景長新，學猶勤於耄年，傳可必之後世，一也；嘔心雖工，未舉進士；哦松不俗，僅試小官，功略奚補於數奇，文章每憎夫命達。載稽往冊，同此浩歎。先生則韓雲五色，郄林一枝，早登清華，遍歷中外，吏治既由經術而顯，官職不以聲名而折，二也；子雲之產，不過十金；相如之家，徒立四壁。武陵貴後，乃復爲鬼所笑；義陽寒甚，竟至抱犬而眠。縱曰非病，嘻其甚矣。先生則以廉成宦，用儉治生，金穰水毀，夙通計然之書；良田廣宅，可傲公理之論，三也；蒲柳之姿，常望秋而先隕；枌榆之樂，或至老而未諧。壽考難於康彊，富貴靳其閒適。苟非完福，終有遺憾。先生則未艾歸田，及今卅載，得天孔厚，行地如僊，扶辭元亮之策，啖健廉頗之飯，四也。海內耆舊，近若晨星，求如先生，殆罕匹亞。是以歲月彌永，子孫逢吉，讀楚客之辨，寧知秋氣之悲？驅古原之車，祗覺夕陽之好。以云晚景，無踰此矣。某炳燭希明，暮途恨遠，少壯忽焉已過，仕學兩非所優。買山慙資，招隱寡侶，莫致攝生之藥，尤拙叩門之詞。展圖再三，惟有歊羨濡筆爲記，聊申仰止。譬猶征夫告勞，向茂林而思憩；餓者乏食，指太倉以充飢云爾。（《亦有生齋集》文卷六記，清道光元年刻本）

【三賢祠圖卷跋】嘉慶丙寅四月，伊墨卿太守招葺《揚州圖經》，寓居胡安定祠，適長洲蔣君紹初過揚，以《三賢祠圖卷》示予。祠之緣起，已詳君與家耘菘觀察倡和詩，及王念豐所爲記圖，則翟大坤筆也。夫香山刺蘇築堤著績，其祀於虎邱也。宜若少陵、東坡蹤跡所及，或暫或久，亦得竝崇廟食，豈非以其詩之足以鼎峙耶？抑詩之外更有在也？是非邦人之有心當事之用力，曷克致此？顧天下之所當爲如三賢祠者不少，往往事機一失，遂至因循，使皆展圖思奮，又何廢之不興，墜之不舉哉？則君是圖，其利甚溥，非特三賢之功臣而已。（《亦有生齋集》文卷九跋，清道光元年刻本）

戴大昌

【駁四書改錯（節錄）】考齊伐燕子噲事，《孟子》以爲宣王，《史記》以爲愍王，溫公《通鑑》因移愍王前十年爲宣王之年，以合《孟子》之說。然燕人畔尙在此十年，後則仍屬愍王矣。若閻氏百詩，欲將《燕世家》所載燕王噲及立太子平爲昭王等事，移在前十數年，當齊宣王之時，以合《孟子》，亦屬臆斷。趙氏耘菘亦駁《史記》，此皆與溫公不從《史記》者也。（《駁四書改錯》卷十一，清道光二年刻本）

葉廷甲

【校刻《梧溪集》跋】《梧溪集》七卷，嘉慶丙寅歲向楊君敬樵借鈔，敬樵云：家藏本舊有二，其一先文定公以贈座主新城王文簡公，《蠶尾集》所云壬申歲門人楊庶常貽老儒周硯農手錄，本書學鍾太傅稍雜八分者也。其一則乾隆癸巳開四庫館，徵天下遺書，先子蒼毓公即以藏本獻，採入四庫中，家遂無此書。後乃借夏氏本錄之，復借章氏、徐氏本通校一過，繕成此本，頗爲完善。余受而讀之，訛舛尙多，又借陳午門藏本覆校一過。辛未過郡城，又與楊隨安詳加參訂，而趙甌北先生見之，遂載入《簷曝雜記》中，稱爲善本，而余心獨未愜也。癸酉春，聞知不足齋有善本，遂訪鮑丈以文於浙，得鈔本二部，攜歸。於酷暑中揮汗讎校，缺者補之，訛者正之，三本互有出入，舍短從長求歸，於是因助鋟木之貲，囑以文刻入叢書中。嗚呼！梧溪爲元季遺老，詩中於忠孝大節嘗惓惓焉。廷甲之耗心力於是書，而急屬以文梓之以傳，豈惟是阿所好於鄉先輩之見也歟？爰跋之以告世之讀是書者。（葉長齡等編：《張家港舊志彙編》，鳳凰出版社 2006 年版，第 239 頁）

惲敬

【外舅高府君墓誌銘】府君姓高氏，名光啓，字曙初，世爲武進人。曾祖爾傅，江浦縣教諭。祖闓，江西萬年縣縣丞。父希淮，敕封文林郎；妣程氏，敕贈孺人。文林君推產兄弟，洎府君長而家益貧，文林君磊落不爲意。程太孺人常早起，無可炊，則危坐鼓琴，府君聽之淒然，傷不能養，脫身走京師，就太孺人之弟文恭公景伊於邸第。已而太孺人卒，因移家依文恭。文恭清厲自守，無所餘，府君則藉客授所入以養親。前後七應順天鄉試，不得解。四庫館謄錄考滿，選山東菏澤縣縣丞，署定陶、武城、齊河縣事，調汶上縣縣丞，擢掖縣知縣，考最，署平度州知州。其時，大吏有以縱恣伏法者，

連僚屬多人，法至死戌，其中有不幸者，而府君適以失囚，几上劾，急捕，得免。曰：「疇官之法，可知矣。吾豈可危吾親？」遂乞養歸。府君之弟，沅陵縣縣丞桂，在湖南，並呼之歸，曰：「吾宦雖不成，然視入都時，足以養矣。與弟共之可也。」歸五月，而文林君即世。又十年，府君終不出，卒於家。嘉慶五年八月丙寅，敕授文林郎、掖縣知縣，例授奉政大夫，候選同知，年六十有五。府君性凒篤，未嘗以聲色加人，而吏事修舉，人不能欺。少日往來文恭邸第十餘年，其時同州如劉文定綸之清慎、錢文敏維城之警健、莊侍郎存與之淵雅，皆朝廷偉人，文恭則以長者在崇班中，能持正，無所阿狥。府君請益諸君子，而言行則性近文恭，故能善其始終內外如此。敬赴江西時，常拜府君於庭，後歸而見府君同產妹之夫趙甌北先生翼，觀其文章議論，邁往無等，追思府君之爲人，溫然盎然，與先生若有逕庭，而終身相厚善，蓋各安其中之所獨至者。使敬得侍文恭，其志意氣局，又當何如？而惜乎其未及見也。府君娶孫宜人，繼吳宜人，子二：長德英，候選府通判沅陵君子，府君子之，繼府君卒；次德洋，候選知縣吳宜人出。女三：長歸於敬，次適國子監生徐士爔，次適劉焜望。二十年九月戊子，卜葬於城東五路橋之原。銘曰：宜於己，宜於人，譽兄弟，繩子孫。兆於斯，奠幽室，以寧爲天，靈爲日，天昭日明，永無極。（《大雲山房文稿》初集卷四，四部叢刊景清同治本）

高鶚

【爲長子玉樞娶婦】在昔雲松老，曾爲娶婦詞。趙雲松前輩有爲子娶婦詩。歡欣成禮後，辛苦卸肩時。我甫殷堂構，兒方待燕貽。向平婚嫁始，未敢學聾癡。（尚達翔編注：《高鶚詩詞箋注》，中州書畫社 1983 年版，第 32 頁）

王曇

【虎邱山夽室誌（節錄）】吳中士大夫將爲「九老」之會。司寇蘭泉昶、宮詹辛楣錢大昕、侍講夢樓文治、雲崧觀察趙翼、東浦方伯陳奉滋、藕若觀察宋思仁、立崖司馬蔣業晉、許穆堂，隨園卒，待工侍師歸也。（《煙霞萬古樓文集》卷四，清嘉慶刻道光增修本）（案：《仲瞿詩錄》所收同此）

【舒鐵雲姨丈瓶水齋詩集序（節錄）】沉李昌谷於溷神之中，寄劉公幹於鬼伯之口。微之未死，託遺稿於香山；荀攸臨終，交阿鶩於鍾會。良士自大梁來揚，而吾姨丈人之集成於眞州。昔宋考功毒希夷，而有其佳句；齊邱子沈譚峭，而有其化書。若巴樸園觀察之敦命厥工，與刊傳作，何遜卒而王僧

儒集其文，崔湜死而裴耀卿纂其集，爲千古尚也。我姨丈人位，才備八廚，身行萬里，於粵則愛鐵雲之山，於黔則樂飛雲之洞，故其詩千巖競秀，萬怪惶惑，趙雲菘八十而願以詩師，梁山舟九十而見其書拜，其實錄也。（《煙霞萬古樓文集》卷五，清嘉慶二十一年虎丘東山廟刻道光增修本）

凌揚藻

【堯舜之禪】陽湖趙氏翼曰：「舜受終文祖，攝位之後，又二十八載，堯乃殂落，《舜典》所記甚明。禹受命於神宗，若帝之初，亦是當舜在日即已攝位也。乃禹攝後，舜作何位置，及享壽又若干，《典》、《謨》俱不載，但云『在位五十載，陟方乃死』，何也？蓋舜之禪與堯之禪不同，堯禪後，竟全以天下付舜，於己一無所與。故舜攝位後，察璣衡，類上帝，輯瑞巡狩，封山濬川，一切皆行天子之事。舜則雖命禹攝位，而身尚臨御。故禹既攝之後，其征苗也，猶奉命而出，及班師，又勸舜修德以來之。可知傳位雖有成命，尚不同堯之退處養閒。直至蒼梧之崩，猶在帝位，故《書》云『在位五十載，陟方乃死』也。蓋堯禪時已耄而倦勤，舜禪時尚康強無恙。觀於過百之歲，猶遠陟江漢，其彊鑠可見，故不敢以付託有人，遂自暇逸而愛閒謝事耳。」（《蠡勺編》卷二，清嶺南遺書本）

【春秋時月皆周正】宋熊勿軒曰：「孔子所謂夏時，答顏淵爲邦則，然也。至因魯史作《春秋》，乃當時諸侯奉時王正朔，以爲國史所書之月爲周正，所書之時亦周正，如《桓十四年》『正月無冰』，若夏正，則解凍矣，惟建子無冰，故書之，以紀異也。《定元年》『冬十月，隕霜殺菽』，此夏正秋八月而書冬者也，若建亥之月，則隕霜不爲異，而亦無菽矣。」毛稚黃曰：「《春秋》志在尊王，而後儒輒亂之，以爲聖人以權自予，用夏時冠周月，不倍從周之謂，何而夫子敢出此哉？」然《豳風》之「七月流火」、《小雅》之「四月維夏」、《論語》之「莫春者」，及《呂氏‧月令》之類，亦有夏正錯見於周、秦，何也？趙耘菘謂：「天統、地統、人統，古來原有，更叠爲用。商周雖改建丑、建子，而夏正仍自兼行，不特如《尚書大傳》所云『王者存二代之後』，聽其仍用祖宗舊朔也。民間稼穡之事，蓋亦聽以夏正從事。迨習用既久，周室衰微，不復頒朔，遂但知有夏正，故朝廷雖行周正於上，民間自行夏正於下，至戰國，而列國亦無不用夏正矣。此所以夏正、周正之錯見於經書也。」（《蠡勺編》卷四，清嶺南遺書本）

【史記編次】陽湖趙氏翼曰：「《史記》列傳次序，蓋成一篇即編入一篇，不待撰成全書後，重爲排比。故《李廣傳》後，忽列《匈奴傳》，下又列《衛青霍去病傳》。朝臣與外夷相次，已屬不倫，然此猶曰諸臣事皆與匈奴相涉也。《公孫宏傳》後忽列《南越》、《東越》、《朝鮮》、《西南夷》等傳，下又列《司馬相如傳》，《相如》之下，又列《淮南衡山王傳》，《循吏》後忽列《汲黯鄭當時傳》，《儒林》、《酷吏》後，又忽入《大宛傳》。其次第皆無意義，可知其隨得隨編也。」（《蟲匸編》卷八，清嶺南遺書本）

【趙世家存孤之疑】《春秋》：「成公八年，晉殺其大夫趙同、趙括。」《左傳》：「莊姬爲趙嬰之亡故，嬰通於趙朔之妻，故原、屏放諸齊。原即趙同，屏即趙括，嬰之兄。譖之晉侯曰：『原、屏將爲亂。』公乃殺之。武從姬氏畜於公宮。杜註：『武，趙武。莊姬子。莊姬，晉成公女。《史記》作『成公姊』。』韓厥言於晉侯曰：『成季之勳，宣孟之忠，成季，趙衰。宣孟，趙盾。有功晉國。而無後，爲善者懼矣。』乃立武，而反其田焉。殺同、括時，以其田與祁奚，至是復歸趙氏。」其敘趙氏孤事止此。即《國語》郤無恤、智伯、韓獻子之言亦止此，無所謂屠岸賈，又無所謂程嬰、公孫杵臼也。自太史公作《趙世家》，不取《左氏》而取異說，於是保孤之事，播爲美談。宋元豐四年，遂追封晉程嬰爲成信侯，公孫杵臼爲忠智侯，立廟絳州。又紹興十一年八月，立祚德殿於臨安，祀晉趙武及程嬰、公孫杵臼、韓厥也。尹起莘謂：「二公死生忠義，至是封之，足以見神宗激勸之典」，周靜軒謂：「一存孤，一死節，是誠晉之義士，贈爵立廟，爲得其正」，而孰意其事之至等於烏有哉？故朱子曰：「《左傳》趙朔既死，其家內亂，朔之諸弟，或放或死。而朔之妻乃晉君之女，故武從其母畜於公宮。安得有大夫屠岸賈者，興兵以滅趙氏，而程嬰、杵臼以死衛之之說也？」近人陽湖趙耘菘亦以史遷之說爲妄，辨之甚詳，載所著《陔餘叢考》中。然劉向《新序》已有「程嬰、公孫杵臼，可謂信友厚士矣。嬰之自殺下報，亦過矣」之語，唐司馬貞《述》、《贊》，亦有「岸賈矯誅，韓厥立武」之語，屠岸，複姓。稱岸賈，亦失當。宋謝枋得《對魏天祐》亦有「程嬰、杵臼，皆忠於趙，一死於十五年之前，一死於十五年之後」之語，合之尹起莘、周靜軒諸說，則此事似非盡無稽。故明儒陳氏霆曰：「《左氏》爲文高簡，且其所載以立武復田爲重，故詳敘其後，而不暇追悉其初。《史記》則追敘本末，故特詳著焉。」是又一說也，存疑可也。（《蟲匸編》卷八，清嶺南遺書本）

【曹魏受禪】建安二十五年，中郎將李伏、太史丞許芝言「魏當代漢，見

於《圖緯》，魏群臣因表勸進。至是，帝乃使御史大夫張音持節奉璽綬詔冊，禪位於魏王丕。丕即帝位，改元黃初，大赦。奉漢帝爲山陽公。《魏略》云：曹丕受禪時，漢帝下禪詔及冊書凡三，丕皆拜表讓，還璽綬。李伏等勸進者一，許芝等勸進者一，司馬懿等勸進者一，桓楷等勸進者一，尚書令等合詞勸進者一，劉廙等勸進者一，劉若等勸進者一，封國將軍等百二十人勸進者一，博士蘇林等勸進者一，劉廙等又勸進者一，丕皆下令辭之。最後華歆及公卿奏擇日設壇，始即位。淮陰吳氏玉搢曰：「三代以後，禪讓之事創行於魏，雖心懷攫奪，而猶必貌爲遜讓。假諸臣之勸進以掩其迹，又爲大書深刻，以遮蔽天下後世之耳目。公卿將軍上尊號奏及受禪表，其文不載於《魏志》，然二碑皆在許州，今尚現存。蓋知其心猶有杌楻不自安者。至晉人師其故智，沿及五季，以天下位爲傳舍，亦不更作此舉動矣。」趙耘崧曰：「曹魏欲移漢之天下，又不肯居篡弒之名，於是假禪讓爲攘奪。自此例一開，而晉、宋、齊、梁、北齊、後周，以及陳、隋，皆傚之。此外尚有司馬倫、桓元之徒，亦援以爲例。甚至唐高祖本以征誅起，而亦假代王之禪。朱溫更以盜賊起，而亦假哀帝之禪。自曹魏創此一局，而奉爲成式者，且十數代，歷七八百年。眞所謂『姦人之雄能建非常之原』者也。」吳公路曰：「曹操迫脅君后，無復臣禮，逆節已顯。會其病死，故篡竊之惡漏在身後耳。」（《蠡勺編》卷十，清嶺南遺書本）

　　【齊書類敘法】趙耘崧曰：「《齊書》比《宋書》較爲簡淨，《豫章王嶷》及《竟陵王子良》二傳過爲鋪張，此另有他意。他如《劉善明傳》所陳十一事，皆櫽括其語載之；《張欣泰傳》所陳十二事，只載其一條，若《宋書》，則必全載矣。《孝義傳》用類敘，尤爲得法。蓋人各一傳，則不勝傳；而不立傳，則竟遺之。故每一傳輒類敘數人，如《褚澄》傳敘其精於醫，而因敘徐嗣醫術更精於澄；《韓靈敏傳》敘其妻卓氏守節，而因及吳康之妻趙氏、蔣雋之妻黃氏、倪翼之母丁氏，傳不多而人自備載。惟《張敬兒傳》，忽載沈攸之《與蕭道成絕交書》及蕭道成答書，共三千餘字，與敬兒關涉者，不過攸之反間敬兒，敬兒不從數語耳，而觀縷至此，未免喧客奪主。又《柳世隆傳》，討沈攸之時有《尚書符檄》一篇，按《宋書·沈攸之傳》亦有《尚書符檄》一篇，其文又不相同，此不可解也。」又曰：「類敘之法，本起於班固《漢書》。如《鮑宣傳》後，歷敘當時清名之士紀逡、王思、薛方、郇越、唐林、唐尊、蔣詡、栗融、禽慶、蘇章、曹竟等；《貨殖傳》後類敘樊嘉、如氏、苴氏、王君房、豉樊小〔少〕翁等。其後范蔚宗《後漢書》，《董卓傳》敘李傕、郭氾、

張繡等，《公孫瓚傳》敘閻柔、鮮于輔等；陳壽《三國志》，《王粲傳》後敘一時文人徐幹、陳琳、阮瑀、應瑒、劉楨及阮籍、嵇康等，《衛覬傳》後敘潘勗、王象等，《劉劭傳》後敘繆襲、仲長統、蘇林、韋誕、夏侯惠、孫該、杜摯等，此本古法也。《齊書》之後，《梁書》亦有此類敘法，如《滕曇恭傳》，因曇恭之孝而並及於徐普濟被火伏棺之事，又因普濟之孝而並及宛陵女子搏虎救母之事；又如敘何遜工詩，而因及會稽虞騫、孔翁歸、江避等俱能詩，皆此法也。以後惟《明史》用之最多。」（《豔勺編》卷十一，清嶺南遺書本）

【宋書多徐爰舊本】《宋書》本紀、列傳七十卷，志三十卷。齊太子家令吳興沈約，於永明中兼著作郎，奉敕撰。《館閣書目》謂其《志》兼載魏晉，失於限斷，有上及太康者、上及黃初者，更有上及永平者。揆以班馬史體，未足為疵。獨其所創《符瑞》一志，不經且無益，其贅實甚矣。甌北趙氏曰：「沈約於齊永明五年奉敕撰《宋書》，次年二月即告成，共紀、志、列傳一百卷，古來修史之速，未有若此者。今按其自序而細推之，知約書多取徐爰舊本而增刪之者也。宋著作郎何承天已撰《宋書》紀、傳，止於武帝功臣，其諸《志》惟《天文》、《律曆》，此外悉委山謙之。謙之亡，詔蘇寶生續撰，遂及元嘉諸臣。寶生被誅，又以命徐爰，爰因蘇、何二本，勒為一史，起自義熙之初，迄於大明之末，其《臧質》、《魯爽》、《王僧達》三傳，皆孝武所造，惟永光以後至亡國十餘年，記載並闕。今《宋書》內永光以後紀傳，蓋約之所補也。自註：《王智深傳》約多載宋明帝鄙瀆事，武帝謂曰：「我昔經事明帝，卿可思諱惡之義。」於是多所刪除。可見明帝以後紀傳皆約所撰。其於爰本稍有去取者，爰本有晉末諸臣，及桓玄等諸叛賊，并劉毅等與宋武帝同起義者，皆列於《宋書》。約以為桓玄、焦〔譙〕縱、盧循，身為晉賊，無關後代；吳隱、郗僧施、謝混，義止前朝，不宜入宋；劉毅、何無忌、諸葛長民、魏詠之、檀憑之，志在匡晉，亦不得謂之宋臣，故概從刪除。是約之所刪者，止於此數傳，其餘則皆爰書之舊，是以成書若此之易也。自註：《徐爰傳》：「爰雖因前作，而專為一家之書，起元義熙，為王業之始，載序宣力為功臣之斷，於是內外博議，或謂宜以義熙元年為斷，或謂宜以元興三年為斷。詔曰：『項籍、聖公，編錄二《漢》，前史已有成例。《桓玄傳》宜在宋典，餘如爰議。』」是可見爰舊本體例也。余向疑約修《宋書》，凡宋齊革易之際，宜為齊諱；晉宋革易之際，不必為宋諱。乃為宋諱者，反甚於為齊諱。然後知為宋諱者，徐爰舊本也；為齊諱者，約所補輯也。人但知《宋書》為沈約作，而不知大半乃徐爰作也。觀《宋書》者，當於此而推之。

自註：何尚之，何偃之父也。乃《偃傳》在五十九卷，《尚之傳》反在六十六卷，可見《宋書》時日促迫，倉猝編排，前後亦不暇審訂。」（《蟫勺編》卷十一，清嶺南遺書本）

【梁書文倣班馬】《梁書》五十六卷，貞觀三年姚思廉原名簡，以字行。受詔與魏徵共撰。先是，思廉之父察，爲梁史官，嘗修《梁》、《陳》二史，未成，以屬思廉，至是乃推父意，又采謝炅、顧野王等諸書，成二書以卒父業。徵惟著《總論》而已。趙甌北《箚記》謂「雖全據國史，而行文則自出鑪錘，直欲遠追班、馬。蓋六朝爭尚駢儷，即序事之文，罕有用散文單行者。《梁書》則多以古文行之，如《韋叡傳》敍合肥等處之功，《昌義之傳》敍鍾離之戰，《康絢傳》敍淮堰之作，皆勁氣銳筆，曲折明暢，一洗六朝蕪冗之習。《南史》雖稱簡潔，然不能增損一字也。至諸傳論，亦皆以散文行之，魏鄭公《總論》，猶用駢偶，此獨卓然傑出於駢四儷六之上，則姚廉父子爲不可及也。世知六朝之後古文自昌黎始，而豈知姚察父子已振於陳隋之間哉？」史稱察至孝，有人倫鑒，學藝優博，操行清修，所著《漢書訓纂》三十卷，《說林》十卷，《西聘玉璽》、《建康三鍾》等記各一卷，文集二十卷。（《蟫勺編》卷十一，清嶺南遺書本）

【梁書編傳失檢】趙甌北曰：「古未有創業之君其母編入《皇后傳》者，自沈約《宋書》始，《梁書》亦因之。武帝即位，追尊其父順之爲文皇帝，母張氏爲獻皇后，於是《皇后傳》內首列張后。然順之官職事蹟已敍入《武帝紀》，未嘗另作紀傳，則張后生武帝有菖蒲花之祥，亦即敍於《武帝紀》可矣。乃特立一傳於諸后之首，是妻有傳而夫無傳，殊非史法。又武帝兄弟九人，應立爲《宗室傳》，如《宋書》之長沙王道憐、臨川王道規是也。《梁書》乃變其例，編爲《太祖五王》，及嗣王四人。按太祖本武帝追崇其父之稱，非及身爲帝者，而以其子係之，已屬位置失宜；既係之於太祖矣，則長沙王懿，太祖長子也，自應敍在太祖諸子之首，其餘衡陽王暢、永陽王敷、桂陽王融，亦應以次敍入，總爲《太祖九王》，乃以其沒於齊朝，遂不爲立傳，而轉附見於其子嗣王傳內。其意以臨川王宏、安成王秀、南平王偉、鄱陽王恢、始興王憺，皆武帝登極後，身受王封，故列爲《太祖五王》，懿、暢、敷、融則身後追封者，故但傳其嗣子，以別於生封五王耳。然此九王皆太祖子也，皆武帝所封也，五人則係之於父，四人則係之於子，強爲區別，究屬無謂。既不立《宗室傳》矣，而吳平侯景，武帝從弟也，不便附於太祖諸子內，又別無可位置，只得另立一《蕭景傳》，一似同姓不宗者。此蓋皆國史舊編之次第，

國史本武帝時所修，以諸王皆武帝親兄弟，若作《宗室傳》，轉似推而遠之，故修史者創爲此例，而不知轉多窒礙也。姚思廉修《梁書》時，已朝代革易，自應改正，乃亦仍原書體例，何也？《南史》盡入之《宗室傳》，較得矣。」（《簷勹編》卷十一，清嶺南遺書本）

【陳書隱諱】《陳書》六本紀、三十列傳，凡三十六卷，唐散騎常侍姚思廉撰。思廉父察爲梁陳史官，錄二代事未就而陳亡。隋文帝見察，甚重之，每就察訪梁、陳故事，又未就而察死。將死，屬思廉以繼其業。唐武德五年，思廉受詔爲《陳書》，久之，猶不就。貞觀三年，遂詔論撰於祕書內省。十年正月，始上之。趙甌北曰：「《陳書》於武帝之進公爵，封十郡，加九錫，進王爵，封二十郡，建天子旌旗，以及梁帝禪位，遜於別宮，陳武奉梁主爲江陰王，行梁正朔，次年，江陰王薨，喪葬如禮，一一特書，絕不見有逼奪之跡。此固彷照前史格式，當時國史本是如此，姚察父子固不能特變其體也。第本紀所諱者，恃有列傳散見其事。乃衡陽王昌，本武帝子，陷於周未回，武帝崩，從子文帝即位，而昌始歸，文帝使侯安都往迎，而溺之於江。自注：見《南史》。本紀既但書『衡陽王昌薨』，而《昌傳》亦但書『濟江，中流船壞，以溺薨』，即《侯安都傳》亦但云『昌濟漢而薨』，自註：《南史·昌傳》謂「濟江於中流，殞之，使以溺告。」初不見有被害之迹也。始興王伯茂，乃廢帝伯宗之弟，與伯宗同居宮中，伯宗爲宣帝所廢，伯茂出就第，宣帝遣盜殞之於途。《陳書·伯茂傳》但謂『路遇盜，殞於車中』，亦隱約其辭，不見被害之迹也。不特此也，劉師知爲陳武害梁敬帝，入宮誘帝出，帝覺之，遶牀而走，曰：『師知賣我。』師知執帝衣，行事者加刃焉。自註：見《南史》。此則師知弒逆之罪，上通於天，何得曲爲之諱？乃《陳書·師知傳》絕無一字及之，但敍其議大行靈前俠御不宜吉服一疏，并載沈文阿、徐陵、謝岐、蔡景歷、劉德藻等各議共三千餘字，敷衍成篇，以見師知議禮之獨精，此豈非曲爲迴護耶？又虞寄本梁臣，侯景之亂，遁回鄉里，流寓晉安，陳寶應厚待之，梁元帝除寄中書侍郎，寶應留不遣。後陳武代梁，寶應有異志，寄懼旣及，不受其官，嘗居東山，著居士服。此不過知幾能遠害耳，其於陳武，未嘗有君臣之分也。若以報韓爲心，正應佐寶應，拒陳武，乃反爲書勸寶應臣於陳武，書中並稱陳武曰『主上』，曰『今上』，以自託於班彪《王命論》。試思彪本漢臣，故宜歸心於漢；寄非陳臣，何必預附於陳？當其不仕寶應，尚不失爲潔身遠害，及其推戴陳武，適形其望風迎合而已。而《陳書》專以此爲寄立傳，且詳載

其書千餘字，欲以見其卓識高品。亦思寄之於陳武有何分誼，而汲汲推奉耶？蓋姚察父子本與劉師知及寄兄協同官於陳，入隋，又與荔之子世基、世南同仕，遂多所瞻徇，而爲之立佳傳也。《南史》於《師知傳》明書其事，洵爲直筆。而《寄傳》亦全載其勸寶應書，又無識之甚矣。」（《蟫勺編》卷十一，清嶺南遺書本）

【節度使始末】唐初行軍征討曰大總管，在本道曰大都督。自高宗永徽以後，都督特使帶節者，謂之節度使。景雲二年，以賀拔延嗣爲涼州都督、河西節度使，節度名官，自賀拔始。自此接乎開元，朔方、隴右、河東西諸鎮，皆制節度使矣。趙氏翼曰：「唐中葉每以數州爲一鎮，名方鎮及藩鎮。節度使即統此數州，州刺史盡爲其所屬，故節度使多有兼按察使、安撫使、支度使者。既有其土地，又有其人民，又有其甲兵，又有其財賦，於是方鎮之勢日強。安祿山以節度使起兵，幾覆天下。及安史既平，武夫戰將以功起行陣爲王侯者，皆除節度使，大者連州十數，小者猶兼三四，所屬文武官，悉自置署，力大勢盛，遂成尾大不掉之憂。或父死子握其兵，而不肯交代；或取捨由於士卒，往往自擇將吏，號爲留後，以邀命於朝。其始爲患者，衹河朔三鎮，其後淄、青、淮、蔡，無不據地倔強，甚至同華逼近京邑，而周智光以之反；澤潞亦連畿甸，而盧從史、劉稹等以之叛。迨至末年，天下盡分裂於藩鎮，而朱全忠遂以梁兵移唐祚矣。推原禍始，皆由於節度使掌兵民之權故也。」（《蟫勺編》卷十二，清嶺南遺書本）

【青苗錢】《通鑑集覽》：「青苗錢者，不及待秋斂，當苗方青即徵之也。」趙耘崧謂其名實始於唐，「《通鑑》：『代宗廣德二年七月，稅青苗錢，以給百官俸』，此青苗之始也。《舊唐書》：『乾元以來用兵，百官闕俸，乃議於天下地畝，青苗上量，配稅錢，命御史府差官徵之，以充百官俸料，遂爲常例。尋又特設使者，如崔浩兼稅地青苗使，劉晏兼諸道青苗使，杜佑充江淮青苗使是也。』《食貨志》：『大曆元年，天下青苗錢共四百九十萬緡，每畝稅三十文。永泰八年，詔天下青苗地頭錢，每畝一例十五文。德宗又增三文，以給礦騎。』」「故《宋史》趙瞻對神宗云：『青苗法，唐行之於季世』，范鎮亦言：『唐季之制不足法』。」「然唐所謂青苗錢，並與宋制不同。宋制尙有錢貸民而加徵其息，唐直計畝加稅。則安石雖沿其名，而尙異其實也。按唐時長安、萬年二縣有官置本錢，配納各戶，收其息以供雜費。宋之青苗錢正唐雜稅錢之法耳。然宋青苗錢雖曰不得過加二之息，而一歲凡兩放兩收，則其息已加四。又有司約中熟爲價，

令民償必以錢，則所定之價又必逾於市價，而民之償息且十加五六矣，此所以病民而戝天下也。」（《蟫勺編》卷十四，清嶺南遺書本）

【明史】趙甌北曰：「近代諸史，自歐陽公《五代史》外，未有如《明史》之完善者也。蓋自康熙十七年用博學宏詞諸臣分纂《明史》，時葉方藹、張玉書總裁其事，繼又以湯斌、徐乾學、王鴻緒、陳廷敬、張英先後為總裁官，而諸纂修皆績學能文，論古有識。後玉書任志書，廷敬任本紀，鴻緒任列傳。至五十三年，鴻緒傳稿成，表上之，而本紀、志、表尚未就，鴻緒又加纂輯，雍正元年再表上。又命張廷玉等為總裁，即鴻緒本，選詞臣再加訂正，乾隆初始進呈。蓋閱六十年而後訖事，古來修史，未有如此之日久而功深者也。惟其修於康熙時，去前朝未遠，見聞尚接，故事跡原委，多得其真，非同《後漢書》之修於宋，《晉書》之修於唐，徒據舊人紀載而整齊其文也。又經數十年參考訂正，或增或刪，或離或合，故事益詳而文益簡。且是非久而後定，執筆者無所狗隱，益可徵信，非如元末之修《宋》、《遼》、《金史》，明初之修《元史》，時日迫促，不暇致詳也。即如立傳，則各隨時代之先後，徐達、常遇春等子孫，即附本傳，此彷《史》、《漢》之例，以敘功臣世次也。楊洪、李成梁等子孫，亦附本傳，以其家世為將，此又一例也。至祖父、子孫各有大事可記者，如張玉、張輔父子也，一著功於靖難，一著功於征交，則各自為傳，以及周瑄、周經、耿裕、耿九疇、楊廷和、楊慎、瞿景淳、瞿式耜、劉顯、劉綎等，莫不皆然。其無大事可記者，始以父附子，以子附父，否則如楊肇基子，禦蕃各有戰功，以禦蕃功在登、萊，則寧附同事之《徐從治傳》，而不附《肇基傳》。其他又有稍變通者，徐壽輝僭號未久，為陳友諒所殺，則并入《友諒傳》，而不另列在群雄傳；姚廣孝非武臣，以其為永樂功臣之首，則與張玉、朱能等同卷；黃福、陳洽等皆文臣，柳升、王通等皆武臣，以其同事安南，則文武同卷；秦良玉本女土司，以曾官總兵，有戰功，則與諸將同卷；李孜省、陶仲文各擅技術，以其藉此邀寵，則入《佞倖傳》，而不入《方技傳》，此皆排次之得當者也。其或數十人共一事，則舉一人立傳，餘附小傳於此傳之後，即同事者另有專傳，則此事不復詳敘，但云『語在某人傳中』。如孫承宗有傳，而柳河之役則云『語在《馬世龍傳》中』；祖寬有傳，而平登州之事則云『語在《朱大典傳》中』。否則，傳一人而兼敘同事，如《陳奇瑜傳》云『與盧象昇同破賊烏林關等處』，《象昇傳》云『與奇瑜同破賊烏林關等處』之類。甚至熊廷弼、王化貞，意見不同也，而事相涉，則化貞并入《廷

弼傳》；袁崇煥、毛文龍，官職不同也，而事相涉，則文龍并入《崇煥傳》，此又編纂之得當者也。其尤簡而括者，莫如附傳之例，如《擴廓傳》附蔡子英等；《陳友定傳》附靳義等；《方孝孺傳》附盧原質等，以其皆抗節也；《柳升傳》附崔聚等，以其皆征安南同事也；《李孜省傳》附鄧常恩等，以其皆以技術寵幸也。至未造殉難者，附傳尤多，如《朱大典傳》附王道焜等數十人，《張肯堂傳》附吳鍾巒等數十人，而《史可法傳》既附文臣同死揚州之難者數十人，再附武臣則太冗，乃以武臣附《劉肇基傳》。《忠義》、《文苑》等，莫不皆然。又《孝義傳》既按其尤異者立傳，其他曾經旌表者數十百人，一一見其名氏於傳序內。又如正德中諫南巡罰跪午門杖謫者一百四十餘人，類敘於《舒芬》、《夏良勝》、《何遵》等傳；嘉靖中伏闕爭大禮者亦一百五十人，類敘於《何孟春》等傳。若人各一傳則不勝傳，概刪之則泯滅，惟一一載其姓名，使皆見於正史，此修史者之苦心也。又《高倬》後附書南都殉難者張捷、楊維垣、黃端伯、劉成治、吳嘉允、龔延祥六人，而所附小傳，捷與維垣獨缺，則以二人本閹黨，其事已見各列傳中，不屑爲之附傳。此又附傳中自有區別，益見斟酌不苟也。至諸臣有關於國之興替、事之功罪，則輕重務得其平，如李東陽、徐階、高拱、張居正、沈一貫、方從哲、熊廷弼、袁崇煥、陳奇瑜、熊文燦、楊嗣昌等，功罪互見，枉倖並呈，幾於無一字虛設，不知幾經審訂而後成篇。非細心默觀，不知其精審也。」（《蠡勺編》卷十六，清嶺南遺書本）

【治河】王逸庵曰：盛夏時，黃河循太行自北而東，至澤水，分九河以殺其勢，復爲逆河，歸於海，其餘衍沃，皆資種食。魏晉六朝以至遼、金，皆精水利，未有運南方粟米供給北方者。自明開會通河運濟，而北方水利久廢，昔日九河，今變爲三十六澱、七十二沽，千里內外，沮洳淤澱，海門又復狹隘，不能迅速歸墟，是以往昔膏腴，悉歸蕪沒也。趙甌北曰：元至正四年，河決白茅隄及金隄，被淹者幾遍山東全省，浸淫及於河間，爲患凡七八年。脫脫任賈魯治之，其勞績具見歐陽元所著《河平碑》。然賈魯後四百餘年以來，河之爲患，又百出而不窮，則以魯但救之於既潰之後，而未潰決之前如何使之常由地中行而不至潰決，則未計及之也。夫河之所以潰決者，以其挾沙而行，易於停積，以致河身日高，海口日塞，惟恃兩邊隄岸爲之障束。一遇盛漲，兩隄之間不能容受，則必衝破，而泛濫不可制。今欲使河身不高，海口不塞，則莫如開南北兩河，互相更換，一則尋古來曹、濮、開、滑、大

名、東平北流故道，合漳、沁之水，入會通河，由清滄出海；一則就現在南河，大加疏濬，別開新路出海。是謂南、北兩河，然非兩河並用，亦非兩役並興也。兩河並用，則河流弱而沙益易停，欲河之通，轉速河之塞；兩役並興，則騷及數省，延及數年，欲河之治，而轉或啓民之亂。所謂開兩河者雖有兩河，而行走仍只用一河。每五十年一換。如行北河，將五十年，則預濬南河，屆期驅黃水而南之，其北河入口之處，亟爲堵閉，不使一滴入北；及行南河，將五十年，亦預濬北河，屆期驅黃水而北之，其南河入口之處，亦亟堵閉，不使一滴入南。如此更番替代，使洶湧之水，常有深通之河，便其行走，則自無潰決之患。即河工官員、兵役，亦可不設；蘆稭、土方、埽木之費，亦可不用。但令督撫就近照管，自保無虞。此雖千古未有之創論，實萬世無患之長策也。捨此不圖，而徒年年堵築，無論遇有潰決，所費不貲。即一二年偶獲安流，而歲修仍不下數十萬。以五十年計算，正不知幾千百萬。與其以如許金錢空擲於橫流，何如爲此經久無患之計乎？或謂地勢北高南下，既已南徙，必難挽使北流，此不然也。中國地之高下，在東西不在南北，如果北高南下，則自神禹導河以來，何以數千年不南徙，直至宋始徙乎？邇年河決受害之地，多在北而不在南，則非北高南下，可知也。宋之南徙，蓋亦因北河淤高，不得不別尋出路耳。今南河亦淤高矣，高則仍使北流，是亦窮變通久之會也。或又謂挽使北流，將不利於漕運。此亦非也。漕運所資黃水者，只洪澤下流，由楊家莊上至宿遷草壩數十里耳。現在黃河以北之運河，本有南旺分注七分之水，以資浮送，不藉黃水倒灌也。而洪澤之水至楊家莊則仍如故，果移黃水北去，南旺之水自可直下楊家莊，與洪澤之水相接，糧艘仍可通行，此南路之無礙於漕運也。臨清以北之會通河，本屬運道，增入黃水，或慮其不能容，則於濱、棣、清、滄一帶，尋九河故道多分支流，使易於出海，則河流迅駛，糧艘益得遄行，此北路之無礙漕運也。（《蠡勺編》卷二十六，清嶺南遺書本）

【度牒】趙耘菘曰：「宋時凡賑荒興役，動請度牒數十百道濟用，其價值鈔一二百貫至三百貫不等，不知緇流何所利而買之。及觀《唐書‧李德裕傳》，而知唐以來度牒之足重也。徐州節度使王智興奏准在淮泗置壇，度人爲僧，每人納二絹，即繪牒令回。李德裕時爲浙西觀察使，奏言『江淮之人，聞之戶有三丁者，必令一丁往落髮，意在規避徭役，影庇貲產。今蒜山渡日過百餘人，若不禁止，一年之內，即當失卻六十萬丁矣。』據此，則一得度牒，即可免丁錢，

庇家產，因而影射包攬，可知此民所以趨之若鶩也。然國家售賣度牒，雖可得錢，而實暗虧丁田之賦，則亦何所利哉？」（《蟲勺編》卷三十，清嶺南遺書本）

江藩

【國朝漢學師承記（節錄）】程晉芳字魚門，一字蕺園，江都人。家山陽，饒於貲，喜讀書，蓄書五萬卷，丹黃皆徧。性又好客，延攬四方名流，與袁大令枚、趙觀察翼、蔣編修士銓爲詩歌唱和無虛日，由此名日高而家日替矣。累試南北闈，不售。乾隆二十七年，高宗純皇帝南巡，召試，授中書，後十年，始成進士，改主事，旋授吏部員外郎，與修《四庫全書》，欽命改翰林院編修。君生而頎長，美鬚髯，酒酣耳熱，縱論時事，則掀髯大笑，少所容貸。至於獎掖後進，則有譽無否也。不善治生，家事皆委之僕人，坐此貧不能供饘粥，以至責戶剝啄之聲不絕於耳，而君伏案著書，若無事者然。後乞假遊西安，卒於巡撫畢沅署中。君始爲古文詞，及官京師，與笁河師、戴君東原遊，乃治經，究心訓詁，著有《周易知旨》、《尚書今文釋義》、《左傳翼疏》、《禮記集釋》、《勉行齋文集》十卷、《蕺園詩集》三十卷。（《國朝漢學師承記》卷七，清嘉慶十七年刻本）

張問陶

【鄧尉山莊記（節錄）】吳郡西南有村市曰光福里，負山帶湖，風土淳樸，吾友查澹餘比部之鄧尉山莊在焉。莊本明初徐良夫之耕漁軒，廢圮已久，比鄰有林亭池館，頗饒幽趣，君遂以厚值併得之。……予與君訂交三十年，離合靡常，而相契之深如一日。回憶初遊輦下時，落落無所遇，惟君兄映山給諫館予於賜硯堂邸第，距君家不百步，過從甚密。迨予爲給諫同館後進，嗣君又由銓部舉京兆，又出予門，由是視予益厚。然君夙擅經世才，而壯年乞養，早謝榮名，久切淵明三徑之思焉。去歲予自萊州引退來吳，君果已先予七載歸老江南，卜宅於鮝溪、鴛湖兩地，而居吳之日爲多。近且厭苦塵囂，城居日少矣。是月也，予侍趙甌北前輩入山探梅歸，未旬日，君又買棹約同遊，因得信宿山莊，從容談藝，嘯傲於湖山之表，息遊於圖史之林，日坐春風香雪中，與君銜杯促膝，重話京華舊事，恍若前生。彼馳逐名場者，又烏知樓隱林泉之樂有如是耶？茲予僑寓山塘，亦君以別墅相假，始得窆居，其風誼不可沒也。爰詳述山莊諸勝而並記之。嘉慶癸酉仲春月。（《（同治）蘇州府志》卷四十五「附錄」，清光緒九年刊本）

阮元 輯

【兩浙輶軒錄（節錄）】章寶傳，字習之，號硯屏，歸安人。乾隆壬戌進士，歷官禮科給事中，著《蘆江詩存》。《吳興詩話》：「硯屏由中書歷吏部郎中，遷御史，轉掌科，父子同垣，皆止是職。閔晴巖同舟出都，倡和詩云：『經義有誰堪作僕？詩名原是不論官。蝸同莊叟憐渠鬭，鶴異羊公任客觀』，以給諫成進士未用，故云。趙耘松翼《冬夜讌習之前輩宅》詩云：『選舞徵歌集畫堂，消寒共作少年狂。酒推大戶先衝陣，詩讓名家獨擅場。照座玉山裴叔則，勸杯金縷杜秋娘。殘多常厭更籌緩，今夜如何夜不長。』」（《兩浙輶軒錄》卷二十四，清嘉慶刻本）

周中孚

【鄭堂箚記（節錄）】趙耘菘，詞章之士，於《經》本無所得。其《陔餘叢考》首列考經四卷，大都取前人之說，改頭換面。即如考《易》，衹有《畫卦不本於河圖》、《易不言五行》、《河圖刻玉》三則，全襲《易圖明辨》，其餘概可見矣。（《鄭堂箚記》卷四，清光緒刻仰視千七百二十九鶴齋叢書本）

【鄭堂讀書記（節錄）】《元史》二百十卷。明南監本。　明宋濂、王禕等奉敕撰。……前後史官既非一手，體例又不盡一，附《樂章》於《祭祀》，附《選舉》於《百官》，皆因經進之舊，不知釐正。《地理志》惟增入二條，《禮》、《樂》、《兵》、《刑》諸篇，全無增益，列傳如魯昌趙高昌諸王，及釋、老、外國諸篇，皆闕順帝一朝之事。因陋就簡，不詳不備，重複乖舛，觸處皆是。所以然者，蓋由景濂、子充，雖以文名，本非史才，所選分修諸人，又皆草澤迂生，不諳掌故，於蒙古語言文字，素未諳習，開口便錯，即假以時日，猶不免穢史之譏，況成書之期又不及一歲乎？世多讀書稽古之士，即就顧亭林、朱竹垞、趙雲松、錢竹汀、邵二雲、汪龍莊諸公所指摘者，別事改修一書，以嘉惠學者，是則私心所企望也。此本前有《纂修凡例》並景濂自記，為明天啓三年南祭酒黃儒炳、司業葉燦所重刊，而無國語解，目錄亦不列之，蓋所據本原闕是解耳。（《鄭堂讀書記》卷十五史部一，民國吳興叢書本）

陳文述

【輓張仲雅先生雲璈】瀟湘歸棹夕陽遲，魯殿靈光海內知。曹憲親傳《文選學》，君著《文選學》三十卷。江淹雜擬古人詩。君以「簡松」自號，謂簡齋、雲松也。逸情澹遠閒鷗意，僊骨清癯瘦鶴姿。笠屐空存山水約，草堂回首不勝悲。（《頤道堂集》詩選卷二十五，清嘉慶十二年刻道光增修本）

【顧竹嶠詩敘】有詩人之詩，有才人之詩，有學人之詩。漢魏以來，陶之沖淡，鮑之俊逸，小謝之清華，王、孟、韋、柳之雋永澄澹，詩人之詩也；陳思之沈鬱，康樂之生新，太白、東坡之曠逸朗秀，才人之詩也；韋孟之諷諫，張華之勵志，少陵之時事，香山之諷諭，邵堯夫之溫厚，陸放翁之忠愛，元遺山之睠懷故國，學人之詩也。國朝詩人輩出，踵武前代。亭林、枔亭為學人，愚山、漁洋為詩人，梅村、迦陵為才人。乾嘉以來，於斯為盛，並世諸賢，略可屈指：為詩人之詩者，則有我師儀徵阮雲臺先生、無錫秦小峴司寇、蒙古法梧門祭酒、山左李石桐、少鶴兄弟，萊陽趙北嵐、山陰邵夢餘、嘉興吳澹川、長洲王惕甫、彭秋士、吳枚庵，太倉彭甘亭、華亭姚春木、江西樂蓮裳、吳蘭雪，吳江郭頻伽、海昌查梅史、錢塘屬樊榭、袁簡齋、吳穀人、朱青湖、馬秋藥、錢謝庵東生、叔美兄弟，屠琴隖、從兄曼生；為才人之詩者，則有武進黃仲則、陽湖趙甌北、洪稚存，湘潭張紫峴、會稽商寶意、大興舒鐵雲、嘉興王仲瞿、揚州汪劍潭、竹素竹海父子，遂寧張問陶，金匱楊蓉裳、荔裳兄弟，金華周荺雲、丹徒嚴麗生、常熟孫子瀟、吳江趙艮夫；為學人之詩者，婁東蕭樊村一人而已。吳江顧君竹嶠，以高伉之才，為博通之學，少歷燕、趙、齊、晉之區，衙其山川，每多名作。及司鐸崇明，與海內名輩蹤跡稍闊疏矣。丁丑秋，余承乏茲土，得讀君詩，命意持論，不軌於正，多翼世扶教之作，近於學人而安雅明雋，不乏高致，兼有詩人、才人之長。余久客輦下，辱與當世賢士大夫遊。及來江左，又十餘年，謬為後來英俊所推許，恒持此論與諸賢相商榷。適竹嶠將梓其詩，郵書索序，因書所見以答之，並以證諸海內讀竹嶠之詩及論古今之詩者。是為序。嘉慶己卯仲春，書於虞山官舍。（《頤道堂集》文鈔卷一，清嘉慶十二年刻道光增修本）

陸耀遹

【闕題（其四）】南溪老詞客，北溪舊酒徒。結廬共溪上，分茲雲水區。往悲征君逝，謂莊達甫師。近愴監司徂。謂甌北先生。李君墓松拱，元君池竹枯。樂天煖寒飲，誰與圍塼鑪。出門復入門，感舊知縈紆。惟遲漆園叟，歸補香山圖。時莊虛菴丈將歸。（趙懷玉《亦有生齋集》詩卷三十附，清道光元年刻本）（案：原詩無題，今題為編者所擬）

吳衡照

【蓮子居詞話（節錄）】王昭儀題驛壁詞，結語為文山所諷，後抵北，乞為

女道士，號沖華，卒不得與陳、朱二夫人比烈。觀文山之惜昭儀，即以見文山審擇自處，蓋已有素，安得重有黃冠之請，與昭儀同符耶？趙翼《陔餘叢考》謂當以《心史》爲據，《宋史》誣爲文山云云，記載失實。然《心史》記文山事，他亦未可盡信。徐乾學《通鑑後編考異》，謂姚士粦所僞託也。昭儀詞，陳霆《渚山堂詞話》云宮人張璚英作。（《蓮子居詞話》卷一，清嘉慶刻本）

王協夢

【《吳漢槎詩集》跋】吳漢槎先生，在國初有三鳳凰之目，謂先生、陳其年、彭古晉也。二十年前，閱趙甌北先生《詩話》，論國朝詩人，與錢、吳、施、宋並舉，因覓其集，杳不可得，訪之垂十年，竟得之。顧念作者湮沒不傳，錄其詩，付之梓。道光十一年辛卯九月，豫章王協夢記。（《吳漢槎詩集》，清道光十一年王協夢刻本）

梁章鉅

【奏彈曹景宗（節錄）】景宗即主臣。謹按注王隱《晉書》庾純自劾曰：「醉酒昏迷，昏亂儀度」，即「主臣謹按河南尹庾純」云云，然以主爲句，臣當下讀也。　　六臣本校云「五臣」，無「景宗即主」四字，《容齋四筆》云：「漢文帝問陳平決獄，平謝曰主臣，張晏注：『若今人謝曰惶恐』，文穎注：『猶今言死罪。』晉灼曰：『主，擊也；臣，服也。言其擊服惶恐之詞。』李捨漢史所書而引王隱《晉書》，以臣當下讀，非也。」案此與「主臣」連讀者無涉，安得引漢史所書？此彈事三篇一例：《彈曹景宗》，以「景宗即主」爲句，「臣謹案屬」下讀；《彈劉整》，昭明刪至「整即主，臣謹按屬」，下讀可知；《彈王源》，亦以「源即主」爲句，「臣謹按屬」下讀，其句讀甚明，所以引王隱《晉書》，李注自不誤，容齋轉失之。趙氏翼曰：『某即主者』，乃總結前案，以明罪有所歸，而下復出己意以斷之。『主』字之義，猶言魁首耳。如《魏書・于忠傳》：『御史尉元匡奏曰：「傷禮敗德，臣忠即主，謹案臣忠」』云云，又《閹官傳》：『御史中丞王顯奏言：「老壽等即主，謹案石榮」』云云。此兩篇體例相同，惟『主』字下，『謹案』之上，俱不用『臣』字耳。」（《文選旁證》卷三十三，清道光刻本）

【奏彈王源（節錄）】吳興郡中正。　　趙氏翼曰：「六朝最重氏族，蓋自魏以來，九品中正之法行，選舉多用世族，下品無高門，上品無寒士也。然《晉》、《宋》、《南齊》諸書志，於中正之官，絕不之及，惟《新唐書・儒學・

柳沖傳》云：『魏氏立九品，置中正，尊世胄，卑寒士，權歸右姓。其州大中正主簿，郡中正功曹，皆取著姓士族爲之，以定門胄，晉宋因之。休文正攝是官，因王滿連姻，故列銜舉奏也。』」（《文選旁證》卷三十三，清道光刻本）

【五等論（節錄）】郡縣之制，創自秦漢。　　趙氏翼曰：田汝成謂郡縣不始於秦，引《左傳》晉分祁氏之田爲七縣，羊舌氏之田爲三縣，事在周敬王八年。此蓋據秦孝公用商鞅變法，集小鄉邑聚爲縣，及秦併天下，置三十六郡，以爲秦置郡縣之始，故在敬王後也。不知四甸爲縣，四縣爲都及五鄙爲縣之制，見於《周禮》，則置縣本自周始。蓋係王畿千里內之制，而未及於侯國。若侯國之置縣，則實自秦始。《史記》：秦武公十年，伐邽冀戎，初縣之。十一年，初縣杜、鄭。考秦武公十年乃周莊王九年、魯莊公六年，其事在敬王前一百七十八年，則列國之置縣，莫先於此。《國語》：晉惠公許賂秦穆公以河外列城五，曰：『君實有郡縣』，其時列國未有此名，而秦先有之，尤爲明證。（《文選旁證》卷四十三，清道光刻本）

【子見南子章（節錄）】子路不說。　　趙氏翼曰：子路不說，非謂夫子不當見其小君，蓋傷夫子不見用於世，至不得已作此委曲遷就以冀萬一之遇，不覺憤悒佗傺，形於辭色。殆與在陳慍見同意，故夫子以否塞之，天曉之。《晉書·夏統傳》：子路見夏南，憤恚而忼愾。夏南蓋即南子之誤，所謂「憤恚忼愾」，亦只佗傺無聊之意，非以見淫人而不悅也。《示兒編》以南子爲「南蒯」，毋論聖門記事，必不稱「蒯」爲「子」，且以《傳》考之，昭公十二年蒯叛，孔子年方二十有二，子路少孔子九歲，年方十三，於情事皆不可通矣。　　按以南子爲南蒯，始於孫奕之《示兒編》，而何孟春《餘多序》錄陳絳《金罍子》、顧起元《說略》，皆宗其說，近人魏晉之《椒園文輯》更暢言之，以本書之崔子及孟子、楊子、墨子，證南蒯亦可稱「子」，而以《家語》年歲爲不足據。其說甚辨，姑存之。（《論語集注旁證》卷六，清同治十二年刻本）

【周公謂魯公曰章（節錄）】不使大臣怨乎不以。　　趙氏翼曰：《魏志·杜畿傳》作「怨何不以」，謂致怨於何不用也。（《論語集注旁證》卷十八，清同治十二年刻本）

王端履

【重論文齋筆錄（節錄）】《西域聞見錄》八卷，長白八十一所撰，載新疆事實甚詳，然語多誇誕，不可盡信。如記控噶爾云：「其建都之城，南北經過，

馬行九十餘日，東西亦然。城南大江三，山河藪澤不可勝計」之類，與趙甌
北所言迥殊。知趙爲得實矣。甌北名翼，江蘇陽湖籍，乾隆辛巳探花。(《重論文齋筆
錄》卷一，清道光二十六年授宜堂刻本)

徐松

【告祭巴爾魯克山文】額敏河，又西南流自巴爾魯克山北，逕其西。巴
爾魯克，亦鎮山也，在城南二百里。乾隆三十一年告祭，始祀之。告祭文曰：「惟
神德符寧靜，休著崇高。壯西極之觀瞻，路通月竄；鎮北庭之遼闊，脈接天山。昔效順於
皇旅經臨，護營陣而比安磐石；今隸籍於職方紀載，奠疆圍而益固金湯。擬諸戴斗崆峒，
聿昭拱衛；永藉作屏戎索，宜沛懷柔。用舉明禋，尚騈靈貺。」編修趙翼之詞。歲祭文曰：
「惟神列方兗位，合鎮坤維。疊蒼翠於層巒，蔭蔚蔥之嘉木。虯枝吐秀，靈蹤標太華而遙；
雲葉交陰，勝蹟紀流沙之外。奠新疆而永固，保障斯存；護邊塞以垂庥，馨香特薦。尚希
來格，永享明禋。」編修曹文埴之詞也。(《西域水道記》卷四，清道光三年刻本)

王培荀

【管見舉隅（節錄）】《書》首二《典》序云：堯將禪位於舜，作《堯典》。
似堯命史作者，顧首句曰「若稽古帝堯」，將何以通？序爲偽作明甚。欽明言
「心德恭讓」，即形於外者而言，末言「光四表，格上下」，言有次第，而以
放勳冠之。若以大功解，則與末二句意重，亦非立言之序。或云：放勳，堯
名，或又云是堯之號。蔡註不從其說，而訓「放」爲「至」，訓「勳」爲「功」，
則曰放勳。「曰」字無著。《孟子》「放勳曰」，明是稱號，如庖羲神農之類。
孟子越今千載而上，必有傳授，後儒乃爲異說，何耶？往欽哉文意未完，故
古本直接愼徽五典，晉人取大舫頭所得二十八字冠之，貌似冠冕而語脈橫互。
且既以爲《舜典》矣，明載舜讓於德，弗嗣。是堯在時，舜未嘗儼然即帝位，
改國號。孟子云：「堯老而舜攝」，足爲千古定案。所云祀天巡狩，朝諸侯，
逐四凶，皆在攝位時。舜之事皆堯之事，無成而代有終也。凡此皆宜入《堯
典》。趙耘菘云：「『二十八載』一節，總結《堯典》，『月正元日』以下乃爲《舜
典》。」其說誠是。(《管見舉隅》「書經論二典」，清道光二十八年刻本)

尚鎔

【魯肅勸借荊州】昭烈詣京，見孫權，求都督荊州，魯肅以爲曹公威力
實重，初臨荊州，恩信未洽，宜以借備，使撫安之，多操之敵，而自爲樹黨，

計之上也。是肅之勸借荊州，祇以荊州初得，恩信未洽，因昭烈素得荊人之心，藉使撫安，共拒曹操，非有愛於昭烈，久假而不欲還也。後金人得宋之汴京，令劉豫帝八年，亦是此意。不料蛟龍得雨，遂難卒制。昭烈西得益州，既無還荊州之意，但求三郡，又不從命，於是始悔失計，面責關侯。壽深得其情，故作《魯肅傳》，於肅勸借荊州之下，以「曹公聞權以土地業備，方作書，筆落於地」數語插入，著其計之得失各半。又於《呂蒙傳》末載權與陸遜論周瑜、肅、蒙之語，評爲優劣允當。袁子才極稱肅計之得，趙甌北又謂無借荊州之事，皆非也。(《三國志辨微》卷二，清嘉慶刻本)

姚瑩

【朝議大夫刑部郎中加四品銜從祖惜抱先生行狀 (節錄)】先生名鼐，字姬傳，世爲桐城姚氏，先刑部尙書端恪公之元孫也。先生少時家貧，體弱多病，而嗜學，澹榮利，有超然之志。先曾祖編修姜塢府君，先生世父也，博聞強識，誦法先儒，與同里方茅川、葉花南、劉海峰諸先生友善，諸子中獨愛先生，每談，必令侍。方先生論學宗朱子，先生少受業焉，尤喜親海峰，客退，輒肖其衣冠談笑爲戲。編修公嘗問其志，曰：「義理、考證、文章，殆闕一不可。」編修公大悅，卒以經學授先生，而別受古文法於海峰。乾隆十五年，舉於鄉，會試罷歸，學益力，蔬食或不給，意泊如也。二十五年，丁贈朝議公艱。越三年，中禮部試，殿試二甲進士，授庶吉士，散館，改禮部儀制司主事。三十三年，充山東副考官，還，擢員外郎。逾年，再充湖南副考官，明年，充恩科會試同考官，改擢刑部廣東司郎中。四庫館啓，選一時翰林宿學爲纂修官，諸城劉文正公、大興朱竹君學士咸薦先生，以所守官入局。時非翰林爲纂修者八人，先生及程魚門、任幼植尤稱善。金壇于文襄公雅重先生，欲一出其門，竟不往。書竣，當議遷官，文正公以御史薦，已記名矣，未授而公薨。先生乃決意去，遂乞養歸里，乾隆三十九年也。先是館局之啓，由大興朱竹君學士見翰林院貯《永樂大典》中多古書，爲世所未見，告之于文襄，奏請開局重修，欲嘉惠學者。既而奉旨，搜求天下，藏書畢出，於是纂修者競尙新奇，厭薄宋元以來儒者，以爲空疏，掊擊訕笑之，不遺餘力。先生往復辯論，諸公雖無以難，而莫能助也。將歸，大興翁覃溪學士爲敘送之，亦知先生不再出矣，臨行乞言。先生曰：「諸君皆欲讀人未見之書，某則願讀人所常見書耳。」梁楷平相國屬所親語先生曰：「若出，吾當特薦。」

先生婉謝之，集中所爲《復張君書》也。先生以爲國家方盛時，書籍之富，遠軼前代，而先儒洛閩以來義理之學，尤爲維持世道人心之大，不可誣也。顧學不博，不可以述古；言無文，不足以行遠。世之孤生徒抱俗儒講說，舉漢唐以來傳註屛棄不觀，斯固可厭陋，而矯之者乃專以考訂訓詁制度爲實學，於身心性命之說，則斥爲空疏無據。其文章之士，又喜逞才氣，放蔑禮法，以講學爲迂拙，是皆不免於偏蔽。思所以正之，則必破門戶，敦實踐，倡明道義，維持雅正，乃著《九經說》以通義理考訂之郵，選《古文辭類纂》以盡古今文體之變，選「五七言詩」以明振雅祛邪之旨。嘉定錢獻之以考證名，尤精小學。先生贈之序曰：「孔子沒而大道微，漢儒承秦滅學之後，始立專門，各抱一經，師弟傳受，儕偶怨怒嫉妒，不相通曉。其於聖人之道，猶築牆垣而塞門巷也。久之，通儒漸出，貫穿群經，左右證明，擇其長說。及其蔽也，雜之以讖緯，亂之以怪僻猥碎，世又譏之。蓋魏晉之閒，空虛之談興，以清言爲高，以章句爲塵垢，放誕頹壞，迄亡天下。然世或愛其說辭，不忍廢也，自是南北乖分，學術異尙五百餘年。唐一天下，兼采南北之長，定爲義疏，明示統貫，而所取或是或非，未有折衷。宋之時，眞儒乃得聖人之旨，群經皆有定說，元明守之，著爲功令。當明佚君，亂政屢作，士大夫維持綱紀，明守節義，使明久而後亡，其宋儒論學之效哉！且夫天地之運，久則必變，是故夏尙忠，商尙質，周尙文，學者之變也。有大儒操其本而齊其蔽，則所尙也賢於其故。否則，不及其故，自漢以來皆然矣。明末至今日，學者頗厭功令所載爲習聞，又惡陋儒不考古而蔽於近，於是專求古人名物、制度、訓詁、書數，以博爲量，以關隙攻難爲功。其甚者，欲盡捨朱、程而宗漢之士，枝之獵而去其根，細之蒐而遺其鉅，夫寧非蔽歟？⋯⋯既還江南，遼東朱子穎爲兩淮運使，延先生主講梅花書院。久之，書綬庭尙書總督兩江，延主鍾山書院。自是揚州則梅花，徽州則紫陽，安慶則敬敷，主講席者四十年，所至士以受業先生爲幸，或越千里從學。四方賢雋，自達官以至學人士過先生所在，必求見焉。錢唐袁子才，詞章盛一時，晚居江寧。先生故有舊，數與往還。子才好毀宋儒，先生與之書曰：「儒者生程朱之後，得程朱而明孔孟之旨，程朱猶吾父師也。然程朱言或有失，吾豈必曲從之哉？程朱亦豈不欲後人爲論而正之哉？正之可也，正之而詆毀之、訕笑之，是詆毀父師也。且其人生平不能爲程朱之所行，而其意乃欲與程朱爭名，安得不爲天之所惡乎？」

先生貌清而臞，而神采秀越，風儀閒遠。與人言，終日不忤，而不可以鄙私干。自少及耄，未嘗廢學，雖宴處，常靜坐終日，無惰容。有來問，則竭意告之。喜導人，善汲引才儁，如恐不及，以是人益樂就而悅服，雖學術與先生異趣者，見之必親。……自康熙朝方望溪侍郎以文章稱海內，上接震川，爲文章正軌。劉海峰繼之益振，天下無異詞矣。……嘉慶十一年，復主鍾山書院。十五年，値鄉試，與陽湖趙甌北兵備重赴鹿鳴宴，詔加四品銜。先生年八十矣，神明如五六十時，行不撰杖，兵備年亦八十二，觀者以爲盛。（《東溟文集》文集卷六，清中復堂全集本）

【書西域見聞錄控噶爾事後】昔者九皇御世，兄弟九人分治九州，地輿乃盡九州者。鄒子所言「大九州」，非《禹貢》之「九州」也，九皇各主一州，自爲政教。今之中國，五帝三王以來所治，乃大地之東南隅，中土以外八州，風氣異宜，政教各別。三代本有載籍，掌於太史、九邱之類是也。自秦代焚書，史失其職，遂無可稽。世儒見所未見，概以爲誕則迂矣。漢後異域漸通，略復紀載，實皆古皇之所遺治也。大地徑三萬里，爲萬里者九，當以方萬里爲一州，今聖人在宥中國，輿地實已倍之。意異域諸國，大小兼竝，不知凡幾，如控噶爾者，西北近海大國即普魯社也，其王名控噶爾者，嘗與俄羅斯國都鄰近，搆兵敗之，入其都議和而退，事在乾隆中。其時，土爾扈特爲俄羅斯連年征兵不已，苦之，叛求內徙，恨俄羅斯，又見俄羅斯之強大，尙屈於普魯社，以爲彼國更大於俄羅斯。訛傳其事而侈其詞，略如《後漢書》之大秦國者。又誤以人名爲國名。逋逃之言，本不足信，而七椿園輕採之耳。松湘圃、趙芸菘、魏默深諸書辨之詳矣。即如所見，亦未足異周之成康、漢之文景、唐之貞觀。本朝康熙、乾隆之閒，天下富庶，教化治隆，豈異域殊方所能彷彿者？發倉賑粟，蠲免錢糧，動千萬計，史乘書之，猶爲盛大。而生當郅治，身及見之，轉若尋常，亦恒情耳。惟所云「都城門二千四百，城內大江三，南北馬行九十餘日」，則爲荒謬，分別觀之可也。今中外一家，人跡漸遠，異域事日有記載，其言何必盡誕哉？自吾至臺灣，而悟秦時方士所謂海上神僊者，殆指此地。今觀此書控噶爾事，又恍然於佛書所謂極樂之國，不過如此。世之談二氏者，可以啞然一笑也。（《東溟文集》文後集卷十，清中復堂全集本）

曹楙堅

【廿八日集清如寓齋三首（其一）】那曾調笑泥紅裙？酒戶如今退幾分。

不比夜深扶醉起，鄂君繡被有人熏。趙雲松爲畢秋帆作《李郎曲》，有「畢卓甕頭扶醉起，鄂君被底把香烘」之句。見《雨村詩話》。(《甌雲閣集》詩集卷七，清光緒三年曼陀羅館刻本)

梅曾亮

【侯起叔先生家傳（節錄）】先生姓侯氏，諱學詩，字起叔，江寧人。幼孤貧力學，尤邃於詩，以進士官廣東三水縣，仕至江西撫州府知府，以病歸。先生沉沉無多言，人初不以爲能，然善斷疑獄，每聽事，堂上下皆屏息，無胥吏聲，聽訟者言畢，不傁一詞，復使言僞者詞輒躓，抵隙躡尋，不得轉移，不一事威愒。令南海時，兼虎門同知及總捕通判，凡數印，默默如平常，同官以是知其敏也。然歸里後不一言，在官時事有問者，以風土物產對而已。家居自刪削所爲詩，曰：「吾詩自南海後憊矣。」是時錢塘袁簡齋方寓江寧，及陽湖趙甌北、鉛山蔣心餘，皆以詩震襒天下，而袁爲魁。自王公大人下至商賈婦孺，讀其詩者，人人自以得其意。賓客遊士投詩卷爲弟子者，名紙之積如山，而先生泊如也。其所爲詩，味幽而氣疏，情暢而義肅，大較似陳無已，而貌加豐焉。世之人不知好也，即先生亦未嘗輕以詩許人。(《柏梘山房全集》文集卷八「傳」，清咸豐六年刻民國補修本)

劉寶楠

【論語正義（節錄）】○注「弗據」至「孔子」。○正義曰：《左‧定五年傳》：季桓子行野及費，子洩爲費宰，逆勞於郊，桓子敬之。九月乙亥，陽虎囚季桓子。又《八年傳》：季寤、公鉏極、公山不狃皆不得志於季氏，叔孫輒無寵於叔孫氏，叔仲志不得志於魯，故五人因陽虎欲去三桓，將享桓子於蒲圃而殺之。桓子以計入於孟氏，孟氏之宰公斂處父率兵敗陽虎，陽虎遂逃於讙陽關以叛，季寤亦逃而出。竊意不狃斯時正爲費宰，而陰觀成敗於其際，故畔形未露，直至九年始據邑以叛。然猶曰「張公室」也。久之而並與魯爲敵，故《定十二年》：仲由爲季氏宰，將墮費，而不狃及叔孫輒率費人襲魯，夫子命申句須、樂頎伐之而後北，國人追之，敗諸姑蔑，不狃及輒遂奔齊。此則不狃畔魯之事，而非此之以費畔也。《史記‧孔子世家》載，以費叛召孔子，在定九年，可補《左氏》之遺。趙氏翼《陔餘叢考》信《左傳》而反議《史記》，並疑《論語》，則過矣。若毛氏奇齡《稽求篇》據此注謂陽虎囚季桓子弗擾之畔，即在其時，則爲定五年，與《世家》不合。且不狃初以仲梁

懷不敬，已而欲陽虎逐之，虎遂並囚桓子，桓子先亦甚敬不狃，斯時似尚無釁。其畔季氏，乃八年以後事，《左傳》文甚明顯，不得牽混。(《論語正義》卷二十，清同治刻本)

沈濤

【王坦盦獨立圖序】余宰如皐之明年，邑人王偲圃茂才出示尊甫坦盦先生獨立圖象，卓爾無雙，超然獨遠，玄軌已邈，懿烈弗彰，屬爲序曰：夫物忌孤芳，人貴介立。落落者有高世之節，矯矯者實勵俗之操。先生瑯琊華胄，梁溪望族，門承通德，家列膴仕。含華隱曜，獨詠考槃之詩；飛遯保名，遂執天山之筮。上揖巢許之輩，介蹟夷惠之閒，固已澄之不清，撓之不濁。貞白之素，挹之而愈光；有道之征，當之而無愧。然而振奇之士，以八荒爲庭除；放達之懷，視六合如闤闠。韓康賣藥，屢至中都；枚生賦詩，爰來洛下。燕垂趙際，楚尾吳頭，隨風夜郎之西，鳴劍伊吾之北。州有九，所涉者八；天之下，將及其半。獨行萬里，是爲壯遊；任俠千金，惟重然諾。蓋嘗在大梁，聞有故人之喪，千里命駕，傾裝相助。昔元伯死友，巨卿有素車之馳；角哀餓夫，伯桃有並糧之贈。具一於此，伊古所難；兼而有之，澆世尤罕。既乃庾信暮齒，仲宣懷歸，西河喪明，東海招隱。混迹城市，濟世爲心，準量刀圭，活人無算。獨行之傳，與方技而並書；旬日之閒，問姓名而屢變。皎皎如月，冥冥者鴻，易稱無悶，詩歌勿諼，其先生之謂乎？先生道不偶物，行嘗迕時，乃作斯圖，用奇傲志。孤鳳寥廓，江郎歎其寡儔；空山幽寂，龍標契其神悟。鄰犬吠影，對之而成三；天花破顏，拈之而微笑。潔身離群，以全吾眞，先生殆古之傷心人歟？余與先生令子偲圃，爲文字交，又讀趙雲松觀察所爲先生傳，而得先生之梗概，因不辭而序之，亦使來者景其遺徽，企彼芳躅云爾。(《國朝駢體正宗續編》卷二，清光緒十四年寒松閣刻本)

【義宗】趙觀察翼《廿二史箚記》：金主守緒在蔡州，城破自縊。群臣哭臨畢，即謚曰「哀宗」。是日金亡。並未別加謚號。而《元史》雪不臺等傳皆稱「義宗」，考之《宋史》，亦無此說。豈金亡後，元初追贈耶？濤案：《金史》「食貨」、「百官」二志，皆稱「義宗」。《大金國志》本紀二十六：「義宗守緒，天興元年正月初十日，國主遜位於東面總帥承麟，即閉閣自縊。後主泣謂眾曰：『先帝在位十年，勤儉寬仁，圖復舊業。有志不就，可哀也已。吾欲謚之曰「哀」，何如？』倉卒無知禮者，咸贊成之。」原注云：「宿州有僭號者，

諡曰『莊』，故官僑於宋者私諡曰『閔』，或謂『哀』不足盡諡，天下士夫咸以『義宗』諡，蓋取左氏『君死社稷』之義。」是義宗乃當時私諡，非元初追贈也。又《宋季三朝政要》云：「紹定五年，國兵與韃靼國兵合圍汴京，金義宗自汴京突圍，出奔歸德府。」是亦稱哀宗為義宗。又案《金史‧完顏婁室傳》曰：「時李裕為睦親府同僉桓端國信使下經歷官，乃使送歂於宋。遂發喪設祭，諡『哀宗』曰『昭宗』。」是當日又有「昭宗」之諡矣（《銅熨斗齋隨筆》卷六，清光緒會稽章氏刻本）

葉廷琯

【為查蕉垞光題《紅豆樓詩集》】蕉垞博聞多識，壹志箸書，熟於國朝掌故，蒐討三吳文獻尤深。曩歲戊午，偕程君序伯過余梣花盦，年未弱冠，斐然成章。余雅重其人，嗣以兵塵間阻，蹤跡多疏，僅一遇於申江，不見者又六年矣。今春，余返里門，過從始密，論文談藝，謬以老馬為識途，因從余問字，修弟子禮甚恭。余媿無益於人，徒以小詩為朋舊所推。君遂索余詩錄副，更為搜取佚篇，殷殷補訂。既賦新詩見貽，又以舊稿待質。其詩風格高華，時露沉雄之氣，未嘗規仿一家，亦不專守初白庵宗法。余擇其尤雅者，採入所見錄，以誌文字因緣，並題十絕句酬之。　　（其八）石稜詩派少真傳，初白先生少年自署「石稜居士」。並世欣逢有後賢。若更旁參甌北說，查山應復繼查田。《甌北詩話》獨取初白為本朝一家。查田，初白更名後號。查山，君近號。（《梣花盦詩》「附錄」，清滂喜齋叢書本）

汪端

【小雲嘗與余合選簡齋、心餘、甌北三先生詩，手錄，存行篋中。今多檢理遺書，偶見此本，感題於後】袁絲蔣詡皆前輩，佳句還推趙倚樓。一代誰兼才學識？三家合配白元劉。鬥茶猶記同評泊，掃葉曾經佐校讎。紙墨叢殘遺跡在，淚沾斑竹楚天秋。（《自然好學齋詩鈔》卷七，清同治十三年刻本）

【題趙雲松《甌北集》後】陸放翁齋心太平，買田陽羨宦初成。宮商雜奏龜茲調，利鈍爭陳武庫兵。玉女洞中雲氣白，銅官山下月華明。暮年遠過鍾嶸識，論定詩家啓正聲。雲松所著《甌北十家詩話》，自太白至梅村，並論列精當，其識遠邁竹垞、歸愚，乾嘉以來，罕有及之者。惟查初白究不可稱大家，以羅浮山人易之，庶為全美耳。（《自然好學齋詩鈔》卷十，清同治十三年刻本）

魏源

【廬山雜詠偕蔣子瀟十三首（其八）】西江人物稱山川，寺寺屏風萬丈縣。笑倒吳山衡骨肉，郤嫌五老黛參天。武進趙甌北《遊廬山》詩云：「江西之人江西文，大抵少肉而多骨，廬山正復犯此病」云云，不知置吳山吳人於何地也。（《古微堂詩集》卷十，清同治刻本）

【與涇縣包愼伯大令書】頃見新刊《安吳四種》，於源所籤各條，有從改者、不從改者。今不縷議，惟敘述國朝掌故，閒涉失實，必須相告處。足下書趙甌北事，謂高宗廷寄李侍堯，欲令柴大紀棄臺灣內渡，趙爲李草奏，陳其不可，并稱柴久蓄棄臺志，特畏國法未敢云云。考史館《柴大紀列傳》、《李侍堯列傳》所載，既不相合，趙甌北撰《皇朝武功紀盛》中《臺灣》一篇，及自撰《甌北年譜》述佐李公事，又不相合。時臺灣除柴大紀外，尚有常青、恆瑞兩將軍，黃仕簡、任承恩兩提督，蔡攀龍等四總兵，官兵數萬，雲集府城。大紀特守諸羅一城耳，全臺未失，似此時臺灣，除柴大紀外，別無一軍者。且柴接廷寄，令將諸羅兵民退至府城，柴覆奏有「死守待援」之語，高宗爲之垂淚，特封嘉義伯，并改諸羅爲嘉義城。事實昭著，足下可覆按也。至裕靖節奏請敕沿海督、撫、提、鎮丈量江海水勢深淺情形一疏，言常、鎮、揚三府所隸江面，外無遮欄，潮來甚溜，亦難防守。足下言其奏長江沙線曲折淤淺，夷船斷無能入。此奏督、撫、提、鎮署中皆無之。姚姬傳曰：「考據之學，利於應敵。」蓋實事有無，非如虛理之可臆造也。此二事者，有關國乘，不敢墨墨，謹貢其愚。惟教之不宣。（《古微堂集》外集卷八，清宣統元年國學扶輪社鉛印本）

俞浩

【俄羅斯考略（節錄）】觀南懷仁及歐羅巴諸地圖，開方計里，更何地可容數萬里之控噶爾？西洋諸部，無不精火器者。《黑龍江外紀》言其納藥箭中，凹凸如梅花式。圖理琛言，所經之地皆具鎗礮、旗幟以迎，土爾扈特又借之以衛我使者。今雅克薩城有康熙時所獲銅礮三位。乃七十氏既盛稱控噶爾之強大，趙氏翼又辨其國無火器，又稱我侍衛碩托與其汗訂十八條議於枕席之上。俗語不實，流爲丹青。夫以本朝士夫紀本朝事，悠謬且如此，又曷怪千百年以上事哉？夫土爾扈特之來歸也，實由舍楞之唆搶伊犁，至無可奈何而歸順，豈其初心哉？寇發自彼，既不能止，又望我盡執數十萬人畀之，又有此情理乎？故我於彼不爲納畔，而俄羅斯亦置之不問者，非不問也，其勢固有

所難言也。(《西域考古錄》卷十八，清道光海月堂雜著本)

管庭芬

　　【《敬業堂詩集參正》跋】曩過亡友胡蕉窗上舍愛連西堂，適西吳書估攜《初白老人手稿》二巨冊見售，其中塗乙酌改之處大異今刻，因索價甚昂，僅入《雲煙過眼錄》中，未得與原集一校異同，深為悵惜。迄今已易十二寒暑矣。戊寅秋作潞河之遊，今春旋里，欣悉醒園先生授經淳溪，趨謁之餘，即出手定《敬業堂詩集參正》一書，命芬讀之。覺集中衍文、佚字以及勘審未精之處，無不鉤玄索隱，逐一拈出，其潛研功深，洵為藝林快事。蓋先生談詩，一案初白，竭卅載之力，寢食於斯。所著《竹初山房集》，古風格律蒼勁，近體蘊藉含蓄，實得初白不傳之秘。兼之少日侍尊伯兔床先生拜經樓中時，得與盧抱經學士、錢竹汀宮詹諸名宿共相切磋，故聞見淵奧，考古精覈，施之鉛槧，一無疑誤如此。參正既成，行不脛而走，海內當與趙雲松觀察之作詩話，許蒿廬、陳半圭兩鄉先輩之作詩評、年譜，並為敬業功臣，可卓傳不朽矣。(徐由由：《管庭芬序跋補遺》，李性忠主編：《〈圖書館研究與工作〉論文選2000～2005》，浙江人民出版社2006年版，第312頁)

譚瑩

　　【桂丹盟觀察《養浩齋集》書後(節錄)】稱詩專師李唐，兼祖漢魏。果導源於周雅，復取逕於楚騷。俯視齊梁，仰窺陶、謝，誰入清翁吟社？竊同野史名亭。合初盛晚諸賢，迄蘇、黃而靡盡；與袁、蔣、趙齊列，竝王、朱而不慚。鳳跂鸞吟，雕手鼇扑，捧敦槃於白雪，馳書幣於絳雲。作者傾心，才人低首。一集之流聞易遍，千春之名譽翕然。足演迪乎斯文，亦尋恆之餘事。若今讀桂丹盟先生《養浩齋集》若干卷、續集若干卷，而竊歎其前無古人後無來者，殆四朝之詩史，洵一代之詞宗也。(《樂志堂文集》續集卷二，清咸豐十年吏隱堂刻本)

鄒漢勛

　　【志局百韻呈林邑矦(節錄)】我矦學好古，筆鋒利鏃鏃。圖經屬鎔勦，不繁亦不復。規橅繼昔賢，文採光南服。千載傳可知，殊方購堪卜。有時記亭館，裁鴻論亦篤。洛陽紙爭印，寫官筆頻禿。我聞見星廬，箸述高丘嶽。聲詩追古初，雲詘備敧柷。甌北詩中豪，詩陬建雄纛。作序冠矦詩，賞彼光轇轕。文章及駢體，長風鳴颲颲。尺素窮千狀，一輪含卅輻。又如江海濤，洄漩

恣起伏。赤舄臨斯壤，三年成一蹴。而我限荒陬，未覯心殊惡。冒昧乞數通，中肖諷呻喔。（《斅藝齋詩存》詩存卷二，清光緒八年刻鄒叔子遺書本）

秦篤輝

【經學質疑錄（節錄）】「宰予晝寢」，邢疏：「宰我晝日寢寐也。」朱竹垞曰：「韓退之《論語筆解》：『宰予繪畫寢室，故夫子歎不可雕，不可杇。』攷梁武帝解此章已如是，邵博謂程伊川取之。」趙雲菘曰：李濟翁《資暇錄》謂「晝寢」為「畫寢」。則下文「朽木糞土之牆」似更關合。按嘗見一書云，古者諸侯晝寢，是以宰我為僭，故夫子切責之，但忘其何所本，存以俟考。聖人寬洪，以偶然晝寢之小失，當不至厲責如此。邢疏之說不無可疑，而「晝寢」亦未見確然可信。（《經學質疑錄》卷五，清道光墨緣館刻本）

【經學質疑錄（節錄）】「老彭」，包氏咸曰：「殷賢大夫。」邢疏：「王弼云：老是老聃，彭是彭祖。」按夫子本問禮於老聃，而《禮記・曾子問》亦言「吾聞諸老聃」云，則兼二人亦無不可。邢疏：「又一說即老子也」，則以老、彭皆屬之老子，合為一人。趙雲菘《陔餘叢考》遂衍為陸終第三子，自堯以來已有之，於商為彭鏗，於周為老聃，且若幻化不測者，然則怪矣。（《經學質疑錄》卷六，清道光墨緣館刻本）

【經學質疑錄（節錄）】「子罕言利與命與仁」，何注：「罕者，希也。利者，義之和也。命者，天之令也。仁者，行之盛也。寡能及之，故希言也。」趙雲菘曰：「史繩祖《學齋佔畢》：『利固聖人所罕言，至於命與仁，則《論語》中言仁者五十三條，言命者亦不一而足。此豈罕言者？』蓋謂子之所罕言者惟利耳，而所與者乃命與仁也，猶言許命許仁耳。」按此條存以俟考。（《經學質疑錄》卷七，清道光墨緣館刻本）

【經學質疑錄（節錄）】《史記》謂學者多稱七十子，譽者或過其實，毀者恆損其真。然以子貢大賢，遷僅云「利口巧辭，孔子常黜其辨」，又復載之《貨殖傳》，其於性天一貫之學，猶劍映也。至以闞止字子我，訛為宰我，與田常作亂，安見毀之不損其真哉？閻百詩曰：「宰我作亂之誣，小司馬、大蘇皆各為辯正。余更愛洪容齋一說：『《孟子》載三子論聖人賢於堯舜等語，必夫子歿後所談，不然，師在，無各出意見議論之理。然則宰我不死於田常，更可見矣。』此為尤妙，蓋從虛會出云。」趙雲菘亦曰：「東坡明宰予之不黨於田常，不知宰予本無被殺之事。」至《韓非子・難言篇》，宓子賤不鬥而死人手，宰予不免於田常，

皆戰國之遊談，不足憑也。《續博物志》載《論語考識》云：「邑名朝歌，顏子不舍。七十弟子掩目，宰予獨顧由蹙墮車」，附會更覺可笑。然諸賢之遭誣者，正不一而足。《家語》「孔子北遊於農山」云云，回志即與端木仲氏異，何至比之薰蕕堯桀？子路即氣象率爾，何至抗手而對？又何至以陞堂之賢如回云云，猶不知夫子何選，竟與愚憒無異？其誣甚矣！子貢與原憲問答，出《莊子·讓王篇》，本屬寓言，而《韓詩外傳》等書衍之，其云「孔子既沒」，此時子貢已聞性與天道，何至出此不知之言？且富而無驕，子貢早年已然，豈忽以裘馬紈袴誇耀於狷士之前乎？其不足信，審矣！朱子引謝氏「子貢晚年進德極於高遠」之語，斯為定論。其他異說紛紜，難以悉辨，姑舉數端，庶有識者類推，知所去取焉。（《經學質疑錄》卷九，清道光墨緣館刻本）

　　【經學質疑錄（節錄）】「有德者必有言」一章，愚按必有不必有係從四個者字判出。「奡盪舟」，孔氏安國曰：「奡多力，能陸地行舟」，邢疏：「澆即奡也，聲轉字異。」顧炎武曰：「《竹書紀年》：『帝相二十七年，澆伐斟鄩，大戰於濰。覆其舟，滅之。』《楚辭·天問》：『覆舟斟鄩，何道取之？』正謂此也。蓋陷堅突眾敵，因而敗者曰『跳盪』，『盪舟』實兼此義。漢時《竹書》未出，故孔安國注為陸地行舟。王逸注：『《天問》謂滅斟鄩氏，奄若覆舟，亦以不見《竹書》而強為之說。』」按顧說最確。趙雲菘曰：「陸德明《音義》於『丹朱傲』云：『字又作奡』，蓋古字少，傲、奡通用。宋人吳斗南因悟『罔水行舟』即『盪舟之奡』，與丹朱為兩人。」按此終嫌憑空撰出一人，若謂澆奡但音相近，不如傲奡之音相同，然究屬兩字，不如澆奡一人，猶為舊說。且「盪」之義從「跳盪」，覆舟為允，「罔水行舟」仍無以勝「陸地行舟」之說也。（《經學質疑錄》卷十一，清道光墨緣館刻本）

　　【經學質疑錄（節錄）】「公山弗擾以費畔」，孔氏安國曰：「弗擾為季氏宰，與陽虎共執季桓子而召孔子」，邢疏：「定五年：按此最確，是時孔子猶未仕，故欲往。」何燕泉謂《家語》誤載十二年，良允。趙雲菘又據《左傳·定十二年》不狃率費人襲魯，孔子為魯司寇，方率國人伐之，豈肯往應其召，遂疑《論語》之誤。夫信《左傳》，疑《論語》，真閻百詩所謂顛倒見者也。（《經學質疑錄》卷十四，清道光墨緣館刻本）

　　【經學質疑錄（節錄）】「子路曰不仕無義」，鄭康成曰：「留言以語丈人之二子。」按此註最為精密。蓋見其二子焉，已為長幼之節伏案，此明對二子之語。其不記告二子者，古文省筆法也，於此可見《論語》記事之妙。趙雲

菘曰：「吳青壇謂『見其二子焉』句當在『至則行矣』之後，不然，既無人矣，與誰言哉？」使趙氏見鄭注，悟出《論語》書法，必不爲錯簡之疑矣。（《經學質疑錄》卷十四，清道光墨緣館刻本）

【經學質疑錄（節錄）】「五畝之宅」，趙雲菘曰「《孟子》『五畝之宅』，集註『二畝半在田，二畝半在邑』之說，起於趙岐。岐又本《漢·食貨志》，謂公田內以二十畝爲廬舍。而《食貨志》蓋又因《穀梁傳》：古者三百步爲里，名曰『井田』，井田者，九百公田，居一公田爲廬，井竈蔥韭皆在焉，遂意公田既授民爲廬，則邑中不宜尙有五畝，當是田與邑各半，故謂公田二十畝，八家分之，得二畝半爲廬舍，而城邑之居亦二畝半也。然《孟子》一則曰五畝之宅，再則曰五畝之宅，《周禮·宅田》注亦曰五畝之宅，並未有言二畝半之宅者，明是五畝爲一宅矣。若邑中之宅僅二畝半，何不直言二畝半之宅乎？田中不得有木，既以二畝半爲廬舍，則樹桑不過邑中之二畝半，又何以云『五畝之宅，樹之以桑』乎？然則五畝之宅俱在邑中，所爲廬舍者，蓋不過苫茅於壠間爲憩息地，而非於公田中占其二畝半也。在《穀梁傳》之說亦未嘗無本，蓋據《信南山》詩『中田有廬』謂公田在井之正中，而有廬在其內，明是以公田爲廬舍，不知中田猶云田中耳。古人原有此倒用文法，非必田之正中也。自田而言，田中則爲田內；自邑而言，田中並不過如田間云爾，非必在田之中也。其下即云『疆場有瓜』，見此廬之近於疆場也。曰廬，則非宅可知也。曰有瓜，則不樹桑可知也。……《孟子》謂『商助、周徹，其實皆什一』，若公田中分去二十畝，更何以云什一乎？將注所謂又輕於什一者，果可信乎，否乎？以此數者參證，益知五畝之宅之在邑，而廬舍無二畝半之說矣。」按趙說精覈，足正從前之訛。《七月》詩「亟其乘屋」亦指近田之屋，又云「入此室處」，蓋指在邑之宅，所謂「春則畢出，冬則畢入」者，理固有之，但近田之屋決不如二畝半之廣耳。然二畝半在城邑之說，前人已多疑之，謂以六鄉居民之多，非城邑所能容，若謂五畝之宅盡在城邑，更不能容矣。集解云：「邑祇如村落，如十室之邑、千室之邑之類，不必定是城邑」，其說最員。此又趙說所未及者，兼采之，更無遺議。（《經學質疑錄》卷十七，清道光墨緣館刻本）

【經學質疑錄（節錄）】「七八月之間旱」，趙注：「周七八月，夏之五六月也。」閻百詩曰：「春秋時，晉用夏正。《僖五年》卜偃謂『其九月、十月之交乎？』杜註：『夏之九月、十月也，以星驗推之而然。』《襄三十年》絳縣

人語，杜註亦謂夏正。戰國魏分自晉，故亦用夏正，著見《竹書紀年》。乃孟子對襄王仍以周正，蓋於時周之天命未改，孟子又未臣梁故也。按《孟子》又言『七八月之間雨集』，必指五六月大雨時行而言，以彼證此，通爲周正可知。」即引「秋陽以暴之」，亦謂周之五六月也。趙雲菘據魏用夏正，解七八月亦指夏正，非是。（《經學質疑錄》卷十七，清道光墨緣館刻本）

【經學質疑錄（節錄）】「坐而言」三節，趙注：「坐而言者，客危坐而言，留孟子之言也。請勿復敢見矣，言而遂起，退欲去，請絕也。坐，孟子使其且坐也。」趙雲菘曰：「古人之坐與跪，皆是以膝著地，但分尻著蹠與不著蹠耳。伸腳而坐謂之箕踞，佛家盤膝而坐謂之趺坐，皆非古人常坐之法。」按趙注「遂起，退欲去，請絕也」極精，蓋上蒙坐而言，下爲「坐，我明語子」張本，一註而上下脈俱貫矣。（《經學質疑錄》卷十八，清道光墨緣館刻本）

【經學質疑錄（節錄）】「昔者趙簡子使王良」，趙雲菘曰：「《左傳》杜註：『郵無恤，王良也。』《國語》韋昭注：『伯樂，郵良之字。』《漢書‧王褒傳》張晏注亦同，乃顏師古知郵無恤、郵無正、郵良、王良爲一人，又以伯樂另爲一人，何哉？」（《經學質疑錄》卷十八，清道光墨緣館刻本）

李佐賢

【楊子惠《憶得偶存詩稿》序】咸豐辛酉，余謬膺濟南講席，先後四載。楊坦夫茂才因有葭莩之誼，朝夕過從，評書讀畫，結翰墨緣，而論詩尤往往先得我心，知其學有淵源，固迥殊於俗學之專工帖括也。一日，出其先人子惠先生《憶得偶存詩稿》見示，且索余序。余受而讀之，佳篇絡繹，目不給賞。大抵氣格原於中唐，而抒寫性靈不蹈窠臼，尤屬深造而有得者，方知坦夫之家學相承，其由來者遠也。夫歷下自邊、李而後，代有詩人，即近世周二南、余秋門諸君子，亦俱名噪一時。先生與之馳驟壇坫間，諸君子稱其嗣音邊、李，洵不誣哉！所惜者以鳴盛之才而終老牖下，未獲大展其抱負耳。然趙甌北有句云：「詩有一卷傳，亦抵公卿貴」，迄於今，先生往矣，而試登千佛之山，泛明湖之水，緬遊覽之芳蹤，想行吟之樂趣，令人慨慕流連，風流未墜，固已卓然可傳於後矣，又奚必以顯達爲貴歟？或以稿中間有香奩體，疑其傷雅，然聖人刪詩，不廢采蘭、贈芍之章，況唐之元、白、溫、李、杜牧之諸公，亦多饒風趣。後世且有專工豔體者，誠以言志、永言，苟能得性情之眞，即無愧雅音。若必以正言莊論苛繩詩人，恐無異高叟之言詩也。是爲序。（《石泉書屋類稿》卷二「序」，清同治十年刻本）

朱次琦

【書趙甌北年譜】（其一）早向戎樞側足來，海涵地負見天才。男兒自有千秋業，堪笑平生志大魁。（其二）徽倖科名意氣紓，然灰難認此模糊。鳴狐籌火成何事？總是人閒小丈夫。（《朱九江先生集》卷一「詩」，清光緒刻本）

【答吳澄溥同年書（節錄）】伏省莊居，多豫風雨，閉門日與古人相對，尋見在可行之樂，補平生未讀之書，甚矣，閣下之嗜學也。閣下自笑耽此，是平生痼習痼病也。痼於書，所謂不病病也。昔伊川程子還自涪州，貌加豐晬，門人問故，程子曰：「力學之功也。人不學便老而衰。」每省斯言，為之惕息。頃見閣下酒栖譚笑，雖辭氣雍容，議論猶復英發，衰衰千言，夜分忘劬。李延平涵養服人，錢世儀精神滿腹，殆兼有之。……南朝人物如蔡興宗者，較之同時諸人，才識亦頗可稱述，始終宋代，亦無一身二姓之嫌。……謹按魏晉以下，理道不明，恥尚失所，常有號稱名臣，智勇超出而委贄累朝、靦顏陳力者，時論亦恬然不以為怪。顧亭林《日知錄》「正始」兩段見卷十三、趙甌北《陔餘叢考》「六朝忠臣無殉節者」一段見卷十七，言之最悉。嗚呼！此程朱講明性道之功，所以扶天綱，立人紀，追配孔孟，而與天地無終極也。（《朱九江先生集》卷七「文」，清光緒刻本）

邵懿辰

【惠來縣重修學宮記（節錄）】三代上，教一而已。逮世衰，而自吾儒外，有楊氏、墨氏，已而有老莊氏，已而有佛氏。佛氏所為說，剽楊、墨、老莊之餘而加恢奇，末流益靈怪恍惚，故其傳尤遠，而其教之被尤廣，印度、烏斯藏、蒙古諸行國及西南海外各國皆是也。又若西域諸城郭有天方回教，絕海數萬里遠島西夷有天主耶穌之教。陽湖趙翼著論，以謂溥天下圜地一周為教凡四：孔子之教行中國，南極交趾，東抵日本、朝鮮，纔方萬里，而不及佛教、回回教、天主教所及之廣，豈道法之至精，非中華清淑之區不克行習，而其驪者，殊方異俗皆得而範之，故教之所被尤廣與？是不然。聖人之為教，五常百物畢協天則之自然而為之制，本無精驪之可言。（《半巖廬遺集》「遺文」，清光緒三十四年邵章刻本）

伍崇曜

【粵雅堂叢書《北江詩話》跋（節錄）】右《北江詩話》四卷，國朝洪亮吉撰。……道光戊申，始得詩舲中丞刻本，特重付梓人，俾後來談藝者有所矜式

焉。先是，趙甌北撰《七家詩話》，欲以查初白配作八家。先生止之，賦詩云：「初白差難步後塵」；又云：「只我更饒懷古癖，溯源先欲到周秦。」自注：余亦作詩話一卷，自屈、宋起。見《更生齋集》。則先生之宗旨可知。然是書無論及靈均輩語，殆亦不無遺佚歟？（《北江詩話》，商務印書館1935年版，第73頁）

鄒弢

【小姐】余嘗以「小姐」二字用入《澆愁集》及本集中，王毓僊以爲太俗。按趙甌北《陔餘叢考》引錢惟演《玉堂逢辰錄》記營王宮火，起於茶酒宮人韓小姐謀放火私奔，又引《夷堅志》散樂林小姐、建昌娼女楊小姐兩事。又朱有燉云：「知是娭娭小姐來」，是小姐並非俗稱矣。（《三借廬贅譚》卷十一，清光緒鉛印申報館叢書餘集本）

文廷式

【純常子枝語（節錄）】趙雲崧《簷曝雜記》云：「廣東言語雖不可了了，但音異耳。至粵西邊地，與安南相接之鎮安、太平等府，如吃飯曰『緊考』，吃酒曰『緊老』，吃茶曰『緊伽』，不特音異，其言語本異也。然自粵西至滇之西南徼外，大略相通。余在滇南各土司地，令隨行之鎮安人以鄉語與僰人問答，相通者竟十之六七。」按此當是文萊種本來之言語也。（《純常子枝語》卷二十八，1943年刻本）

【純常子枝語（節錄）】趙雲崧《廿二史劄記》論金末種人被害之慘云：「一代敝政，有不盡載於正史而散見他書者。金制以種人設猛安、謀克分領之，使散處中原。世宗慮種人爲民害，乃令猛安、謀克自爲保，聚其土地與民犬牙相入者互易之，使種人與漢民各有界址，意至深遠也。其後蒙古兵起，種人往戰輒敗。承安中，主兵者謂種人所給田少，不足贍身家，故無鬪志，請括民田之冒稅者給之。於是武夫悍卒，倚國威以爲重，有耕之數世者，亦以冒占奪之。及宣宗貞祐開南渡，盜賊群起，向之恃勢奪田者，人視之爲血讎骨怨，一顧盼之頃，皆死於鋒鏑之下，雖赤子亦不免。事見元遺山所作《張萬公碑文》。又《完顏懷德碑》亦云：『民閒讎撥地之怨，睚皆種人，期必殺而後已。尋蹤捕影，不三二日，屠戮淨盡。甚至掘墳墓，棄骸骨，惟懷德令臨淄，有惠政，民不忍殺，得全其生。』可見種人之安插河北諸郡者，盡殲於貞祐時。蓋由種人與平民雜處，初則種人倚勢虐平民，後則平民報怨殺種人，此亦一代得失之林也。然《金史》不載此事，僅於《張萬公傳》中略見

之。」余按山東、直隸各州縣如完顏、徒單等姓，尚偶見之。是當時屠戮有未盡者，特亦僅存什一於千百耳。本朝駐防之制，與金時安插種人稍異。然洪楊之亂，江寧、浙江兩處駐防，幾於靡有孑遺，亦以平日凌虐平民積忿之所致也。孰能使其相忘於江湖哉？（《純常子枝語》卷三十三，1943 年刻本）

　　【純常子枝語（節錄）】趙雲菘《陔餘叢考》卷三十云：「《金史》及《續通考》，金哀宗時，蒲察官奴以火槍破敵，以紙十六重爲筒，實以柳炭、鐵屑、磁末、硫磺、砒硝，以繩繫槍端，以鐵鑵藏火，臨陣燒之，火出槍前丈餘，元兵不能支，遂潰。其後阿里海牙攻樊城時，元世祖得回回亦思馬因所獻新礮法，《元史》：「世祖征礮匠，留域阿老瓦丁與其徒亦思馬因至，造大礮豎午門前，試之，徹數十里。」命送軍前，乃進攻樊，樊破，移以向襄陽，一砲中譙樓，聲如震雷，世所謂『襄陽砲』也。蓋火砲之制，至是而益精。且來自西域，故世傳爲『西洋礮』。按：阿里海牙原作阿爾哈雅。」姜西溟《湛園箚記》云：「火砲興於宋末元初，其初猶用石也，《元史‧阿穆呼傳》，對太祖曰：『攻城以砲石爲重，力重而能及遠故也。』千萬戶薛塔剌海來歸太祖，命爲砲手，從征回回、河西等國，俱以砲石立功。《夏世家》：『有砲手一百人，號撥喜陡，立旋風砲於橐駝鞍，縱石如拳』，則此時亦無火砲也。《阿爾哈雅傳》：『西域人伊斯瑪因獻新礮法，因以其人來爲礮，攻樊破之時，又命隋世昌立砲簾於城外』，又『張榮從軍下漢江，至沙洋，以火砲焚樊城中，民舍幾盡，遂破之。』此皆礮之用火攻者也。」考《金史‧特嘉哈希傳》，則火砲火槍之制，金元之際已有之。（《純常子枝語》卷三十三，1943 年刻本）

　　【純常子枝語（節錄）】趙甌北《廿二史箚記》卷三十云：「元諸帝多不習漢文，大臣亦多用蒙古勳舊，罕有留意儒學者。世祖時，尚書留夢炎等奏江淮行省無一人通文墨者，乃以崔彧爲江淮行省左丞。李元禮諫太后不當幸五臺，帝大怒，令丞相完澤不忽木等鞫問，不忽木以國語譯而讀之，完澤曰：『吾意亦如此。』是不惟帝王不習漢文，即諸大臣中，習漢文者亦少也。」余案元時蒙古人不甚習漢文，而漢人顧頗有通蒙古文者。今之蒙文字母百餘，已非元舊。而見於陳元靚、陶宗儀書者，猶可見其彷彿。亦足歎興廢之不常爾。（《純常子枝語》卷三十三，1943 年刻本）

　　【純常子枝語（節錄）】康熙二十四年十月，江蘇巡撫湯斌奏：「吳郡淫祠有所謂『五通』、『五顯』、『劉猛將』、『五方賢聖』等名號，皆荒誕不經。臣已收取妖像，土偶者投之深淵，木偶者付之烈炬，檄行有司，凡如此類，盡數查毀，

其房屋木料，拆備修學宮之用。」余謂淫祀既多，邪教即從之而出，惑世不已，必且殃民。多神教之弊，至於如此。則一神教之有益於民，蓋可知矣。所以巫風所煽，漢、宋因之而亡；天教盛行，歐洲由其強霸，非無故也。論國教者，於此亦不可不察也。趙甌北云：「鈕玉樵謂妖禍遂絕，然實未盡絕也。蓋幽明之際，變幻無窮，固非令甲所能禁云。」（《純常子枝語》卷三十三，1943 年刻本）

　　【純常子枝語（節錄）】阮葵生《茶餘客話》十五云：「喇嘛一教，有黃衣者，如達賴喇嘛，眞脩養性，來去明白，不過數人；有紅衣者，如地母、地藏，呼風喚雨，遣將驅雷，更寥寥矣。我聖祖仁皇帝嘗治地母於法，彼教肅然畏懼，毫無他異，其餘更可知也。諸蒙古信其法，從其教，愚可憫也。」又云：「喇嘛在塞外假岐黃之名，擁妻子之奉，鮮衣怒馬，烹羊啖牛，攘人囊橐，殘人骼骴，污人妻女。」趙雲崧《陔餘叢考》四十二曰：「呂藍衍言鯖，謂陝西邊禁山中，僧人皆有家小，以爲異。不知其地近蒙古風俗，凡喇嘛多娶妻食肉也。元人馬祖常《河西歌》：『賀蘭山下河西地，女郎十八梳高髻。茜根染衣光如霞，卻召瞿曇作夫婿』，正是甘涼一帶舊俗也。」紀文達《閱微草堂筆記》云《姑妄聽之》卷二：「理藩院尙書留公言，曾聞紅教喇嘛有攝召婦女術，故黃教斥以爲魔云。」（《純常子枝語》卷三十六，1943 年刻本）

　　【純常子枝語（節錄）】周文忠《平園續稿》十四《漢兵本末序》云：「臨江徐筠孟堅既爲《漢官考》四卷，李天麟仲祥又惜司馬遷、班固不爲《兵志》，於是究極本末，類成一書，注以史氏本文，具有條理，凡中外諸軍，若將帥之名與夫賞功、罰罪、緣戍、簡稽、兵器、馬政，參互討論，略無遺者。」按天麟與錢文子同時，據此序，其書較《補漢兵志》似更詳備，亦惜其不傳於世也。楊盈川《王勃集序》云：「九歲讀顏氏《漢書》，撰《指瑕》十卷」，是顏監之注，唐初人已不滿之，誠齋乃比之吳道子畫、杜少陵詩，恐未然也。趙雲崧《廿二史箚記》云：「《漢書》之學，唐初人所競尙，當時顏師古外，又有劉伯莊撰《漢書音義》二十卷，姚班《漢書紹訓》四十卷，顧允《漢書古今集》二十卷，李善《漢書辨惑》三十卷。」余案顏監之注既不述其叔遊秦之決疑，又不錄姚察之《訓纂》，攘善之病，必不能無。乃諸家盡亡而顏書獨著，亦其幸也。（《純常子枝語》卷三十九，1943 年刻本）

陳澧

　　【東塾讀書記（節錄）】《尙書》今文、古文，近儒考之詳矣。惟謂今之《舜典》，亦爲《堯典》，而別有《舜典》，已亡，則尙可疑也。趙雲松云：「月正

元日」之後，「皆是堯崩後之事。且前此不稱帝，此後皆稱『帝曰』，明是《舜典》原文，豈得指爲《堯典》？其末『陟方乃死』，更是總結舜之始終，與堯何涉，而可謂之《堯典》乎？又《史記‧舜本紀》：即位後，咨岳牧，命九官，即今《舜典》『月正元日』以後之事。遷既從孔安國問，故而作《舜本紀》，可知古文《舜典》，本即此『月正元日』以後數節，非別有《舜典》一篇也。」《陔餘叢考》卷一。此所駁最精審。王西莊云：堯殂落，舜即眞後，直至陟方，皆在《堯典》，「古史義例不可知。」《尚書後案》卷三十。此但云「不可知」，不能解趙氏所駁也。又云：「《王莽傳》兩引『十有二州』，皆云《堯典》。光武時，張純奏『宜遵唐堯之典，二月東巡』。章帝時，陳寵言『唐堯著典，眚災肆赦』。晉武帝初，幽州秀才張髦上疏，引『肆類於上帝』至『格於藝祖』，亦曰《堯典》。劉熙《釋名》云：『三墳、五典、八索、九丘，今皆亡，惟《堯典》存。』劉熙時，眞《舜典》已出，熙非《尚書》儒，或未之見，故云爾。後漢周磐學古文《尚書》，臨終寫《堯典》一篇置棺前。若如今本，磐安得專寫《堯典》乎？」又云：「《儀禮》注引『撲作教刑』，《公羊》注引『歲二月東巡』，賈公彥、徐彥皆云《堯典》文。蓋馬、鄭本猶存，有識者猶知援據也。」並同上。○澧案：王氏所引諸書，閻百詩《尚書古文疏證》多已引之。澧案：「十有二州」、「二月東巡」、「眚災肆赦」、「肆類於上帝」、「撲作教刑」，皆在月正元日」之前，而未有引「月正元日」以後之文爲《堯典》者，亦不能解趙氏所駁也。周磐專寫《堯典》，劉熙言惟《堯典》存，此可證今《舜典》，漢時在《堯典》之內，而不足以證別有《舜典》也，仍不能解趙氏所駁也。（《東塾讀書記》卷五，清光緒刻本）

【東塾讀書記（節錄）】謂《周禮》不可行者，徒以王安石之故耳。趙雲崧云：「古來宮闈之亂。未有如北齊者。……後周諸帝後，當隋革命後，俱無失節者。……良由宇文泰開國時，早能尊用《周禮》，家庭之內，不越檢閒，故雖亡國而無遺玷。」《廿二史劄記》卷十五。此可爲用《周禮》之效也。（《東塾讀書記》卷七，清光緒刻本）

【東塾讀書記（節錄）】姚姬傳云：「鄭君康成總集其全，綜貫繩合，負閎洽之才，通群經之滯義，雖時有拘牽附會，然大體精密，出漢經師之上，又多存舊說，不掩前長，不覆已短。觀鄭君之辭，以推其志，豈非君子之徒，篤於慕聖，有孔氏之遺風者與？」《儀鄭堂記》。趙雲崧云：「北朝治經者，多專門名家。蓋自漢末鄭康成以經學教授，門下著錄者萬人。流風所被，士皆以

通經績學爲業；而上之舉孝廉，舉秀才，亦多於其中取之。雖經劉石之亂，而士習相承，未盡變壞。……故北朝經學，較南朝稍盛。」《廿二史箚記》卷十五。澧謂爲漢學者尊鄭君，或有私見；趙、姚二君，非漢學之派，而其言如此，是公論矣。（《東塾讀書記》卷十五，清光緒刻本）

錢綺

【左傳箚記（節錄）】趙雲崧觀察《陔餘叢考》云：秦火之後，漢初惟《左氏傳》最先出，而始終不得立學官。許氏《說文解字序》云，北平侯張蒼獻《左氏春秋傳》。蒼歷秦，至漢文帝時爲丞相，是《左氏》之出，比諸經爲最早也。然武帝立諸經博士，獨遺之。哀帝建平中，劉歆欲立《左氏》，致諸儒忿爭。光武中興，韓歆上疏，請立《左氏》博士，范升等駁之，帝卒立《左氏》學，以李封爲博士，封卒，尋廢。肅宗令賈逵自選諸生才高者習之，章帝亦詔選高才生習《左氏》，不久亦仍廢。是兩漢時，《左氏》終不立學官也。參考兩《漢書》，趙氏之言實有確據。蓋漢世學者各以本經爲利祿之階，因《左氏》文繁難習，且與二《傳》牴牾，恐妨其素習，故抑之不遺餘力。然河間獻王特立《左氏春秋》博士於其國，賈誼首爲訓故；太史公作《史記》，於春秋時事，大半取材《左傳》；班固作《古今人表》，尊左邱明於第二等，而公羊子、穀梁子則在第四等；許愼《說文解字》，引《左傳》多至二百五十三條，而引《公羊》僅五條，引《穀梁》僅二條；賈逵、服虔皆爲《左氏》訓釋，逵又受詔列《公》、《穀》不如《左氏》四十事奏之，名《左氏長義》，鄭康成亦作《箴膏肓》以解何休所詆。然則漢人雖重《公》、《穀》而擯《左氏》，其時二三大儒，固未嘗不尊崇而深信也。

（《左傳箚記》卷一，清咸豐八年錢氏鈍研廬刻本）

【左傳箚記（節錄）】《春秋》大旨，不過直書其事，善惡並存，使爲善者知勸，爲惡者知懼，猶詩人之是非美刺也。傳言韓宣見《魯春秋》，歎爲周禮在魯，則未脩之《春秋》，已足見重，特不經聖人論定，恐如《晉乘》、《楚檮杌》之不能永傳後世耳。故夫子之脩《春秋》也，於事之有關懲勸者筆之，事之無足重輕者削之，光明正大，無庸以深刻求。即有一字之褒貶，如書「初」、書「遂」、書「猶」、書「有」、書「新」、書「作」、書「用」、書「舍」、書「竊」、書「得」，皆不煩深思，千載如見。若其事之日月，則舊史所有，不必削；舊史所無，不能以意加。既不能加，又何能以日月之有無爲褒貶？其他舊史書名，無從知其字，舊史書人，無從知其名者，亦猶是耳。故竊意日月之有無、會盟之次序、君之稱侯、稱伯、稱子，臣之書名、書字、書官、書人，皆仍舊史所記，褒貶

在事，不在日月名稱也。至於闕文之說，惟郭公不可知。「甲戌。己丑。陳侯鮑卒。」「甲戌」之下，當有他事，亦不可知。若「夏五」二字，必是既脩後脫佚。善乎，趙雲崧之言曰：「『夏五』之下爲月字，誰不知之？聖人即加此一字，或去『夏五』二字，豈爲僭妄？而必斤斤守闕文之義，又何以筆則筆而削則削乎？」此論最快。（《左傳箚記》卷一，清咸豐八年錢氏鈍硏廬刻本）

朱亦棟

【哥哥】趙耘菘《陔餘叢考》：「古人稱哥，原有數種。《漢武故事》：『西王母授武帝《五嶽眞形圖》，帝拜受畢，王母命侍者四非答哥哥』，此以之稱帝王者也。」芹考《漢武內傳》：「王母巾笈中有一卷書，盛以紫錦之囊。王母出以示之曰：『此《五嶽眞形圖》也。』帝下地叩頭，固請不已。王母因授以《五嶽眞形圖》。帝拜受俱畢，上元夫人自彈《雲林》之璈，歌《步玄》之曲，王母命侍女曰四非答哥」句，哥畢，王母與上元夫人同乘而去。按《說文解字》：「哥，聲也。從二可。古文以爲『謌』字。」《前漢·藝文志》：「哥永言」，《唐書·劉禹錫傳》：「屈原作《九哥》。」「哥」即古「歌」字，蓋上元夫人歌，而王母命侍女四非答之也。《叢考》所云，毋乃疏乎？（《群書箚記》卷六，清光緒四年武林竹簡齋刻本）

林藍

【紀事仿趙甌北體】如盤大鱉登小市，爭買突出兩陳子。一惜其命欲放生，一嗜其味欲賜死。賣者高價寥天懸，惠亭不惜揮金錢。交錢獲鱉徑攜去，雪逵饞口空流涎。忽焉大叫「你勿定，即午與君痛飲酒。壁人招我更招君，花間佇立須君久。」惠亭好酒今劉伶，聞言返而尾其後。闖然一直登我堂，嚇得雙鬟魂不守。向我啓口便稱謝，雪逵亟止曰「否否。今須屈客爲主人，肴饌不必羅誰某，只此一味願已足」，笑指生鱉尚有手。投好而誘竟被招，好生一念難遽搖。乃以私欲破天理，辯口不惜唇舌焦。謂「此蠢物何足惜，非若靈龜堪卜爻。自古以此奉口腹，鱉人春獻充君庖。數罟污池禁勿入，意取久蓄可沃饒。飲御諸友更難缺，《詩》未曰膾先曰炰。君如不忍見其死，暫請掩面毋慄慄。聞聲或不忍食肉，此物又不能悲號。西方佛教嚴戒殺，兩裙之願歸僧僚。況聞年深能作魅，何不及早血我刀？」惠亭翻然改初意：「任渠掣到池南地。吾家池上小茅簷，粥炊茶爐亦粗備。」逵也昨日來吟詩，今日來作庖人事。得此大鱉如大題，裁篇手段拼一試。鱉眼聽刀聲霍霍，驚走到池又被捉。伸頭亂齧思逃生，人腳已

從鱉背卓。力大尙能負腳行，鱉奮全身人奮腳。終然縮頭奈汝何，偶一出頭應刀落。斷頭將軍劇可憐，跛足從事慘遭戮。拆甲去醜腥血紅，須吸納入鼎鑊中。武鍛文煎獨坐守，量鹹較淡眾與同。佐以蔥椒沃以酒，爐邊催促猛火攻。火候尙未十分足，剢剢啄啄來章、馮。添補多瓜作羹料，門生此議無不從。大碗如缸忽登几，滿堂敘然大歡喜。爭失下箸不相讓，此際難聞咀嚼聲。萬願脹斷腰帶皮，中筵飲酒發狂言。豹腿熊掌猩猩唇，箸多往來相觸抵。此際唯聞咀嚼聲，四座寂然人語止。不顧脹斷腰帶皮，舐舌磨牙快甘美。中筵飲酒發狂言，盛席年來那及此。豹腿熊掌猩猩唇，我輩但得食以耳。今朝無腹不彭亨，昨日豈皆動食指。就中最是好生人，嘖嘖口稱鱉味珍。（張直生據邑先輩趙祇修抄件轉錄，《溫嶺文史資料》第3輯，1987年，第13～14頁）

曾國藩

【曾文正公家訓・咸豐九年五月初四日（節錄）】字諭紀澤：爾作時文，宜先講詞藻。欲求詞藻富麗，不可不分類鈔撮體面話頭。近世文人如袁簡齋、趙甌北、吳穀人，皆有手鈔詞藻小本，此眾人所共知者。阮文達公爲學政時，搜出生童夾帶，必自加細閱，如係親手所鈔，略有條理者，即予進學；如係請人所鈔，概錄陳文者，照例罪斥。阮公一代閎儒，則知文人不可無手鈔夾帶小本矣。昌黎之記事提要，纂言鈞元，亦係分類手鈔小冊也。……爾曾看過《說文》、《經義述聞》，二書中可鈔者多。此外如江愼修之《類腋》及《子史精華》、《淵鑒類函》，則可鈔者尤多矣。爾試爲之。此科名之要道，亦即學問之捷徑也。此諭。（《曾文正公家訓》卷上，清光緒五年傳忠書局刻本）

魏燮均

【金州幕中雜興（其一）】無事起常晚，醒來逢早餐。雨餘蝸上壁，海退鯽登盤。髮短朝尤爽，心清夏亦寒。愛吟《甌北集》，坐臥把書看。（《九梅村詩集》卷五《海上集》，清光緒元年紅杏山莊刻本）

周壽昌

【漢書注校補（節錄）】告吏曰：「日得倖上，有子。」《史記》作「得倖上，有身。」趙翼曰：「是時屬王尙未生，何得言有子？宜從《史記》作『有身』爲是。」壽昌案：上云「趙王獻美人，屬王母也，幸有身」，《史記》同此，云：「日得倖上，有子」，已生子也。下云「屬王母已生屬王」，言既已生屬王，非云甫生也。考高帝於八年

多從東垣過趙，趙獻美人，幸，有身。九年十二月，貫高等謀反，事始覺。計已逾一年矣，豈有身而尚未生乎？趙氏考之未審也。（《漢書注校補》卷三十四，清光緒十年周氏思益堂刻本）

【和相籍沒】乾隆末，和珅當國，貪橫無比。睿廟新政，暴其罪，籍沒之。天下稱快。其家藏寶物，有內廷所無者。嘗見其籍沒單一紙，錄之：正屋十三進，七百三十間；東屋七進，三百六十間；西屋七進，三百五十間；欽賜花園一所，亭屋二十座；新添十六座圍式一所，新屋六百二十間；花園一所，亭屋六十四座；私設檔子房一所，七百三十間。銀號十處，本銀六十萬兩。當鋪七處。本銀八十萬兩。赤金，四萬八千兩。元寶銀，五萬五千六百箇。鏡錁銀，五千三百八十萬箇。蘇錁銀，三百一十五萬箇。番錢，五萬八千元。制錢，一百五十萬串。玉鼎三座，高三尺五寸，又十三座。玉如意，一百三十柄。鑲玉如意，一千六百零一柄。玉碗，十三卓。銀碗，七十卓。金鍾，十二座。玉磬，八十面。玉觀音，一尊，高六尺三寸。玉鼻煙壺，二十四對。玉盤，八十面。玉佛，一尊，高六尺三寸。玉圍屏，一座，二十四扇。玉卓屏，三十座。大小玉碗，九十三架，不計件。龍眼大珠，十枚。金珠手串，二百三十掛。英紅寶石，十塊，重二十八斤。小英紅寶石，四十塊。黃藍寶石，四十塊。珊瑚樹，七枝，高三尺六寸。珊瑚頂，八十枚。紅寶石頂金盤，八十枚。縷金八寶牀，四座。縷金八寶屏，十架。縷金八寶鑪，二十架。大自鳴鐘，十架。卓鐘，三百架。小自鳴鐘，一百五十六架。洋表，八十件。金鑲筯，二百副。銀唾盂，一百八十箇。金杯匙，六十箇。金砝碼，四十箇。銀砝碼，八十箇。銀杯匙，三百八十副。古銅鼎，十三座。漢鼎，一座。古銅瓶，三十一箇。寶石硯，十方。古銅梅表，共二十三副。端硯，七百餘方。古劍，二柄。皮服，一千三百件。綿夾單紗衣服，共五千六百二十四件。冬帽箱，十三箇，計帽五十四頂。各韉箱。六百箇，計一百二十四雙。綢段庫，十三批，共計一萬四千副。瓷器庫，二十批，九萬六千百餘件。洋貨庫，大呢八百板，五色呢四百餘板，羽毛六百板，五色嗶嘰二千餘板。銅錫庫，六百批，三十六萬九千三百餘件。珍饈庫，共三十六批。皮張庫，六十批，玄狐五十張，白狐五百張，白貂五十張，紫貂八百張，其餘粗細五萬六千百餘張。應用庫，內紫檀、琉璃各物，共九千四百五十餘件。內用庫，金銀珠寶、花飾簪鐲，共二萬八千百餘件。文房庫。二十三批，不計件。方地。八千頃。　　案趙甌北《感事詩》云：「聞道鈐山簿錄時，世間無此擁高貲。窖金已鍋藏金壑，琢玉兼裝浴玉池」，則更有出於此錄外者矣。又有詩題云：「連日大僚多暴亡，相傳失奧援，懼株累也。」趙當時目擊，傳必不虛。（《思益堂日箚》卷四，清光

緒十四年王先謙等刻本）（案：周壽昌《思益堂集》日箚卷四所錄同此，茲不贅）

方濬頤

【答陳蘭甫書（節錄）】癸酉嘉平月十三日，得家弟子嚴書，以濬頤明年六十，乞先生作壽序。緘稿見眎，受而讀之，篇首猥目予為今代詩人，而比以本朝詩人官於粵者趙甌北、翁覃溪、阮雲臺三先生。謂甌北、雲臺皆重宴鹿鳴，覃溪則重宴瓊林，引以為祝。又謂我朝詩人多壽，如朱竹垞、沈歸愚、袁簡齋、王蘭泉輩，不可悉數。僕何人，斯敢與三先生伍？即敝帚之享，亦斷不足上追朱、沈、袁、王。噫！先生之言過矣。讀未終篇，奴子又呈先生手單並貺楹聯、詩扇，以補文中未盡之意。盥手雒誦，無任主臣。顧先生以詩人目予，真知予哉。（《二知軒文存》卷十八，清光緒四年刻本）

薛允升

【私創庵院及私度僧道】凡寺觀庵院，除見在處所外，不許私自創建增置。違者杖一百，還俗。僧、道發邊遠充軍，尼僧、女冠入官為奴。　　若僧、道不給度牒，私自簪剃者，杖八十。若由家長，家長當罪。寺觀住持及受業師，私度者與同罪，並還俗。　　箋釋：僧、道必還俗，然後充軍者，以其原籍無名，必還俗入冊，以備後有逃亡者，可勾捕也。　　輯注：僧、道得免丁差，僧、道多則戶口少，自然之勢。此輩不耕不業，衣食於民。豈可聽其私自簪剃，以虛戶口耶？故特禁之。　　愚按：寺觀庵院增置過多則僧、道亦多，僧、道多則戶口少，必然之理。故私自創建庵廟即擬軍罪，又有不給度牒私自簪剃之禁，立法雖嚴，尚係重戶口之意。唐律：私入道及度之者均擬滿杖，監臨官亦然，私度二人且擬徒罪，亦此意也。　　趙甌北《箚記》：「宋時凡賑荒興役，動請度牒數十百道，濟用其價，值鈔一二百貫至三百貫不等。不知緇流何所利而買之？及觀《李德裕傳》，而知唐以來度牒之足重也。徐州節度使王智興奏准在淮泗置壇，度人為僧，每人納二絹即給牒令回，李德裕時為浙西觀察使，奏言『江淮之人，聞之戶有三丁者，必令一丁往落髮，意在規避徭役，影庇貲產。今蒜山渡日過百餘人，若不禁止，一年之內，即當失卻六十萬丁矣。』據此，則一得度牒，即可免丁錢，庇家財，因而影射包攬可知，此民所以趨之若鶩也。然國家售賣度牒，雖可得錢，而實暗虧丁田之賦，則亦何所利哉？」又姚石甫《康輶紀行》，論宋時度牒之盛，猶為詳備。末云：「僧、道出家，所以講習經法，脫遺世俗，修身心也。乃以數百緡、千緡買度牒為之，何哉？是其所利必有十倍於度牒者矣。高宗所謂蠹政害民者，誠中其弊也。徒以軍興絀費，遂自反其汗，至大儒如朱子，亦因饑歲請用以救荒，蓋當時寺觀歷經人主崇奉，士大夫亦

好爲方外之交，長住產業本豐，又益以不時之施予，金錢廣積，與其供不肖緇黃之侈奉，不如損其所以贍軍用而活民命也。」　　又《唐會要》：「玄宗天寶六載，始令祠部給僧、道、尼度牒。」《食貨志》：「肅宗鳳翔間，以天下用度不充，從鄭叔論議，始召人納錢，預給空白度牒」，此給度牒之所由來也，初則立意甚好，後乃用以漁利。自明以來，則又用監照及空白告身矣。今古風俗之不同如此。（《唐明律合編》卷十二，民國退耕堂徐氏刊本）

黃彭年

【皇清誥封奉直大夫四川鹽源縣知縣加六品銜重赴鹿鳴陳先生墓誌銘（節錄）】今上御極之八年，湖北舉行壬午科鄉試，彭年時權督糧道，襄事外闈場。故事：揭曉次日，設鹿鳴宴，宴考官及中式諸生於巡撫署，其中式已屆周甲之年者，巡撫先期聞於朝，蒙恩晉秩，重赴鹿鳴，用彰人文之瑞，甚盛典也。蘄州陳先生與焉。先生與吾先子同歲舉於鄉，又同舉進士，彭年以年家子謁於旅館，退而歎曰：「仁人也！」……我朝重赴鹿鳴，若山舟、覃谿、甌北諸老，皆近百歲而嗜學不倦，神明不衰，先生殆其儔也。先生諱廷颺，字小坡，所著有《周易本義集注》十二卷、《四流山人集》八卷、《蜀遊草》一卷、《學吟隨錄》二卷。（《陶樓文鈔》卷七，民國十二年刻本）

【朔方備乘序代（節錄）】古之儒者，博學而不窮，故多聞多志，必繼之以精知，然後略而行之。未有不通天下之志，而能成天下之務者也。……後之學者，囿一隅之見，忘深遠之慮，舉四裔之事，概置之「存而不論」之條，不亦隘乎？且夫三代之時，王畿不過千里，征伐不出五服，猶可執不勤遠略之說也，而聖人已憂之，必爲之圖，設之官，著之於書，使周知而預爲之防，如此其至。況封建既廢，關市已通，輪舶、火車，瞬息萬里，異域遐方，邇若咫尺，顧乃局守堂室，視聽曾不及乎藩籬，是豈可久之計哉？《傳》有之曰：「知己知彼」，《大學》之言「治」、「平」，知己之學也。《周官》之言，周知知己而兼知彼之學也。自來談域外者，外國之書，務爲誇誕，傅會實多；遊歷所紀，半屬傳聞，淆譌迭出；又或展轉口譯，名稱互歧，競尚瑣聞，無關體要，以云徵信，蓋亦難之。不知史傳所存、官私書所紀，參考互校，可得而詳。自非彊識洽聞、精心遠見之儒，罕能究其源流，證其得失。竊見故員外郎銜、刑部主事何秋濤，究心時務，博極群書，以爲俄羅斯東環中土，西接泰西諸邦，自我聖祖仁皇帝整旅北徼，聲威定界，著錄之家，雖事纂輯，未有專書，秋濤始爲《彙編》，繼加詳訂。本欽定之書及正史爲據，旁採圖理琛、陳倫炯、方式濟、張鵬翮、趙

翼、松筠以及近人俞正燮、張穆、魏源、姚瑩之徒，與外國人艾儒略、南懷仁、雅裨理之所論述，並上海廣州洋人所刊諸書，訂其舛譌，去其荒繆，上溯聖武之昭垂，下及窩集之要害，爲考，爲傳，爲紀事，爲辨正，自漢、晉、隋、唐，迄於明季，又自國朝康熙、乾隆迄於道光，代爲之圖，各爲之說，凡八十卷。文宗顯皇帝垂覽其書，賜名《朔方備乘》。進呈之後，書旋散亡，吏部侍郎黃宗漢因取副本，擬更繕進，復燬於火。秋濤之子芳椒，奉其殘稿來謁，篇帙不完，塗乙幾徧，某爰屬編修黃彭年與畿輔志局諸人，爲之補綴排類，復還舊觀。圖說刊成全書，次第亦付劂剞。（《陶樓文鈔》卷八，民國十二年刻本）

曾國荃

【（光緒）湖南通志（節錄）】按趙翼《廿二史箚記》，歷敘元諸帝實錄纂修姓氏云：「泰定帝實錄，成遵、王結、張起巖、歐陽玄所修；明宗實錄，成遵、謝端所修；文宗實錄，王結、張起巖、歐陽玄、蘇天爵、成遵所修；寧宗實錄，謝端所修，俱見各本傳。」趙氏於明、寧實錄，不及玄名，而本傳云「纂修四朝實錄」，時在順帝朝，則自泰定以下四帝也，玄實均與纂修之役，《箚記》漏也。（《（光緒）湖南通志》卷二百四十七「藝文志三」，清光緒十一年刻本）

楊象濟

【洋教所言多不合西人格致新理論】往時爲豐順中丞譯西人《七大洲地球圖說》，於每國政事之外，各繫「教會、民種」一條，亦猶中國志乘之有「風俗」也。其教之目雖多，而要以天主、耶穌二者爲大宗，惟佛教無聞。蓋五印度之地，全產鴉片，務貿易，西來之旨，久已失傳。然教會名目如此之多，而中國又有道教、釋教與聖人之教，幾乎並行。趙氏翼曰：「孔孟之教，佔地甚少，猶之於物，其精粹至美之處，本不甚廣，其胕殼則所佔之地甚多，非聖人之教不敵彼教之善而民皆信服之也。」然今前後藏皆崇佛，而辦事大臣必與班禪會銜奏事，民心之不可移易如此。近西人復力攻天主而崇尚耶穌，姑即以耶穌論之，論耶穌必先論耶穌之所自出。今其書云「自取肉身於貞女馬利亞氏」。夫童女受孕，千古第一怪事，然則耶穌者有母而無父，其本身之來歷已屬曖昧不明，其餘更可知矣。至其種種荒誕不經之說，五尺童子聞之而疑，即以質諸洋人格致新理，亦多不合。格致之學多徵實，曰體，曰質，曰點，曰光，曰熱，曰氣，皆從目驗身試而得；教會之言多憑虛，曰理，曰道，曰神，曰天，曰上帝，曰造物主，遁乎無聲無形之表，此大端之不合也。《創世記》曰：「創造天地，造

二耿光，大以理晝，小以理夜，亦造星辰，置之穹蒼，照臨於地」，則是天空所有日月星辰，造物者無非爲地球而設也。若據格致家言，太陽爲諸恆星之一，地球爲諸行星之一，行星不能自有光，皆借日之光以爲光，諸恆星外，必有如地球者環繞之，日屬諸行星上，亦必有山川人物，一如地球。此不合者一也。《失樂園》詩曰：「撒但見太陽行空，乃化一小天使，問司日之天使，言欲往新造地球，司日者指示之」，則是天空之表，宛若有赤道、黃道之經絡乎？其間任人之流行自在也。若據格致家言，行星、恆星俱有攝力，互相牽引，凡空中氣質、流質、定質，行近其軌道內，必爲其所引，當撒但問司日者之時，其行近太陽可知，不知當時用何力離開太陽而不爲太陽所引？此不合者二也。至其所謂乘雲昇天之說，尤屬無稽。據格致家言，地球有吸力，故古今從未有離此地球而墜入別行星者，況人非氧氣不生，離地二萬尺以上，空氣中之氧氣過於淡薄，不足以資呼吸，故輕氣球升至二萬六千尺而人已奄斃。則乘雲昇天，尤格致家所必無之理也。其他若空中有聲、榮光自天而下諸神異，質之天文、聲學、光學之理，皆屬平淡而無奇。凡若此說，彼教士聞之必曰：「是固非言思擬議之所能及也。」夫既非言思擬議之所能及，尚得謂之道，尚得謂之教哉？《創世記》見慕維廉《地理全志》，《失樂園》詩見艾約瑟《乙卯中西通書》。　　洋教以《舊約》、《新約》西書爲根本，彼中奉爲聖經，謂言皆有徵，幾若一字之成，固於金湯。顧書中所言天地萬物之理，半屬故老傳聞，質之實測，恆外不合。特西人亦狃於習俗，莫敢竊議其非自格致。日精、重學、光學、電學、化學之新理日密，歐洲淵雅之士於此信之既專，則於彼疑之必力，當有不期然而然者。此亦洋教盛衰之大幾也。諸卷多誤會題意，惟此作獨得要領，且精於西學，足以關教士之口而奪其氣。惜僅舉攝力一端，未及其他耳。（葛士濬輯《清經世文續編》卷一百十二「洋務十二」，清光緒石印本）

陳垣

　　【聯語一則】百年史學推甌北；萬首詩篇愛劍南。（王明澤：《陳垣事跡著作編年》，廣西師範大學出版社 2000 年版，第 6 頁）

李成謀

　　【石鍾山志·遊覽（節錄）】蔣士銓字心餘，鉛山人，補縣學生，督學金德瑛奇賞之，目爲孤鳳凰，與楊垕、汪軔、趙由儀稱「江西四才子」。乾隆丁丑，成進士，改庶吉士，授編修，歷充《續文獻通考》館纂修、順天鄉試同

考，尋乞終養，奉母南旋，歸南昌，築藏園以居。生平抱負志節，與人交，有肝膽。工詩，闡幽發微，言無虛響，與錢塘袁枚、陽湖趙翼並有名，海內高麗使臣嘗餉墨四笏求其樂府，以誇榮東國。數過石鍾，有詩紀遊焉。（《石鍾山志》卷五，清光緒九年聽濤眺雨軒刻本）

徐士鑾

【醫方叢話（節錄）】案此方（案：指洗眼方）趙雲崧《簷曝雜記》亦載之。《雜記》尚另載一方：「用桑白皮，不拘多少，煆過存性，將水一碗煎至九分，澄清，溫洗洗眼，亦每月一次，日期不盡相同」，並有「若遇閏望日洗亦可」語，茲不再錄。（《醫方叢話》卷二，清光緒津門徐氏蜨園刻本）

張之洞

【勸學篇（節錄）】史學考治亂典制。史學切用之大端有二：一事實，一典制。事實擇其治亂大端，有關今日鑑戒者考之，無關者置之；典制擇其考見世變，可資今日取法者考之，無所取者略之。事實求之《通鑑》，《通鑑》之學，《資治通鑑》、《續通鑑》、《明通鑑》。約之以讀《紀事本末》。典制求之正史、「二通」，正史之學，約之以讀志及列傳中奏議；如漢《郊祀》、後漢《輿服》、宋《符瑞》、《禮樂》、歷代天文五行、元以前之《律曆》。唐以後之《藝文》，可緩也。地理止考有關大事者，水道止考今日有用者，官制止考有關治理者，如古舉今癈、名存實亡、暫置屢改、寄祿虛封、閒曹雜流、不考可也。「二通」之學，《通典》、《通考》，約之以節本，不急者乙之《通考》，取十之三，《通典》取十之一，足矣，國朝人有《文獻通考詳節》，但一事中最要之原委條目，有應詳而不詳者，內又有數門可不考者。《通志》二十，略知其義例可也。考史之書，約之以讀趙翼《廿二史劄記》，王氏《商榷》可節取，錢氏《考異》精於考古，略於致用，可緩。史評約之以讀《御批通鑑輯覽》，若司馬公《通鑑》，論義最純正，而專重守經；王夫之《通鑑論‧宋論》，識多獨到，而偏好翻案，惟《御批》最為得中，而切於經世之用。此說非因尊王而然，好學而更事者，讀之自見。凡此皆為通今致用之史學，若考古之史學，不在此例。（《勸學篇》卷上「內篇」，清光緒二十四年中江書院刻本）

涂慶瀾

【牟珠洞】昔讀甌北詩，知有牟珠洞。今朝秉節下蠻方，始識詩人非鑿空。洞天一扇砉然開，山僧操炬引我來。以火照見諸變相，無乃鬼神搏弄成

胚胎？或如狻猊蹲，或如猨狁嘯，或如僬人持杖行，或如枯佛拈花笑。各逞狡獪疑雕鏤，形容惟妙亦惟肖。中起一塔雲模糊，矗然柱砌擎天孤。以石扣之作鉅響，鐘聲鼓聲洋洋乎。想皆千年石乳所融結，倒綴巖腹紛垂珠。不知何處來形模，況有洞徑尤縈紆。或是蜿蜒神物之所都，古雪堅冰積百怪，山骨陰寒晝亦晦。滄桑陵谷幾變遷，不意異境乃落蠻天外。平生好遊兼好奇，每遇名山心向之。洞天如此忽忽過，異日歸來蕭寺尋殘碑。(《荔隱山房詩草》卷二「七言古詩」，清光緒三十一年刻本)

葉煒

　　【煮藥漫抄（節錄）】吳梅村詩：「取兵遼海哥舒翰，得婦江南謝阿蠻。」趙甌北《題〈梅村集〉》詩：「訪才林下程文海，作賦江南庾子山。」倣其句法，即以梅村詩派題《梅村集》，是亦文人狡獪技倆。(《煮藥漫抄》卷上)

桑霬直

　　【趙甌北詩】相字古未聞，相傳□（始）唐□（末）。玉局崔道士，北千止剽奪。宣和謝潤夫，聲名徹禁闥。御書朝字來，知十月十日。問官得請字，謂未全言責。問孕得也字，謂腹有虵疾。迨乎南渡後，專家益輩出。土加畫為王，杭移點成朮。權相書退字，日與人甚密。知其糾結深，至老不罷黜。權閹書囚字，國內大人一。其如四無依，懸縊兆可必。斯皆擅絕技，巧中百不失。至今江湖間，往往習其術。大抵遊食徒，星卜同一律。《甌北集》。(《字觸補》卷六「說」部，清光緒小嫏嬛書庫刻本)

張紹南

　　【孫淵如先生年譜（節錄）】乾隆四十五年庚子，君二十八歲。二月，高宗純皇帝御蹕南巡，君至金陵與召試，報罷。與方君正澍、顧君敏恆、儲君潤書讀書金陵城西古瓦官寺，君翻閱釋藏全部，得《一切經音義》、《華嚴經音義》，多引《倉頡三倉》，因輯而刊行，始傳於世。後至西安，屬莊大令炘刊《一切經音義》。夏，返句容。十月，歸常州，遊吳門，以王光祿鳴盛、江布衣聲撰注《尚書》，造門訪謁，與談鄭學。陝西撫部畢公沅，時以母憂家居，聞君名，延之里第，與錢明經坫同修《關中勝蹟圖志》。時蔣侍御和寧、錢少詹大昕、趙觀察翼來吳門，畢公邀遊靈巖山館，君與錢君皆在坐。其冬，畢公奉命復撫陝，欲邀偕往，君以遠遊必告，乃返句容。至歲除，行抵西安節

署。(《孫淵如先生年譜》卷上，清光緒刻藕香零拾本)

李庚乾 輯

【佐雜譜（節錄）】先伯父熙齡以給諫外放知府，歷任榆林、澂江、普洱、武定；先堂伯父從圖，即均權之長子，廷鎔之父。道光己丑，與熙齡同成進士，入詞林。以庶常改甘肅知縣，歷文縣、綏來，皆卒於官。獨堂伯父未得歸葬，僅一子廷鎔，今又死於難，且無後，豈文人福薄，堂伯父才名甚噪。成例難破耶？不然，何以至此也？「仕宦幾家收局好」，趙雲松先生句。「收帆好在順風時」，袁簡齋先生句。吾於此益信前哲之非欺我。宦成者，胥如陶靖節之解綏去，范蜀公之拂衣歸，則得矣。「滿口說歸歸未得」，吾願與同僚戒之。(《佐雜譜》卷下，清光緒刊本)

楊守敬

【湖北金石志（節錄）】趙雲菘以五代時人起名好用「彥」字。(《湖北金石志》卷七，民國十年朱印本)

沈家本

【諸史瑣言（節錄）】《關羽傳》：「曹公即表封羽為漢壽亭侯。」 漢壽乃亭名也，王氏鳴盛、趙氏翼並謂《續漢書‧志》武陵屬縣有漢壽，關所封即其地。熊方《後漢書‧年表》「異姓侯」內有壽亭關羽，其下格注云：「武陵『壽』上少一『漢』字，當是傳寫脫去」，是熊方亦謂漢壽在武陵也。然武陵之漢壽乃縣名，非亭名，亭侯之號，不得襲用縣名。恐別有漢壽亭，不可考耳。(《諸史瑣言》卷十五，民國沈寄簃先生遺書本)

繆荃孫

【宋陸游鍾山題名跋】宋陸務觀題名。按放翁《入蜀記》：「乾道六年七月八日，至鍾山道林真覺大師墖焚香，墖在太平興國寺，上寶公所葬也。塔後有定林庵，予乙酉秋嘗雨中獨來遊，留字壁間，後人移刻崖石，讀之感歎。蓋已五六年矣。」即此題也。錢辛楣《放翁年譜》：「乾道元年乙酉，七月，改任通判隆興軍府事，自京口過金陵，雨中獨遊鍾山。」蓋即據《入蜀記》。按放翁隆興元年除通判鎮江軍府事，甲申二月到鎮江任，閏月壬午遊焦山，有題名。乙酉，由鎮江改隆興軍府通判，是年四十一歲。趙甌北《放翁年譜》繫之二年，誤。笠澤用魯望先王事，放翁《雲門壽聖院記》亦署吳郡陸某，不稱山陰。定

林寺有二:《景定建康志》:「上定林寺舊在蔣山應潮井後,宋元嘉十六年,禪僧竺法秀造,在下定林寺之西。乾道間,僧善鑑請其額,於方山重建下定林寺,在蔣山寶公塔西北。宋元嘉元年置,後廢,今爲定林庵。王安石讀書處,放翁所遊是定林庵,即下定林寺也。」是刻金氏鰲曾見之,久已湮沒,打碑人山東荀估攜拓本來,閱之喜甚。時大雨如注,東望鍾山在煙雲出沒間,猶想見鏡湖詞客蠟屐獨行時豪興也。(《藝風堂文集》卷六,清光緒二十六年刻本)

譚宗濬

【墨合銘】墨合之制,古無所考。《趙甌北集》有云:「凡扈從塞上者,皆以氈濡墨,就營帳作書」,其殆墨合之權輿乎?道光中,詞館諸公喜以銀爲合,取其經久而墨香不敗。近人陳寅生所作墨合,范銅爲之,而刻篆隸眞草、花竹禽魚於蓋上,尤絕技矣。暇輒爲之銘:厥形肖天,象橢圓也。厚重爲體,泯倚偏也。醞釀深醅,嘿以淵也。用不損毫,蘊德全也。伴我高齋,草太元也。風晨月夕,共周旋也。嗟嗟!吾之提挈汝也,蓋亦有年。汝堅強猶昔,而吾德不加進,學不能專。汝如解語,能勿莞然!(《希古堂集》乙集卷五,清光緒刻本)

朱一新

【復長孺第四書(節錄)】《周官》、《左傳》言不中理者,昔人未嘗不疑之而辨之,辨之可也,因是而遂遍及六經,於其理之灼然不疑者,亦以爲劉歆所贋造。歆何人斯,顧能爲此?足下徒以一疑似之《周官》而殃及無辜之群籍,是何異武帝之沉命法,文皇之瓜蔓抄也?謂非賢智之過乎?漢時續《史記》者甚多,後人不察,往往混爲史遷之作,竹汀、甌北諸家皆辨之。辨之是也。因是而遂割裂其全書,強坐劉歆以竄亂之罪。歆如竄亂,自當彌縫完好,求免後人之攻,何以彼此紛岐、前後抵牾、罅漏百出,奚取於斯?……足下兀兀窮年,何屑倒持太阿而授人以柄?始則因噎廢食,終且舐穅及米,其殆未之思乎?原足下之所以爲此者,無他焉,蓋聞見雜博爲之害耳。其汪洋自恣也,取諸莊;其兼愛無等也,取諸墨;其權實互用也,取諸釋,而又炫於外夷一日之富強,謂有合吾中國管、商之術,可以旋至而立效也。故於聖人之言燦著六經者,悉見爲平澹無奇,而必揚之使高,鑿之使深;惡近儒之言訓詁破碎害道也,則蕩滌而掃除之,以訓詁之學歸之劉歆,使人無以自堅其說,而凡古書之與吾說相戾者,一皆詆爲僞造,夫然後可以爲吾欲爲,雖聖人不得不俛首而聽吾驅策。足下之用意則勤矣,然其所以爲說者亦已甚

矣。古人著一書，必有一書之精神面目。治經者當以經治經，不當以己之意見治經。六經各有指歸，無端比而同之，是削趾以適履，屢未必合，而趾已受傷。(《佩弦齋詩文存》佩弦齋文存卷上，清光緒二十二年刻拙盦叢稿本)

袁昶

【友人新爲買三泖宅寄贈前主人（其二）】定林自有主，平泉非我石。奇章石千株，今爲阿誰宅？荊公捨爲寺，瓦礫俄金碧。焦先亦露臥，寒巖甘帖席。古來賢聖宅，遺書且糟魄。何況一椽寄，豈其眞履迹？曷捨刻舟求，各爲上皇客。吾家簡齋翁，頗接甌北席。況君忠毅裔，吾敬銘清白。慨然今付囑，籬門吾暫闢。我生久旅人，衰白悵半百。藉茲魚菽祭，稍以塞罪責。曉發漁浦潭，夕次富春驛。三十山旬間，鄉里亦非隔。山花粲深紅，山鳥仍格磔。延緣刺舟去，將家就釃麥。脩然兩相忘，我與君各適。兩家子孫長，綿秬詩禮澤。一言須記取，放心收荼役。各毋落吾事，勤殖寸陰惜。仁爲大宅安，德喜佳鄰獲。末句謂訥生、儀庭、伯齊、仲英、香遠、思齊、淵甫諸君子，皆雲間一時之雋。(《於湖小集》詩三，清光緒袁氏水明樓刻本)

崔適

【史記探源（節錄）】古者詩三千餘篇，及至孔子，去其重，取可施於禮義。○《關雎》之亂，以爲風始；《鹿鳴》爲小雅始；《文王》爲大雅始；《清廟》爲頌始。三百五篇，孔子皆絃歌之，以求合《韶》、《武》、《雅》、《頌》之音　案：此所言古詩篇數，非之者孔穎達、朱彝尊、趙翼、崔述也；是之者歐陽修、鄭樵、王應麟、王崧也。崧所著《說緯》，載之甚詳，辯之甚當，今擇其要錄之：「歐陽氏曰：『以鄭康成《譜圖》推之，有更十君而取其一篇者，又有二十餘君而取其一篇者，由此觀之，何啻三千？』王氏曰：『趙氏備列群書，所引逸詩，謂不及刪存詩二三十分之一，此但就見存之書計之也。古書之著錄於《漢書·藝文志》而不傳於今者，其中豈遂無之？則二三十分之一，未足盡逸詩之數也。」(《史記探源》卷六，清宣統二年刻本)

林紓

【愼宜軒文集序（節錄）】袁、趙、蔣三家之昌於乾、嘉之間也，浮器者群响而和之。陽湖諸老，復各樹一幟，爭爲長雄。惜抱伏處鍾山，無一息曾與之競。不三十年間，諸子光焰皆熸，而天下正宗尊桐城焉。歸、姚二公，

豈蓄必勝之心？而古文一道，又豈爲競勝之具？然人卒莫勝者，載道之文，固非綺句繪章者之所能掩也。（賈文昭編：《中國近代文論類編》，黃山書社1991年版，第64頁）

震鈞

【天咫偶聞（節錄）】自開國至乾、嘉，田狩蓋爲重典，非以從禽，實以習武也。聖祖於熱河建避暑山莊，以備木蘭巡狩。行圍之制，一用兵法，圍時以能多殺者爲上，皆以習戰鬭也。又殺虎之制，以二侍衛殺一虎，得者受上賞。故嘉慶癸酉之變，京營兵皆能戰，遂以殄除巨寇，滅此朝食。道光以後，不復田狩，於是講武之典遂廢。後生小子，既不知征役之勞，又不習擊刺之法，下至束伍安營，全忘舊制，更安望其殺敵致果乎？迨同治中，穆宗奮欲有爲，親政後，曾畋於南苑，諸環列至有預購雉兔，至臨時插矢獻之，而蒙花翎之賜，可爲歎息也。熱河行圍，前人多有詩紀之，以甌北爲最佳，然尚未備。成倬雲侍郎書《多歲堂詩集》有避暑山莊紀事絕句八十五首最詳，今錄之云：端陽節至麥風溫，郊祀初回萬馬屯。避暑年年循例往，年例於北郊後啓鑾。千官送駕大東門。鸞旗翠葆出圓明，近野居民夾道迎。不用羽林傳警蹕，兒童相戒各低聲。委蛇輦路絕塵氛，旐影徐飛樹影分。正是久晴新雨後，清河橋下水沄沄。相國行輿步驟遲，每隨雙纛望前麾。御纛前皆御前大臣及乾清門侍衛，扈從諸臣在御纛之後，八杆旗之前，扈從者例皆騎馬，時惟王、董兩相國乘轎。書生也忝從行列，駑馬常先八杆旗。趲撥如飛健步軍，每經村市避行人。乘輿所至，凡遇村市湊集處，則粘竿拜唐阿及綠營健步在前，步行警蹕，謂之走噶山。噶山者，村也。亦謂之走撥，凡走一撥，即乘馬從寬，轉馳向前以待，謂之趲撥。道旁樵牧多如織，不近鑾輿總不嗔。白褶前驅後赭黃，虎槍營皆衣白褂，乾清門侍衛皆衣黃褂。行宮將近趲行忙。營門下馬看林立，射虎將軍蠟桿槍。沙孤堆上望行旌，萬騎如雲按隊行。豹尾遙分成小駐，藺溝河畔有尖營。沙孤堆在藺溝河之南，積沙成阜。草輭沙輕輦路平，石槽南畔認行營。下門列帳還相勞，屈指灤陽弟一程。駕入行宮，百官齊集，謂之上門。晚膳後散歸帳，謂之下門。風山口內路迂迴，土壁中開一徑開。轉過坡陀三四里，青山如面向人來。至此始見山。已近懷柔風候殊，山城如斗勢盤紆。鑾輿過後街衢靜，閒坐農民說免租。詔經過地方，特予免租。歲歲居民望翠旌，密雲一帶沐恩膏。迎鑾父老能追憶，六十年來世八遭。逆旅老人記憶甚悉，亦絳縣之儔也。屈蟠妙筆寫荊關，鐵幹虬枝翠靄環。誰識百年

培養力，九松山作萬松山。山初有九松，故名。今則不下萬株矣。萬馬連鑣靜不聞，千山盤折翠旂分。南天門上傳朝膳，遙見金輿入五雲。南天門在萬山之巔，乘輿小駐，從行仰視黃屋翠蓋，皆在天半。小邑當衢百貨陳，連宵鐙火聚行人。傳言石匣藏靈怪，欲訪奇聞說未眞。傳聞有石匣在巡檢署，堅不可開，故名。問之土人，或云不知，或云有，倉卒一宿，不能往窮其怪也。白鶴澗溝風日晴，山頭澗底白雲平。下山卻望來時路，人在長空木杪行。邊風颯爽陣雲屯，古北雄關瑣斷垣。十萬貔貅齊勒馬，元戎擐甲立軍門。時古北口提督。陳兵迎駕。一色鵝黃孔翠斑，北來嘉客覲天顏。蒙古於本朝爲客，見御製詩注。問安纚畢齊乘騎，便入乾清侍從班。蒙古諸王公多有在前行走者。關城迴望五雲中，路入平川馬首東。千里灤陽分別派，雙橋如虹駕晴空。竟日看山眼漸明，一山未盡一山橫。欲窮絕塞峰嵐秀，清曉來過巴什營。巴什營直南一山，峰嵐秀絕。關門內外隔溫涼，出口後氣候稍寒。七站中閒此站長。路轉峰回迷向背，御營近在兩閒房。茅屋石牆處處皆，山家留客小安排。晚餐莫漫愁沽酒，御道中羅買賣街。御營前多支布帳，貨食物酒果，謂之買賣街。小戶編籬逐徑成，村莊兒女善經營。晚涼動我歸農興，羨煞山田帶月耕。雨後泥深馬不前，解鞍小憩古城川。行人說虎日將夕，榛莽無邊風颯然。地多虎。駝裝深夜走前營，部院百官下門後無事，輒先一日啓行，謂之走前營。鈴鐸相聞歌笑膺。寬轉莫愁官道失，路旁懸得火毬鐙。墊夫於路之兩旁，隔數步縣一紅鐙，夜行甚便。石嶺盤空一徑開，爭途隔夜苦喧豗。青石梁路仄陡險，車行甚艱。驀看車騎分頭避，向導先鋒躍馬來。鹿角杈枒當道橫，鑾輿過後放人行。山頭地底遙相應，盡是鳴鞭叱馭聲。老嶺纔過又陡坡，過青石梁數里，即黃土岡路，亦陡險。兩峰相望鬱嵯峨。中閒平坦無些子，銜尾駝裝絡繹多。常山別殿午陰濃，謖謖寒濤靜院松。誰識九重無限意，雨憂行旅旱憂農。侍從清班愧不才，橐鞬日日上門來。黎明忽失前宵路，此處宮庭向北開。常山峪行宮，背南山而建，北向。雨氣空濛夜氣涼，嚴裝夙駕曉行忙。侵晨忽散千山霧，策馬先過三道梁。遠山隱隱見周牆，望近誰知路尚長。盼到河屯營裏住，計程明日是山莊。斷嶺回坡路折盤，曉行人在畫圖閒。灤平池北無喬嶽，一帶倪家平遠山。雙塔山頭處士祠，躋攀無路到今擬。曾聞有詔搜奇蹟，野韭盈階木主欹。一土臺在山半，高十餘丈，中分爲二，四圍立如削，上有瓦屋三楹，歷無登之者。聞往歲乘輿經過，詔遣人梯而上。室中設香鑪木案，塵積數寸，一木主題曰「王先生之位」。屋前地半弓，種野韭數畦，甚叢茂，不知爲何人之祠。問之土人，亦不能知所自始也。邊城寧虞生計微，八旗蕃富似京畿。熱河設八旗駐防，副都統領之。健

兒站道誇身手，一色鞭刀短後衣。齒髮雖衰精力存，黃衣諸老沐天恩。道旁
稽首還相告，鑾鑠應須遜至尊。輦路和風塞草薰，提鑪香篆氣氤氳。廣仁嶺
過山莊近，望見山頭五色雲。十里長街馳道通，遙聞僊樂入離宮。內臣傳旨
千官散，麗正門前日正中。草創規模質不雕，山莊爲聖祖所建，榱楹皆本色，無丹
臒之施。茨茅階土仰神堯。文孫繼武無增飾，弈葉欽承儉德昭。禁扁當門手澤
垂，避暑山莊額，仁廟御筆。百年堂構繫深思。兩旁素壁無多地，盡刻今皇感舊
詩。二宮門壁開石刻最多，皆御筆也。日午當天火繖張，薰風前殿送微涼。戟郎侍
值輪番入，內藥仍頒祛暑湯。門側置朱漆桶，貯暑湯冰水。遊豫何嘗慰睿思，每
憂水旱問瘡痍。從臣召對無虛日，纖細都勞聖主知。楠殿薰風婆律芬，山莊正
殿棟宇皆楠木。小臣曾此切瞻雲。臣書壬子扈蹕，蒙恩召見於此。今番更荷如天寵，
獨聽君王論典墳。臣書今歲召見，蒙詢及詩賦制義，併問能爲古文否，因論古文法度。
聖學淵深，茫乎莫測也。傳餐已下引諸曹，虎衛拏門執錦條。駕未出以前，門盡闔，
侍衛執環條以俟。駕至門闢，謂之拏門。閶闔未開人語肅，正中黃帕御牀高。校射
宮中集俊髦，駕時出看諸臣習射。舊家風俗習弓刀。書生合作千夫長，三發親蒙
睿語襃。臣書中三矢，得賜金焉。親王挾矢御墀頭，龍種英雄壓輩流。孔翠鶖黃
新賜得，天閒騎出紫驊騮。鄭親王連發五矢皆中，詔賜三眼花翎、黃褂、內廐馬。天
藻頒來雪日光，詞臣奉詔愧枯腸。烏絲繭紙剛謄得，中使傳宣進和章。皇上萬
幾餘暇，聖製詩章，日有程課。率命扈蹕詞臣和韻，隔數日輒一彙寫呈進，以單紀數。前
詩甫繳，次單即下。奎文炳煥，富有日新，實曠古所僅見。臣書以翰林講官隨行，亦得一
體恭和。射生人集曲城限，白鹿黃羊攬載來。內侍迎門先導入，御前都尉打鮮
回。山雨吹晴不作泥，侵晨有詔幸須彌。寺名箚什倫布，蓋梵語也，譯言須彌福壽。
見御製詩。流杯亭外排僊仗，水長沙平輦路移。梵宇浮圖高出霞，下瞰城市如
塵沙。撞鐘吹螺迎大駕，輦前無數金蓮花。毲裘君長沐殊恩，泥首宮門聖語
溫。六十年來勤教養，諸蕃一體等兒孫。巴林盟長已華顚，拜跪依然禮數虔。
聖主非常賜顏色，念他侍從幾多年。巴林王爲諸蕃盟長，年近古稀，瞻覲時猶跪拜
如禮，無衰遲之態。仰徵聖人，久道化成，故一時壽寓同登，蔚爲世瑞如此。無數明駝
臥近郊，殊方貢使面顴顙。沙隄十里平如掌，一例排支蒙古包。朱輪黃蓋傍
天門，中使傳宣哲木尊。哲木尊，西藏剌麻名號，秩亞呼圖克圖。召對出門還默坐，
西來大意本無言。九齡稚子悟前因，又見章嘉萬劫身。逢著舊交都色喜，可
知渠是再來人。前章嘉呼圖克圖住世時，道法神異，最蒙優眷。示寂後，復轉輪闡教，
今九歲矣。來行在，見前身所素識者，仍慰勞如平生歡。捧詔名卿見佛回，法輪自轉

不須推。丹書未遞行程緩，堪布先期進馬來。剌麻來覲，進梵書通帛，頂禮志虔，名丹書堪布，亦剌麻之有品秩者。振古奇功一日收，捷書驛遞看星流。宰臣入賀天顏喜，曠典頒來如意舟。如意舟乃御園中別所，於水中疊石為洲，全作舟形，故名。會龍山色曉空濛，萬壑朝宗一派通。錫以嘉名應為此，荒唐野語付齊東。會龍山下水為眾水所歸，故有是名。傳言下為群龍所聚，殊屬荒誕。矗矗孤疣插斷崖，山靈也是費安排。依然頑石和沙礫，笑殺談詩薩質齋。磬椎峰，俗名棒椎山。孤峰拔起，上豐下儉，別無環拱，狀極奇偉。同官薩質齋曾有詩云云。山勢高低一徑開，石城內外隔塵埃。遊人莫傍牆根語，聖駕方從西峪來。羅漢山頭羊骨灰，回官作法召風雷。傳聞箚轋生牛腹，能致蛟龍送雨來。遇旱時，回人輒於山頭燔生羊，誦回呪祈雨，頗有驗。蓋其國俗也。箚轋似石卵，生馬腹中，亦回人禱雨所用。簫鼓喧天達禁宸，土風祈雨走比鄰。柳圈帕首胡旋舞，寡婦童男笑殺人。俗開祈雨多折柳戴首。惟有山田望澤殷，經旬不雨便如焚。忽聞好語傳鄰叟，僧帽峰頭望白雲。僧官帽，山名也。土人每瞻峰巔雲起為雨候。宮牆下視小西溝，退食宗藩羽衛稠。忽地下輿騎馬過，始知天子在樓頭。吹面西風酒力微，好山無限澹秋暉。碧天雲點長空靜，望見宮庭白鶴飛。荒山如赭碎秋菅，游牧兒童驅犢還。望見僊園規矩草，始知雨露勝人閒。塞外土肥草長，高不見人，然俱離披蒙密可憎，獨御園內所生，修僅數寸，一望如翠罽平鋪，略無半莖參差錯出者，可異也。俗呼規矩草。中元法食集群僧，迎水隄前梵唱興。十里長渠通禁苑，御溝牆外看河鐙。中元節施食作佛事，放河鐙一如都下。花礮聲中璧月圓，中秋煙火二更天。居民都向山頭望，紫電金蛇滿碧天。離宮秋曉瑞光寒，壽域宏開萬國歡。禁尉鳴鞭儼仗肅，二層門外拜鵷鸞。鶡冠奇服遍城闉，盡是梯航祝嘏人。萬樹園中開御宴，湛恩亦許到陪臣。八月十三日為聖壽節，每年祝嘏後，例於萬樹園中賜宴諸王公大臣，有外藩使臣，亦恩許入宴。廣場迴望靜無塵，走索跳丸百戲陳。侲子儷倡排兩列，御前先喚撂交人。開宴時百戲具陳，輒宣善撲高等人員，令於御前相撲，以角勝負。名是吳歈及越吟，踏歌連袂走相尋。熙朝樂舞聲容備，不廢兜離僰侏音。大樂奏時，亦有回部樂舞，用鄉語，聯臂頓歌。其樂器形制絕奇古，非所習見。我朝聲教遠訖，樂備萬方，鳳儀獸舞之盛，虞廷不得擅美於前矣。甫田秋宴仰同仁，甫田、秋樾亦御園別所。金帛稘肩異數頻。拜賜向來皆九列，君王特旨入詞臣。鈴索無聲晝漏稀，時平微物亦忘機。一雙白燕衣如雪，來傍宮牆故故飛。邊城五月似春陽，盡日山行挹眾芳。饒有風姿草芍藥，略聞芬馥野丁香。草芍藥，草本小花，鮮紅灼灼，劇可愛，絕不類芍藥也。野丁香，亦口外野花，形差近似，香遠遜。

石洞飛泉一道斜，坡陀背轉少人家。平岡十里無行道，開遍空山桔梗花。桔梗花，山閒彌望俱是，初不產水澤也。僦居多在兩山頭，退值還爲蠟屐遊。芳草鋪茵榛子峪，石林飛雨水泉溝。峪中平岡迆邐，芳草芊眠，饒有畫意。退值後，同人相與攜尊藉草，竟日忘返。水泉溝有瀑泉傾瀉亂石閒，繁響琤琮，如琴築競奏。禁院風清絕點塵，冷官無事稱閒身。朝朝太僕朝房裏，揮麈清談似晉人。炎威尤畏日西斜，邊地無冰酷暑加。夜半酒蘇肺疾作，牀前留得枕頭瓜。地產瓜形皆橢圓，頗不類，故有枕頭名。詩情畫意總相關，退值離宮鎮日閒。數點斜陽紅樹晚，碧峰門外看秋山。滿地清暉興未闌，孤吟無奈夜鐙殘。中秋節到歸期近，御製詩交第四單。年例聖駕以八月望後迴鑾。山村茅屋自高低，荒草連天曲徑迷。黃葉滿街秋巷靜，隔牆聲喚賣酸棃。土產酸棃劇佳。勝蹟都從遠處搜，一官羈絆苦相留。秋涼一枕遊僊夢，夢入朝陽洞裏遊。朝陽洞爲此地名蹟，遇駐蹕時，遊人甚夥。余以去舍遼遠，竟未得一遊。此詩蓋仿元人《灤京雜詠》而去其瑣褻也。（《天咫偶聞》卷一，清光緒甘棠精舍刻本）

康有爲

　　【康南海自編年譜（節錄）】光緒二年，丙子。十九歲。　　　是年應鄉試，不售，憤學業之無成。邑有大儒朱九江先生諱次琦號子襄者，先祖之畏友，頻稱之者，乃請從之學。先生碩德高行，博極群書，其品詣學術，在涑水、東萊之間，與國朝亭林、船山爲近，而德器過之。嘗爲襄陵知縣百九十日，惠政大行，縣人祀焉。棄官歸，講學於邑之禮山三十年，累召不出，以講學躬行薦授五品卿。先生壁立萬仞，而其學平實敦大，皆出躬行之餘，以末世俗污特重氣節而主濟人經世，不爲無用之空談高論。其教學者之恒言則曰「四行五學」，四行者：敦行孝弟、崇尚名節、變化氣質、檢攝威儀，五學則經學、文學、掌故之學、性理之學、詞章之學也。先生動止有法，進退有度，強記博聞，每議一事、論一學，貫串今故，能舉其詞發先聖大道之本；舉修己愛人之義，掃去漢宋之門戶，而歸宗於孔子。於時捧手受教，乃如旅人之得宿，盲者之覩明，乃洗心絕欲，一意歸依，以聖賢爲必可期，以群書爲三十歲前必可盡讀，以一身爲必能有立，以天下爲必可爲。從此謝絕科舉之文，土芥富貴之事，超然立於群倫之表，與古賢豪君子爲群，信乎大賢之能起人也！藉非生近其時，居近其地，烏能早親炙之哉？即從先生學，未明而起，夜分乃寢，日讀宋儒書及經說、小學、史學、掌故、詞章，兼綜而並騖，日讀書

以寸記。甫入學舍，先生試《五代史》，史裁論，乃考群書，以史通體為之，得二十餘頁。先生睹之，謂該博雅洽，此是著成一書，非復一文矣，乃知著書之不難，古人去我不遠，益自得自信於時。讀《錢辛楣全集》、趙甌北《廿一（案：當作「二」）史劄記》、《日知錄》、《困學紀聞》，遂覺浩然通闊，議論宏起。又未嘗學駢文，讀《史通》，愛其文體，試為之，先生遂許可，又自以為文章易作，遒峭不難。蓋余家小有藏書，久好涉獵，讀書甚多，但無門徑，及一聞先生之說，與同學簡君竹居名朝亮、胡君少惕名景棠，日上下其議論，即渙然融釋貫串，而疇昔雜博之學，皆為有用於是，偶然自負於眾以不朽之業。是冬十二月，張安人歸余，俗例有入室戲新婦者，余守禮，拒之，頗失諸親友懽，以義不欲也。（《康南海自編年譜》，鈔本）

【新學僞經考（節錄）】凡所引《史記》竄入諸條，皆確鑿無可疑者。考《史記》一書，《太史公自序》稱凡百三十篇，五十二萬六千五百字，本自完具。唯班固所見，已云十篇有錄無書，《漢書·藝文志》、《司馬遷傳》。而褚少孫補之，《太史公自序》集解引張晏說。故《索隱》述贊云：「惜哉殘缺，非才妄續。」然自褚少孫後，續者尚多。……趙氏翼論史記為後人增竄，甚詳，惜未知即為劉歆所竄，而頻疑褚少孫耳。今全錄於此。《廿二史劄記》「褚少孫補史記不止十篇」條云：「《漢書·司馬遷傳》謂，《史記》內十篇有錄無書，顏師古注引張晏曰：『遷沒後，亡《景紀》、《武紀》、《禮書》、《樂書》、《兵書》、《漢興以來將相年表》、《日者列傳》、《三王世家》、《龜策列傳》、《傅靳蒯成列傳》，凡十篇。元、成間褚少孫補之，文辭鄙陋，非遷原本也。』是少孫所補，祇此十篇。然細按之，十篇之外，尚有少孫增入者。如《外戚世家》，增尹、邢二夫人相避不相見，及鈎弋夫人生子，武帝將立為太子，而先賜鈎弋死。又衛青本平陽公主騎奴，後貴為大將軍，而平陽公主寡居，遂以青為夫等事。《田仁傳》後，增仁與任安皆由衛青舍人選入見帝，二人互相舉薦，帝遂拔用之等事。又《張蒼申屠嘉傳》後，增記征和以後為相者，車千秋之外，有韋賢、魏相、丙吉、黃霸，皆宣帝時也；韋玄成、匡衡，則元帝時也。此皆少孫別有傳聞，綴於各傳之後，今《史記》內各有『褚先生曰』以別之。其無『褚先生曰』者，則於正文之下另空一字，以為識別。此少孫所補顯然可見者也。又有就史遷原文而增改者。《楚元王世家》後，敘其子孫有至地節二年者，則宣帝年號也。《齊悼惠王世家》後，敘朱虛侯子孫有至建始三年者，則成帝年號也。此亦皆在遷後，而遷書內見之，則亦少孫所增入也。又《史記·匈奴

傳》：太初四年，且鞮侯單于立。其明年，浞野侯亡歸。又明年，漢使李廣利擊右賢王於天山，又使李陵出居延，陵敗降匈奴，則天漢二年也。又二年，漢使廣利出朔方，與匈奴連戰十餘日，廣利聞家已族滅，遂降匈奴，則應是天漢四年事。然《漢書·武帝紀》：天漢二年，李陵降匈奴，與此傳同。而廣利之降，則在征和三年，距天漢四年尚隔七年，殊屬岐互。不知者必以史遷爲及身親見，與班固事後追書者不同，自應以《史記》爲準。然征和元年巫蠱事起，二年，太子斬江充，戰敗自殺，而廣利之降，則以太子既死之明年。廣利出擊匈奴，丞相劉屈氂餞於郊外，廣利以太子既死，屬屈氂勸上立昌邑王爲太子。昌邑王者，廣利妹李夫人所生子，廣利甥也。此語爲人所告發，帝遂誅其家，廣利聞之，乃降匈奴。是廣利之降在衛太子死後，而太子之死實在征和二年。此等大事，《漢書》本紀編年記載，斷無差誤，則廣利之降，必不在天漢四年明矣。再以《漢書·匈奴傳》核對，則李陵降匈奴以前，皆與《史記·匈奴傳》同。陵降後二年，廣利出兵，與單于連戰十餘日，無所得，乃引還，並未降匈奴也。又明年，匈奴且鞮侯單于死，狐鹿姑單于立，是爲漢泰始元年。狐鹿姑立六年，遣兵入寇上谷、五原、酒泉，漢乃又遣廣利出塞，戰勝追北，至范夫人城，聞妻子坐巫蠱事被收，乃降匈奴。計其歲年，正是征和三年之事，與《武帝紀》相合。則知《史記·匈奴傳》末所云天漢四年廣利降匈奴者，非遷原本也。遷是時目擊其事，豈有錯誤年歲至此？蓋遷所作傳，僅至李陵降後二年，廣利出塞不利，引還，便止。遷《自敘》謂訖於太初，則並在陵降匈奴之前。而褚少孫於數十年後，但知廣利降匈奴之事，不復細考年代，即以繫於天漢四年出兵之下，故年代錯誤也。可知《史記》十篇之外，多有少孫所竄入者。」「史記有後人竄入處」條云：「《史記·田儋傳》贊，忽言蒯通辨士，著書八十一篇，項羽欲封之而不受，此事與儋何涉？而贊及之。《司馬相如傳》贊謂『相如雖多虛辭濫說，然其要歸，引之節儉。揚雄以爲靡麗之賦，勸百諷一，猶馳騁鄭衛之音，曲終而奏雅，不已虧乎？余採其語可論者著於篇』云云。按雄乃哀、平、王莽時人，史遷何由預引其語？此並非少孫所補，而後人竄入者也。《漢書·相如傳》贊正同，豈本是班固引雄言作贊，而後人反移作《史記》傳贊邪？《外戚世家》敘衛子夫得倖之處，不曰今上而曰武帝，此或是少孫所改耳。」觀甌北所考史記之經後人竄亂，無足疑者。此外尚多，以文繁不復錄，學者可觀省而自得焉。（《新學僞經考》卷三上，清光緒康氏萬木草堂刻本）

【康逆京師保國會第一集演說（節錄）】吾中國四萬萬人，無貴無賤，當今一日在覆屋之下、漏舟之中、薪火之上，如籠中之鳥、釜底之魚、牢中之囚，為奴隸，為牛馬，為犬羊，聽人驅使，聽人割宰，此四千年中二十朝未有之奇變。加以聖教式微，種族淪亡，奇慘大痛，真有不能言者也。吾中國自古為大一統國，環列皆小國，若緬甸、朝鮮、安南、琉球之類，吾皆鞭箠使之。其自大也久矣。故在國初時，視英、法各國，皆若南洋小島，雖以紀文達校訂四庫，趙甌北箚記二十二史，阮文達為文學大宗，皆博極群書。而紀文達謂艾儒略《職方外紀》、南懷仁《坤輿圖記》如中土瑤臺閬苑，大抵寄託之辭；趙甌北謂俄羅斯北有準葛爾大國，以銅為城，方二百里；阮文達《疇人傳》不信對足抵行。今人環遊地球，座中諸公有踏徧者，吾粵販商佁客亦視為尋常，而乾嘉時博學如諸公，尚未之知。（葉德輝輯：《覺迷要錄》卷四，清光緒三十一年刻本）

【文學·並講八股源流（節錄）】本朝趙甌北以作廿三篇得中，後多改之。乾隆辛未改，順治定五百，乾隆定七百。（康有為：《南海康先生口說》，吳熙釗、鄧中好校點，中山大學出版社 1985 年版，第 90 頁）

吳沃堯

【二十年目睹之怪現狀（節錄）】他的三個兒子；大的叫慕枚，第二的就是這個景翼，第三的叫希銓。你道他們兄弟，為甚取了這麼三個別致名字？只因他老子歡喜做詩，做名士，便望他的兒子也學他那樣，因此大的叫他仰慕袁枚，就叫慕枚；第二的叫他景企趙翼，就叫景翼；第三的叫他希冀蔣士銓，就叫希銓。（《二十年目睹之怪現狀》第三十二回，張友鶴校注，人民文學出版社 1959 年版，第 259 頁）

趙椿年

【送汪舥亭師南旋（其一）】描畫歐陽滿九衢，又看笠屐別成圖。天教遭際符姚宋，事見《姚元之傳》。人仰杭吳有白蘇。官比嘗黿原略似，師嘗舉先祖甌北公「好官滋味畧嘗黿」之句以自比宦況。田如謀鶴未全無。鱔溪自具閒邱壑，不向臨江問木奴。（孫雄輯：《道咸同光四朝詩史》甲集卷六，清宣統二年刻本）

【戊戌五月，虞山師相被命南旋，瀕行，以先甌北公《珠江驪唱》詩冊見貽，謹用冊中原韻賦詩申謝四首】（其一）五色何曾賦日華？纍公藻鑑眼疑花。詩書麴蘖同千載，師友淵源屬一家。先伯祖朗甫公壬子廷試，文端公讀卷。椿

年己丑攷中書，爲公錄取，今冊中和詩，又首覃溪先生。唱和郢中皆白雪，風標天半總朱霞。惟慚舊武難繩繼，學海沿洄未有涯。（其二）苦憶當年吏隱堂，長官風雅絕班行。公廷禮數寬韡韍，客座琴尊抵瑟簧。別酒惜催乘傳馬，天廚曾飽大官羊。開元全盛今誰見？臏展遺縑向夕陽。（其三）帝師繼世卅年間，垂老江湖許蟄還。文集會昌成一品，清名司馬在諸蠻。關心先澤蒙留賜，翹首公門得重攀。差喜南行瞻謁近，不須歸夢感王灣。（其四）十載西清傍日邊，可堪獨去謝群賢。玉堂天上人終遠，銅輦秋衾夢最先。入世心情嗟李涉，傳家孝友勉張遷。師恩祖德俱宜念，況復相貽在別筵。（孫雄輯：《道咸同光四朝詩史》甲集卷六，清宣統二年刻本）

連橫

　　【臺灣詩乘（節錄）】林爽文之役，閩督李侍堯率師駐廈，邀陽湖趙甌北觀察入幕，事平乃去。余讀其詩，頗係臺事。甌北名翼，字雲松。乾隆三十六年進士，授編修，著《皇朝武功紀盛》、《甌北詩集》等。《諸將》五首云：

> 炎海冥冥瘴未收，井梧信到又經秋。閩人夢去飄羅刹，野鬼魂歸哭髑髏。百道舳艫催轉粟，連營刁斗警傳籌。挑燈閒看《平臺記》，七日功成想故侯。

> 絕島桑麻久太平，僑居人總買田耕。但存清吏埋羹節，那有奸民歃血盟。諧價芭苴官判牘，曼聲絲肉妓傳觥。釀成一片塗膏地，太息憑誰問主名。

> 提兵鷺島發峨舸，家世通侯鎮海波。韜略可施何太緩，萑苻初起本無多？懸軍翻慮爲猿鶴，列陣徒聞仿鸛鵝。自是軍謀要持重，幾時聽奏凱旋歌。

> 易將應看賊首函，到營又似勒枚銜。翻疑充國屯田守，豈有辛毗仗節監。臥甲征夫聽夜柝，搗砧思婦寄秋衫。祭風臺畔檣烏轉，枉費催開海舶帆。

> 眾志成城百戰場，直同疏勒守危疆。登陣慷慨三通鼓，搏賊創殘半段槍。甲鎧煮來聊作食，蠟丸書罷不成章。重圍百日猶堅拒，始信朝家德澤長。

> 《海上望臺灣》云：「極目蒼茫浪接天，中藏掌大一山川。當年曾比田橫島，今日重煩楊僕船。颶力吼來風有母，妖氛掃去水無氛。臨流遠想熊津督，曾破周留定海埏。」

　　《甌北集》中又有《諸羅守城歌》。先是林爽文疊攻諸羅，諸人嬰城守，效死弗去，事聞，詔改嘉義，以旌其忠。事載《通史》。歌曰：

> 諸羅城，萬賊攻，士民堅守齊效忠。邑小無城祗籬落，眾志相結成垣墉。浸尋百日賊益訌，環數十里如蟻蜂。援師三番不得進，山頭連夕惟傳烽。是時矛戟修羅宮，陣爲天魔車呂公。吼聲轟雷震遙嶽，噓氣潑霧迷高穹。孤軍力支重圍中，草根樹皮枯腸充。翾飛鳥雀不敢下，恐被羅取爲朝饔。裹瘡忍饑猶折衝，壯膽寧煩蜜翁翁。百步以外不遙拒，待其十步方交鋒。一炮打成血胡衕，尺腿寸臂飛滿空。戈頭日落更夜戰，萬枝炬火連天紅。何當范羌拔耿恭，赴援艦已排黃龍。會有長風起西北，揚帆直達滄溟東。

　　林爽文之役，鳳山莊大田起兵應，城破，知縣武進湯大紳殉難，子荀業亦從死。甌北有詩弔之曰：「一官海外正班春，伏莽無端起劫塵。絕徼岩疆城守責，名場詞客陣亡身。民皆相率登陴哭，賊亦群驚按劍瞋。定有他年變社祭，傳芭曲裏送迎神。」

　　甌北又有《颶風歌》，亦爲臺灣而作。臺灣當夏秋之間，時有暴風，行船苦之。風之大者爲颶，甚者爲颱，其害較烈。《颶風歌》云：「昔聞海風颶最大，我今遇之鷺門廨。誰將噫氣閉土囊，一噴咽喉不可撎。多多萬皷排陣來，群木盡作低頭拜。鬱怒似有塊磊填，憤盈直覺虛空隘。鬼魔掀動天擺摩，虎豹吼裂山破壞。立腳雖穩尙愁倒，對面相呼只如聵。可憐鸛鵲亦不飛，恐被狃出青天外。是時習流千戰棹，眼望赤嵌不得到。恨煞海神亦小人，借勢作威逞凶暴。湧浪上薄浮空雲，濺沫橫轟發機炮。盡排鷁首椓杙牢，猶自終宵驚簸棹。風名颶母應雌風，胡爲更比雄風雄。想從少女封姨後，老作陰怪多神通。多神通，何不吹轉飆向東？不然更刮海水竭，平步可達扶桑紅。吾當綠章上箋奏，俾爾配食天妃宮。」（《臺灣詩乘》卷三，臺灣大通書局 1987 年版，第114～116頁）

卷九　流　播

一、國　內

（民國）杭州府志

　　【人物　文苑（節錄）】陸夢熊字瑩若，錢塘人。恩貢生，官西安訓導。績學多聞，敦崇古處。中年絕意仕進，致力古文，蒼莽雄拔，溯原韓、蘇。好爲詩，與邱永、余集爲詩侶，又與胡濤輩結瓣香吟社。袁枚稱其詩可與鉛山蔣士銓、陽湖趙翼鼎峙。《杭郡詩續輯》（《（民國）杭州府志》卷一百四十六，民國十一年鉛印本）

　　【列女（節錄）】汪端。字允莊，號小韞，天潛女，陳小雲室。生有宿慧，七歲賦《春雪》詩，驚其長老。母早卒，受撫於姨母梁楚生夫人。於歸後，與小雲倡隨甚樂。平生最嗜高青邱詩，嘗以青邱緣魏觀故貽害，復以牧齋、歸愚選詩抑青邱而崇夢陽，誓翻前案，因有《明詩初、二集》之選，賢奸治亂之跡，略具有知人論世之識。既以青邱感張、吳待士之賢，乃博採旁徵，成《元明逸史》十八卷，旋悔而焚之，作《元遺臣及張、吳諸臣紀事詩》，以爲詩史。曾選隨園、心餘、甌北三家詩爲一卷，又以邵夢餘遺稿舛亂，爲校錄數百篇藏之。既小云以通判仕江南，改選滇省，客死漢皋。子葆庸聞訃，驚痛成癇。端飲冰茹蘗，託興禪宗，以寄哀感。年四十六，卒。以從姪葆和爲嗣。箸有《自然好學齋詩集》。胡敬譔傳。（《（民國）杭州府志》卷一百五十四，民國十一年鉛印本）

廖平

　　【今古學考（節錄）】或以今、古爲新派曰：「此兩漢經師之舊法也。」詳見前卷。以《王制》主今學無據。曰：「俞蔭甫先生有成說矣。」以《國語》在《左

傳》先爲無考。曰:「此二書爲二人作,趙甌北等早言之矣。」《戴記》有今有古,鄭、馬注《周禮》、《左傳》已有此抉擇矣。今、古二家各不相蒙,今、古先師早有此涇渭矣。以今、古分別禮說,陳左海、陳卓人已立此宗旨矣。解經各還家法,不可混亂,則段玉裁、陳奐、王劼注《毛詩》已刪去鄭箋矣。以《禮記》分篇治之,則《隋志》已有《中庸》、《喪服》、《月令》單行之解矣。今與今合,古與古合,不相通,許君《異義》早以類相從矣。考訂《戴記》簡篇,則劉子政、鄭康成已有分別矣。今之爲說,無往非因,亦無往非刱。舉漢至今家法,融會而貫通之,以求得其主宰。舉今、古存佚群經,博覽而會通,務還其門面,並行而不害,一視而同仁。彼群經今、古之亂,不盡由康成一人,今欲探抉懸解,直接卜、左,則舉凡經學蒙混之處,皆欲積精累力以通之。此作《今古考》之意也。(《今古學考》卷下,清光緒十二年刻四益館經學叢書本)

徐世昌 輯

　　【晚晴簃詩匯(節錄)】趙翼字雲崧,號甌北,陽湖人。乾隆辛巳一甲三名進士,授編修,歷官貴西兵備道。有《甌北集》。　　王蘭泉曰:雲崧性情倜儻,才調縱橫。同時與袁子才、蔣心餘友善,才名亦相等。故心餘序其詩謂:「興酣落筆,百怪奔集,奇姿雄麗,不可逼視」,子才謂其「忽正忽奇,忽莊忽諧,稗史方言,皆可闌入」,洵知言也。王西莊曰:「才俊而雄,得天者厚,佐以學問,故言之短長,與聲之高下,皆宜當其得意。如關河放溜,瞬息無聲,又如太阿出匣,寒光百道。然其妙緒獨抽,排粗入細,正多膩思妍旨,溢乎文句之外。未嘗徒以馳騁爲能事。」翁覃溪曰:「詩境硉兀奇突,音在空外。昔人評魯公書『力透紙背』,與褚河南用筆高出紙上寸許,其理正同。吾安得執一解以印之?」吳蘭雪曰:「觀察才大氣雄,無所不有。集中七律最爲擅場,名句不可勝探。爲余作《文信國與新谿公手箚》古詩,又次韻七律,獨精鑿,無一俳語。《題東浦方伯集》五古亦然,豈其信手揮灑,亦英雄欺人耶?」　　詩話:自袁蔣趙三家同起,舉世風靡,詩體一變爲講格律者所集矢。雲崧詩最繁富,才雄學博,不屑寄人籬下。而莊諧雜進,馳騁不羈,滋人口實。然其經意之作,大抵洞達眞切,蔚然深厚。集中《論詩》云:「作詩必此詩,定知非詩人。此言出東坡,意取象外神。羚羊眼掛角,天馬奔絕塵。其實論過高,後學未易遵。詩文隨世運,無日不趨新。古疏後漸密,不切者爲陳。譬如駑駕馬,將越而適秦。灞滻終南景,何與西湖春。是知興會超,亦貴肌理親。作詩必此詩,乃知眞詩人。」此篇見生平宗旨,曰新,曰切,曰肌理。故非徒矜浮誇藻麗者所能效顰耳。
(《晚晴簃詩匯》卷九十,民國退耕堂刻本)

【晚晴簃詩匯（節錄）】汪由敦字師茗，號謹堂，錢塘籍休寧人。雍正甲辰進士，改庶吉士，授編修，歷官刑部尚書，加太子少師，協辦大學士，旋罷協辦，官至吏部尚書，贈太子太師，諡文端。有《松泉詩集》。　　詩話：文端學問淹博，文章典重有體要，爲裕陵所器。入直樞廷，贊襄密勿。本出張文和門下，文和告歸，惟恐身後不獲配享，裕陵意不慊，手詔詰難，事涉文端。雖罷協揆，仍留內直，眷遇不稍替。文端雅意愛才，振拔後進，如恐不及。歿後甌北爲編定遺集。甌北未入詞館，嘗充軍機章京，最爲文端所賞也。（《晚晴簃詩匯》卷六十六，民國退耕堂刻本）

【晚晴簃詩匯（節錄）】蔣業晉字紹初，號立厓，長洲人。乾隆丙子舉人，歷官黃州同知。有《立厓詩鈔》。　　詩話：立厓詩頗效隨園、甌北之體，故兩家皆稱之。於馳騁中不涉輕佻，差爲可取。在官時，因文字之獄牽連，遣戍，久之始歸。吳中推爲耆舊，與潘榕皋、韓旭亭諸人唱和，晚作漸趨平易矣。（《晚晴簃詩匯》卷八十四，民國退耕堂刻本）

【晚晴簃詩匯（節錄）】王嵩高字海山，號少林，寶應人。乾隆癸未進士，歷官平樂知府。有《小樓詩集》。　　王蘭泉曰：「少林門第清華，樓村殿撰、白田庶子，皆其大父行。文學之傳，師承有自。故發於詩，或幽靜而閒止，或奔騰而排奡，音節自然，駸駸入前賢之室。」　　詩話：少林知名最早，其《遊梁集》，畢秋帆尚書選入《吳會英才集》中。晚年與甌北談祁陽往事詩，即感懷尚書而作。詩多和平淵雅，間有縱筆爲瑰麗，亦無輕薄叫囂之習。以《小樓》名集，足繼樓村而不失家法也。（《晚晴簃詩匯》卷九十一，民國退耕堂刻本）

【晚晴簃詩匯（節錄）】張雲璈字仲雅，錢塘人。乾隆庚寅舉人，官湘潭知縣。有《簡松草堂集》。　　趙雲松曰：「仲雅學博而才雄，思精而筆銳。」馬秋藥曰：「修潔玉立，詩稱其爲人。」　　詩話：仲雅先世本海寧陳氏，爲後於張家，承閥閱。又爲嵇文恭之婿，梁文莊之甥，濡染有素。居官慈惠，時稱「張佛子」。生平慕袁簡齋、趙雲松，故取《搜神記》語，以「簡松」名其堂。然所作，斂才就範，出以修潔，是能取趙袁之長，而不襲其流弊者。（《晚晴簃詩匯》卷九十四，民國退耕堂刻本）

【晚晴簃詩匯（節錄）】孔繼涵字誧孟，號荭谷，曲阜人。乾隆辛卯進士，官戶部主事。有《紅櫚書屋詩集》。　　詩話：荭谷少工詞章，年十五，以《詠蘭》詩爲時所稱。交戴東原，傳其九數之學。趙甌北、蔣心餘皆未識荭谷，甌北寄詩曰：「平生未識孔巢父，曾讀紅櫚詩一編。著錄已登書畫舫，才名爭慕孝廉船。」荭谷有《斷冰詞集》。心餘著院本十種成，封寄，云：「我所度曲，不可不令斷冰詞人見之。」（《晚晴簃詩匯》卷九十四，民國退耕堂刻本）

【晚晴簃詩匯（節錄）】舒位字立人，又字鐵雲，大興人。乾隆戊申舉人，有《瓶水齋集》。　詩話：鐵雲生時，母夢一僧執桂枝自峨嵋來，故小字樨禪。少工詩、古文，年十四，隨父任之永福，賦《銅柱》詩，安南國人傳誦之。豐神散朗，如魏晉間人。喜觀仙佛怪誕九流稗官之書。能度曲，所作樂府院本，老伶皆可按歌，不煩點竄。故為詩奇博閎恣，橫絕一世。法時帆常以鐵雲與王仲瞿、孫子瀟並稱，作三君詠。趙雲松、梁山舟皆盛許焉。（《晚晴簃詩匯》卷一百六，民國退耕堂刻本）

【晚晴簃詩匯（節錄）】徐燮鈞字博兼，號閬賓，武進人。道光丙戌進士，官咸陽知縣。有《溫經堂詩鈔》。　詩話：閬賓少時喜談經濟學，嘗遊幕荊襄，當道爭相延聘。後官秦中，興水利，課農桑，所治多善政，秦民愛之。其詩旨淡而采遒，有中晚唐格調。常郡多詩人，徐氏尤盛，茶坪久主壇坫，曾孫尚之，復負詩名，與趙雲松、洪北江、黃仲則有「七子」之目。閬賓，尚之猶子也。誦芬揚烈，無愧詩學世家。（《晚晴簃詩匯》卷一百三十二，民國退耕堂刻本）

【晚晴簃詩匯（節錄）】林昌彝字惠常，號薌谿，侯官人。道光甲辰進士，有《衣隱山房詩集》。　詩話：薌谿研精經術，著有《三禮通釋》及《小石渠閣經說》。從來治經之士，兼長詩筆，代不數人。陳恭甫乃稱薌谿之詩，直合亭林、竹垞為一手，未免阿好。薌谿《論詩》絕句一百五首，於嶺南三家，欲祧藥亭而配以二樵，又進蔣苕生，退趙甌北，皆具有別裁。（《晚晴簃詩匯》卷一百四十五，民國退耕堂刻本）

【晚晴簃詩匯（節錄）】王慶楨原名慶桐，字維周，號薇洲，上海人。有《養和山館遺稿》。　詩話：薇洲詩清遠開放，時見超拔。吳江張春水謂其「警峭之句，足以遠接劍南，近攀甌北」，微屬過譽，但斷句多佳，要不可沒耳。（《晚晴簃詩匯》卷一百五十二，民國退耕堂刻本）

【晚晴簃詩匯（節錄）】清恒字巨超，號借庵，桐鄉人，本姓陸。主焦山定慧寺，有《借庵詩鈔》。　詩話：借庵才思清曠，年登大耋，袁簡齋、王夢樓、趙雲崧、洪稚存、曾賓谷、伊墨卿、阮芸臺，皆及與之交。嘗遊天台、雁宕，渡海至洛伽，逾年而返。復遊黃山、九華，探幽鑿險，窮山水之勝，而詩亦日進。稚存為作詩序，推許甚至。（《晚晴簃詩匯》卷一百九十七，民國退耕堂刻本）

【晚晴簃詩匯（節錄）】悟情字石蓮，丹徒人，翁氏女。　詩話：石蓮有女兄為尚書和琳妾，石蓮依之。和歿，女兄殉焉，遂南歸，主女史駱佩香家。趙甌北聞其才，曾贈七古一首，載集中。佩香繼歿，石蓮祝髮為尼。（《晚晴簃詩匯》卷一百九十九，民國退耕堂刻本）

陳衍

【樊山和余駿字韻詩疊韻奉答】申屠屋下好停驂，君寓承壽寺中，因樹爲屋，額曰申屠。古樹濃蔭覆碧曇。小坐清言何娓娓，同遊別意共潭潭。三家才調偏甌北，君詩自敘言：少喜隨園，尤喜甌北，而不喜藏園。萬戶侯封比劍南。君詩已刻者近萬首。吟社行如秋葉散，髯絲只好佛同龕。（《石遺室詩集》卷四，陳步編：《陳石遺集》，福建人民出版社 2001 年版，第 155～156 頁）

【石遺室詩話（節錄）】蔣藏園（士銓）、袁簡齋（枚）、趙甌北（翼）皆以詩篇富有，有志爲大家。蓋明以來，何、李、王、李之徒，大抵然也。然劍南萬首、樂天三千首外，杜則僅踰千首，韓則不過數百，又何嘗以多爲貴哉？（《石遺室詩話》卷一，張寅彭主編：《民國詩話叢編》第一冊，上海書店 2002 年版，第 29 頁）

【石遺室詩話（節錄）】樊山詩才華富有，歡娛能工，不爲愁苦之易好，余始以爲似陳雲伯、楊蓉裳、荔裳。而樊山自言少喜隨園，長喜甌北。請業於張廣雅、李越縵，心悅誠服二師，而詩境並不與相同。（《石遺室詩話》卷一，張寅彭主編：《民國詩話叢編》第一冊，上海書店 2002 年版，第 29 頁）

【石遺室詩話（節錄）】與亦元同時，專學玉谿生者，吳縣曹君直舍人（元忠），工處時出雁影齋上。余嘗論玉谿末流有詠史之作，專摭本傳事實，若一首論贊者，「西昆」諸公是也；有專事摘豔薰香，託於芬芳悱惻者，《初學》、《有學》二集是也；有屬辭比事，專學「捷書惟是報孫歆，陶侃軍宜次石頭」諸聯者，嫂東律句，爲甌北所標舉者是也。（《石遺室詩話》卷七，張寅彭主編：《民國詩話叢編》第一冊，上海書店 2002 年版，第 100 頁）

【石遺室詩話（節錄）】樊樊山有贈余詩，皆極相引重。余送行詩有云：「樊山爲政如爲詩，敏捷變化無不宜。」和韻詩有云：「三家才調偏甌北，萬戶侯封羨劍南。」前詩固董仲舒所云「爲政不行，甚者必變而更化之」，太史公所謂「善者因之，其次利道之，其次教誨之，其次整齊之，最下者與之爭」者也。後詩，則公詩集自敘言，少爲詩，愛袁、趙而不喜蔣，余謂近袁尤近趙也。不知者以爲有微詞，大誤矣。（《石遺室詩話》卷一二，張寅彭主編：《民國詩話叢編》第一冊，上海書店 2002 年版，第 170 頁）

【石遺室詩話（節錄）】甌北言元遺山才不甚大，書卷亦不甚多，較之蘇、陸，自有大小之別。然正惟才不大，書不多，而專以精思銳筆，清煉而出，故其廉悍沉摯處，較勝於蘇、陸。余嘗謂，蘇堪詩七言古今體酷似遺山。甌

北說雖不盡然，而可爲斷章之取。至於五言古，則非遺山所能概者矣。幾道告余，或以此言告蘇堪，蘇堪頗慍。余素信蘇堪不以人言臧否爲意。況遺山固郝伯常所稱「歌謠跌宕挾幽并之氣，高視一世」，《金史》本傳所稱「奇崛而絕雕刻」者乎？（《石遺室詩話》卷一二，張寅彭主編：《民國詩話叢編》第一冊，上海書店 2002 年版，第 170 頁）

【石遺室詩話（節錄）】閱放翁詩竟，摘句如下：「名酒過於求趙璧，異書渾似借荊州」、「溪山勝處身難到，風月佳時事不休」、「愁得酒厄如敵國，病須書卷作良醫」、「自愛安閒忘寂寞，天將強健報清貧」、「淺碧細傾家釀酒，小紅初試手栽花」、「瓶竭重招曲道士，床空新聘竹夫人」、「綠樹霧香鶯獨語，畫廊風惡燕雙歸」、「號野百蟲如自訴，辭柯萬葉竟安歸」、「喚船野岸橫斜渡，問路雲山曲折登」、「殘軀未死敢忘國，病眼欲盲猶愛書」、「津吏報增三尺水，山僧歸入萬重雲」、「相逢只怪影亦好，歸去始知身染香」、「坐收國士無雙價，獨出東皇太一前」（梅）、「午枕爲兒哦舊句，晚窗留客算殘棋」、「登庸策免多新報，老子癡頑總不知」、「看畫客無寒具手，論書僧有折釵評」、「琴傳數世漆文斷，鶴養多年丹頂深」、「山僧欲去還留話，更盡西齋一炷香」、「使君豈必如椰大，丞相元來要瓠肥」、「胸中那可有一事，天下故應無兩人」、「只知秋菊有佳色，那問荒雞非惡聲」、「江山常逐客帆遠，歲月不禁衙鼓催」、「記書身大似椰子，忍事瘦生如瓠壺」、「國家科第與風漢，天下英雄唯使君」、「月明滿地看梅影，露下隔溪聞鶴聲」、「凍雲傍水封梅萼，嫩日烘窗釋硯冰」、「大度乾坤容落魄，多情風月笑衰遲」、「長安之西過萬里，北斗以南惟一人」、「但知禮豈爲我設，莫問客從何處來」、「恨身不能插兩翅，與汝相守寬百憂」（寄子）、「志士凄涼閒處老，名花零落雨中看」、「我是天公度外人，看山看水自由身」、「微倦放教成午夢，宿酲留得伴春愁」、「尋碑野寺雲生屨，送客溪橋雪滿衣」、「十年塵土青衫色，萬里江山畫角聲」、「別都王氣半空紫，大將牙旗三丈黃」、「寒與梅花同不睡，悶尋鸚鵡說無聊」、「儲淚一升悲世事，減愁三尺看君書」、「雨聲已斷時聞滴，雲氣將歸別起峰」、「髮無可白方爲老，酒不能賒始覺貧」、「楓葉欲殘看愈好，梅花未動意先香」、「老狐五百年前錯，孤鶴三千歲後歸」、「造物與閒仍與健，鄉人知老不知年」、「癡欲煎膠粘日月，狂思入海訪蓬萊」、「正欲清言聞客至，偶思小飲報花開」、「淋漓縱酒滄溟窄，慷慨高歌華嶽傾」、「宦情薄似秋蟬翼，鄉思多於春繭絲」、「迎風枕簟平欺暑，近水簾櫳預借秋」、「繞庭數竹饒新筍，解帶量松長舊圍」、「縈回水抱中和氣，平遠山如蘊藉人」、「江山重複爭供

眼，風雨縱橫亂入樓」，以上數十聯隨意摘後，乃翻《甌北詩話》所摘放翁詩句數百聯對之，重見者不過數聯。(《石遺室詩話》卷一七，張寅彭主編：《民國詩話叢編》第一冊，上海書店 2002 年版，第 241～242 頁)

【石遺室詩話（節錄）】龔靄仁布政（易圖）天資敏捷，自官文書以至詞賦，皆下筆立就，不甚思索。詩才雅近隨園，間出入於甌北，身世亦兼似兩人。(《石遺室詩話》卷二一，張寅彭主編：《民國詩話叢編》第一冊，上海書店 2002 年版，第 295 頁)

章炳麟

【訄書（節錄）】近世如趙翼輩之治史，戔戔鄙言，弗能鈎深致遠，繇其所得素淺爾。(《訄書》不分卷，清光緒三十年重訂本)

袁嘉穀

【臥雪詩話（節錄）】古人佳詩，有爲後人通套而遂覺其濫者。如《長歌行》：「少壯不努力，老大徒傷悲」，爲講學者襲濫；《長恨歌》：「在天願爲比翼鳥，在地願爲連理枝，天長地久有時盡，此恨綿綿無絕期」，爲盲詞者襲濫；韓詩「一封書奏九重天，夕貶潮陽路八千」，蘇詩「淡月疏星繞建章。仙風吹下玉爐香，侍臣鵠立通明殿，一朵紅雲捧玉皇」，爲青詞者襲濫，皆可怪也。蘇詩之濫，紀文達常言之。韓詩則或附會仙跡，尤爲奇談。《仙傳》、《拾遺》略同，惟作文公外甥牡丹，有詩二句在後，詩即別甥者。張讀《宣室志》亦言：長慶四年，愈疾，見一神人招之討夷，遂卒。亦唐人傳文公之怪事也。翰林院中有「興文土地」，相傳爲文公，趙甌北嘗戲詠之。(《臥雪詩話》卷一，張寅彭主編：《民國詩話叢編》第二冊，上海書店 2002 年版，第 317 頁)

梁啓超

【論中國學術思想變遷之大勢（節錄）】趙甌北翼之《廿二史箚記》，其考據之部分，與西莊、辛楣相類，顧其采集論斷，屬辭比事，有足多者。其派寧近於浙東？或曰其攘章實齋遺稿者過半云，無佐證，不敢妄以私德蔑前輩也。(《清代學術概論》，中國人民大學出版社 2004 年版，第 114 頁)

【清代學術概論（節錄）】乾嘉以還，考證學統一學界，其洪波自不得不及於史，則有趙翼之《廿二史箚記》、王鳴盛之《十七史商榷》、錢大昕之《二十一史考異》（案：「二十一」當作「二十二」）、洪頤煊之《諸史考異》，皆汲其流；

四書體例略同，其職志皆在考證史蹟，定訛正謬，惟趙書於每代之後，常有多條臚列史中故實，用歸納法比較研究，以觀盛衰治亂之原，此其特長也。(《清代學術概論》，中國人民大學出版社 2004 年版，第 178 頁)

【中國歷史研究法（節錄）】常州東部，清初百年間無大學者，惟武進惲遜庵，稱第二流之理學家。康熙末，則其族人惲皋聞，傳顏李學，卓然人師，惜著述無可稽。武進臧玉林（琳），與閻百詩同時，善考證，著《經義雜記》，惟在當時無聞者，其玄孫鏞堂，於嘉慶間始述之。逮乾隆中葉以後，常之學乃驟盛。陽湖孫淵如（星衍），善治經，其《尚書今古文注疏》稱絕善，又校注周秦古子。陽湖洪稚存（亮吉），善治史，爲諸史補表及疆域志。陽湖趙甌北（翼），亦善治史，所著《二十二史劄記》，善於屬辭比事。(《梁啓超全集》，北京出版社 1999 年版，第 4267 頁)

【治國學雜話（節錄）】我們讀一部名著，看見他徵引那麼繁博，分析那麼細密，動輒伸著舌頭說道，這個人不知有多大記憶力，記得許多東西，這是他的特別天才，我們不能學步了。其實哪裏有這回事，好記性的人不見得便有智慧，有智慧的人，比較的倒是記性不甚好，你所看見者是他發表出來的成果，不知他這成果，原是從銖積寸累、困知勉行得來。大抵凡一個大學者平日用功，總是有無數小冊子或單紙片，讀書看見一段資料，覺其有用者即刻鈔下。(短的鈔全文，長的摘要記書名、卷數、葉數) 資料漸漸積得豐富，再用眼光來整理分析他，便成一篇名著。想看這種痕跡，讀趙甌北的《二十二史劄記》，陳蘭甫的《東塾讀書記》，最容易看出來。

這種工作，笨是笨極了，苦是苦極了。但眞正做學問的人，總離不了這條路。(《梁啓超講國學》，鳳凰出版社 2008 年版，第 23 頁)

【中國之舊史（節錄）】於今日泰西通行諸學科中，爲中國所固有者，惟史學。史學者，學問之最博大而最切要者也，國民之明鏡也，愛國心之源泉也。今日歐洲民族主義所以發達，列國所以日進文明，史學之功居其半焉。然則，但患其國之無茲學耳，苟其有之，則國民安有不團結，群治安有不進化者。雖然，我國茲學之盛如彼，而其現象如此，則又何也？今請舉中國史學之派別表示之，而略論之：……

都爲十種二十二類。

試一翻四庫之書，其汗牛充棟、浩如煙海者，非史學書居十六七乎！上自太史公、班孟堅，下至畢秋帆、趙甌北，以史家名者不下數百，茲學之發

達，二千年於茲矣。然而陳陳相因，一邱之貉，未聞有能爲史界闢一新天地，而令茲學之功德普及於國民者，何也？吾推其病源，有四端焉。

一曰，知有朝廷而不知有國家。……二曰，知有個人而不知有群體。……三曰，知有陳跡而不知有今務。凡著書貴宗旨。……四曰，知有事實而不知有理想。

以上四者，實數千年史家學識之程度也。緣此四蔽，復生二病。

其一，能鋪敘而不能別裁。……其二，能因襲而不能創作。……（《梁啟超講國學》，鳳凰出版社 2008 年版，第 125～128 頁）

【中國近三百年學術史·反動與先驅（節錄）】反對派別，大略有三：其一，事功派，如張江陵居正輩，覺得他們都是書生迂闊，不切時務。其二，文學派，如王弇州世貞輩，覺得他們學問空疏，而且所講的太乾燥無味。其三，勢利派，毫無宗旨，唯利是趨，依附魏忠賢一班太監，專和正人君子作對，對於講學先生，自然疾之如仇。這三派中，除勢利派應該絕對排斥外，事功、文學兩派，本來都各有好處。但他們既已看不起道學派，道學派也看不起他們，由相輕變爲相攻。結果這兩派爲勢利派利用，隱然成爲三角同盟以對付道學派。中間經過「議禮」、「紅丸」、「梃擊」、「移宮」諸大案，欲知四大案簡單情節，看趙翼的《廿二史劄記》最好。都是因宮廷中一種不相干的事實，小題大做，雙方意見鬧到不可開交。（《中國近三百年學術史》，天津古籍出版社 2003 年版，第 3～4 頁）

【中國近三百年學術史·清代學者整理舊學之總成績（三）·史學（節錄）】清儒通釋諸史最著名者三書，曰：《二十一史考異》一百卷，附《三史拾遺》五卷、《諸史拾遺》五卷。嘉定錢大昕竹汀著。《十七史商榷》一百卷。嘉定王鳴盛西莊著。《二十二史劄記》三十六卷。陽湖趙翼甌北著。三書形式絕相類，內容卻不盡從同。同者一部分錢書最詳於校勘文字，解釋訓詁名物，糾正原書事實訛謬處亦時有。凡所校考，令人渙然冰釋，比諸經部書，蓋王氏《經義述聞》之流也。王書亦間校釋文句，然所重在典章故實，自序謂「學者每苦正史繁塞難讀，或遇典制茫昧，事蹟樛葛，地理職官眼眯心瞀，試以予書置旁參閱，疏通而證明之，不覺如關開節解，筋轉脈搖。……」誠哉然也！書末「綴言」二卷，論史家義例，亦殊簡當。趙書每史先敘其著述沿革，評其得失，時亦校勘其牴牾，而大半論「古今風會之遞變、政事之屢更，有關於治亂興衰之故者」。自序語但彼與三蘇派之「帖括式史論」截然不同。彼不喜專論一人之賢否、一事之是非，惟捉住一時代之特別重要問題，羅列其資料而

比論之，古人所謂「屬辭比事」也。清代學者之一般評判，大抵最推重錢，王次之，趙爲下。以余所見，錢書固清學之正宗，其校訂精覈處最有功於原著者；若爲現代治史者得常識、助興味計，則不如王、趙。王書對於頭緒紛繁之事蹟及制度，爲吾儕絕好的顧問，趙書能教吾儕以抽象的觀察史蹟之法。陋儒或以少談考據輕趙書，殊不知竹汀爲趙書作序，固極推許，謂爲「儒者有體有用之學」也。又有人謂趙書乃攘竊他人，非自作者。以趙本文士，且與其舊著之《陔餘叢考》不類也。然人之學固有進步，此書爲甌北晚作，何以見其不能？況明有竹汀之序耶？並時人亦不見有誰能作此類書者。或謂出章逢之（宗源），以吾觀之，逢之善於輯佚耳，其識力尚不足以語此。（《中國近三百年學術史》，天津古籍出版社 2003 年版，第 325～326 頁）

【中國近三百年學術史・清代學者整理舊學之總成績（三）・譜牒學（節錄）】《陸放翁游年譜》。（一）趙翼著，（二）錢大昕著。（《中國近三百年學術史》，天津古籍出版社 2003 年版，第 369 頁）

吳虞

【吳虞日記・1921 年 3 月 24 日（節錄）】 過唐百川，則沈靖卿、周荃叔、劉培之、何雨辰已在。百川堅令其子術伯贄見，予不得已允之。以其家刻精印費此度《弘道書》、《荒書》、《趙甌北全集》爲贄。少頃，余漢丞、嘯風先後至。席散坐轎歸，付錢一百五十文。（《吳虞日記》上冊，四川人民出版社 1984 年版，第 588 頁）

錢振鍠

【謫星說詩（節錄）】趙甌北、張船山詠梅亦有佳句。但此輩言其身分，而不狀其體態，與君復詩不同，狀其體態爲難，言其身分卻易。（《謫星說詩》卷一，張寅彭主編：《民國詩話叢編》第二冊，上海書店 2002 年版，第 588 頁）

【謫星說詩（節錄）】甌北詩快意出色處，千人皆廢。惟貪爲考據，雜以詼諧，去中道蓋遠。（《謫星說詩》卷一，張寅彭主編：《民國詩話叢編》第二冊，上海書店 2002 年版，第 589 頁）

【謫星說詩（節錄）】甌北謂竹垞老手頹唐，不知趙之頹唐十倍於朱。隨園以甌北人老成精語，謂如「鈞天廣樂時怪鴟一鳴，沐猴一舞。」不知袁詩之怪鴟、沐猴，正復不下於趙。知彼不知己，是才人一病。（《謫星說詩》卷一，張寅彭主編：《民國詩話叢編》第二冊，上海書店 2002 年版，第 590 頁）

【謫星說詩（節錄）】高季迪「但知牛背穩，應笑馬蹄忙」，佳句也，乃是宋女子沈清友詩，但句首一二字少差耳。近人張翰風詩：「分明與君約，月上闌干時。儂家月上早，君家月上遲。」佳詩也，宋詩亦有「妾在平地見月早，郎在深山見月遲」句。高嵩瞻《贈弟》云：「與君一世爲兄弟，今日相逢第二場。」明詩亦有「與君一世爲兄弟，兩次相逢在路歧」句。趙甌北詩：「天邊圓月少，世上苦人多。」香山亦有「歲時春日少，世界苦人多」句。諸人未必有心竊舊，然如山谷云：「某於香山詩，少時誦習已久，忘其爲何人之詩。偶然遇事，信手書耳。」此弊誠不能免。（《謫星說詩》卷一，張寅彭主編：《民國詩話叢編》第二冊，上海書店 2002 年版，第 599 頁）

郭則澐

【十朝詩乘（節錄）】明徐光啓、李之藻輩始倡西學，創首善書院，今京師宣武門內天主堂，即其故址。趙雲崧嘗同顧北墅、王漱田往觀西洋樂器，有詩紀之云：「郊園散直歸，訪奇番人宅。中有虬髯叟，出門敬迓客。來從大西洋，官授義和職。年深習漢語，無煩舌人譯。引登天主堂，有像繪素壁。靚如姑射仙，科頭不冠幘。云是彼周孔，崇奉自古昔。再遊觀星臺，爽塏尚無翳。玻璃千重鏡，高指遙天碧。日中可見斗，象緯測晨夕。斯須請奏樂，虛室生靜白。初從樓下聽，繁響出空隙。嘈吰無射鍾，嘹喨蕤賓鐵。淵淵鼓悲壯，坎坎缶清激。鏜於丁且寧，磬折拊復擊。瑟稀有餘鏗，琴澹忽作霹。紫玉鳳喉簫，煙竹龍吟笛。連挏椌楬底，頻鑠鉏鋙脊。靴耳柄獨搖，笙石炭先炙。吸噓竽調簧，節簇筎赴拍。篪疑老嫗吹，築豈漸離擲。琵琶鐵撥彈，篥箏銀甲畫。空泉澀箜篌，薄雪飛篳篥。孤唱輒群和，將喧轉稍寂。萬籟繁會中，縷縷仍貫脈。方疑宮懸備，定有樂工百。豈知登樓觀，一老坐搊擘。一音一鉛管，藏機捩關膈。一管一銅絲，引線通骨骼。其下韝風橐，呼吸類潮汐。絲從橐繂縮，風向管孔迫。眾竅乃發響，力透腠理耆。清濁列若眉，大小鳴以臆。韻仍判宮商，器弗假匏革。雖難繼《韶》、《濩》，亦頗諧皦繹。《白翎》調漫雄，《朱鷺》曲未敵。奇哉創物智，乃出自蠻貊。始知天地大，到處有開闢。人巧誠太紛，世眼休自窄。」是詩冥心狀物，爲甌北傑作。《簷曝雜記》云：「其法，設木架於樓架之上，懸鉛管數十，下垂不及樓板寸許。樓板兩層，板有孔，與各管孔相對。一人在東南隅，鼓韝作氣，氣在夾板中，盡趨於鉛管之縫，由縫以達於管。管各有一銅絲繫於琴弦，虬髯者撥弦，則各絲自抽頓其管中之關捩而發響矣。鉛管大小不同，中各有竅竅，以象諸樂之聲。故一人鼓琴而眾管齊鳴，百樂無不備。」

附錄之以資詮鏡。乾隆時，欽天監正猶參用西洋人，如劉松齡、高慎思等皆是。所云「虬鬚」，未知何指。(《十朝詩乘》卷一一，張寅彭主編：《民國詩話叢編》第四冊，上海書店 2002 年版，第 338～339 頁)

【十朝詩乘（節錄）】征苗之役，秋帆督師次沅州，觸瘴致疾，自謂合姓名繹之，恐遂不返，果卒於軍。今大酉山華妙洞壁，其紀遊詩刊石尚在，蓋駐軍時避暑於此。貝子木《遊大酉山》詩有云「戎落山容慘，彭亡地讖留。」謂秋帆也。寶應王海山（嵩高）嘗佐其幕，晚年與甌北談祁陽往事，有詩云：「黃粱夢裏記曾遊，爭羨陶公督八州。燕去堂空巢已覆，鶴歸華表家難求。論詩跌宕鬚眉在，話舊凄涼涕泗流。同是故人兼故吏，相看霜雪各盈頭。」盡瘁艱難，歿猶攖讒，行路所悲，何況交舊？(《十朝詩乘》卷一一，張寅彭主編：《民國詩話叢編》第四冊，上海書店 2002 年版，第 355 頁)

【十朝詩乘（節錄）】趙甌北嘗分校秋闈，闈中謄錄用朱筆，校對用黃筆，監臨及內監試用紫筆，分校用藍筆，惟試官乃用墨筆。甌北《闈中戲詠藍筆》二律云：「未解題紅葉，常教蘸碧甌。墨朱俱不近，皂白總能酬。蠅不污人璧，螺寧糞佛頭。由來管城子，封邑在青州。」「架少珊瑚製，牀宜翡翠鐫。幾行分漢幟，數點散齊煙。禿到三條燭，圈成萬選錢。聚奎清閟處，直作蔚藍天。」又分賦入闈雜事：《宣名》云：「觚稜淑景日初寅，御紙簽名下紫宸。同輩半為揚觶客，至親翻有向隅人。及時朝服班行肅，隔夜巾箱檢點頻。卻笑門前迴避字，主人出後貼偏新。」「向隅」句謂考官親屬依例迴避也。凡主司、分校居宅皆封門，大書「迴避」二字榜之。《封門》云：「關鎖中分棘院森，外簾信息總沉沉。官封恰似丸泥固，人望居然入海深。妝閣但聞簷馬響，圍城不遞紙鳶音。由來選佛場高甚，隔斷紅塵路莫尋。」按：此謂試院封門也。……（案：各家著述，每每敍及，故以下各詩刪去）房卷之外，同房亦各有齒錄。科名故事，略見津塗。(《十朝詩乘》卷一二，張寅彭主編：《民國詩話叢編》第四冊，上海書店 2002 年版，第 379～381 頁)

【十朝詩乘（節錄）】甌北挽文端詩有云：「插羽宵催牘，濡毫曉奏箋。詔麻頒魏闕，軍檄定先零。事集中書省，才慚上水船。漏沉鈴動索，燭地炬分蓮。鞋底遭非辱，詞頭改愈妍。斧邀修月快，斤到運風遄。」蓋甌北以章京直樞垣，文端草詔，間令章京分任，目睹其事而歎其明敏恭讓也。又云：「梁木俄傾折，刀圭漫祝延。至尊親哭臨，諸老各悲牽。美諡榮褒衮，崇祠肅饗籩。尚方營殮具，內帑治喪錢。」則備述薨終之渥。文端既葬，二子承霈、

承霈入京奏謝，實甌北策之。舊時賓客咸笑爲贅舉，甌北爲言於傅文忠，得召見，同賜舉人。又謂承霈書法似其父，加賞主事。甌北紀詩云：「葛帔西華傍路塵，昔時賓履更誰親。豈應成季勳無後，亦恐田橫客笑人。一代特開新恤典，九重自念舊勞臣。衣冠優孟慚何與，劇喜師門免負薪。」後承霈入直軍機處，官至尚書。裘文達、錢文敏、王文莊身後，其子入謝，皆得賞中書，實援斯例。（《十朝詩乘》卷一二，張寅彭主編：《民國詩話叢編》第四冊，上海書店 2002 年版，第 381 頁）

　　【十朝詩乘（節錄）】甌北《木蘭秋獮應制》云：「大獮行邊輦路清，塞垣風緊峭寒生。九天秋肅貙劉信，萬帳宵嚴虎衛兵。上馴別群棚烙字，頭鵝驗獲箭書名。太平肄武軍容盛，雙纛黃龍矗幔城。」蓋以樞僚扈從時作。其《簷曝雜記》載木蘭殺虎事云：「乾隆二十二年秋，上賜宴蒙古諸王。方演劇，而兩王相耳語。上瞥見，趣問之。云：『奴子來報，營中有虎，白晝來搏馬。』上立命止樂，騎而出，侍衛倉猝隨。虎槍人聞之，疾馳始及。探得虎穴，僅二小虎在，命一侍衛取以來。方舉手，小虎忽作勢，侍衛稍怯，立褫其翎頂。適有小蒙古突出，攫二虎，左右腋挾之。上大喜，即以所褫侍衛翎頂予之。時虎父已遠，虎母戀子，猶在前山回顧。虎槍人悉力追之，騰林越澗。上勒馬以待，日西，始得虎歸。被傷者三人，最重者賞孔雀翎、銀二百兩，其二人各銀百兩。橐駝負虎歸，列於幔城，自首至尻，長八九尺，蹄粗至三四圍，是虎中最巨者。別賦《虎槍》詩云：「白褂朱纓虎槍客，手執長槍尋白額。長林豐草何處尋，幸其出沒有常跡。入山偵視得其處，乃伏叢薄密伺隙。數人山後驅虎來，虎亦驚走向藪澤。伏者挺槍當其衝，人虎此時共一厄。注目槍尖不看虎，但看槍尖一片白。知是虎膺非虎脊，舉槍便刺不更擇。虎哮而起死相格，人虎空中互跳躑。斯須攢刺虎不支，拗怒齎恨洞胸膈。馱歸獻獲帷宮前，臊氣薰蒸血狼藉。中涓傳旨催賜金，孔雀修翎長一尺。亦有身手遭虎傷，重者肢體輕膚革。籲嗟此獸誰不畏，乃獨以虎爲職役。職虎遂與虎爭命，足徵國家威令赫。豈徒力過斬蛟勇，實乃心比當熊赤。以死奉職不敢辭，此意眞堪使赴敵。」可與前錄怡僖親王、勾山太僕詩參觀。（《十朝詩乘》卷一二，張寅彭主編：《民國詩話叢編》第四冊，上海書店 2002 年版，第 381～382 頁）

　　【十朝詩乘（節錄）】上駐木蘭，較射外，遍閱諸戲，有所謂「跳駝」及「布庫」者。「跳駝」則牽八尺高駝立庭次，捷足者自旁躍起，越駝背而過，到地仍直立不僕。「布庫」亦曰「撩腳」，徒手相搏而決於腳力，勝負以仆地

為定，勝者跪飲卮酒。皆以習武事也。甌北《跳駝》詩云：「明駝身高八九尺，人欲騎之駝屈膝。是誰捷足矜跳騰，曲踴能向駝身越。如丸脫彈決而起，如水經搏躍而出。翩然驀過駝背來，不著駝毛一毫忽。自起至落二丈餘，到地植立曾不蹶。老駝不解人何故，似騎非騎歇非歇。但見背上雙梟飄，捷於猿猱健於鶻。」又《相撲》詩云：「黃幄高張傳布庫，數十白衣白於鷺。衣才及尻露褌襠，千條線縫十層布。不持寸鐵以手搏，手如鐵股足鐵鑄。班分左右以耦進，桓桓勁敵猝相遇。未敢輕身便陷堅，各自迴旋健踏步。注目審勢睫不交，握拳作力筋盡露。伺隙忽為疊陣衝，擣虛又遏夾寨固。明修暗度詭道攻，聲東擊西多方誤。少焉肉薄緊交紐，要決雌雄肯相顧？翻身側入若攫鶻，拗肩急避似脫兔。垂勝或敗弱或強，頃刻利鈍難逆睹。忽然得閒乘便利，拉脅摧胸倏已僕。勝者跪飲酒一卮，不勝者愧不敢怒。」外此，又有蒙古詐馬之戲。其法，驅生駒之未羈勒者千百群，令善騎者持長竿，竿頭有繩作圈絡，突入駒隊中。駒方驚，而持竿者以繩繫駒首，捨己馬，跨駒背，以絡絡之。駒不肯受，輒跳躍人立，騎者堅夾以兩足，終不下。須臾，已絡首而帖伏矣。甌北亦有《套駒》篇述之，中云：「誰何健者番少年，手持長竿不持鞭。竿頭有繩作圈套，可以絡馬使就牽。別乘一馬入其隊，兒駒見之欲驚潰。一竿早繫駒首來，捨所乘馬跨其背。可憐此駒那肯縶，愕跳而起如人立。如人直立人轉橫，人驃而騎勢真急。兩足夾無殳上鉤，一身簸若箕前粒。握鬃伏鬣何晏然，銜勒早向駒口穿。才穿便覺氣降伏，弭帖隨人為轉旋。」蓋蒙古習之，以供睿賞，技亦神哉。（《十朝詩乘》卷一二，張寅彭主編：《民國詩話叢編》第四冊，上海書店 2002 年版，第 382～383 頁）

【十朝詩乘（節錄）】甌北《西廠觀煙火》詩亦同時所作，其詩云：「晚直郊園月未斜，升平樂事攬繁華。九邊塵靜平安火，上苑春催頃刻花。跋浪魚龍煙是海，劈空雷電礮為車。歸途尚有餘光照，一路林巒映紫霞。」隨園許為傑作。《簷曝雜記》稱上元夕，西廠舞燈放煙火最盛。清晨，先於圓明園宮門列煙火數十架，藥線徐引燃，成界畫闌干五色。每架將完，中復現寶塔樓閣之屬，且有籠鴿喜鵲數十，乘火飛出者。未、申之交，駕幸西廠，先觀八旗驃馬諸戲。既夕，則樓前舞燈者三千人列隊，口唱《太平歌》，各執彩燈，迴環進止，依其綴兆。一轉旋間，則三千人排成一「太」字。再轉，成「平」字。以次作「萬」、「歲」字，又以次合成「太平萬歲」字。所謂「太平萬歲字當中」也。迨舞龍，則煙火大發，聲如雷霆，火光燭霄半。但見雲海中千

萬紅魚，奮迅跳躍，歎觀止矣。又云：內府戲班，袍笏甲冑及諸裝具，皆世所未有。敜當日梨園子弟，多選自江南，景山內垣西北隅，有房百餘間，即供奉吳伶所居處。盛子履學博《鐙市春遊詞》云：「咬春燕九集梨園，十棒元宵羯鼓喧。昆調居然小良輔，教師傳進景山門。」後來菊部隸南府，給餼糧者，猶其族裔。（《十朝詩乘》卷一二，張寅彭主編：《民國詩話叢編》第四冊，上海書店 2002 年版，第 384～385 頁）

　　【十朝詩乘（節錄）】韓城王文端早歲居貧，嘗佐尹文端、陳文恭幕，與甌北同歲成進士。廷對，原擬甌北首列，公列第三。高宗以西陲新定，欲得陝人掄元，互易之。御製詩有云：「西人魁榜西平後，可識天心偃武時。」以誌喜也。後居樞府，與和珅同列，持躬介然。珅雖厭之，而不能去。居恒意不懌，每言，獨恨姓名為後世所譏，然遇事持大體，多有匡正，論者賢之。伊默卿己酉秋試，出文端門下，嘗賦《三師》詩，文端其一也。詩云：「韓城夙夜盟忠貞，人如太華當秋清。受知愈深意愈下，每懼後世譏姓名」「繄予賞音出焦爨，不及東門疏傅餞。何期謝病更趨朝，倉卒鞭鸞死猶諫。」自注云：「師薨後五日，澄懷諸老扶乩，公降壇，大書曰『某事今仗公等』，不知所指。」（《十朝詩乘》卷一二，張寅彭主編：《民國詩話叢編》第四冊，上海書店 2002 年版，第 387～388 頁）

　　【十朝詩乘（節錄）】高宗聽政惟勤，晨興必以卯刻，雖冬月亦然。自十二月二十四日以後，上自寢宮出，每過一門，必鳴爆竹一聲，內直者遙聞爆竹聲自遠漸近，則知聖駕已臨乾清宮。計尚須燃燭寸許，始放明也。當西陲用兵，軍報夜至，亦必親覽。趣召樞臣，指授機宜，動千百言。樞僚撰擬進呈，或需一二時，上猶披衣待之。故章京退直後，必留一人直宿，曰「夜班」。又慮詰朝事繁，每日輪一人，早入相助，曰「早班」。見趙甌北《簷曝雜記》。甌北《軍機夜直》二律云：「鱗鱗鴛瓦露華生，夜直深嚴聽漏聲。地接星河雙闕迥，職供文字一官清。蠻箋書罄三更燭，神索風傳萬里兵。所愧才非船下水，班聯虛忝侍承明。」「清切方知聖主勞，手批軍報夜濡毫。錦囊有策兵機密，金匱無書廟算高。樂府佇聽《朱鷺》鼓，尚方早賜紫貂袍。書生眊筆慚何補，不抵沙場斫賊刀。」即西陲用兵時作。其時，同直者有王漱田、畢秋帆。甌北《下直同漱田、秋帆郊行》詩云：「油碧車輕度軟紅，看花喜有素心同。一春晴雨常參半，三月寒暄最適中。芹沼泥融銜燕子，柳塘水漫浴鳧翁。清遊不在彈章例，莫便驚他御史驄。」末句以途遇巡城御史也。樞廷初設章京，直舍在隆宗門側，僅屋一間有半。嗣與滿章京同舍，則北向屋五間，與大臣舍相對，故有「南屋」、

「北屋」之稱。地雖清嚴，皆極湫隘。遇扈從秋獮，戎帳不設几案，率伏地起草，或疊奏事黃匣作几，而懸腕書之。夜無燈檠，以鐵絲燈籠，置燈盤其上，偶縈拂，輒蠟淚污衣。甌北《扈從木蘭途次》詩云：「午正趣安營，幔城宮殿肅。斯須城外地，萬帳一齊矗。紛錯如犬牙，歷亂若蠶蔟。其間往來處，百折路回覆。黃昏退直歸，言尋氈廬宿。繆轕纏鞅絆，橫斜臥車轂。偶然迷失道，一迷恐不復。」想見況瘁。若南巡行次，明窗淨几，繡毯華裀，澂園直廬為射圃，與七峰別墅擅亭臺水木之勝，段芳山樞部《直廬》詩所云「名園霽景佳，詩懷愜清賞」者，則相望有霄壤之判矣。（《十朝詩乘》卷一三，張寅彭主編：《民國詩話叢編》第四冊，上海書店 2002 年版，第 403～404 頁）

【十朝詩乘（節錄）】甌北以乾隆三十三年奉命赴滇，佐阿果毅幕。其抵滇，距明忠烈之殉節甫數月，知其事特詳。謂蠻結之戰，忠烈傷一目，幾殞。少愈，進至象孔而軍中糧匱。賊詗知之，追及於章子壩，無日不戰，漸至猛籠，乃得糧，遂有蠻化之捷。相持者數月，迨抵小猛育，賊眾蝟集。乃命諸將率師乘夜出，而身自捍賊。相從者，領隊觀音保、扎拉豐阿，總兵哈國興、常青、德福及巴圖魯，侍衛數十，親兵數百。及晨，血戰賊叢中，皆一以當百。扎拉豐阿中槍先殞。觀音保發矢，連殪數賊，僅餘一矢，恐矢盡被執，以鏃刺喉死。忠烈負數傷，力疾行稍遠，下馬，割髮授家人，使歸報，而縊於樹下。家人以木葉掩之。時已奉全師速出之詔，路阻不得達。忠烈旁徨歧路，遣將士出險而決以身殉，意可悲已。甌北《蠻華山殺賊歌》述其戰績云：「征緬師回賊躡尾，紮營猶距七八里。一朝師駐蠻華巔，賊乃近逼山半眠。此賊目中已無我，將軍見之怒如火。明晨要與賊死戰，人必帶血馬必汗。賊久識我軍令明，三吹篳篥軍啟行。我軍啟行賊亦起，接踵來擾殿後兵。詰旦仍吹三篳篥，銜枚卻伏箐林密。沸脣賊果漫山來，只道官軍去已畢。忽然一礮驚轟雷，萬眾突出山為開。刀如旋風矢如雨，賊駭欲退身難回。乘高大呼何處走，截殺快於宰雞狗。矢無虛發輒貫胸，刀才一揮已剁手。其有漏刃紛逃生，前人趾踏後人首。是時官軍氣益壯，賈勇疾追窮所向。袒露不須鐵面具，縱搏空拳也莫抗。殺死猶少壓死多，填滿山溝一千丈。力倦惟將戰鼓鳴，餘威猶作風鶴驚。狂奔並不敢高哭，哭者但聞新鬼聲。」注謂殺賊凡四五千人。蠻華即蠻化也。蓋自章子壩與賊相接，敵日增，我軍日少。孤軍轉戰，未嘗一敗。糧久絕，僅啖牛炙一臠，猶與親隨戰士共之。撫恤疲卒，息其病傷，故士無怨志。其語諸將曰：「賊知我力竭而必決死戰者，欲使知國家威令

嚴明，雖窮蹙至此，無一人不盡力，則敵有所憚而後來者易於成功。」謀國之深，非徒慷慨赴死矣。忠烈爲傅文忠猶子，隨園《挽文忠》詩云：「送公魂入昭忠廟，小阮猶提殺賊戈。」謂忠烈也。(《十朝詩乘》卷一三，張寅彭主編：《民國詩話叢編》第四冊，上海書店 2002 年版，第 405～406 頁）

　　【十朝詩乘（節錄）】福文襄以剿黔苗功錫封貝子，照宗室貝子例，給護衛。詔謂俾異姓蓋臣，得邀殊錫，以彰國家世臣之福。明年，復追封公父文忠公爵，視貝子。既而文襄染瘴，薨於軍，有詔晉封郡王銜，並追贈文忠郡王，子德麟襲貝勒，孫襲貝子，以鎮國公世襲罔替。以異姓之躬，桓視宗藩之帶礪，國朝一人而已。甌北紀詩云：「濟美分茅土，追崇溯構堂。相門兼有將，異姓特封王。不數韋平盛，眞看帶礪長。褒忠恩命極，誰不涕沾裳。」「曠古眞希見，桐封累代榮。世家蕭北府，王爵李西平。懋賞頒金策，崇勳勒鼎鐺。豈眞因素貴，公自有忠貞。」甌北早歲樞直，即受知於傅文忠。及赴滇從征，適文忠奉命經略，復參幕府。其《呈春和相公》詩有云：「屈指兵興一路中，郵亭不斷憂刀弓。頻年聖主籌良將，多少蒼生望相公。關勢尙傳銅鐵固，軍威兼列鸛鵝雄。腐儒篋有雞毛筆，要詠平蠻第一功。」錢充齋觀察同在經略幕，讀至「多少蒼生」句，不覺痛哭。經略命幕僚遍和，遂傳遍滇南。迨老官屯之役，緬人乞降，班師誌喜，有「受降如此方威克，招致何曾一著高。」謂前此有以招降之說進者，上力斥其非，決計用兵，蓋聖謨早有成算。文忠之薨，甌北爲挽章云：「地望尊崇綜百臺，敢期寒畯受栽培。我無私謁偏投契，公不談文乃愛才。」知己之感深矣，故聞追封事而詠歎之。(《十朝詩乘》卷一三，張寅彭主編：《民國詩話叢編》第四冊，上海書店 2002 年版，第 406～407 頁）

　　【十朝詩乘（節錄）】錄及食譜，因憶甌北與隨園故事，可佐一噱。隨園精餔餟，所謂「嘗一臠之甘，必入食單仿製也。」甌北有奴陸喜，善炰鴨，隨園食而甘之，使庖人執贄具帖，拜喜爲師，始傳其法。甌北作詩調之，有云：「吾家有僕喜，燒鴨妙烹割。香味蜜釀花，火功矢徹筍。煎之汁漬融，和以瀹瀟滑。濃可使唇膠，爛不煩齒齾。何來一老饕，飽啖到釜戞。頓起乞鄰貪，潛用媚龜黠。傳薪冀密授，瓣香乃虔謁。廚夫稱門生，奇事競喧聒。古來擅絕技，專席恐人奪。衛公教用兵，十僅示七八。喜也倘自秘，當守六二括。乃被一刺投，欣然翊先達。淺夫好爲師，竟爾付衣鉢。發硎矜刃恢，出囊快穎脫。遂使郇公廚，有人敢相軋。若倣石崇例，此奴便當殺。」二君皆好謔諧，適成佳話。(《十朝詩乘》卷一六，張寅彭主編：《民國詩話叢編》第四冊，上

海書店 2002 年版，第 523 頁）

【十朝詩乘（節錄）】以武臣掌文衡者，昔惟兆文襄。時值西陲班師，特命預殿試讀卷，文襄自陳不習漢文，上曰：「圈多者即佳卷也。」趙甌北卷圈最多，遂擬第一進呈。及拆封，上以第三卷王杰，陝人，爲凱旋紀盛，互易之。（《十朝詩乘》卷一六，張寅彭主編：《民國詩話叢編》第四冊，上海書店 2002 年版，第 524 頁）

劉師培

【南北學派不同論（節錄）】若袁枚、趙翼之流，不習經典，惟尋章摘句，自詡淹通，遠出孫、洪之下。（《清儒得失論》，中國人民大學出版社 2004 年版，第243 頁）

【清儒得失論（節錄）】自趙執信之流以疏狂見擯，落魄江湖，放情詩酒，綺羅絲竹，大昌任達之風。後人慕其風流，競言通脫，吐言止於輕薄，賦詠不出桑中。及袁枚、趙翼、蔣士銓以文辭欺人，誘惑後生，傷敗風化，故爲奇行以聳公卿，既樂其身，兼以招權而納賄，文人無行，是則豺虎所不食矣。杭世駿則較彼等爲高。（《清儒得失論》，中國人民大學出版社2004 年版，第262 頁）

【清儒得失論（節錄）】故近世以來，士民所尊，莫若湯、陸，則以僞行宋學配享仲尼也。其次則爲方、姚，又次則爲龔、魏。蓋方、姚之徒，納理學、古文爲一軌，而龔、魏二子，則合詞章、經世爲一途。自是以降，袁枚、趙翼亦享大名，則以通脫之詞便於肆情縱欲，爲盲夫俗子所樂從。（《清儒得失論》，中國人民大學出版社2004 年版，第 269 頁）

【攘書（節錄）】金世宗大定六年，秦州民合住謀反。十一年，歸德府民藏安而謀反，伏誅。十二年，北京曹資等，及鄜州民李方、同州民屈立、冀州民王瓊，皆以謀反伏誅。十八年，獻州人殷小二謀反，伏誅。二十一年，遼州民宋忠等亂言，伏誅。趙翼以有道之世多亂民爲疑，嗚呼，豈知金民排外之志哉！（《攘書》「帝洪篇」，民國鉛印劉申叔先生遺書本）

何海鳴

【求幸福齋隨筆（節錄）】文人詞客能曲諒女子，見之詩詞者，在古昔亦甚多，如李太白云：「若教管仲身常在，宮內何妨更六人。」如楊誠齋云：「但願君王誅宰嚭，不妨宮內有西施。」如趙甌北云：「馬嵬一死諸軍退，妾爲君王拒賊多。」如袁子才云：「若教褒妲逢君子，都是《周南》傳里人。」又詠

楊妃云：「如何手把黃金鉞，不管三軍管六宮。」均措詞委婉，超生冤鬼不少。
（《求幸福齋隨筆》，上海書店出版社 1997 年版，第 76 頁）

金毓黻

　　【中國史學史（節錄）】次於全祖望，而可稱之史家，則錢、王、趙三氏是也。……三氏皆邃于史學，錢氏著《二十二史考異》，王氏著《十七史商榷》，趙氏著《廿二史劄記》，皆統釋諸史，逐年積累而成，歷時久而後出者也。……或多稱錢氏《考異》，不知其所重者爲文字之異同及訓釋之當否，其精言要義，多不具于此，讀者不察，遂謂錢氏史學，似未出於王、趙二氏之上，此則皮相之論也。……至趙氏之《廿二史劄記》則不然，趙氏意在總貫群史，得有折衷，《自序》所謂多就正史紀、傳、表、志參互勘校，至古今風會之遞變，政事之屢更，有關於治亂興衰之故者，亦隨所見附著之，即此意也。茲考其書，如論《漢書》多載有用之文，《舊唐書》、《舊五代史》多用實錄、國史，《宋》、《遼》、《金》三史初修、重修之始末，皆敘次綦詳，不待他求而略具；至東漢之宦官與黨禁，六朝之清談，南北朝通好之使命，唐代宦官及節度使之禍，五代諸帝多由軍士擁立，宋代制祿之厚、冗官之多、和戰之是非，元代百官以蒙古人爲之長，明代內閣首輔之權重及才士誕傲之習各條，皆屬一代大事，而能列舉多證，娓娓而談，以明其事之因果嬗變，尤合近代治學之方法；即其細者，如漢多黃金，三國關、張之勇，五代人多以彥字爲名，明初文字之禍，亦皆本末洞然，富有逸趣，讀其書者，乃至不忍釋手。蓋他人之治史者，喜以稗乘胜說爲證，而趙氏則以本書證本書，或以其他正史證某一正史，蓋由清人以經證經之法，推而出之，其識見尤高人一等。統觀全書，悉由善於用綜以歸納法而得之者，記曰：「屬辭比事，春秋教也。」趙氏可謂善於屬辭比事矣（李慈銘謂《劄記》爲乾嘉時一老儒所作，趙氏據而有之，不知何據）。此其治史之術，又與錢、王二氏不同者也。錢、趙二氏之書，皆以廿二史命名者，明代以《舊唐》、《舊五代》不列正史，故只有廿一史，清代增《明史》，則爲廿二史，趙氏《劄記》並《舊唐書》、《舊五代史》而釋之，而不稱廿四史者，其時二史未奉有列入正史之明諭也。錢氏《考異》，分《後漢》之志爲《續漢》，增《舊唐書》而無《舊五代》及《明史》，故亦爲廿二史。至王氏所釋，迄於五代而止，雖論及《舊唐》、《舊五代》，亦不列於數內，稱十七史，用宋人語也。《考異》、《劄記》之名，無待詳釋。……趙氏又著《陔餘叢考》，成書在《劄記》之前，其中論史之語，再加訂正，多入《劄記》。

其後臨海洪頤暄亦喜治史，其《讀書叢錄》中，有七卷爲論史之語，專考《史記》、兩《漢》。其後又續三國以下迄隋，爲《諸史考異》十八卷，然僅小有補苴，不逮三氏遠甚，故亦不復詳論云。與錢、王、趙三氏同時，以治史有聲者，又有邵晉涵。（《中國史學史》，河北教育出版社 2003 年版，第 285～288 頁）

　　【中國史學史（節錄）】清代史家之成就大略如上，綜其趨向，可分三期：……治史之士不敢再談現代，於是第二期轉而治前代史，有爲文字之考訂者，如錢大昕是；有爲典制之闡發者，如王鳴盛是；有以史證史而爲屬辭比事之學者，如趙翼是；有就書籍部次而爲著述校讐之業者，如紀昀是；而其研治之史，多屬古代，而自宋以下則不甚詳言也。（《中國史學史》，河北教育出版社 2003 年版，第 302 頁）

　　【中國史學史（節錄）】近頃頗盛行主題研究之法，即取古今或一代之事，析爲若干主題，各個而討論之之謂也。主題研究，本取法於紀事本末一體，如《通鑑紀事本末》一書，即取《通鑑》一書，分爲二百三十九個主題，而各就本題，詳紀其事之始末，此研史最善之法也。惟袁樞以下諸氏之撰紀事本末，不過取已成之書，而加以分析之功，非能自取多量史料，融會貫通，以尋得新斷案也。前賢能採用主題研究方法，得有新斷案者，無過於趙翼之《廿二史箚記》，其中所立各題，悉能採擷多量史料，以歸納法而得新斷案；次如全祖望之《跋庚申外史》，錢大昕《與袁簡齋書》之論唐宋時判、守、知、試、檢校之官稱，亦能就一主題，而爲殫見洽聞之討論，皆其倫也。（《中國史學史》，河北教育出版社 2003 年版，第 346 頁）

翁文灝

　　【詠詩·五月】日來讀《甌北詩話》，論議深泑，朗若列眉，寫此自遣。　詠詩聊以遣閒情，何必字斟句酌精。杜苦韓艱誠有得，蘇才陸志亦通行。香山淺俗宜童叟，萬里謳歌易唱鳴。且自寫來供自賞，不求傳後不求名。（《翁文灝詩集》，翁心鈞等整理，團結出版社 1999 年版，第 150 頁）

陳寅恪

　　【與劉叔雅論國文試題書】趙甌北《詩話》盛稱吳梅村歌行中對句之妙。其所舉之例，如「南內方看起桂宮，北兵早報臨瓜步」等，皆合上等對子之條件。實則不獨吳詩爲然，古來佳句莫不皆然。豈但詩歌，即六朝文之佳者，其篇中誓策之儷句，亦莫不如是。惜陽湖當日能略窺其意，而不能暢言其理

耳。凡能對上等對子者，其人之思想必通貫而有條理，決非僅知配擬字句者所能企及，故可借之以選拔高才之士也。（《金明館叢稿二編》，上海古籍出版社 1980 年版，第 226～227 頁）

胡適

【胡適日記·1922 年 7 月 10 日（節錄）】往山東時，車上看見蔡先生爲爾和寫的扇子，寫的是趙翼的三首白話絕句。內有一首云：「李杜詩篇萬口傳，至今已覺不新鮮。江山代有才人出，各領風騷幾百年。」我看了大驚喜：我生平不曾讀甌北詩，不料他有這種歷史的見解！今天我特去翻開《甌北詩集》，讀了幾卷，果然很有好詩。他是一個史家，又是一個大學者，故做出詩來自不落凡俗，——祇是議論稍多一點。（曹伯言整理：《胡適日記全編 3（1919～1922）》，安徽教育出版社 2001 年版，第 723 頁）

【胡適日記·1922 年 7 月 15 日（節錄）】床上讀趙翼的詩，很多可取的。當日袁枚、蔣士銓、趙翼三家齊名，風行一世，也自有道理。宋以後，做詩的無論怎樣多，究竟只有一個「通」字爲第一場試驗，一個「眞」字爲最後的試驗。凡是大家，都是經過這兩場試驗來的。大凡從杜甫、白居易、陸游一派入門的，都容易通過「通」字的試驗；正如從八家古文入手的，都容易通過文中的「通」字第一關。歷史上所以不能不承認這兩大支爲詩文的正統者，其實祇是一個「通」字的訣竅。「眞」字稍難；第一要有內容，第二要能自然表現這內容，故非有學問與性情不能通過這第二關。袁枚、趙翼都是絕頂的天才，性情都很眞率，忍不住那矯揉的做作與法式的束縛，故都能成大家。蔣士銓的詩集，我未讀過；但我讀了他的《九種曲》，——內中尤以《臨川夢》爲最佳，——知道他是一個第一流文人，不愧他的盛名。（曹伯言整理：《胡適日記全編 3（1919～1922）》，安徽教育出版社 2001 年版，第 729 頁）

【論宋儒注經（節錄）】趙甌北（翼）《陔餘叢考》論宋儒注經之謬，有可取之處，記其一二：（一）子罕言利，與命與仁。史繩祖《學齋占畢》曰：「利固聖人所不言。至於命與仁，則《論語》中言仁者五十三條，言命者亦不一而足。此豈罕言者？蓋『與』當作『吾與點也』之『與』解。」適按：此亦不必然。（二）孟子去齊宿於晝。邢凱《坦齋通編》謂「晝」當作「畫」。（三）必有事焉，而勿正。心勿忘，勿助長也。倪思謂「正心」二字乃「忘」字之誤。謂「必有事焉而勿忘。勿忘，勿助長也」。重一「勿忘」字，文更有致。適按：此說極有理。原讀「而勿正心勿忘」本不通，宋儒強爲之說耳。惟適意下「勿忘」二字，乃

後人讀原抄本者見「正心」二字之誤，故爲改正，另書「勿忘」二字於原稿本之上。（或爲眉書，或爲夾註）後又有轉抄者，不知「勿忘」即改「勿正心」三字，故於「勿正心」之下又並收「勿忘」二字耳。此項訛誤，在西國考據學中名「旁收」（1ncorporation of Marginalia），乃常見之誤也。（四）馮婦搏虎章。原讀「晉人有馮婦者，『善搏虎，卒爲善士。則之野，有眾逐虎。……」周密《癸辛雜識》謂當如下讀法：卒爲善。士則之。野有眾逐虎。……「士則之」以與下文「其爲士者笑之」相對照也。適按：原讀非不可通，惟「則」字略不順耳。周讀法頗可喜。（《胡適留學日記》，嶽麓書社 2000 年版，第 571～572 頁）

高崇民

【閱《甌北詩話》四首】借閱友人《甌北詩話》，其中提敘詩之體裁與奇險，特作七言四首，以表個人的看法。（其一）詩無定體文無法，隨遇發思各自佳。只有不同招愛憎，豈能高下量才華？（其二）由來後輩標前輩，門戶紛然尚浮誇。清規法戒縛手腳，小技雕蟲號大家。（其三）李杜元白誰法祖，蘇黃韋陸豈無瑕？手筆不緣格律貴，詩文唯恐內容差。（其四）生詞異字奇安在，險僻堅澀取眾嘩。浮名地位相欺耀，作誦誰知誤兒娃。（《遼寧文史資料》第十三輯《高崇民遺詩專輯》，遼寧人民出版社 1986 年版，第 81 頁）

楊香池

【偷閒廬詩話（節錄）】趙雲崧先生名翼，號甌北，陽湖人。著《甌北集》。詩多明白如話，絕類香山。生於清乾隆時，與袁枚、蔣士銓稱爲乾隆三大家。其論詩重性靈，錄其《閒居讀書作》一首，即可見其與袁枚主張相同也。詩云：「人面僅一尺，竟無一相肖。人心亦如面，意匠戛獨造。同閱一卷書，各自領其奧。同作一題文，各有天在竅。乃知人巧處，亦天工所到。所以才智人，不肯自棄暴。力欲爭人乘，性靈乃其要。」又《漫興》有句云：「絕頂樓臺人倦後，滿堂袍笏戲闌時。與君醒眼從旁看，漏盡鐘鳴最可思。」昔有《題盧生祠》上聯云：「睡到二三更時，任功名都成幻影。」先生詩，其與聯語同一感想乎？（《偷閒廬詩話》第二集，張寅彭主編：《民國詩話叢編》第三冊，上海書店 2002 年版，第 706 頁）

吳宓

【空軒詩話（節錄）】趙翼《題元遺山詩》（見《甌北詩鈔》）云：「身閱興

亡浩劫空，兩朝文獻一衰翁。無官未害餐周粟，有史深愁失楚弓。行殿幽蘭悲夜火，故都喬木泣秋風。國家不幸詩家幸，賦到滄桑句便工。」按末二句，亡友武功閻子雲君登龍於民國初年恒喜誦之，予嘗屢用其意以爲詩。按清盛時之詩人，乃多能同情亡國遺老，蓋眞客觀之欣賞也。(《空軒詩話》，張寅彭主編：《民國詩話叢編》第六冊，上海書店 2002 年版，第 5～6 頁)

【空軒詩話（節錄）】今按吳梅村之詩，價值甚高，而影響亦大。(趙甌北《詩話》論之最允當)。(《空軒詩話》，張寅彭主編：《民國詩話叢編》第六冊，上海書店 2002 年版，第 23 頁)

【餘生隨筆（節錄）】趙雲崧集中，頗多理想極新之作，摘舉數條。其中《古詩十九首》之首章，述天地實狀，及人生必需空氣各情，並屢言地圓，又多爲博物之詩，可爲科學思想之萌蘗。《園居》四首則明稱衛生之旨要。《讀史》云：「荊公變祖法，志豈在榮利。蓋本豪傑流，欲創富強治。高可追申商，蘇綽乃其次。及思治必行，勢須使指臂，群小雖競進，流毒不可制……」一變前人議論，何等眼光，仍等識見！《古詩》云：「先聖治天下，因俗制典禮。其有未盡善，原弗禁改毀。……俗儒識拘墟，硜硜守故紙。或言非古制，攻者輒蜂起。豈知窮變通，聖人固云爾。爲語魯兩生，勿膠成見鄙。」變法之義，暢言靡隱。《觀西洋樂器》云：「……始知天地大，到處有開闢。域中多墟拘，儒外有物格……」，此豈似海通以前文人語意？《論詩》云：「詩文隨世運，無日不趨新。古疏後漸密，不切者爲陳。譬如駑駕馬，將越而適秦。灞滻終南景，何與西湖春。是知興會超，亦貴肌理親。作詩必此詩，乃是眞詩人。」是實先獲我心之語。凡百文學，皆循進化變遷之軌轍。即詩之一道，欲工其切，必與其時代之國勢民情諸方呼應乃可，故居今日作詩，非洞明世界大勢，及中國近數十年來之掌故，而以新理想，新事物，熔鑄於舊風格，則徒見心勞日拙而已。又嘗論之，世界巨變，均多年醞釀而成，無起因於一朝一夕者，即如歐洲中世末造，文藝復興，名係復古，實則維新。試以此例之中國，維新改革，則亦豈二三十年間事，新機之發動久矣。蓋自清中葉以還，(或可謂自明末以還，若梨洲之《原君》、《原臣》諸作) 士夫言論文章，已漸多新思潮之表見。余所見最著者兩人：一爲龔定庵，一即趙甌北。定庵集，恢奇姿肆，人多知之。(龔定庵詩，見後七條詳論) 而甌北之詩，其理想又如是之新，足可徵世變矣。(呂效祖主編：《吳宓詩及其詩話》，陝西人民出版社 1992 年版，第 183～184 頁)

【賦贈錢君鍾書（默存，無錫），即題中書君詩初刊】才情學識誰兼具？新

舊中西子竟通。大器能成由早慧，人謀有補賴天工。源深顧亭林趙甌北傳家業，氣勝蘇東坡黃山谷振國風。悲劇終場吾事了，交期兩世許心同。（吳宓：《會通派如是說：吳宓集》，徐葆耕編選，上海文藝出版社 1998 年版，第 321 頁）

鄭逸梅

【藝林散葉（節錄）】趙質夫爲趙甌北後裔，藏有甌北手抄《尙書》，用小楷書於夾貢宣紙上，甚爲工整。（《藝林散葉》，中華書局 1982 年版，第 201 頁）

【藝林散葉（節錄）】趙甌北之《廿二史劄記》，殊膾炙人口，李越縵謂出於常州一老諸生手，趙乃竊人之書爲己書耳！（《藝林散葉》，中華書局 1982 年版，第 217 頁）

【藝林散葉（節錄）】馮超然得柳如是小像，半身便服，豐神絕世，上有沈歸愚、趙甌北題詩。超然裝裱成卷，更請葉遐庵、冒疚齋、夏劍丞、俞粟廬等十數人題之。超然病劇，將是卷付其弟子袁安圃珍藏。歲癸卯，安圃在香港遭車禍死，此卷不知散落何處矣。（《藝林散葉》，中華書局 1982 年版，第 250 頁）

劉咸炘

【南北史家傳釋非（節錄）】史識漸亡，宋以來論史法者，多言而鮮當。以編年法讀紀傳，視通史體如斷代，斯盲忘之大者，而習焉不察也。父子、祖孫合傳以表世族，本一義法。秦及漢初，未有累世著稱者，故馬遷未用此例，班、范乃屢用之。其書本斷代，而李廣、蘇建、張湯、杜周之父子合傳，又事適相類，傳世不長，故世無譏其偏重者。洎李延壽用之於南、北《史》，而駁者遂蜂起。吾謂江左立國，全賴世族維持，世族爲主而君爲客。蕭子顯所謂「主位雖改，臣任如初，君臣之節，徒致虛名，貴仕素資，皆由門慶。市朝亟革，寵貴方來，陵闕雖殊，顧昡如一」。固實錄也。北朝亦以代人諸族立國，而崔、盧諸家之風，亦比於王、謝，故父子祖孫合傳之例，他代可不然，而南北八朝不可不然。延壽聯數代爲通史，尤宜用此例。章君曰：「類族之篇，亦是世家遺意。李氏之寸有所長，不可以一疵而掩他善。」（《永清縣志·列女列傳序例》）論甚允矣。特延壽史識太淺，不知善用，既提出世家子孫，其非世家者則仍原卷次第而合併之，或不依而顚倒之，略取字數多寡相等，全無綜貫之義。《四庫提要》謂其分卷無法，王西莊鳴盛謂其因事類聚之法盡廢，蓋非苛論。然父子祖孫合傳之法，則固末可非也。《提要》出自邵二雲，已多

過詆，然猶謂其「見唐人重譜學，故薈萃以便檢」。（此語邵氏原稿有之，官本已刪）至西莊及趙甌北翼則全以爲非，而痛詆之不遺餘力。其言尤癡謬可怪，今詳駁之，非護延壽也，懼後世竟不知通史、斷代之殊也。

趙氏曰：傳一人而其子孫皆附傳內，此《史記》世家例也。至列傳則各因其文之可傳而傳之，自不必及其後裔。間有父子、祖孫各可傳者，則牽連書之，如《漢書》之於楚元王裔孫向、歆，周勃子亞夫，李廣孫陵，張湯子安世等。《後漢書》之於來歙曾孫歷，鄧禹子訓、孫騭，耿弇弟國、子秉、夔等。《三國志》之於袁紹子譚、尚，曹眞子爽，鍾繇子毓等，代不過十餘人。然《後漢書》班彪與固同爲一傳，班超與勇又爲一傳，一家父子尙各爲傳。《三國志》諸葛瑾與諸葛恪，父子也，而亦各爲傳。其以子孫附祖父之例，沈約《宋書》已開其端，然如蕭思話、蕭惠開，徐羨之、徐湛之，謝弘微、謝莊等父子、兄弟，猶皆各自爲傳，以其事當各見，故不牽混也。

此論雖是，而已止一偏。史傳銓配，當依事類，固不可拘於家系，然豈可謂家系盡不可用？家系亦事類之一也。班書霍光不附兄去病，賈捐之不附曾祖誼，張放別入《佞倖》，而李、蘇、張、杜皆父子同傳，以示抑揚。《楚元王傳》且直敘至德、向，以表宗室。《後漢書》荀彧不附荀淑，皇甫嵩不附皇甫規，袁紹、袁術不附袁安，然於馬、竇、梁、楊諸世家，皆特爲一篇。《三國志》諸葛雖父子各傳，而張、顧、陸諸世臣，則祖孫同傳。或分或合，各有其意，豈可一概？且子孫附祖父傳，上文已舉班、范書。太史公於絳侯、條侯，萬石父子，亦已連書，何可云始自沈約邪？父子、祖孫之各傳莫如梁、陳、周《書》，然豈盡得其當？即以《梁書》言之，夏侯亶不附父詳，韋放不附父叡，而與裴邃合，放子粲又別與江子一合，誠得事類之宜矣。然裴邃子之橫，則又不與胡僧祐等合，而仍附《邃傳》。王暕及其子承、從子規，劉孝綽及其弟孺、潛等，人品相同，官位亦等，而分居二篇，何意乎？到沆、到漑、到洽，分在三傳，王鳴盛亦譏其無裁斷矣。直是采輯傳狀，未加鎔裁耳。其與李延壽，非楚失而齊亦未得乎？且梁、陳、周《書》，祖孫、父子之分傳者，以斷代時短耳，固非通史之例。即其事類銓配之得宜，亦不可以例諸通史，蓋斷代可細分事類，通史則但舉其大也。

趙曰：一人立傳，而其子孫、兄弟、宗族，不論有官無官，有事無事，一概附入，竟似代人作家譜，則自魏收始。收謂「中原喪亂，譜牒遺逸，是以具書支派」。然當時楊愔、陸操等，已謂其過於繁碎。

《齊書・收傳》曰：楊愔謂收曰：論及諸家，枝葉親姻，過爲繁碎，與舊不同。收曰：往因中原喪亂，譜牒遺逸，是以具書其支派。望公觀過知仁，以免尤責。是收既自申明之矣。收之失，乃在不立宗室表，不以不立表責收，而徒譏其繁碎，亦不足服收也。且附入過多，雖爲一病，然豈可因而謂祖孫同傳爲非。審觀收《書》，亦非止依家系，不依事類，代人如穆、陸、源諸氏，固累世同篇。北方舊族，亦多以家系，如高湖、崔逞、封懿、韋閬、杜銓、裴駿、柳崇，事實不重，而以冠篇；李順、李寶、盧玄，事實不多，而作專篇，皆以其族大，直是高、崔、封、韋、杜、裴、柳、盧、李氏傳耳。《崔玄伯傳》末附崔寬、崔模、崔道固等，《房法壽傳》後附房靈賓，皆系屬不明，止以同出清河而附之。《許彥傳》末且附博陵許赤虎，則郡望亦異。然崔浩不附其父玄伯，李沖不附其父寶，崔休不附其高祖逞，高允不附其叔父湖，李孝伯、李靈不附其從兄弟順，高祐不附其從兄允，盧同不附其族祖玄；李平、李崇不從父入《外戚》，羊深不從父入《酷吏》。鹿悆不從父入《良吏》；同一博陵崔，而鑒、辯、挺、延伯各自爲傳；同一清河崔，而崔亮、崔光各自爲傳，不附玄伯。凡如此者，雖不盡得宜，要非一例，何可概稱而概詆邪？

趙曰：南、北《史》仿《魏書》而更甚，遂使一傳之中，有仕於數代者。每閱一傳，當檢每朝之事，轉覺眉目不清。王曰：事在梁末陳初，忽然盡抽入前半部，使人讀之，而宋、齊未了，忽見梁、陳，讀至後半，又顧此失彼。

此下諸段，則皆癡語也，而此尤謬。既爲通史，自是聯數代之事，欲讀通史，自當先知各朝之事。太史《屈賈列傳》、《魯鄒列傳》，可云戰國未了，忽見漢朝邪？已無讀通史之力，而怪通史不當如此作邪？且此何獨通史，即斷代之書亦然。《漢書・楚元王傳》可云高、惠未了，忽見元、成邪？既憚檢閱之勞，何必讀紀傳書。且何獨紀傳，凡史書未有不讀他篇，一覽遂完者。編年亦有張本、終事。紀事本末可謂便矣，亦須參檢他篇，乃能得其事之因果。劉知幾嘗謂二體各有所妨，此自無可如何之事，作者羅一代之大勢於胸中，而後能成書，讀者亦必視全書如一篇，參互考求，而後爲善讀。如憚翻檢，則勿讀史可也。

……

趙曰：史雖分南北，而南北又分各朝。今既以子孫附祖父，則《魏史》有齊、周、隋之人。《宋史》內有齊、梁、陳之人，成何魏史、宋史乎？又褚淵、王儉爲蕭齊開國之臣，而淵附宋代《褚裕之傳》，儉附宋代《王曇首傳》，

遂覺蕭齊少此二人，劉宋又多此二人。又曰：讀史至齊，無不欲觀褚淵、王儉之《傳》，乃分散其事，使讀者茫然。又曰：齊人本少，謝朓、王融天然合傳，柳世隆亦齊之開國功臣，各附其祖，而齊幾無人，不過王敬則、張敬兒數武臣而已。又曰：凡在一家，皆聚於宋，至齊寥寥無多。入梁年與宋相等，宋除宗室，尚有傳二十卷，梁除諸王，只有十卷。此飽彼飢，偏例斯極。

南、北《史》者，一部聯代通史。紀居前，傳居後，不能分爲魏史、宋史，猶《太史公書》不能分爲五帝史、周史、秦史、漢史，《五代史記》不能分爲梁史、唐史、晉史、漢史、周史也。同是南朝人物，同在《南史》之中，各傳依傳首人之年代編之，馬、班以降之通例也。《褚裕之傳》者，四代褚氏傳也。《王曇首傳》者，四代王氏傳也。二公忘卻通史，遂爲橫安《宋史》、《齊史》之名，強割全書爲宋、齊、梁、陳四節，而爲較量飢飽，此自二公之迷耳。吾恨延壽不知仿何法盛書，直題爲《瑯琊王氏傳》、《太原王氏傳》、《謝氏傳》、《褚氏傳》，坐使二公謂爲宋某某傳、齊某某傳，而發癡論。且如諸朝后妃，同爲一傳，儒林、文學亦四代同爲一傳，不知二公將何以割之？（《劉咸炘論史學》，上海科學技術文獻出版社 2008 年版，第 106～111 頁）

【讀史（節錄）】欲求史識，必治紀傳書。紀、傳書不盡佳，以馬、班、范爲表。讀史有出入二法：觀事實之始末，入也；察風氣之變遷，出也。先入而後出，由考據而生識也。考據須詳讀校注本及近人補表、志，此爲史料上功夫，又不獨恃書本也。若夫由考據而得識，則有二書可爲模範：一曰趙甌北翼《廿二史劄記》，將散見紀傳者分條類列，尋出一代特具之事象風氣，梁啓超稱爲善爲歸納的說明，是也；二曰強藎叔汝詢《西漢州郡縣史制考》，所列皆從記傳中搜出，似瑣屑而實封建、郡縣轉關之要，因而發明寓封建於郡縣之義，崇論宏議，上配應劭。此二書既非如考據家之僻搜，又非學究家之不考而擊斷，最爲可法。（《劉咸炘論史學》，上海科學技術文獻出版社 2008 年版，第 241 頁）

郁達夫

【與兄嫂家書（節錄）】吾嫂學詩，盛唐不及中唐，中唐不及晚唐。與其失之粗俗，寧失之纖巧。女人究竟不應作「欲上青天攬日月」語。弟意李、杜詩竟可不讀，入手應誦李義山、溫八又諸人詩。元明人詩，弟未曾披讀，故不敢言。然如王世貞、李東陽諸家，究不合使閨閣中人模仿。吳梅村詩，風光細膩，唐宋詩之集大成者。家中曾有全集在，可取讀之。不必半年，行

見吾嫂之詩句較香菱更敏麗矣。清朝詩唯王漁洋全集可誦，趙甌北、袁子才諸家詩暇不掩瑜。近人樊樊山、陳伯嚴諸人詩，則大抵爲畫虎不成之狗矣。沈歸愚尙書，最喜用好看字面，昔人所謂「至寶丹」也。然女流詩人，正不可少此至寶丹。究竟堂上夫人，較庵中道姑爲愈耳。弟詩雖尙無門徑，然竊慕吳梅村詩格。有人贊「亂離年少無多淚，行李家貧只舊書」爲似吳梅村者，弟亦以此等句爲得意作也。（《郁達夫文集》第 9 卷「日記・書信」，花城出版社、三聯書店香港分店 1984 年版，第 312～313 頁）

【1935 年 9 月 13 日日記（節錄）】上午上湖濱去走走，買《甌北詩話》等書數冊。趙甌北在清初推崇敬業堂查愼行，而不重漁洋，自是一種見地。詩話中所引查初白近體詩句，實在可愛。（《閒書》，上海書店出版社 1981 年版，第 129 頁）

【1936 年 4 月 9 日日記（節錄）】讀光緒三年一位武將名王之春氏所著之《椒生隨筆》八卷，文筆並不佳，但亦有一二則可取處。又書中引戚繼光《紀效新書》、趙甌北所著書及曾文正公奏議之類過多，亦是一病。（《閒書》，上海書店出版社 1981 年版，第 171 頁）

黃鴻壽

【清史紀事本末（節錄）】高宗乾隆二十三年夏五月，處士惠棟卒。棟字定宇，江蘇吳江人，幼承其祖周惕、父士奇家學，自經史、諸子、百家雜說、釋道二藏，靡不津逮。所著如《九經古義》、《周易述》、《明堂大道錄》、《古文尙書攷》、《左傳補注》，皆精博有心得。時經學盛行，分吳、皖兩派，棟爲吳派間祖，而其先已有長洲何義門焯、沈歸愚德潛、吳江沈冠雲彤、陳少章景雲，皆尙通洽，雜治經史文辭。棟之弟子最著者：同邑江艮庭聲、余古農蕭客、嘉定王西莊鳴盛、錢竹汀大昕、青浦王蘭泉昶、江都汪容甫中、劉端臨臺拱。蕭客弟子江鄭堂藩，亦知名。皖派領袖曰戴震，字東原，休寧人。少受業婺源江愼脩永，後從棟遊，傳其學。著《孟子字義疏證》、《方言疏證》、《攷工記圖》、《聲韻攷》、《聲類表》、《爾雅文字表》，餘關於曆算、水地之著述猶多。其論求學，以識字爲第一義，識者韙之。以舉人召入，纂修《四庫全書》。其《書目提要》，大部分皆出其手，而以紀昀尸其名也。其鄉里同學有聲稱者：金輔之榜、程易疇瑤田，後有凌次仲廷堪及胡樸齋匡衷、胡文水承珙、胡竹邨培翬。其弟子著者：興化任幼植大椿、餘姚盧抱經文弨、曲阜孔巽軒廣森，其尤著者金壇段若膺玉裁、高郵王懷祖念孫、念孫子伯申引之、

德清俞蔭甫樾、丹徒馬眉叔建忠。繼起者郝懿行、桂馥、侯康、陳澧、馬瑞辰、陳立、陳奐、劉文淇、鍾文烝、劉寶楠、焦循、龔麗正、朱右曾、陳喬樅、齊詩翼。時有與吳、皖派樹敵者，為桐城派，派中巨擘為姚姬傳鼐。鼐善為古文辭，效其鄉先輩方望溪苞，而受法劉海峰大櫆及其世父姜塢範。鼐之弟子方植之東樹，嘗與兩派挑戰，著《漢學商兌》抨擊之，不遺餘力，其文辭斐然，而其學則非惠、戴敵也。又有浙東派者，以餘姚邵晉涵、鄞縣全祖望、會稽章學誠為其派中鉅子。晉涵私淑其鄉人王守仁、劉宗周、黃宗羲之學，於經深「三傳」及《爾雅》，於史尤熟明代掌故，與修《四庫全書》及國史，為文奧衍淵懿，學者宗之，稱「二雲先生」。祖望字謝山，甫釋褐，即告歸，主蕺山、端溪諸書院，講學之暇，廣修枌社掌故、桑海遺聞，表章節義如不及。學誠字實齋，有《文史通義》。餘如陽湖趙甌北翼、瑞金羅臺山有高、吳縣汪大紳縉、長洲彭尺木紹升，皆與此派署近。（《清史紀事本末》卷二十二，民國三年石印本）

王蘧常

【趙翼紀念館成立題聯】倘失大魁，富貴邯鄲原一夢；誰云薄福，文章錦繡足千秋。（湯勝天、蕭華：《王蘧常書法藝術解析》，江蘇美術出版社 2001 年版，第 66 頁。見該書所附《王蘧常年表》1985 年（乙丑），時年 86 歲。題目係編者代擬）

姜亮夫

【絕句探源（節錄）】譬如雙聲詩，王融有《雙聲詩》一首。庾信《示封中錄》二首，亦雙聲詩也。而趙甌北引史繩祖《學齋呫嗶》以為「唐人已有此體」。不知魏晉時已大有其人矣！庾信又有《問疾封中錄》一詩，亦雙聲詩，共八句。（原載《語絲》第五卷第四十期，1929 年；《古典文學論叢》第二輯，陝西人民出版社 1982 年版，第 66 頁）

朱湘

【評徐君志摩的詩（節錄）】《志摩的詩》出版了。

這本詩約略可以分成五類：

散文詩、平民風格的詩、哲理詩、情詩、雜詩。

這五類詩裏面，據徐君自己的意思，是覺得哲理詩這一類最滿意。但是不幸，我的意思剛剛同他相反，我以為徐君在詩歌上自有他的擅長，不過哲

理詩卻是他的詩歌中最不滿人意的。……其實，哲學是一種理智的東西，同主情的文學，尤其是詩，是完全不相容的。哲學家固然可以拿起文人的筆來表現他的哲理，好像我們中國的莊子寫他的《南華經》那樣，好像西方的普拉陀（Plato）寫他的許多篇談話那樣，不過，哲學的本質依然在那裡，是一毫沒有變動的。詩家的作品裡面固然也有不少的理智成分在其間，但是詩歌中的理智成分同哲學中的理智成分絕對是兩件東西。我們就拿英國詩來講，英國詩人裡面最理智的總要算多萊登（Dryden）、鮑卜（Pope）兩個了，但是他們的理智並不是用來寫一篇抽象的系統的哲學論文，卻是用來創造一些精警的句子，記錄一些脆利的觀察。他們作品中的理智成分同滑稽成分、諷刺成分是分不開的；——我相信哲學裡面要是一屬入滑稽或諷刺的成分進去，恐怕就要不成其為哲學了罷。——再看我們中國的詩，可恨！可恨！倫理詩，乾燥無味千篇一律的倫理詩，倒是汗牛充棟，而像多、鮑的那種乾脆警策的詩，卻只有一個碩果僅存的趙翼。趙氏的詩極富於理智的成分，如《古詩十九首》的「仙者長不死，元會為多春。安期羨門輩，宜其至今存。何以五代來，但聞呂洞賓？……豈非佺喬流，世遠亦就湮。多活數百年，終歸墮劫塵？」「偶遇佳山水，謂如畫圖裡。及觀好畫圖，謂如真山水。」又如《讀史》的「衰世尚名義，作事多矯激。郭巨貧養母，懼兒分母食。何妨委路旁，而必活埋甌？」「荊公變祖法，志豈在榮利。蓋本豪傑流，欲創富強治。……及思法必行，勢須使指臂。群小遂競進，流毒不可制。」又如《閒居讀書》的「一字千萬言，猶未得其真。當時無注腳，即以詔愚民。家喻而戶曉，毋煩訓諄諄。」「人面僅一尺，竟無一相肖。人心亦如面，意象夏獨造。同閱一卷書，各自領其奧。同作一題文，各自擅其妙。問此胡為然？各有天在竅。……所以才智人，不肯自棄暴。力欲爭上游，性靈乃其要。」

得了，得了，我鈔了這許多時候，還不過是在《甌北詩鈔》第一本的前三題詩裡面，以後的例子之多，更不用說了。這些詩人，英國的多萊登、鮑卜，我國的趙翼，他們的作品中誠然是很富於理智成分，但是誰敢說，這種理智的成分同哲學中的理智成分是一個東西？更進一層，我們研究英國文學的人，平常總是聽到說施士陂（Shakespeare）的人生哲學，但我們不可因此便說哲理詩是可以成立的。我們要知道，文學的對象同哲學中人生觀的對象雖同為人生，但一個是用具體的方法去創造人物，一個卻是用抽象的方法去探求真理；方法同目的既然都不相同，彼此所得的結果，也就因之大相徑庭。

（《中書集》，中國文聯出版公司 1998 年版，第 151～153 頁）

繆鉞

【紀念甌北逝世一百七十週年二首】今年爲趙甌北先生逝世一百七十週年，趙氏後嗣將舉行紀念，遠道征詩，敬賦二首。　　（其一）史學詩才兩絕倫，風騷百代貴更新。微言妙旨傳詩話，又把金針度與人。（其二）善將哲理入詩篇，絕藝承傳有後賢。太息故人今宿草，相逢猶記永嘉年。注：甌北五古，善言哲理。執友錢琢如先生寶琮，精於天文曆算之學，嗜讀甌北之作，亦喜以哲理入詩。一九三八年，余至宜山，任教於浙江大學，與先生相識，讀其詩稿，以爲酷似甌北，琢如先生欣然許爲知言。光陰易遷，倏忽四十餘載，而先生逝世已十年矣。（中國歷史文獻研究會秘書處編：《古籍論叢》第二輯，福建人民出版社 1985 年版，第 32 頁。原無題，此題爲編者所加）

錢鍾書

【甌北論詩　甌北詩】甌北晚歲論詩，矜卓都盡。其《詩話·小引》云：少日閱唐宋詩，不終卷而己之才思湧出，遂不能息心凝慮，究極本領。晚歲無事，取諸家全集再三展玩，因自愧悔。使數十年前，早從尋繹，擴吾才，進吾功；惜乎老知毫及，不復能與古人爭勝，然猶愈於終身不窺堂奧者云云。溫然見道，慕古法先，非如隨園、藏園、船山輩之予知自雄，老而更狂也。《詩集》有《讀杜詩》：「吾老方津逮，何由羿彀中」；又《答稚存題詩話》第一首云：「老始識途輸早見，貧堪鑿壁借餘明」；亦猶《小引》之意。可謂以袁伯業之老而好學，求杜少陵之老而律細矣。吾鄉丁紹儀《聽秋聲館詞話》卷十八記姚春木語云：「袁出入誠齋、放翁，而善於變化。蔣宗山谷，而排奡過之。趙學東坡，而離形脫貌，獨出心裁。氣概皆足牢籠一世，唯去唐音尚遠。少陵云『老去漸於詩律細』，細之一字，概似未聞，故不能斂才就範。是故能詩而不能詞」云云。議論既似是而非，亦不知甌北客氣虛鋒，晚年頓盡。王述菴《春融堂集》卷二十四《長夏懷人絕句》云：「清才排奡更峻嶒，袁趙當年本並稱。試把《陔餘叢考》讀，隨園那得比蘭陵？」尙以考據之學進退之，實則二家詩學已異途矣。《甌北詩話》中論李、杜、昌黎、遺山、青邱諸家，皆能洞見異量之美；以查初白上繼放翁，蓋喜其與己有同調。《小倉山房尺牘》卷八《答李少鶴書》謂：「蔣心餘痛詆阮亭，專主初白。」而蔣氏《忠雅堂詩集》卷二十六《論詩雜詠》二十首評初白云：「惜非貴重人，枉現優施態」，是則不甚與之。周荇農《思益堂日札》卷六略謂：「蔣心餘將查初白全集痛加

詆斥，謂是山歌村唱。蔣評無刻本，予有一冊，是蔣手書」云云，可爲證驗。（【補訂一】《春融堂集》卷三十二《答李憲吉書》謂：「初白學誠齋，圓熟清切，於應世諧俗爲宜。苦無端人正士高冠正笏氣象，特便於世之不學者。」與心餘之評初白同。然初白視漁洋、竹垞輩，自爲「白描活現」，與誠齋則相形，而儒緩謹飭、拘放都野迥異。述菴之論，於初白爲皮相，於誠齋則耳食爾。黃晦木、王漁洋序初白詩，趙甌北《詩話》論初白詩，皆以之追繼放翁。洪稚存《北江詩話》卷二，至以放翁、初白、甌北三家七律並舉，較述菴所言，差爲近似。稚存《更生齋詩》卷二《道中無事偶作論詩絕句》之六論初白云：「只辦人間時世粧，名姝未稱古衣裳」，則與述菴意見相類，特取譬男女不同。然未言其學誠齋，尚免於一言以爲不知也）隨園《傚元遺山論詩絕句》論初白云：「他山詩史腹便便，每到吟詩盡棄捐。一味白描神活現，畫中誰是李龍眠」，乃與甌北之論同。江左三家嗜好同異如此。《隨園詩話》卷八又記蔣好山谷而不好誠齋，適與己反；甌北則亦好誠齋。乃知三人行者，每二人黨也。《甌北詩話》論香山，亦有道著語，然書末雜鈔宋元以來絕句，引「蟭螟殺賊蚊眉上」等二絕，謂爲元僧溥光所作，則於香山集何生疏乃爾？隨園雅慕白傅，而《隨園詩話》卷六亦以此詩爲出宋人。甌北以二詩歸溥光，疑沿明人顧元慶《夷白齋詩話》之誤，吳景旭《歷代詩話》卷七十一已是正顧書。元慶不學寡識，僅堪爲倪迂注起居，不讀白傅，理則固然，豈謂甌北亦粗率如此乎！甌北詩格調不高，而修辭妥貼圓潤，實冠三家。能說理運典，恨鋒鋩太露，機調過快，如新狼毫寫女兒膚，脂車輪走凍石坂。王麓臺論畫山水云：「用筆須毛，毛則氣古味厚。」甌北詩筆滑不留手，脫稍加蘊藉，何可當耶？予嘗妄言：詩之情韻氣脈須厚實，如刀之有背也，而思理語意必須銳易，如刀之有鋒也。鋒不利，則不能入物；背不厚，則其入物也不深。甌北輩詩動目而不耐看，猶朋友之不能交久以敬，正緣刀薄鋒利而背不厚耳。（《談藝錄》三八「甌北論詩　甌北詩」，中華書局 1984 年版，第 132～134 頁）

　　【袁蔣趙三家交誼】袁、蔣、趙三家齊稱，蔣與袁、趙議論風格大不相同，未許如劉士章之貼宅開門也。宜以張船山代之。故當時已有謂船山詩學隨園者，參觀《船山詩草》卷十一兩絕。惜乎年輩稍後，地域不接耳。舒鐵雲《瓶水齋詩話》謂袁之功密於蔣，蔣之格高於袁；潘四農《養一齋集》卷五《夏日塵定軒中取近人詩集縱觀之戲爲絕句》之二云：「蔣、袁、王、趙一成家，六義頹然付狹邪。稍喜清容有詩骨，飄流不盡作風花。」（【補訂一】方子嚴澂師極推隨園，故甚非養一此詩。《蕉軒隨錄》卷三論之云：「以六義望蔣、袁、王、趙，似視

四公太重。以狹邪加蔣、袁、王、趙，又似視四公爲太輕。其實四公長處，潘恐未必能夢
到也。」是也。潘氏於法梧門之流，何不亦「以六義望」之乎？）郭春榆《匏園集‧
題國朝名家詩集》亦云：「揖趙拜袁自風氣，不應圖裏著淸容」；又云：「老船
風格似袁絲，莫怪邯鄲學步疑。」黃培芳《香石詩話》謂：「心餘持論，有與
子才不同者，作某詩序云：『詩上通乎道德，下止乎禮義。』」余按《忠雅堂
文集》卷一《鍾叔梧秀才詩序》論詩有「忠孝義烈之心，溫柔敦厚之旨」。《邊
隨園詩集序》引半山《詩解序》：「詩上通乎道德，下止乎禮義」等語。《忠雅
堂詩集》卷四《題中州愍烈記》第四首云：「斯文如女有正色，此語前賢已道
之。安肯輕提南董筆，替人兒女說相思。」按「斯文」句出山谷《次韻東坡送李豸》
七古。欲因文見道，以詩輔史，豈隨園佻儇坦易，專講性靈者乎？故錢慈伯《廎
山老屋詩》卷十二《寒夜雜憶》第二首云：「舂陵詩好惟元結，愍女碑傳有李
翱。會得前賢悲慨處，淋漓大筆尙能豪」，即爲心餘作也。蓋「三家」之說，
乃隨園一人搗鬼。甌北尙將計就計，以爲標榜之資；故《挽隨園》謂「三家
旗鼓各相當」，《答李雨村》謂「角立縱支三足鼎」；隨園作《甌北詩序》，又
《詩話》卷十四亦皆有甌北「自居第三」之說，心餘則無隻字及此。《忠雅堂
文集》卷一有《趙雲松觀察詩集序》，而《詩集》卷二十六《論詩雜詠》三十
首衹有隨園，初無甌北；僅卷九《入京兆闈夜坐》三絕、卷二十五《懷人詩》
四十八首中兩掛甌北名。甌北在乾隆十七年已見隨園之詩，二十一年有《答
隨園見寄》之作，四十四年遊西湖，始與隨園晤面。其與心餘，則早歲同官
京師，二十三年已相友好。送行懷遠，情文稠疊；於心餘之人品詩才，稱不
容口，惜其不遇。而爲隨園作詩，卻時有微詞，匪特向巴拙堂作控隨園詞已
也。如《聞心餘訃哭之》云「角逐名場兩弟兄」，《題心餘遺集》云「邢尹同
時要比妍」，皆以己與心餘並題，了不爲隨園地。《甌北集》卷三十《子才過
訪草堂》五古云：「尹邢不避面，翻欲同羅幬。一代詩人內，要自兩蛟虬。」
心餘已死，仍曰「尹邢」；隨園尙生，亦曰「尹邢」。復稱心餘曰：「名高久壓
野狐禪」，《再題小倉山房詩》則曰：「惹銷魂亦野狐精」，時隨園亦已逝矣。
蓋棺之論，厚薄顯然。特不知何以心餘詩中，反與甌北落落，而較暱於隨園
耳。心餘在蕺山書院時《寄甌北》五古長篇附見《甌北集》卷十七者，今《忠
雅堂集》竟不收；心餘與隨園兩人酬答之外，爲同人作詩無不及之，如卷十
六《懷人詩》、卷十八《五君詠》、卷二十五《懷人詩》、卷二十六《論詩雜詠》，
皆著隨園。甌北工書法，隨園十指如椎，而心餘詩集卷二十三《題雜家書畫

冊》，祇有隨園，與童二樹、鄭板橋等並列。《藝舟雙楫》以隨園書入「逸品」，適堪倫類。三家交誼，殊耐尋味。(【補訂二】尙喬客鎔《三家詩話》專論袁、蔣、趙之詩，於「三家」齊名之說有曰：「此論發自袁、趙，蔣終不以爲然。試觀《忠雅堂集》中，於袁猶貌爲推許，趙則僅兩見，論詩亦未數及矣。」又曰：「茗生初寓金陵，感子才訪己題壁之殷，於是作詩以題其詩、古文、駢體，極其推崇，然不存集中。子才知其言不由衷，故題茗生集詩，晚年亦刪第一首，且時刺爲粗才。雲松於茗生，始曰：『跋扈詞場萬敵摧』，又哭之曰：『久將身作千秋看，如此才應幾代生』，乃觀其集中論詩稱子才而遺己，遂題詩三首，第以才氣推之，陰致不滿。」可與余言相輔佐。亦徵名士才人互相推挹，而好名矜氣之爭心，終過於愛才服善之雅量。故雖「文章有神交有道」，如李杜、蘇黃，後世尙或疑其彼此不免輕忌，況專向聲氣標榜中討生活者哉！)心餘服膺者，皆爲其同鄉聲名寥寂之士。文集卷二《學詩記》，作於五十以後，曰：「友則楊垕、汪軔。汪今之賈島，廣昌何在田不減孟襄陽。惜皆不壽」；卷一《何鶴年遺詩序》則曰：「西江詩廢墮日久，既生一楊子載，又生一何鶴年。」汪、楊、何三人又皆於《論詩》、《懷人》二作兩見。重言反復，其指可參。《忠雅堂詩集》卷四《哭楊子載》、《拜楊子載墓》、《書何鶴年詩本》、卷五《一哀詩》、《汪生》諸作，於三人詩歎賞備至。翁蘇齋、王述菴、袁隨園等風雅總持，與心餘時有唱和，而未嘗被引爲詩友也。《隨園詩話》卷八摘何、楊、汪斷句，謂甲辰過南昌，心餘病風，猶以左臂書此數聯。心餘與隨園二書，今見隨園《續同人集》卷二，傾倒備至，而《忠雅堂文集》不收，爲漏耶？爲刪耶？隨園自少至老，不肯學古人家數，故《詩話》卷三謂「甘作偏裨，自領一隊」。甌北則老而知學，已見前則。心餘《學詩記》乃云：「余十五齡學詩，讀義山愛之，十九改讀杜韓，四十始兼取蘇黃而學之，五十棄去，惟直抒所見，不依傍古人，而爲我之詩矣。」適與甌北相反，而與隨園漸合。甌北《再題隨園詩》曰：「老我自知輸一著，只因不敢恃聰明」；爲嘲諷乎？爲贊歎乎？而三家詩學之異趣，可以見矣。(《談藝錄》四〇「袁蔣趙三家交誼」，中華書局 1984 年版，第137～139 頁)

錢鍾書

　　【論趙翼詩】甌北詩格調不高，而修辭妥貼圓潤，實冠三家。能說理運典，恨鋒鋩太露，機調過快，如新狼毫寫女兒膚，脂車輪走凍石阪。王麓台論畫山水云：「用筆須毛，毛則氣古味厚。」甌北詩筆滑不留手，脫稍加蘊藉，

何可當耶。予嘗妄言：詩之情韻氣脈須厚實，如刀之有背也，而思理語意必須銳易，如刀之有鋒也。鋒不利，則不能入物；背不厚，則其入物也不深。甌北輩詩動目而不耐看，猶朋友之不能交久以敬，正緣刀薄鋒利而背不厚耳。

　　《錢鍾書〈談藝錄〉讀本》案：這一則講趙翼詩。趙翼有《論詩》：「滿眼生機轉化鈞，天工人巧日爭新。預支五百年新意，到了千年又覺陳。」「李杜詩篇萬口傳，至今已覺不新鮮。江山代有才人出，各領風騷五百年。」「隻眼須憑自主張，紛紛藝苑漫雌黃。矮人看戲何曾見，都是隨人說短長。」「少時學語苦難圓，只道工夫半未全。到老始知非力取，三分人事七分天。」「詩解窮人我未窮，恐因詩尚不曾工。熊魚自笑貪心甚，既要工詩又怕窮。」從這五首詩看，趙翼論詩，主張爭新，因為天工人巧都在爭新，是符合自然和社會的變化的。要獨具隻眼，有自己的主張。要人工和天份的結合，像風格，跟個性有關，這就跟天份有關。錢先生稱他的詩，修辭妥貼圓潤，能說理運典，這五首詩就可作例。《詩論》講他的論詩，即屬說理，說得明白暢達。再看他的用典，有融化的工夫，如「預支五百年新意」，就用了《孟子·公孫丑下》：「五百年必有王者興，其間必有名世者」。但用得使人不感到他在用典。再像「詩解窮人我未窮」，用了歐陽修《梅聖俞詩集序》：「予聞世謂詩人少達而多窮。」再像「熊魚自笑貪心甚」，用了《孟子·告子上》：「魚，我所欲也；熊掌，亦我所欲也。」這樣用典，用得自然而不像在用典。

　　錢先生指出他鋒鋩太露，機調過快。如「李杜詩篇萬口傳，至今已覺不新鮮。」比起杜甫稱「王楊盧駱當時體」為「不廢江河萬古流」來，即李杜詩是「不廢江河萬古流」的。就顯得趙翼論李杜，不免「鋒鋩太露，機調太快」了。再像「矮人看戲何曾見，都道隨人說短長」也一樣。再像《雜題八首》之一：「每夕見明月，我已與熟悉。問月可識我，月謂不記憶。……神龍行空中，螻蟻對之揖。禮數雖則多，未必遂鑒及。」這後四句也是鋒鋩大露，機調過快。（周振甫、冀勤編著：《錢鍾書〈談藝錄〉讀本》，上海教育出版社 1992 年版，第 280～281 頁）

劉衍文

　　【雕蟲詩話（節錄）】余不解梨園，顧於角色之類別，以與詩人之詩相比附，最肖者得十餘人焉：李賓之（東陽），正生也；李獻吉（夢陽），正淨也；李于鱗（攀龍）、蔣心餘（士銓）、王仲瞿（曇），副淨也；正旦之青衣，王漁

洋（士禛）也；貼旦者，陸務觀（游）、袁簡齋（枚）、趙甌北（翼）也；花旦者，吳梅村（偉業）、陳碧城（文述）、舒鐵雲（位）也；老外者，蘇子瞻（軾）也；老旦者，黃山谷（庭堅）也。（《雕蟲詩話》卷一，張寅彭主編：《民國詩話叢編》第六冊，上海書店 2002 年版，第 457～458 頁）

　　【雕蟲詩話（節錄）】又有以小說大者。唐羅公升《溪上》云：「往步吞奇覽，今年遂《考槃》。門前溪一發，我當五湖看。」清趙甌北《曝背》云：「曉怯霜威犯鬢鬖，擬營暖室怕錢多。牆根有日無風處，便是堯夫安樂窩。」（詩見《甌北集》卷二十五）窮措大除誦此聊以自慰外，別無良法。（《雕蟲詩話》卷一，張寅彭主編：《民國詩話叢編》第六冊，上海書店 2002 年版，第 460 頁）

　　【雕蟲詩話（節錄）】陳康祺《燕下鄉脞錄》卷六《紀文達不輕著書之原因》中記其語曰：「吾自校理秘書，縱觀古今著述，知作者固已大備，後之人竭其心思才力，要不出古人之範圍，其自謂過之者，皆不自量之甚也。」此說人多有重之者，即如陳康祺，引其語後即曰：「我輩薄植，偶作一二短書雜說，輒姁姁姝姝，有亟於表襮之心，讀此能不顏厚！」夫戒人莫輕著書是矣，而以後之所有，皆莫出古人範圍，則過於武斷。信如彼語，將謂社會不能進展，尼言不可日出乎？鄙意此或紀公一時之託辭，實有背其平日論學之宗旨。江藩（子屏）《國朝漢學師承記》卷六《紀昀傳》記言，「公一生精力粹於《提要》一書，又好為稗官小說，而懶於著書」云；「懶於著書」一語，或更能得其實。吾人倘轉觀趙甌北《論詩》：「滿眼生機轉化鈞，天工人巧日爭新，預支五百年新意，到了千年又覺陳！」對照陳康祺所引紀公之語，是非自定。不審甌北名詩，康祺是否見及，見而又當作何感觸也！（《雕蟲詩話》卷三，張寅彭主編：《民國詩話叢編》第六冊，上海書店 2002 年版，第 523 頁）

　　【雕蟲詩話（節錄）】定公之詩，瑰麗奇肆，獨樹一格，為後人摭搰沾潤頗多。或亦以其絕無依傍矣，實則取資於前修者亦屬不少。今姑就偶所涉及者，拈出數首，以明其遞變蛻化之跡如次：《雜詩·己卯自春徂夏在京師作得十有四首》之十三云：「東抹西塗迫半生，中年何故避聲名？才流百輩無餐飯，忽動慈悲不與爭。」考黃庭堅《山谷外集》卷九《次韻答楊子聞見贈》云：「文章不值一杯水，老矣忍與時人爭。」又錢謙益《列朝詩集》丙集第七《桑悅傳》言桑「領成化乙酉鄉薦」，「調柳州，意不欲行，曰：宗元久擅此州名，不忍遽往奪之耳」。又趙翼《甌北集》卷四十九《論詩》云：「結習耽吟老未忘，尚隨年少角詞場。只愁後世無新意，不敢多搜錦繡腸。」山谷

乃感慨，桑悅則狂傲，甌北係睥睨後世。定公雖亦自負，而憤激怨世之意深矣。顧其語實或受黃、桑、趙之啓迪，能窺入其意而轉進一層，遂能出藍而更趨醒豁。他如山谷詩：「大字無過《瘞鶴銘》，小字無過《遺教經》，」定公則云：「南書無過《瘞鶴銘》。北書無過《文殊經》」，則步趨過甚。黃詩又云：「扁舟不爲鱸魚去，收取聲名四十年。」定公則云：「一簫一劍平生意，負盡狂名十五年。」又反用其意云：「自知語乏煙霞氣，枉負才名三十年。」可見其於江西詩派，亦有所仿傚也。……其（編者按：龔自珍）流傳最廣之《己亥雜詩》，與前人詩中，有較明顯蛛絲馬蹟可尋者，得有五首：……第二、三、四首云：「連宵燈火宴秋堂，絕色秋花各斷腸。又被北山猿鶴笑，五更濃掛一帆霜。」按趙翼《甌北詩集》卷三十《自嘲》云：「久謝時榮養病身，卻因知己上淮濱。黠奴竊笑幽棲客，又出山來謁貴人。」自注：「時因雲岩相公至清口，寄聲招晤，故往謁。」雖同用《北山移文》故實，機杼實亦相類。（《雕蟲詩話》卷三，張寅彭主編：《民國詩話叢編》第六冊，上海書店 2002 年版，第 538～540 頁）

　　【雕蟲詩話（節錄）】《甌北集》卷二十《古來詠明妃、楊妃者，多失其平，戲作二絕》云：「遠嫁呼韓豈素期？請行似怨不逢時。出宮始覺君恩重，臨去猶爲斬畫師。」歷來寫明妃詩亦眾。此亦根據傳說而作者，頗有新意，勝於後一首寫楊妃者：「鼙鼓漁陽爲翠娥，美人若在肯休戈？馬嵬一死追兵緩，妾爲君王拒賊多。」此亦據雜記而作者，但前後稍有牴觸。一、二兩句，自是詩人概括其事而渾言之，顧已明言祿山與楊妃有染矣。若如此，則「拒賊」云云，乃權宜兩可之間，而後抉擇始定。「追兵緩」，則又單從祿山一方面之心理著想，亦未見完善，倘將士不用命，追兵雖緩，亦必及之奈何？參後少穆詩即明其失。（《雕蟲詩話》卷三，張寅彭主編：《民國詩話叢編》第六冊，上海書店 2002 年版，第 551～552 頁）

　　【雕蟲詩話（節錄）】倘以詩風相近論：簡齋、船山、子瀟，實可稱爲三大家，世間以簡齋、清容、甌北稱乾隆三大家者，徒以年輩同時耳，袁、趙兩家，猶有可牽合處，清容則全然不類矣。又法時帆以子瀟與舒位（鐵雲）、王曇（仲瞿）合稱三君，亦屬一時興起而拈連者，乃後之論者，包括《清史稿》在內，亦竟合觀而談矣。實則鐵雲、仲瞿，誼屬戚友，詩風互爲影響，固可相提並論，子瀟雖多與倡和，詩實別出一格，與兩家極不相侔也。簡齋、船山與子瀟，論詩志趣皆投合，亦可與甌北相參證。簡齋卒後，謗者四起，甌北亦改其常態而

譏之。船山於其詩集補遺卷五有《袁簡齋大令卒於隨園》詩云:「謫仙非謫乃其遊,汗漫才名散不收。身後譏彈騰眾口,生來福慧自千秋。眼空天海詩爲戲,夢繞煙花死未休。一代傳人傳已定,莫憑遺行苦吹求。」(《雕蟲詩話》卷五,張寅彭主編:《民國詩話叢編》第六冊,上海書店 2002 年版,第 645 頁)

陳碧池

【海隅紀略(節錄)】土人屯營於象岡山。曹凹園因諸村慮賊從上、下風門凹蹈隙來侵,故沿山設險,屯營於象岡山之麓,更番巡守,以備不虞。思患預防,志良可嘉。其視聞變輒遁,以致望煙火而無門,號冷風而絕命音,固大相反矣。昔趙雲松詩云:「堅壘深溝各保家,村村團結拒軍巴。匹夫慕義皆肝膽,眾志成城亦爪牙。獷鹵莫嗤包疢疽,驍雄或有郭蝦蟆。見《金史》,皆鄉民之倡義者。勇於公義非私鬥,獎勵還應式怒蛙。」讀此則宜知自奮也。(章伯鋒、顧亞主編:《近代稗海》第 10 輯,四川人民出版社 1988 年版,第 121~122 頁)

李繡伊

【廈門燈謎雜詠】吟香箋擘墨飛花,欲藉燈紗當碧紗。比似詩家袁趙蔣,性靈典麗與風華。(江更生、朱育珺主編:《中國燈謎辭典》,齊魯書社 1990 年版,第 391 頁)

沈其光

【瓶粟齋詩話(節錄)】姚東木觀察鈔示其輓異老詩四絕,茲錄其二首,云:「木天清望古稀年,鸑鷟才名四遠傳。牛嚼牡丹同百草,奇聞一世盡譁然。」第三句自注:「用甌北句也。」然賊民之酷虐、士類之摧殘,七字盡之矣。(《瓶粟齋詩話》初編卷六,張寅彭主編:《民國詩話叢編》第五冊,上海書店 2002 年版,第 547 頁)

【瓶粟齋詩話(節錄)】世俗諺語,其來已久。「天下無難事,獨怕有心人」,此語宋時已然。陳師道詩:「人畏有心事無難。」此語雖鄙,理則然。「高不來,低不就」,此本於樂府曲「高來不可,低來不可」二語。白話詩,古人亦有之。樂府:「江陵去揚州,三千三百里。已行一千三,所有二千在。」此爲最古。近代趙甌北《詠椎背兒女》云:「一個西瓜分八片,阿翁大費爲酬勞。」袁子才云:「山妻含怒奪燈去,問郎知是幾更天。」皆令人失笑。(《瓶粟齋詩話》初編卷八,張寅彭主編:《民國詩話叢編》第五冊,上海書店 2002 年版,第 567 頁)

　　【瓶粟齋詩話（節錄）】楊誠齋《宿潮州海洋館》詩：「臘前蚊子已能歌，揮去揮來奈爾何。一隻攪人終夕睡，此聲原是不須多。」趙甌北句云：「一蚊已足擾清夢，宵小由來不在多。」全剗取誠齋語，而拈出「宵小」，便落纖巧，不及古人之蘊藉。（《瓶粟齋詩話》初編卷九，張寅彭主編：《民國詩話叢編》第五冊，上海書店 2002 年版，第 569 頁）

　　【瓶粟齋詩話（節錄）】遺山七律，篇篇鉤勒，字字闕灈，而尤工於隸事。如云：「只知河朔歸銅馬，又說臺城墮紙鳶。」此詠白撒得河北降將，及哀宗突圍北走，命白撒攻新衛取糧，爲元將史天澤所敗事也。「石苞本不容孫楚，黃祖安能貸禰衡。」此詠李汾被武仙脅迫，絕命而死事也。「壯志相如頭碎柱，赤心嵇紹血沾衣。」此詠王渥赴宋議約，及思烈援汴，兵敗，渥死難事也。其他寫情寫景者，云：「華表鶴歸應有淚，銅盤人去亦無心」、「傷時賈誼頻流涕，臥病王章自激昂」、「華胥夢破青山在，《梁父》吟成白髮催」、「黃花自與西風約，白髮先從遠客生」、「淹留歲月無餘物，料理塵埃有此杯」、「黃菊有情留小飲，青燈無語伴微吟」、「春寒春暖花如故，年去年來老漸催」、「春風碧水雙鷗靜，落日青山萬馬來」、「蕩蕩青天非向日，蕭蕭春色是他鄉」，諸聯感時觸事，淒人心脾。《甌北詩話》譏其「書卷不多，不如蘇陸之博大」。余曰，正惟其不多，故能精切如此。譬之用兵，苻堅百萬之師，不敵謝公八千之眾，在精不在多也。紀律不諳，形勢不審，雖蜂屯蟻聚，又安用哉？（《瓶粟齋詩話》續編卷一，張寅彭主編：《民國詩話叢編》第五冊，上海書店 2002 年版，第 584～585 頁）

　　【瓶粟齋詩話（節錄）】讀《樊山詩鈔》竟，摘錄數十聯，樊山詩之體象備矣。……至其使用冷僻之書，如「丹穴乳泉皆異境，黃甘陸吉是幽人」、「御陶瓷病無茅篾，正透犀紋有豆椒」等，集中甚多。故其句云：「古書靜坐常思誤，僻典酬勞孰勸斟。」上用《北齊書・邢邵傳》語，下句自注：「趙甌北晚年每就洪北江，質一事則勞酒一壺」云云。（《瓶粟齋詩話》續編卷二，張寅彭主編：《民國詩話叢編》第五冊，上海書店 2002 年版，第 597 頁）

　　【瓶粟齋詩話（節錄）】余嘗與弟子言詩學，主張讀詩須分時代：年十三四時尚不甚瞭解古人奧竅，而記憶力甚強，宜讀漢魏六朝詩，但求其能背誦，先厚其基；二十以後如草木方榮，便讀李、杜、高、岑、韓、蘇詩，以求其格律聲調之備；中年哀樂多更，或病入於衰颯，宜讀溫、李詩，以助其華；晚年芳華凋落，才力將窮，宜讀陶、韋、白傅詩，歸於妙悟，如是乃無流弊。

又謂迂謹人宜讀風華詩，漁洋、竹垞乃其妙劑；腹儉及鄙俗人宜讀典雅高華詩，北地、信陽皆良藥也；窘邊幅者宜讀甌北、隨園，此亦譬之五行中有生尅之用。（《瓶粟齋詩話》續編卷五，張寅彭主編：《民國詩話叢編》第五冊，上海書店2002年版，第621頁）

【瓶粟齋詩話（節錄）】「董三三」，宋時營妓也。東坡《贈李方叔》云：「須煩李居士，重說董三三。」見甌北詩自注。（《瓶粟齋詩話》續編卷五，張寅彭主編：《民國詩話叢編》第五冊，上海書店2002年版，第628頁）

【瓶粟齋詩話（節錄）】辛卯春，朱君積誠（聲樹）自滬攜其先人邐庸先生家駒遺稿枉顧，委爲訂定。朱氏故居奉賢泰日橋，自邐叟高祖翼周公以下五世，以孝友著稱。邐叟父字史枚（士墇），重遊泮水；叔字甄卿（士瓛），舉咸豐己未；邐叟舉光緒己卯，重宴鹿鳴；兄雲逵（家驊），孝廉方正，一門彬彬儒雅。叟工書，邃於經學，尊程朱，嘗爲肇文文遊書院山長、辛卯江南鄉試簾官，民國己未、庚申間江南通志局分纂。倭難作，避滬，終於寓次。余自丙辰以後，辱先生折輩行以文字相交幾三十年，積函累寸。先生憤世嫉俗之概，一發於詩，今特錄其清恬疏雋之什。……《題袁、蔣、趙三家集》，《袁》云：「元輕白俗肩隨裏，宋矩唐規睥睨中。」《蔣》云：「氣概頗餘燕趙烈，聲情似迸楚《騷》哀。」《趙》云：「弄丸熟得宜僚意，飛劍靈通越女神。」皆搔著癢處。（《瓶粟齋詩話》三編卷四，張寅彭主編：《民國詩話叢編》第五冊，上海書店2002年版，第690～691頁）

【瓶粟齋詩話（節錄）】趙甌北《題梅村集》云：「猶勝絳雲樓下老，老羞變怒罵人多。」誅心之論，殊快人意。（《瓶粟齋詩話》四編下卷，張寅彭主編：《民國詩話叢編》第五冊，上海書店2002年版，第718頁）

王常翰

【《甌北集》　　王常翰任筆小論】此老理想極高，而閱歷尤深。其詩爲儒家之詩，非詩人之詩。文貴才、學、識三者具備，惟詩亦然。袁、蔣、趙三家，各有所長。余私淑雲崧，有時且過於袁、蔣。五七古尤長，史事尤熟。氣息深淳，足徵修養，眞百讀不厭。（華夫主編：《趙翼詩編年全集》第一冊，天津古籍出版社1996年版，第82頁）

王逸塘

【今傳是樓詩話（節錄）】趙甌北挽王西莊詩，有「牙籌不廢手親持」之

句。西莊頗講封殖，居官亦乏清譽，當時議者頗多。甌北此詩，洵爲實錄。(《今傳是樓詩話》，張寅彭主編：《民國詩話叢編》第三冊，上海書店 2002 年版，第 364～365頁)

【今傳是樓詩話 (節錄)】錢塘張仲雅 (雲璈)，自號簡松居士，蓋慕袁簡齋、趙雲松兩詩人也。所著有《簡松草堂詩集》，冷雋清新，卻不甚似袁、趙。(《今傳是樓詩話》，張寅彭主編：《民國詩話叢編》第三冊，上海書店 2002 年版，第 373頁)

【今傳是樓詩話 (節錄)】「愛好」、「貪多」，文士結習，而貪多之病，賢者不免。唐宋以來，詩之多者，首推白、陸。他人無其才力，妄冀流傳，等之自鄶，又何譏焉。趙甌北《長夏曝書有作》云：「文人例有一篇稿，鍥棗鋟梨紛不了。若使都傳在世間，塞破乾坤尚嫌小。」蓋嘅乎其言矣。余最喜樊榭論詩「多作不如多改，善改不如善刪」之語。以此告人，並時以自箴。(《今傳是樓詩話》，張寅彭主編：《民國詩話叢編》第三冊，上海書店 2002 年版，第 493 頁)

張梅盦

【金陵一周記 (節錄)】午後至夫子廟購舊書若干部，得《甌北詩話》舊本，珍逾拱璧，蓋余酷嗜趙甌北詩，而又耳食其詩話久矣。(原載《新遊記匯刊》，中華書局 1921 年 5 月；薛冰編：《金陵舊事》，百花文藝出版社 2001 年版，第 72 頁)

二、域　外

〔日〕奧山翼

【甌北詩選序】余向讀《甌北詩鈔》，卷首所載諸家之序也、跋也、題辭也疊出，殆至三十紙。而其揚榷贊獎之若不容口。盛哉！一日有客來評騭《詩鈔》，客曰：「隨園序曰：『晉溫嶠恥居第二流，而耘菘獨自居第三人者，意謂探花辛巳，而於詩則推伏余與蔣心餘故也。』據此，則甌北若甘居第三等者，果然歟？」余曰：「否，否。此事也，《隨園詩話》亦載之，顧甌北於袁爲弟行，而肩隨於蔣，故文酒讌會間，偶然爲之讓一著，隨園即執爲左契。其意蓋謂甌北大敵也，不因其讔語以壓彼。於今日，則天下後世定論或有未可期者，故傲然屢筆，以爲口實。而甌北則謂『袁、蔣，吾匹也』。縱目此語，姑推彼於當世，而天下後世慧眼自有不可掩者，故夷然不以介懷，是二人之微意雖薄乎云爾，而可謂察

淵中矣。隨園亦有所不安，故序中又曰『疑是讕語不足信』，是其遁辭耳。」客曰：「然則其論惡乎定？」余曰：「以學殖論之，則《陔餘叢考》、《二十二史劄記》，具在袁、蔣二家斷斷非所跂及矣，何獨於詩俄立於其下乎？時論或以爲三神山、或以爲鼎力則似矣。雖然隨園嘗過甌北，甌北喜有詩曰『要是今曹、劉』，而眼中既若無蔣者也。則三山鼎力，固非甌北所願聞，而其所謂曹、劉，尤恐屬謙辭也。余有一說於此，私爲子言之。南宋詩家以楊、陸爲最，今袁詩取清新於圓熟，趙詩爭巧縟於奇恣，而袁近陸，趙近楊。放翁有詩曰：『我不如誠齋，此論天下同。』由是思之，則袁、趙二家之軒輊，有不待余喋喋者焉。」客欣然曰：「謹承教。」既而，客就《詩鈔》選錄七言律、絕如干首，以上木投余，曰：「《甌北詩鈔》篇頁浩繁，勘讎非易，其餘諸體，將陸續刊行，以公諸世，請賜一言。」余回書曰：「書嘗與客所論者，以爲之序。」客者謂誰，本藩詩人碓井晴沙氏也。文政十年丁亥歲南至後一日，奧山翼榕齋氏譔。(《甌北詩選》，文政十年丁亥東都書林新鐫本)

〔日〕大窪詩佛

【《甌北詩選》題辭】(其一)詩文隨世運，無日不趨新。甌北有此語，足曉後詩人。(其二)請看李王徒，盛唐惟宗之。盛唐不可到，祇是李王詩。(其三)句中要有意，句外要有氣。所以甌北詩，句後自有味。(其四)及讀甌北詩，初知詩關學。驅使萬卷力，下筆如飛黿。(《甌北詩選》，文政十年丁亥東都書林新鐫本)

〔日〕大原觀山

【自詠傚甌北體】衰老沉疴集一身，精神如醉太昏昏。自分傍人稱半士，何能頮齒列三尊？欲命衣裘翻命食，將呼兒子誤呼孫。腹中舊貯五千卷，絕笑曾無隻字存。(《蕉鹿窩遺稿》)

【謝安倍讓惠酒，傚甌北體】策窮不但失青州，無復囊錢聘督郵。何料君持胙士柄，一朝封我醉鄉侯。(《蕉鹿窩遺稿》)

〔日〕岡本黃石

【黃石齋集詩評(節錄)】枕山曰：險韻每句押，竟無窘態，是趙雲崧得力之處。(《黃石齋集》第三集《南摩羽峰環碧棲集，分東坡「一年好景君須記，正是橙黃橘綠時」句，得「一」字》詩評)

〔日〕宮澤雉

【《甌北詩話》識語】自宋、元來論詩者，無慮數百家。要之皆膚淺之見，揚同乎己者，抑異乎己者，無益於詩學，是爲河漢之言。書賈玉巖翻雕《甌北詩話》，欲以布於世，攜一部來，問序於余。余讀一過，頗通其詳略。其爲話也，標舉自唐至清十家，細論各家才分境地，廣而不濫，約而必精，至矣盡矣，不可以加矣，是爲金玉之言。且夫甌北先生學問博大，詩才縱橫，當時諸公咸推服之，而此詩話是晚年所筆，最極其本領，如庖丁解牛，以神遇而不以目視，官知止而神欲行；又如輪扁斲輪，不徐不疾，得之於手而應於心，後之學詩者，其何可不以習讀此詩話乎？自今而後，學詩者習讀此編，以擴其才，漸進其功，則十家之妙境，駸駸乎其可以到矣。此編在當今詩世界，實是昇天架空雲梯也，學仙換骨神丹也。文政戊子花朝雲山居士宮澤雉識。（早稻田大學土岐文庫藏和刻本《甌北詩話》）

〔日〕廣瀨建

【《澹窗詩話》上卷（節錄）】高青邱詩爲明朝第一，此趙甌北之說也。予未盡讀明人之集，然抄錄一代大家如李、何、王、李、徐、袁、鍾、譚等集，讀之以窺見一斑，其體皆一偏，非中正也。高則純粹中正，可知趙說非誣言也。（轉引自張伯偉：《清代詩話東傳略論稿》，中華書局 2007 年版，第 250 頁）

【《澹窗詩話》下卷（節錄）】高青邱詩爲明朝第一，此甌北之說，誠然也。予嘗一讀，極覺益人。（轉引自張伯偉：《清代詩話東傳略論稿》，中華書局 2007 年版，第 250 頁）

〔日〕廣瀨謙

【梅墩遺稿跋（節錄）】……集中如《東鯛》詩、《阿波黑崎馬入室》詩，意境似涉飢骸。有評者曰：「人之取捨各別。滄溟、歸愚之徒，必割席而拒之；東坡、甌北之輩，則相視莫逆矣。」頗爲知言。……（《梅墩遺稿》）

〔日〕廣瀨旭莊

【觀西人紀我邦事，謬誤極多，作絕句四首嘲之（其一）】神武開基上繼天，爾來經歲近三千。西人未免井蛙見，但詫周家八百年。（鹽）趙翼詫清高宗壽，有「已過梁唐晉漢周」句，未嘗知我先王在位百年、九十年者，比比相接。亦蛙見而蛙鳴而已。（《梅墩詩鈔三編》卷一）

【送蘆村詩評】（鹽）全篇杜皮、韓骨而蘇辭，袁枚、趙翼有此筆鋒而少此識見。彼有意弄狡獪，此則堂堂正正，不肯由徑，所以勝也。（《梅墩詩鈔三編》卷二）

【贈菅谷主人眞希元】溪居風物入詩篇，肥遯羨君清福全。花片流來洗瓶處，蘋香吹到曬書邊。何論市遠無兼味？唯愛日長如小年。（劉）趙雲松詫其「但見水田飛白鷺，未聞夏木囀黃鸝」一聯，然彼全仍摩詰成句，大不如此合鑄杜、唐句。僮僕閒閒存道氣，耕餘與枕樹根眠。（《梅墩詩鈔四編》）

〔日〕鷲津毅堂

【詠梅爲大垣小原鐵心，用趙甌北韻】（其一）既被金衣聖得知，先春竹外放橫枝。仰彌高矣洙濱叟，傾且長兮邢國姨。清影忽來人定後，香魂欲斷角殘時，能描神韻月娥耳，休詫畫中猶有詩。（其二）僭紫僞紅紛若雲，孤白唯同尚質殷。半世守寒貞曜子，終身斷火玉宸君。落花深處禽充餒，晴磵橫時水現文。三顧臥龍應有意，蟾輪悄地夜知聞。（《毅堂集》詩稿一）

〔日〕賴山陽

【高江邨集鈔序（節錄）】後士奇而名焉者查愼行，更後焉者趙翼，皆有從軍律詩，視之士奇之渾老，則小遜矣。（《賴山陽全書》文集卷十三）

【書頤素堂詩鈔後（節錄）】……七言律，則格律嚴整，其警拔處，往往似趙甌北，而不學其使才太過。……（《山陽遺稿文》）

【夜讀清諸人詩戲賦】鍾譚駏蛩眞衰聲，臥子拔戟領殿兵。牧齋賣降氣本餒，敢挾韓、蘇姑盜名。不如梅村學白傅，芊綿猶有故君情。康熙已還風氣闢，北宋粗豪南施精。排奡群推朱竹垞，雅麗獨屬王新城。祭魚雖招談龍嘶，鈍吟、初白豈抗衡。健筆誰摩藏園壘？瘦語難壓甌北營。倉山浮囂筆輸舌，心怕二子才縱橫。如何此間管窺豹，唯把一袁概全清？渥溫覺羅風氣同，此輩能與元、虞爭。風沙換得金粉氣，骨力或時壓前明。吹燈覆帙爲大笑，誰隔溟渤聽我評。安得對面細論質？東風吹發騎海鯨。（《山陽遺稿詩》）

【書《唐宋詩醇》不全本（節錄）】……趙甌北《詩話》，猶襲《詩醇》，次第前人，可謂無眼孔也。（《賴山陽全書》文集「書後」）

【書趙甌北《十家詩話》後】清初錢牧齋挾韓、蘇以凌轢人，而其所作，不能脫明季脆薄之習，不若吳梅村之純學長慶，溫馴有餘也。二人皆失節，而錢靦顏，吳忸怩；錢竊罵興朝，吳懷思故君。其詩品，各如其人。乾隆焚

滅錢集，宜也。要之，皆明詩殘餘。至康、正之際，王、朱與南施、北宋應運駢起，皆全人全詩。愚山雋逸，荔裳雅健；而朱之森嚴排奡，王之高朗清麗，可稱勍敵。王病在太整，不及朱之有氣力，然無朱之瞞人處，各有長短也。趙甌北乃獨取梅村與查初白，查所長律詩耳，雖足鼎峙一時，豈可奄有二子？是無他，以群推王、朱，故意捨此取彼，猶牧齋捨前後七子而獨取程公圓，非確評也。（《賴山陽全書》文集「書後」）

【書藏園、甌北詩鈔後】隨園學不及甌北，才不及藏園，而意常踞二人上。其嘗評屬樊榭《弔古》詩曰：「數典而已」，是袁自道，可也。蔣則能運用之矣，袁心常畏忌，故話中每每抑之，而抑不了也。乃至蔣之評袁，則曰：「麻姑弄狡獪，傍有方平窺」，可謂窺破之矣。趙律詩工緻，出袁、蔣右，古風、絕句，則多俚俗蕪雜，甚於袁者矣。蓋漁洋以整麗風靡一代，三家晚出，務欲以「亂頭粗服」勝之，勢乃至於此。猶北地之於西涯，公安、竟陵之於歷城、太倉。彼鬪其名於大海外，何干我輩事？此間文士，不詳人之爭端，每視其後出豎幟者，輒欲黨屬之，何哉？（《賴山陽全書》文集「書後」）

【讀杜詩（節錄）】余幼愛誦杜子七言歌行近體，愛其雄深而渾噩也。以謂杜之後，蘇、陸於宋，李獻吉於明，宋荔裳、趙雲松於清，惟肖焉。而我近世，獨白石、玉山二子，爲稍近焉。它雖有名家，概綿弱耳。……（《賴山陽全書》文集卷三）

【跋《二十二史箚記》後】清人考據，率欲罵詈宋人，以樹己門戶，故實益人者甚少。其實益者，顧寧人亭林《日知錄》、朱竹垞《經義考》及趙雲崧《二十二史箚記》之類，數部而已。蓋經學既多爲之者，故去尋一境界，是雲崧不樹門戶之門戶也。前此王鳴盛有《十七史商確（榷）》，錢大昕有《二十一（案：當作「二」）史考異》，皆與趙書同體，而趙可資實用。雖此等書如覈帳簿，不足快心洞目，視諸宋人《讀史管見》之類專爲空論、刻論者，則有間矣。羽倉縣令簡堂聞吾欲觀《箚記》，舉家藏本見贈。縣令好學，今人罕覯。今人借書且悋，況有餉書者！是又猶所罕覯也。（《賴山陽全書》文集「書後」）

【書《武功紀盛》後】趙雲崧直軍機處，從戎幕，非其所樂。然因所見聞著此書，遂成可傳。蓋如紀事本末之體，而彼鈔列而已，此熔鑄成篇，足見筆力。凡傳一人易佳，敍一事細大不遺而無不掉之病者難能。吾知此中甘苦，故服趙也。論贊亦矯然非本末比。吾欲觀趙雜文，恨集中不載，讀此書，每想其幕中無几據地作檄文不加點時也。（《賴山陽全書》文集「書後」）

〔日〕默庵松村

【五山翁八十壽言（其一）】五劍山高南海表，鍾靈果降我師來。江湖玩世詩爲業，花月娛情酒是媒。壽算何疑逾趙翼，才名不見讓袁枚。春筵祝嘏從兒姪，笑對群賓捧賀杯。去冬翁疾在蓐，予候之。翁曰：「噫！吾不及新春。」予曰：「先生壽當不減甌北。」曰：「甌北幾許？」曰：「八十五矣。」翁咲而罷。故後聯及之。（《牧野默庵松村遺稿》卷之八）

〔日〕木下彪

【青厓詩存序（節錄）】……當是時（案：日本明治維新之後），星社同人，競效清詩，甘爲隨園、甌北之亞，以視先生之直追杜少陵、韓昌黎、白香山、元遺山、李空同者，辭氣風概，固不可同日而語也。……（《青厓詩存》）

〔日〕內藤湖南

【魏晉南北朝通史序（節錄）】……煥卿昔遊京都大學，潛研乙部，夙曉義法。及乎教授東北大學，用力益專，貫穿蔚宗、承祚以下南北史諸書。而典志禮俗，參之《通典》、《潛夫論》、《昌言》、《人物志》、《抱朴子》、《顏氏家訓》，漢魏六朝家集釋、老二氏之言，參之《藏經》、《僧傳》、《弘明》、《廣弘明》二集，乃至近代顧寧人、趙甌北、章太炎，及此間並世師友之說，洽覽博稽，莫不折衷。而天數世道、潛運默移之故，猶燃犀而燭照焉。可不謂良史之才乎？……（《湖南文存》）

〔日〕森魯直

【梅花四首用趙甌北韻】（其一）美人南國少相知，春在饑禽啄上枝。臨水未曾逢姹女，築臺何必避封姨？湖邊客到鶴翻處，林下月來童倦時。昨夜西谿看易罷，擁鑪靜坐苦思詩。（其二）驟暄時節乍寒天，欲問佳人幽且妍。應伴蟾宮偷藥女，肯饒香案掌書仙？到林深處展將折，在水一方尝可褰。鼻觀妙參奚自得？牧童遙示指頭禪。（其三）羅浮夢外費尋思，流水聲中見一枝。鶴去來邊雲散後，月黃昏際酒醒時。忽疑西子捧心立，也似東家偷眼窺。開到洛城春二月，風前有恨笛先知。（其四）濃疑是雪澹是雲，幽賞我嘗情孔殷。空谷佳人寒倚竹，屋樑殘月悄逢君。入山猶相衣穿白，在野能賢質勝文。莫近帝閽橫直腳，恐他還奏客星聞。（《春濤詩鈔》卷二）

〔日〕森槐南

【槐南集（節錄）】陽湖趙雲菘翼稱：「梅村身閱興亡，時事多所忌避，其作詩命題，不敢顯言，但撮數字爲題，使閱者自得之。」（《槐南集》卷三）

〔日〕勝間田稔

【次韻上田澹齋《與矼雲來唱和》詩，以贈澹齋】慧眼夙窺蘇陸門，未捐甌北與梅村。往來今古離還就，咀嚼疵醇吐或吞。宦海波瀾新日月，騷壇詩酒舊乾坤。驚君才學天縱美，勿笑迂疏試放言。（《雲來起予吟草》）

〔日〕石舟劉耆

【題梅墩詩鈔後（節錄）】……隨園甌北輩，中原競鼓旗。使君生西土，彼徒豈能支？（《梅墩詩鈔三編》）

【廣瀨旭莊《放言三首》（其一）詩評】（劉）人以公爲今日甌北，如此等詩，彼有其筆而無其識。（《梅墩詩鈔四編》）

〔日〕唐公愷

【《甌北詩話》題辭】古無詩話之目矣，詩話即隨筆也。唐宋諸公有記述者，間及古人詩賦，未曾以此名之。司馬、歐陽《志》、《錄》出，而詩話、隨筆始歧，而寥寥短簡，不過桂林一枝。已至如《全唐詩話》、《詩林廣記》，良雖成帙，遂是詩人小傳，亦不過資談鋒、健牙頰已。及阮閱、胡仔之輩有《總龜》、《叢話》之作，搜羅蒐輯，袤然巨帙，實爲騷壇之一大壯觀，不啻裨詩學，亦足以廣聞見、長才識矣。嗣之洪景廬編《五筆》，多論及苕溪之所載。王懋、姚寬諸人又從捃摭商覈，則隨筆亦由詩話而盛矣。要之，隨筆、詩話惟宋人爲富，元、明諸儒有著錄者，亦唯沿襲，無別呈面目者。爲近時袁子才著《隨園詩話》，卷帙洪繁，而所載同時來往酬酢者居多，是乃詩話之體小變矣。至趙公雲松《十家詩話》，不復零零碎碎，論單句隻言，一掃宋、元以來之習氣，務騁神識，不持畸僻偏見，可謂偉哉。蓋趙公以史學擅長，其餘《陔餘叢考》、《武功紀盛》、隨筆、詩文，全集具在。其學富才贍，較可與宋諸名家拮抗爭衡矣。且詩話所道，不啻不趁前人牙頰，別有獨造，儘或及其人履歷、年時考覈，雖則夫子史學餘習也，試不以此爲詩，轉以資於時世、理亂指證券，所謂不龜手指藥，異用而功蓓者，非耶？乃趙公詩話竟不墜尋常隨筆之窠窟，適足以補苴正史之不備，豈不更偉乎哉？書價玉巇就詩

佛先生請校閱訂正，將以翻刻公佈，而先生有西遊之舉，無遑竣事，於是余頒其勞。青蓮至坡公五卷，校閱句讀，加以鄙見，功訖矣，附之剞劂氏。後又得一本，十卷外更有二卷，夫此著以十家命意，不容有衍餘，因詳之。則此書成於嘉慶七年壬戌，後錄有今甲子歲之文，適是嘉慶之九年也。蓋此書脫稿之後，猶漫爾趁筆，豈得非趙公當時以爲雞肋，門人小子爲蛇添足耶？雖然，闢之嗜味者不以多厭，如好酒者必有塾尾之情，寧可不合刻而適於饞人之懷耶？回亦加校閱，鑴以附屬，嗟此書一行，則詩學之習必大一變矣。乃溯以至於史，又至於經，六未可知也。果然耶？是進雕蟲之技以爲屠龍之術也，豈不亦一大盛事耶？是余之所以樂序道也。文政十年丁亥季冬十又八日，江戶它山唐公愷鴻佐父撰。（早稻田大學土岐文庫藏和刻本《甌北詩話》）

【早稻田大學土岐文庫藏和刻本《甌北詩話》唐公愷鴻佐按語、批校】

●卷一《李青蓮詩》

青蓮工於樂府。蓋其才思橫溢，無所發抒，輒藉此以逞筆力，故集中多至一百十五首。有借舊題以寫己懷述時事者。如《將進酒》之與岑夫子、丹丘生共飲。《門有車馬客行》有云：「歎我萬里遊，飄飄三十春。空談帝王略，紫綬不掛身。」

【「馬」下宜補「客」字。】

青蓮避安祿山之亂，南奔江左，後爲永王璘招入幕中，坐累得罪之事，就其詩核之，亦有可得其次第者。……獨是璘初未顯言，及採訪使李希言平牒，璘乃藉端發怒，使渾惟明襲希言，李廣琛趨廣陵，則已顯然爲逆。

【它山按：溫史唐肅宗紀：甲辰永王璘擅兵東巡，軍容甚盛，然猶未露割據之謀。吳郡太守兼江南東路採訪使李希言平牒璘，詰其擅引兵東下之意。璘怒，胡身之曰：「方鎮位任等夷者平牒。」蓋平交文字，不加敬異也。】

青蓮胸懷灑落，雖經竄徙，亦不甚哀痛，惟《上崔渙百憂章》有「星離一門，草擲二孩」之語，最爲慘切，蓋在獄中作也。及流夜郎途次，別無悲悴語。……《贈常侍御》云：「登朝若有言，一訪南遷賈。」《贈易秀才》云：「蹉跎君自惜，竄逐我因誰？感激平生意，勞歌寄此辭。」皆無侘傺無聊之感。

【侘傺失意貌。】

●卷二《杜少陵詩》

杜少陵一生窮愁，以詩度日，其所作必不止今所傳古體三百九十首，近

體一千六首而已。使一無散失，後人自可即詩以考其生平。惜乎遺落過半！韓昌黎所謂「平生千萬篇，雷電下取將。流落人間者，泰山一毫芒」。此在唐時已然矣。幸北宋諸公，搜羅掇拾，彙爲全編。呂汲公因之作年譜，略次第其出處之歲月，頗得大概。黃鶴、魯訔之徒，乃又爲之年經月緯，一若親從少陵遊歷者，則未免穿鑿附會，宜常熟本之笑其愚也。

【它山按：黃希之子鶴有《杜詩補注》，魯訔亦南宋時人，有注杜詩十八卷，未審傳否。黃希乾道二年進士，生在魯訔之後。】（編者案：黃希有《補註杜詩》，搜剔隱微，多所發明，未及成而卒。其子鶴續成之，名曰《黃氏補註杜詩》）

有題中未必有此義，而冥心刻骨，奇險至十二三分者。……《木皮嶺》之「仰干塞大明，俯入裂厚坤」。《桃竹杖》之「路幽必爲鬼神奪，拔劍或與蛟龍爭」，《登白帝城樓》之「扶桑西枝封斷石，弱水東影隨長流」（扶桑在東，而曰西枝，弱水在西，而曰東影，正極言其地之高，所眺之遠），皆題中本無此義，而竭意摹寫，寧過無不及，遂成此意外奇險之句，所謂十二三分者也。

【本集云「干」一作「看」。】

杜詩又有獨創句法，爲前人所無者。……至如《杜鵑行》之「西川有杜鵑，東川無杜鵑，涪萬無杜鵑，雲安有杜鵑」，此究是題下注語，而論者引樂府「魚戲荷葉南，魚戲荷葉北」，以爲杜詩所彷，則又信杜太過矣。

【「彷」當作「仿」，即「倣」字。】

詩人之窮，莫窮於少陵。……《王十五閣前會》，則云：〔病身虛俊味，何幸飫兒童！〕

【「閣前」據本集當作「前閣」。】

●卷三《韓昌黎詩》

遊韓門者，張籍、李翱、皇甫湜、賈島、侯喜、劉師命、張徹、張署等，昌黎皆以後輩待之。盧仝、崔立之雖屬平交，昌黎亦不甚推重。所心折者，惟孟東野一人。……蓋昌黎本好爲奇崛矞皇，而東野盤空硬語，妥帖排奡，趣尚略同，才力又相等，一旦相遇，遂不覺膠之投漆，相得無間，宜其傾倒之至也。

【揚雄《太玄經》「物登明堂，矞矞皇皇」。】

盤空硬語，須有精思結撰。若徒掇摭奇字，詰曲其詞，務爲不可讀以駭人耳目，此非眞警策也。……《竹簟》云：「倒身甘寢百疾愈，卻願天日恒炎曦。」謂因竹簟可愛，轉願天不退暑，而長臥此也。此已不免過火，然思力

所至，寧過毋不及，所謂矢在弦上，不得不發也。

【它山按：「過火」當作「過大」。】

聯句詩，王伯大以爲古無此體，實創自昌黎。……今觀韓集中《會合聯句》，則昌黎及孟郊、張籍、張徹四人所作；《石鼎聯句》，則軒轅彌明、侯喜、劉師命所作，獨無昌黎名，或謂彌明即昌黎託名也。

【「命」當作「服」。】

昌黎以主持風雅爲己任，故調護氣類，宏獎後進，往往不遺餘力。……及柳、劉得罪南竄，昌黎憂其水土惡劣，作《永貞行》云：「吾嘗同僚情豈勝，具書所見非妄徵。」則更惓惓於舊日交情，無幸災樂禍之語。

【「豈」一作「可」。】

●卷四《白香山詩》

香山舉進士試《窗中列遠岫》，省試《玉水記方流詩》，皆無足觀。不過浮詞敷演，初未清切摹寫。在今時詩帖中，尚屬劣等，豈貞元詩家猶未有刻畫一派耶？全集中亦不免有拙句、率句，復調、復意。如《西樓喜雪》云：〔散面庶槐市，堆花壓柳橋。〕……又《代夢得吟》云：〔世上爭先從儘汝，人得且須遊。〕……《病假》云：〔與春無分未甘心。〕

【「儘」本集作「盡」。】

【病假之「假」，去聲。《晉書》「休假」，猶漢告歸。】

香山有《過洞庭湖》詩，謂大禹治水，何不盡驅諸水直注之海，而留此大浸佔湖南千里之地！若去水作陸，又可活數百萬生靈，增入司徒籍。

【本集卷八《自蜀江至洞庭湖口有感而作》，「佔」字書與「沾」通。】

元和中，方士燒煉之術盛行，士大夫多有信之者。……乃晚年又有《燒藥不成命酒獨醉》詩云：「白髮逢秋王，丹砂見火空。不能留姹女，爭免作衰翁？」

【「王」，本集云「去聲」，一本「王」作「短」。】

香山《九老圖》故事，《新唐書》謂「居易與胡杲、吉旼、鄭據、劉眞、盧眞、張渾、狄兼謨、盧貞宴集，皆高年不事者，人慕之，繪爲《九老圖》」。此未考香山集也。……秘書監狄兼謨、河南尹盧眞，以年未七十，雖與會而不及列。……前侍御史內供奉范陽盧貞年八十三，前永州刺史清河張渾年七十七。洛中遺老李元爽年一百三十六，僧如滿年九十五。此二人無詩，香山各作一絕句贈之。

【「眞」當作「貞」。】

【「貞」當作「眞」。】

【它山曰：「耆英會顛末，《邵氏聞見錄》詳之，《言行錄》引之敘文路公下。」】

北人用黍作酒，南人用糟蒸酒，皆曰「燒酒」。……甚至《府中夜賞》云：「閒留賓客嘗新酒，醉領笙歌上小舟。」

【「甚」恐其誤。】

●卷五《蘇東坡詩》

詩人遇成語佳對，必不肯放過。坡公尤妙於剪裁，雖工巧而不落纖佻，其由才分之大也。…… 「大木百圍生遠籟，朱弦三歎有遺音。」（《答仲屯田》）

【「栽」當作「裁」。】

【它山按：大木一聯，《西溪叢語》謂王荊公集亦有之。】

東坡詩文，及身已盛行。……施本刻於嘉泰中，陸放翁爲之序（現在《渭南文集》中），乃元之及吳郡顧禧共注，而元之子宿又加核訂者。其本係隨年之先後編訂成編；顧元、明以來，久已淹沒。

【「成編」之「編」宜作「篇」。】

東坡才名，震爆一世。……然諸人因此得附見姓名於坡集中，至今不沫，亦豈非得所託哉！

【「沫」或「抹」誤。】

●卷六《陸放翁詩》

古來作詩之多，莫過於放翁，今就其子子虡所編八十五卷計之，已九千二百二十首。……然則，丙戌以前詩，存者才百之一耳。子虡刻全集時，亦跋云：「先君在嚴州刻詩，多所去取，所遺詩存者尚有七卷。」今在遺稿內。

【逸稿七卷附全集後，「遺」字疑「逸」誤，下同。】

放翁詩凡三變。宗派本出於杜，中年以後，則益自出機杼，儘其才而後止。……《示子遹》詩云：「我初學詩日，但欲工藻繢。中年始少悟，漸若窺宏大。數仞李杜牆，常恨欠領會。元白才倚門，溫李眞自鄶。」

【「自鄶」見《左傳》襄公廿九年。】

使事七律：「奴愛才如蕭穎士，婢如詩似鄭康成。」此放翁之父所作，而放翁足成之者。……「貴人自作宣明面，老子曾聞正始音。」（《東齋》）

【「砭」疑下字誤，此句本韓文。】

寫懷七律：……「香浮鼻觀烹茶熟，喜動眉間煉句成。」（《登北樹》）……「舌自生肥忘玉食，腰常忘帶況金圍。」（《昨非》）

【「烹」，本集作「煎」。】

【一聯「忘」字犯用，「肥」下忘或遺誤。】

●卷七《陸放翁年譜》

十八年戊辰

【河寬齋先生編公《年譜》云：「十八年，公父少傅公卒。」見公題跋，蓋先生之著，在此書未出之前。今補之。大窪行記」。】

●卷八《元遺山詩》

遺山在汴梁圍城中，自天興二年春，崔立以城降蒙古，後四月二十九日始得出京；……又按楚材奉蒙古主命，親至汴，來索其弟思忠等，遺山蓋即是時與楚材投契故也。

【第十二卷續詩話有此解，併看瞭然。】

●卷十《查初白詩》

七律：……「感逾學士蓬池膾，味壓詩人丙穴腴。」「短簷蓑袂平生夢，臣本煙波一釣徒。」（《賜鮮魚》）……「流水一彈真絕調，朱弦三歎有餘音。」（《送陳澤州相國予告歸》）

【它山按：「短簷」或是「笠簷」誤。陸魯望《江南》詩有「笠簷蓑袂」字，查初白蓋援用之。】

【它山按：大木百圍生天籟，朱弦三歎有遺音。荊公、東坡丛有此句。】

●卷十一

《王荊公詩》：「荊公專好與人立異，其性然也。王介與荊公素好，因荊公屢召不起，後以翰林學士一召即赴，介寄以詩云：『草廬三顧動幽蟄，蕙帳一空生曉寒。』蓋諷之也。……惟《芥隱筆談》記：……」

【「王介」當是「唐介」。】

【「談」當作「記」。】

《詩人佳句》：「蔡天啓與張文潛論韓、柳五言，以韓詩『暖風抽宿麥，清雨捲歸旗』，柳詩『壁空殘月曙，門掩候蟲秋』為集中第一。……『有客能吟丞相柏，無人敢伐召公棠。』（《燕人謁韓魏公相州祠堂記》）」

【「記」當作「詩」。】

●卷十二

《古今詩互有優劣》：「『水田飛白鷺，夏木囀黃鸝』，本李嘉祐詩，王摩詰添『漠漠』、『陰陰』四字，論者謂倍覺生動。今甲子歲，梅雨連旬，低田俱成巨浸，余亦用此二句云：『但見水田飛白鷺，不聞夏木囀黃鸝。』雖踵故事、拾唾餘，而形容雨多水大光景，似宛然在目。」

【它山曰：「所斥今甲子，即嘉慶之九年也。說見余序文。」】

《元遺山與耶律楚材書》

【此條宜與第八卷併看】（早稻田大學土岐文庫藏和刻本《甌北詩話》）

〔日〕藤井竹外

【賴大倉二家招同細香女史及予東山賞花，賦四絕句贈女史（其二）】閱遍紅紅白白叢，憐君老不負東風。夕陽三十六峰路，未必看花似霧中。後云：與沈碻士「名花恐在霧中看」，趙雲松「老夫亦已霧見花」同所本，而用法各別。（《竹外二十八字詩》卷下）

〔日〕小野湖山

【以趙雲崧《湯池》句「性靈抱中和，元氣葆溫燠」為韻，作小詩十首箋六】（其一）泉源長有春，溫燠是其性。山如待吾遊，天教除吾病。（其二）朝洗又夕澡，灑然舊襟抱。為嫌醉飽多，林輕事幽討。（其三）諸泉過猛烈，此獨稱中和。勿求奏效急，只要補治多。（其四）坎離雖相反，坤乾歸一元。何疑大地底，火脈接泉源？（其五）山水氣靈淑，煙雲為相葆。一遊人自怡，終古天不老。（其六）山間夏尚寒，容衣輕而燠。莫訝燠而輕，溫湯弄餘馥。（《湖山消閒集》）

〔日〕齋藤正謙

【梅花集句百律序（節錄）】……近時趙甌北有名句云：「單身立雪程門弟，素麵朝天虢國姨」，世人以為工，而達者不取，以為黏皮著骨，梅花之清掃地。善哉。……（《拙堂文集》卷之二）

【鐵研齋詩存跋（節錄）】……余閱此卷，謂君詩似趙甌北，以其才氣駿發，學殖富贍，好使眼前事，勇標新穎也。……（《鐵研齋詩存》卷八）

日本樂府

【評語（節錄）】歷下、太倉舊矣。已而公安、竟陵，已而新城、歸愚，已而隨園、甌北，尸祝祧遷，如夢如癡，誰如吾山陽之出頭立腳，自出手眼，做人所未做哉？（《日本樂府》評語）

卷十 佚 文

一、序 跋

【松泉文集序】吾師休寧汪文端公，人品學問爲世典型，海內思睹其全集久矣。憶乙亥、丙子之間，翼在公邸第嘗稍爲裒輯。公歿，而公子時齋奉持弗敢失墜，更增採零篇斷楮，勒成全編，虛懷鄭重，猶不敢草率付梓。今年春，奉太夫人諱歸里，道經毘陵，以翼從公遊最久，習聞緒論，且亦讀禮家居，得以暇悉心持擇也，乃出公集並具贄，俾審訂刻之。翼何敢辭？謹刪擇授剞劂而贅言於簡端曰：公以光嶽挺生之姿，遭際聖明，詡贊化理，其大者在乎彌謨猷，裨政治，詩文特餘事也。顧老於文學，甘苦最深。自爲諸生，即被薦纂修《明史》，紀傳諸贊悉出公手，議論平恕，文辭淳茂，已兼有班、范之長。及入翰林，直禁近，閱歷益深，學識益邃，經經緯史，以至叢編脞說，無所不該貫，而總以陶冶挫籠，歸之雅正。故發爲詩文，從容和厚，不佻不迫，雍然有東榮西序、金春玉鏘之遺風。雕繢家麗矣，而遜其大方；鍛鍊家工矣，而遜其流逸；馳騁家豪矣，而遜其典重。泱泱乎，渢渢乎，其斯爲治世之元音，所以鳴國家之盛者乎！是以蔚爲一代宗工。我皇上聖學高深，莫能仰窺涯涘，獨於公眷契有加，宸翰榮褒，有「贊治常資理，論文每契神」之句。下至學士大夫，固無不奉爲圭臬，至以其一言評騭爲輕重。迄於今，公墓木拱矣，而推論製作鉅手，猶必以歸公，謂本朝之昌黎、盧陵也。可謂盛已！公詩文尚多，今所刻僅十之七八，非敢妄爲刪節。憶公序安溪李文貞公集有云：「裒而輯之者，惟恐其不多；而愛其文而錄之者，則常出於少。」故竊取斯義，稍從矜愼，夫亦猶稟公之訓也。翼自庚午鄉闈受知於公，

-419-

是多即客公所，迨公歿，凡八九年。陋儒拘墟，得稍識古學衢術，實自公發之。函文追隨，一樽談藝，辱公期待甚厚。忽忽二十年，老將至而學不加進。寒燈青螢，重展公集，如見眉宇，如聞謦欬，迴憶公獎借之意，不禁汗浹顏赭，有餘愧焉。惟斯集之刻遲之又久，若有待於翼家居暇日，得因時齋之屬藉手校勘，以附名不朽。比於李漢之編韓文，竊自幸師弟之緣有獨厚也。乾隆戊戌秋九月，門下士陽湖趙翼謹識。（汪由敦《松泉文集》卷首，文淵閣四庫全書本）

【補梅軒草序】鷦鳩搶榆枋，而大鵬一舉九萬里；研朱滴粉，渲染不過尺幅，而海東紅雲，光照天下。其所積者厚而所據者高也。同年謝觀察蘊山先生，年二十餘登進士第，以制藝傾一時。入翰林，有聲詞館；主試中州，分校禮闈，人頌其分明，而羨其所得皆佳士。及其一麾出守，所歷皆望郡，撫循噢咻，論東南賢太守者，必首及先生。竊以先生治績，當爲一世賢良之最矣。乃酬唱贈答，登臨感興之篇，時時流播，藝林爭誦傳抄，始知先生才分、學養之閎且邃如此。文學、政事，蓋以一人兼之。今年夏，以所著《補梅軒詩集》郵寄示余，其格律渾成雄逸，深造古人，不特情韻新穎、華采鮮潔而已。夫世之以詩名者，大抵皆騷人墨客，終其身，沉酣歌詠，抑或迴翔館閣，以文字爲職業。若賢勞鞅掌、理治繁劇之才，則所謂「一行作吏，此事便廢」者。先生獨能包舉其全，且各極其至。然則先生之所積與據者爲何如也？讀是集，私心爲之傾盡焉。乾隆五十九年秋七月，趙翼序。（謝啓昆《樹經堂詩初集》卷七，上海辭書出版社圖書館藏本）

【謝啓昆樹經堂詠史詩序】詠懷古跡，昔人偶一爲之。自前代李茶陵撮歷朝故事，製爲樂府，近日嚴海珊又作《明史雜詠》，揚摧一朝人物，於是操翰者遂以詠史爲能事。然樂府既皆古體，雜詠亦不專一格，從未有全以七律詠史者。同年謝藩伯蘊山先生，天資英卓，博極群書，嘗洞觀古今，每欲於人所未經開闢處獨佔一途，以擅不朽。曩以魏收《魏書》專紀孝靜，而西魏數傳，正統所在，反無記載，乃作《西魏書》，以補正史之缺。斯已巧於得間，覷人間所未有之書，作人間不可少之書，必傳於後無疑矣。今又從史遷以來至宋元，凡二十一史，標舉人倫，推究治亂，悉以七律從事，則更獨開生面，自成一家言者也。然先生非徒以取徑之別見奇也。詩莫難於七律，七律莫難於詠史。不深觀於各朝之時勢，及諸臣之品量，則衡量未審，射麋安能麗龜，刻鵠或且類鶩，此貴乎識之高也。律體必用駢偶，而一人之生平，豈能恰有

一二事，足供裁剪成聯，則捉衿不免露肘，納采終乏儷皮，此貴乎學之博也。詞條雖豐，而運掉不靈，則無由寫其人之眞，而顯我評騭，土偶端而無語，綵花麗而不香，此貴乎才之逸也。今觀先生之詩，詠一人必稱一人之分量，興羽鉤金，悉當其輕重；五雀六燕，勿爽其低昂，固已獨具正法眼藏。而選料庀材，侔色揣稱，奇必有偶，渾然天成。或旁借而得援兵，或反擊而逢勁敵。入其鑪韛，皆精金也；經其組織，皆異錦也；有家雞鴻鵠之指揮，無紫鳳裋褐之顚倒，謂非才、學、識三者兼擅，而能工至此極乎？則其獨有千古也，又何疑乎？獨是評古量今，品藻人物，此閒居無事者之所爲也。先生方敭歷膴仕，飭官方、恤民瘼、旬宣保，鼇棠茇而星駕，宜不暇分力於著述。乃去歲赴山右時，出此編見示，不過數十首。今自晉移浙，僅閱一歲，已遍詠二千年史事，裒然成集，益歎先生經濟文學兼數十百人之長，眞不可及也。治年弟趙翼。（載於謝氏樹經堂詠史詩前，轉引自杜維運：《趙翼傳》「附錄九」，臺灣時報文化出版事業有限公司 1985 年，第 325～326 頁）

【瓶水齋詩集識語】開徑如鑿山破，下語如鑄鐵成，無一意不奇，無一句不妥，無一字無來歷。是眞能於長吉、玉谿、八叉之外別成一家，遂獨有千古。宋元以來，所未見也。豈惟畏友，兼藉師資，歎服何既！陽湖趙雲松識，時年八十。先生與先君子同名，故每與位筆箚往還，所署皆如此。謹記。（《瓶水齋詩集》，清光緒十二年邊保樞刻十七年增修本）

【張雲璈簡松草堂詩集序】余客揚州，識張仲雅孝廉於寓。公茗椀談詩，遂成莫逆。曾題拙集長古，余已弁之卷端。今過江枉訪，以所著《簡松草堂集》問序於予。予先叩其草堂名何義，孝廉曰：「干寶《搜神記》云：『偓佺好食松實，以遺堯，堯不暇服。松者，簡松也。受服者皆三百歲。』然此神仙之說，某意不在是。某生平酷嗜袁子才及先生之詩，袁號簡齋，先生字雲松，合二公字，適符此松名，遂以顏吾齋，聊誌景附之意焉。」噫！可見其意念之謙而嗜好之癖矣。孝廉學博而才雄，思精而筆銳。當其踔屬風發，不啻張桓侯據長坂橋，橫矛一呼，追者辟易；又如周盤龍匹馬縈繞於萬眾之中，所向無不披靡。此無論拙詩當三舍避，即簡齋亦當讓出一頭地。今試以吾二人詩論之，簡齋才思英鷙，其下筆之妙，幾於天僊化人，飛行絕跡，而率意處不免天吳紫鳳，顚倒短褆；余則僅用意使典，粗有一日之長，而費經營，勞鍛鍊，天分已不及簡齋。孝廉乃牽連及之，蓋將兼二人之長，以獨擅一家之勝，故託齋名以寓意耳。然生並世者，恐不足副觀止之量，吾知孝廉馳域

外之觀，又將友千載之蒼髯叟、綠毛仙，而擷其汁液也。嘉慶丁卯九秋陽湖趙翼。（載於《簡松草堂詩集》前，轉引自杜維運：《趙翼傳》「附錄八」，臺灣時報文化出版事業有限公司 1985 年，第 323～324 頁）

【西蓋趙氏宗譜·凡例後識】前凡例十九條，係前次修譜時，先祖駢五公暨通族諸老人悉心酌定，無可復議。是以此次一遵成法，不復另立條款。惟外姓入繼者，舊不登譜，但念其父既以為嗣，則祭享是資。且聚族而居，於通族尊卑，久有名分。今既不便直接本人之下，而概從刪削，情理殊有未安。爰與族兄聞六、九齡諸公共商，另彙一編，附之譜末，既不紊本宗之血脈相傳，亦不沒其人之享祀所託，似亦變通而不悖於理。餘俱成憲是循。後世子孫，再有修輯，俱不得更改。翼謹識。（《西蓋趙氏宗譜·凡例》）

【《故浩然處士趙公暨室王氏孺人墓誌銘》後記】此遠祖浩然公墓誌銘也。歷年久遠，塚尚巋然，而子孫不能記認。裔孫惠棠，將卜兆於塚旁隙地，開土得此石，始識別而加葺焉。豈公之靈，慮後人失考，故出以示現耶？然則，公生平聰明正直，其精爽久而不泯，可知也。又以見古人埋文壙中，自有深意，其法固不可廢云。嘉慶十二年□月□日，裔孫翼謹記。（《西蓋趙氏宗譜·藝文外編》）

【《明按察使趙敔傳》後識】右《廉使公傳》一通，現刻湯潛庵先生《明史傳稿》中，與練綱、周斌、盛顒、張寧、王徽、莊昶、黃孔昭、毛宏、魏元、鄒智、李文祥合為一卷。今《明史》則概從刪去。蓋康熙年間，潛庵諸公初修《明史》時，皆考之有《明實錄》及《皇史宬》奏疏，擇其人品、政績、風裁、建白卓犖不群者，特為立傳。後來張文和諸公續修，第據從前纂成原本，以意為增刪，而吾家又無官於朝者，遂被削去。然《潛庵集》具在，不可泯也。謹錄出，刻入譜中，以示子孫。至諭德公宦績，《明史》雖無專傳，其忤巨璫王振，荷校於國子監門一事，附見《李時勉傳》中，此則家乘並不載，吾子孫亦當知之。第十世孫翼謹識。（《西蓋趙氏宗譜·藝文外編》）

【徐霞客遊記題辭】承示《徐霞客遊記》並欲補刻其遺詩，具見表彰前輩盛意，謹賦五古一首，奉呈。……（案：五古一首從略）嘉慶戊辰春仲，甌北趙翼。時年八十有二。（案：此據清光緒辛巳瘦影山房版《徐霞客遊記》趙翼手跡。《甌北集》卷四九編年為丁卯〔嘉慶十二年，1807〕，所收《題葉保堂秀才補刻徐霞客遊記》一詩，即此題辭中之五古，唯字句略有不同。當是翌年作為題辭贈送時，趙翼對原作又進行了改動）

　　【誠齋詩集序】南宋四詩家，以陸放翁、楊誠齋爲最。放翁有詩云：「我不如誠齋，此評天下同」，則陸之於楊，且不免俯首。顧《放翁集》有常熟毛氏彷宋板刻本，至今士大夫家多有之，而《誠齋集》流傳較少。曩余從李嗇生郡博處借得抄本，曾選録三百餘首，竊自矜賞，然終以未盡録爲恨。今年吳江徐山民以所刻《誠齋詩集》見貽，且乞爲其序。余喜復獲全璧，因覆讀而論定之。詩文隨氣運日趨於新，新者未有不故。詞藻之豔，日久而塵羹塗飯矣；聲調之美，世遠而簣桴土鼓矣。惟就人人所共見共聞、習焉不察者，慧眼靜觀，一經指出，不覺出人意外，而其實仍在人意中。此則新者常新，可歷久不敝。故巧於爭新者，必不肯傍門戶、落窠臼，憂憂獨造，以自成一家。譬如堂堂之陣、正正之旗，固足以克敵，而韓淮陰背水一戰，反成奇功；三牲之俎、八簋之實，固足以饗客，而石季倫韭洴一啜，反成異味。誠齋早見及此，故其爭新也，在意而不在詞。當其意有所得，雖村夫牧豎之俚言稚語，一切闌入，初不以爲嫌。及其既成，則俚者轉覺其雅，稚者轉覺其老。初閱之，不免列爲小家。正惟不避小家，乃益成其獨有千古。此誠齋詩所以不可無一，不能有二也。誠齋曾爲吾常州守，迄今六七百年，詩中所詠，多稼亭、懷古堂、荷橋、檜徑諸蹟，已無一存者，獨其詩單行側出於蠟車醫瓻之餘，終不可掩，豈非其思力之新，別開生面，有不隨世磨滅者歟？然非山民爲之刊刻，廣其流傳，則亦無由家絃戶誦，俾後生咸識其指歸。則是役，實與毛氏《劍南》、《渭南》之刻，同一表彰前哲、嘉惠後學之盛心。余常州人也，於鄉郡名宦，不能刻其遺集，而籍手於山民。余於山民，滋愧矣！嘉慶五年十一月，陽湖趙翼謹序。（《楊誠齋詩全集》卷首，清嘉慶五年香雪艸盧藏板徐達源刻本）

二、傳　贊

　　【禹九公等家傳】先曾祖諱州，字禹九。先世本宋室後。元泰定中，高郵州錄事體坤公諱孟埁，始徙居武進之西蓋里，遂爲武進人，今屬陽湖縣地。錄事公五傳至廉憲公，諱敔，爲明成化間名臣，事具郡邑志及湯潛庵先生《明史傳稿》。廉憲公又五傳爲先高祖郡庠公，諱熙祚，生二子：長曰質溫公，諱德基；次即公。先高祖早世，先高祖母蔣孺人攜二孤，依於外家。公時僅四齡，即能識字。稍長，益嗜學。家世業儒，所積書頗多，蔣孺人力守之，雖薄田數畝盡鬻去，而書故在。公以是得肆力於古，穿穴經史，學博而才雄，

尤工舉子業。顧數奇，年三十餘，猶困童子試。邑令張公環生奇其材，擢縣試第一。時功令猶寬，學使所未錄者，令得薦其所拔士。拆卷時，張公爲偵者所誤，謂公已被錄，遂以其次薦，及案發，無名。張公爲之頓足，已秩滿，入銓曹，猶念公不已，囑學使者物色之。而公以原名屢試不利，已易名就試，故又相左，公自是絕意進取，專務造就後進。經指授者，無不斐然可觀。縉紳家爭延致公，每歲秋，以贄幣預訂明年約者無慮數十家。公不能盡卻，則約以正旦須躬造請，先至者就之。及期，戶屨恒滿，至有除夕候門以待旦者。性疏曠，所得脩羊，每客授歸，則與族人轟飲連日夕，視囊中金垂盡，然後適館。最後鄉先達董先祥延公教其子佩笈，相得甚。會董公入都補官，邀與偕行，不數月，遂卒於京。年四十有六，康熙甲辰歲也。

　　公歿而先祖駢五公始生。先祖諱福臻，後更名斗煃，駢五其字。初生時，先曾祖母朱孺人猶未知先曾祖凶問，以年四十餘始得子也，喜甚。已而，族中父老得京訃，慮孺人聞之必驚痛，或至捐生，則孤兒不可保，乃相戒弗使知。有某房僕婦者，弗喻也，見孺人猶衣采，戇然曰：「主母猶服此耶？」孺人駭，問得其故，慘痛過甚，遂失乳。家貧不能畜乳母，賴董公家日饋牛乳半升以活。而先曾伯祖質溫公故早世，無子。先曾伯祖母樊孺人守節已二十餘年，兩寡母撫一遺腹孤，日呼天而泣曰：「天若不絕趙氏者，幸祐此兒也。」稍長，即教之學。貧益甚，至以紡線作燈炷，光幽然如青燐，兩寡母紡車相對，而坐公於其中，就燈光讀書。公雖幼，已有識知，朱孺人粗通訓詁，爲之字櫛句疏，不數年，即能自涉經史。無何，兩寡母相繼歿，公年僅十六耳。生理益窘，去爲童子師，端重如老成人，生徒莫敢有□□旁睨者。先外曾王父西干臧公允和器之，以愛女妻公，爲贅婿，遂家於西干里，稍立門戶。而先曾祖授業弟子董生佩笈者，已貴顯，亦有所贈遺，由是衣食粗足。公乃益務殖學，自《四子書》、《五經》、《左氏傳》、《史》、《漢》、八家之文，無不耽思旁訊，研極根柢，見有儒先講說、名人評騭，輒手自抄錄，旁及方書、星學、算法，每肆一業，不窮其奧不止。生平手抄蠅頭書，高三尺餘，未有一筆行楷者，草書弗論也。爲時文，務折衷程、朱，不能趨時好，以故亦終其身不得一衿。自少時即方嚴，不苟訾笑，晚年風規益峻，見者凜然如負秋霜，然非有意矯厲。與人言，必亹亹以敦倫紀、立品誼。鄉里有爭端，多就公質成，數十年未有搆訟者。節縮館饌，爲廉憲公諭塋，置祭田，植松柏。又以族譜久不修，子孫各散處，將不可紀，積數十年辛勤，遍歷各支，訂成之，兩足

盡瘁。卒於康熙戊戌，年五十有五。生子二：長即先考子容公諱惟寬；次先叔父，諱惟厚。先叔父年二十九早卒，無嗣。

先公性謹愨，篤於孝友。先祖晚年病膈噎，醫者謂須鷹團可療。鷹團者，鷹糞從口中出，累累成團雲。公行求至錫邑之陽山，遇大雷雨，匿石穴中，眩栗甚，窅然魂離宅，若有人導之行，睹所謂鷹團者。已而天霽，如所向跡之，果得以歸，人以為孝感也。先祖歿後，先叔父豪放工詩，好結納，所分產不數年揮斥盡，已又為無賴子速訟於官，公盡鬻己產，為之營救，事得直而家遂以貧，時或不能舉火，然終無幾微悔恨色。為塾師，訓迪最有方，雖農家子，未嘗不以誠誨。學將成，則令別從名師卒業，曰：「過此非吾所能誨，不可相負也。」與人必以誠，人以公無他腸，或轉挾詐來，公終不與較，久之而其人自愧屈，鄉里無不以公為長者。卒於乾隆辛酉，年四十。有五子：長即不肖翼；次汝明；次汝霖；次亭玉，殤。汝明亦早卒，無子。先公以不肖忝入仕，得贈儒林郎、翰林院編修，累贈中憲大夫、貴州分巡貴西兵備道，並貤贈先祖，考妣亦如之，而先曾祖尚未及也。

嗚呼！寒家自先高祖以來，數世皆單傳，中間幾絕而僅續。又貧薄無生業，顧皆能孤行卓立，卒以儒自奮，而天又厄之，使累世蹭蹬，即學宮一門限地，亦望之如登天。至不肖輇材末學，曾未及先人之萬一，乃獨忝科第，登仕籍，此豈不肖所能自致？寔惟先人積學勵行，鬱積久而始償。然先人刻苦而不得寸進榮，後人獨安坐而食其報，言念及此，尤痛心也。不肖翼謹述。

（《西蓋趙氏宗譜‧藝文外編》）

【亡室劉孺人傳】孺人姓劉氏，吾邑人。父午岩先生，諱鳴鶴，故名宿，嘗以諸生兩膺博學宏詞、經明行修之薦。孺人年二十七，歸於余。余時為諸生，家赤貧，來歸未逾月，奩具悉入質庫。孺人與吾母紡織以佐日用，時或過午不舉火，機聲猶軋軋也。余客京師，一母兩弟，皆倚孺人事育。孺人雖常居母家，而顧慮家計尤切。余脩羊所入，寄歸，孺人常節縮以應家之有無，即吾女欲置一衣，亦靳不輕予，曰：「而祖母及兩叔，方需此度日也。」時母家門第方盛，孺人弟欽，成進士，服官閩中，勢隆隆起。孺人以貧家婦，依棲其間，既內顧家累，而外又恥以寒陋作可憐狀，左支右撐，甘苦自茹，有不堪為人道者。越五六年，余考授中書舍人以歸，始稍有寧宇。而余弟汝明方娶婦，敝廬數椽就圮，復有事修葺，孺人則為余經紀佽助，雖饎爨之事，皆躬自任之。事甫竣，余復入京補官。會歲大祲，孺人減衣縮食，以庀食指。

已而，余弟汝明不幸即世，孺人殯葬之。復爲余季弟汝霖娶婦。一年間婚喪連舉，勞瘁備至。戊寅春，始奉吾母來就養京師，薄俸所入，素食粗足自給，可無甚拮据爲矣。而孺人旋病，浸尋遂不起。是歲九月二十二日也，年三十有八。統計孺人歸於余，垂十二年，所處無一非艱窘日。及來京邸，稍可自侊，而遽以死。命也夫！余又屢客於外，十二年中夫婦相聚者，實不過一二年。其病也，余方扈從塞外，及請急歸，已屬纊，不得握手一訣矣。婢子語余曰，臨歿之前一日，頻問而主歸未，答以明日當至，孺人不言神傷，黯然淚下，蓋自知不及待矣。嗚呼！此意尤可悲也。（《西蓋趙氏宗譜·藝文外編》）

【繼室程恭人行略】恭人姓高氏，封文林郎晚香公女；贈奉政大夫、掖縣知縣、捐陞府同知曉東公，授文林郎、湖南沅陵縣縣丞冠林公妹；故相國程文恭公甥女也。恭人少喪母，文恭公撫爲己女，歸於余。由文恭公出嫁，故又從程姓。其來歸也，年甫十八，余雖已官內閣中書，而貧窘特甚。恭人既能清苦持家，奉吾母丁太恭人敬愛兼至，撫元配劉恭人所生女，不啻己出，以是早有賢淑聲。余館選後，蒙高宗純皇帝屢命分校鄉會試，並主順天武鄉試，門庭稍改舊觀，而余自知書生命無受福之器，嘗於恭人言及之，故恭人亦泊然自安，無華膴之慕。

歲丙戌，奉命出守鎮安，地與交趾連界，邊郡太守，體制尊嚴，鳴鼓陞堂，腦後接筆。京員一旦得此，如貧兒暴富，事出非望，而恭人仍不改其常。偶一日有鏡在旁，余顧自見其面，笑謂恭人曰：「窮措大能消受此耶？」恭人亦愀然者久之。時方有征緬之役，余奉特旨赴滇從軍。恭人曰：「此固意中事也。」兵凶戰危，生死未卜，恭人設酒祖餞，方慷慨以立功名相勉，間出一語，似預籌身後事者，余不言神傷，黯然而別。囑恭人先挈眷屬歸，由潯、梧、漓水，下瀟湘、洞庭，出大江。灘峽之險，風浪之惡，有人生所未嘗經歷者。恭人以一女子，間關萬里，遠返江南，其危苦自不待言。

余既赴滇，隨果毅、雲巖兩阿將軍出邊，歷九關八隘，（剿）南坎，剿頓拐，剿戛鳩，最後傅文忠公來滇經略，兵事將畢，始奏令回鎮安任，而眷屬已歸，管鑰亦無可託，乃置妾蔣氏。旋奉命調守廣州，距家較近，恭人始奉太恭人南來。都會之地，百物繁盛，恭人惟增一洋灰鼠裘，猶恐招官謗，其他率無改於舊，澹泊如故也。又一年，恩擢貴州貴西兵備道，道署駐威寧州，極苦寒，不生五穀，六月猶下霜雪。恭人亦安之，不以荒陋介意。會有廣州讞獄舊案，罣吏議，當降調，先帝命送部引見，而太恭人年已七十有五，乃

乞假歸里，與恭人修子職。又六年而棄養。迨服闋赴都，已十餘年矣。行至臺莊，忽兩臂中風，幾不治，乃回舟。又年餘，病始愈，親友多勸再出山。恭人曰：「退閒已久，更添一蛇足耶？」余笑謂恭人頗能道意中事，於是杜門之志遂決。余息機摧橦，鉛槧之外，不問世事，恭人實有助焉。待側室蔣氏，恩意周至。撫廷俊、廷彥，愛均而惠一，無稍歧視。視侄廷賢、廷雄亦然。三十餘年以來，閤門百口，皆習於恭人之慈和，內外無間言。親族中無力者，輒量力存恤之。親串往來，惟程氏嫂、高氏嫂、蔣氏妹，情誼眞摯，久而不渝。其他雖女家，亦不一至。婚嫁粗完，不憂凍餒，子孫林立，四代一堂，人咸謂恭人厚福正未有艾也，而竟以膈噎死。悲夫！

統恭人生平所歷，苦樂不同，然處順適而不驕，處拂逆而不怯，蓋深知余世味甚淡，志願有限，故不強其所不能，而余亦免鐘鳴漏盡夜行不休之悔。惟是中歲既遂偕隱之願，晚年亦當遂偕老之期，方倚爲老伴，偶談舊事，惟余兩人，甘苦共嘗，覺有味乎其言。而今剩余隻身，形影相弔，不自知涕之無從也。

恭人以嘉慶十三年正月十九日申時壽終內寢，距生於乾隆七年十月初五日寅時，享年六十有七歲。先敕封宜人，後誥封恭人。子四：長廷英，候選府同知；次廷偉，廩膳生，先卒，皆恭人出；廷俊，廩膳生，候選通判；廷彥，廩膳生，候選訓導，署崇明縣教諭，側室蔣氏出。女六人：劉恭人出者一，恭人出者四，蔣氏出者一。孫九人：廷英出者三，廷偉出者二，廷俊出者四。孫女十二人：廷英出者四，廷偉出者二，廷俊出者四，廷彥出者二。曾孫一人。余蹇遭悼亡，心緒作惡，粗述梗概，惟當代仁人君子垂覽焉。杖期夫翼揮淚謹述。（《西蓋趙氏宗譜・藝文外編》）

【亡兒廷偉小傳】兒名廷偉，乾隆三十三年十一月八日生於鎮安官舍，即以鎮安爲字。時余已奉旨赴滇省從軍征緬，內子程恭人攜以歸。越二年，余調守廣州，內子奉吾母丁太恭人來就養，余迎謁舟次。兒從未識父，初見，方怖而走，少頃，即就余膝呼爹，蓋天性也。余歸里後，始令就學，頗聰悟。年十九，補弟子員。二十四，歲試列一等，例得食餼，爲廩膳生。試鄉闈不售，會有詔舉賢良方正，兒意欲籍爲進身地，以年少難入薦剡，遂鬱鬱不得志，未幾成疾，沉綿歲餘，百方治不效。余攜往□□就醫，亦不救，急買舟歸。甫抵家，一夕而歿，嘉慶二年又六月十六日也。平時內子曾爲余言：兒生時，官舍中異香滿室。余方以爲吉徵，期以遠大，而年僅三十，以一衿死。悲夫！

兒性勤學，無膏粱習。娶謝氏婦，頗有奩贈，兒不以屑意，凡兄弟、親

友有緩急，勿靳伐助。既歿，負之者猶不下千金，其爲人可知也。病革時，自知不起，見余，猶強作歡笑，而淚已漬眶，輒以衾覆面，懼余之見而傷懷也。嗚呼！此意尤可痛已。有子二：和羹、和鳴。女二，皆字謝氏。嘉慶七年四月，甌北老人撰。（《西蓋趙氏宗譜・藝文外編》）

【族侄尋高小傳】族侄攀龍，字憲英，號尋高，西逸兄次子也。幼穎敏，未弱冠，即能文。屢試不售，援例入太學，三赴省闈，輒報罷。遂絕意進取，杜門讀書，終身不涉外事。爲人坦易，胸中不設城府。家僅中人產，有以緩急告者，無不摒擋以應，宗黨咸重之。生於康熙乙酉年九月二十九日，卒於乾隆戊辰年十一月二十一日，年四十有四。配徐氏，繼陶氏。子駿烈，徐出；次青照，工舉子業，惜早世；次敔孟，亦殤；次錫熊。孫桐、拱、挺。甌北翼撰。（《西蓋趙氏宗譜・藝文外編》）

【族孫敷廷傳】族孫炯辰，字敷廷，一字春圃。父作梅，早歿。敷廷纔四歲。母楊孺人，矢志撫孤。六歲，就鄉塾，穎悟異常兒。及長，工舉業，每一篇出，人爭傳誦，顧試有司，輒不利。歲己巳，與余同入京，冀寸尺進。無何，得危疾，四閱月，幾不起。楊孺人聞之，親跋涉來視，幸已痊，遂母子相攜歸。歸十餘年，壬午復入京，援例以太學生將應京兆試，適余分校，以迴避不得入場。迨乙酉，始就試，試復報罷，乃絕意進取，歸而養親課子，不問門以外事。然文譽素著，後生之執經請業者，趾相接也。楊孺人年高，敷廷孝養備至。嘗侍疾，至嘗糞以驗增減。孺人歿，年八十一，敷廷亦將六十矣，猶哀毀幾不勝喪，人咸以爲難。平居恂恂寡言笑，出氣惟恐傷人，然人無不知爲端人正士。卒之日，數十里俱爲歎息。嗚呼！此可以得其爲人矣。生於雍正甲辰七月十三日，卒於乾隆庚戌七月二十五日，年六十七歲。配劉氏，有賢德。子昆吾，孫洪疇、洪聲，皆能以學行世其家。

余與敷廷本族，以同入京，羈旅中相依爲命，遂不啻骨肉之愛。當其臥病僧寺時，余方客授一大僚家，日有館課，不能伴孤寂。惟每夕至寺中，一燈相對，救療無術。家鄉在數千里外，舉目蒼茫，偶商及身後事，各嗚咽不能出聲，此景至今猶歷歷在目也。族叔祖翼撰。（《西蓋趙氏宗譜・藝文外編》）

【族再孫肖松傳】族再孫肖松，族孫敷廷子也。敷廷與余總角交，長相隨入都。泊余歷官中外，而敷廷屢躓場屋，連蹇不得志。余歸田後十數年，復時相存問。見肖松稟氣最薄，身不離病。既逾壯，猶賴賢父精神彊鑠爲料量，家事概弗使與聞。過其家，酒漿佩帨，必慎必周，方知理鹽鹽、持門戶，多賴內

助賢。再後，子昂然成丈夫，勝任內外諸務，則又知其賴有賢子也。以故雖終鮮兄弟，得置身塵事外，瑣屑略不攖心，非天以沉痾困之，即以賢父、賢妻、賢子厚之耶？然觀其守先業，秉父訓，持身粥粥如處子，偶與人交接，輒恐少忤。自奉尤儉約，衣冠樸質，鄉里咸推長厚。素究岐黃術，惜未行於時。五旬外，體益病羸，旋以瘵疾終，年僅五十有九。昔昌黎慨論交北平三世，矧在吾族中，計與敷廷遊，及其子若孫，亦三世矣。敷廷下世已久，今肖松又奄然物故，能無撫今追昔而低徊感逝也？甌北翼撰。（《西蓋趙氏宗譜·藝文外編》）

【節母錢孺人傳】族母錢孺人，無錫曹村女也。年二十，歸族叔上九□，五歲而寡。□男晉南，甫三齡。孺人煢煢孑立，無所庇賴，□□以紡織度日。未幾，訛言有奪孺人志者，聞之憤不欲生。時嚴冬雨雪，負男冒雪歸母家。母家亦故望族，詢悉其故，乃謂：「胡不捐生殉節？」孺人曰：「吾非不欲舍生殉吾夫於地下，然奈此藐孤何！母死，則子亦死矣！」母家為感動，送之還家。人愈加敬重。洎男稍長，即課之業農。孺人晚年家小康，壽至八十有三。子晉南，奉養孝謹。孫明益，亦克先意承志。天之報施苦節，豈有爽歟？嗚呼！若孺人者，可以風矣。例符旌，尚未及請行。族子翼撰。（《西蓋趙氏宗譜·藝文外編》）

【節婦張氏傳】節婦姓張氏，陽湖人。父文懿。氏年二十二，歸吾族兄文林。一歲而寡。閱數月，生遺腹子，無何，未周晬而殤。氏太息曰：「向所以不死，冀有此呱呱者延夫祀也，今復何望！」遂慷慨欲自引決。顧念其舅玉珩翁老矣，媳死誰當養者，且舅無他子，趙氏一線緒已絕。乃斥奩具為翁納室，而自啖糠籺，持門戶，一切不以累老人心。未幾，舅果生一子學參，而舅旋歿。氏又以嫂兼母，鞠愛逾所生。甫髫齡，即具修脯，遣就學。稍長，為之授室。已而學參連舉三子，氏以其一嗣夫後，而家事仍力任之，攻苦食淡，老而益勵。今年七十有二矣，於令甲得請旌，以家貧，未能也。會吾族有事修譜，族兄九齡至其家，氏歷敘其生平所以盡心於趙氏者，不覺淚承睫，冀一載之家乘，以示子孫也。九齡爰請予為其傳。

余惟守節難矣，然或有孤可撫，或無孤而夫之昆弟有能承宗祧者，吾以一身完節以保令名，猶非能有大繫於門戶絕續之故也。如氏者，門祚已中斷，乃獨能識大義，達權變，為其舅若夫延已絕之緒於無窮，以視磨笄截髮，僅僅以節著者，其用心更苦，而所為亦益難矣。余故不辭而為之傳。甌北翼撰。

（《西蓋趙氏宗譜·藝文外編》）

【族弟婦周氏小傳】族弟朝源妻周氏，有賢行。朝源早歿，氏年三十二。撫五歲孤顯奇，極艱苦。有田數畝。乾隆三十三、四年，連遇水旱荒，食不給，以紡織度日。至顯奇能力耕，始稍寧。以乾隆五十四年卒，年五十有六。甌北翼識。（《西蓋趙氏宗譜・藝文外編》）

【族姪婦陳氏小傳】族姪兆鳳妻陳氏，以勤儉佐兆鳳治生。兆鳳痼疾三年，氏罄薄產爲醫藥費。兆鳳卒，氏撫九歲孤允嘉，以養以教，勞瘁備至。田尚存二畝，貲倩人代耕。農事急，則代者自治其田，稍緩，始來兼顧，故所收常歉。氏懼無以爲生，允嘉稍長，則課之力農，而躬自操作庀家事，錙銖節嗇。晚年有田二十畝，汔小康矣，然刻苦如一日也。卒年八十有一。喪夫時，氏年二十九，例得旌。允嘉既業農，願且樸，不能請於官，因乞余誌其略。余哀氏撫孤之苦、允嘉念母之誠也，爰傳之。允嘉及二子景興、景新，亦俱能保家。甌北翼撰。（《西蓋趙氏宗譜・藝文外編》）

【節婦楊孺人傳】節婦姓楊氏，陽湖人。父名永福。孺人年十九，歸吾族姪元士。時元士之父西逸翁遊粵久不歸，孺人謂元士曰：「吾夫婦家居，而老人萍梗數千里外，心能且夕安乎？」即具行李，趣元士往迎，蓋合卺甫三月也。身自持門戶，事姑盡孝，宵舂晨汲爲婢僕先。西逸歸，見家事井井，喜曰：「是能興吾家者已！」元士攻舉子業甚勤，嘗一燈熒然，咿唔聲達旦，孺人紡木棉佐之，雞鳴風雨，含涕相慰勞。無何，元士連困於有司，竟鬱鬱病歿。孺人痛不欲生，以子敷庭方在抱，啜泣撫之，而持家益刻苦，不以寡婦人稍旁諉。凡諸姑叔婚嫁，皆悉力佐姑舅營辦。舅姑歿，喪葬皆盡禮。其撫敷庭也，期望尤至，嘗語之曰：「而父齎志歿，吾所寢寐不忘，飲食必祝者，惟在汝。汝能讀書自奮，則汝父爲不亡矣！」每自塾歸，必覆按其所業，或不當，輒投箸起，然絕愛憐之，弗忍加鞭撲，則對之泣。敷庭亦泣，不能仰視。以是發憤續學，工詩文。嘗兩遊京師，入成均，應京兆試，雖連蹇無所遇，孺人第加勉焉，不以是而有戚戚也。性勤儉。自爲婦以來，操作自力，數十年如一日。敝衣菲食，安之若素，以是晚境稍豐。乾隆癸酉，既以節旌於朝。今年七十有七，尚強健，而敷庭之子亦已娶婦，孺人行且抱曾孫矣。僉以爲孺人苦節，至是稍酬，而精誠所積，必更有燾後而衍慶者，正未艾也。甌北翼撰。（《西蓋趙氏宗譜・藝文外編》）

【惟衡暨配沈氏行畧】惟衡名誠銓，居武進之村後里，吾族曾孫行也。性孝友。析產時，兄惟恭所分較多，惟衡絕弗較，侍兄益恭。父九易，母楊

氏，皆春秋高，兩房叠供膳，惟衡與妻沈氏尤盡孝，烹飪必精腆，燥濕寒燠，所以體之者甚至。九易及楊氏至惟衡家，輒安之。楊氏嘗病痢，惟衡夫婦晝夜侍湯藥，巾單褕器手自浣濯，從不委僕婢，惟恐以不潔聞於人也。以故楊氏臥床第閱十四月，內外親串但知其老病，無有知爲痢者。待族黨尤有恩誼。族叔萃一歿，遺孤秉斯無所依，惟衡撫之於家。既壯，爲娶薛氏女，斥屋居之。秉斯卒，薛氏與一女孤苦甚。時惟衡已歿，沈氏承夫志，益周恤之。已而薛氏又歿，沈氏復營辦其葬事，人咸以爲難。惟衡卒於乾隆乙丑，年五十三。沈氏後三十年卒，年八十。子企穆，孫鳳頌，曾孫開泰、舒泰。曾叔祖翼撰。(《西蓋趙氏宗譜·藝文外編》)

【族兄聞六小照】貌則臞，神則腴。訓子義方，持身德隅。宗祠族譜，事不辭劬。固宜續書香而鯉庭斯起，享眉壽而鳩杖不扶。吾宗之瑞，視此畫圖。翼題。(《西蓋趙氏宗譜·藝文外編》)

【九齡族兄小照】長不逾六尺而詩書滿胸，年已逾七秩而手不扶筇。劬德砥行，睦族敬宗。祠宇既構，猶墍塗是庸；祀田既疆，勤終畝之功。蕭然世味，詠歌黃農，布衣芒屩，研北牆東，蓋庶幾隱君子之風。甌北翼題。(《西蓋趙氏宗譜·藝文外編》)

【淨德禪師行略】師名了月，字淨德，晚號虛奇，常州陽湖縣人。姓趙氏，世居五路橋。父潛文公，母謝氏。師生而穎異，幼有出塵志，父母阻之不果。年二十時成室，生子女各一，不育，父母亦相繼而逝。生事死葬，克盡其禮。至二十六歲，是年沿村瘟疫，師亦染病，幾死。一夕，夢中見觀音大士云：「爾染是疾，必出家方好。」俄夢中覺，乃發願曰：「蒙菩薩指迷，病好定然出家。」由是病體不逾月而愈。因向室邵氏決裂世網，邵亦從之，無難色。師由此得遂先志。經投潤州五峰山，納川海祖爲之披剃。二十七歲，是年春，依金山天濤老和尚，稟受具足大戒。旋就禪堂，過夏結冬，參究念佛。是誰的話頭，如癡如機，久而不契。二十八歲，復回五峰請益，納祖曰：「汝恁麼參切？莫東卜西卜。若一涉於支離，則大事不能濟矣。」師領命，遂執勞服役。開田掘地，栽松種竹，晝夜精勤，話頭綿密，誓不肯捨。一日開田次，忽遇大雨，渾身遍濕，豁然有省。因，元來祇在此裏，點點不落別處。歸呈納祖，祖曰：「你著甚死急？」師曰：「雨打石人頭，暴暴論實事。」祖曰：「鋤頭在甚麼處？」師隨脫濕衣呈之。祖曰：「切莫草草恩恩。雲月是同，溪山各別。」師曰：「和尚須仔細，莫教全靠不肖。」祖頷之。遂授記莂，

並囑保護：「慎勿墮於時流。今時學者，不務眞實，習懶成風，多弄虛頭，少修佛慧。凡遇逆順境緣，不論大小，一點不能作主，縱有一知半解，終有何用？汝既得之，當深蓄厚養，日間作務，夜裏清修，利己利人，方免時弊。毋以得少爲足，自恃聰明，唐喪光陰，虛延歲月，妄談般若，斷佛種性。是所切戒！」師領旨，乃往來金山、天寧兩處，親近大祖及歷住老和尙。師惟以作務任勞、難行能行、難忍能忍爲己任。十數年來，人皆知師爲苦行道者。

至乾隆三十六年辛卯，師年已四十一矣。是時與同參琢三和尙往朝南海，路過嘉禾，所見叢林竟無有安單按眾者。師遂與琢師語曰：「蓋叢林，本爲接引來學，使其參究本分上事，接續佛祖慧命所設。今既如此，則佛祖慧命究成斷滅矣。我等朝海回，當於此處建一寶坊，方不愧在外行腳一番也。」琢師曰：「善。」遂往普陀。謁聖回，至嘉禾，尋得古靈光禪堂舊址，即今之精嚴寺，遂爲復興，以接十方雲水焉。師與琢師在精嚴凡十五年。三易方丈，皆請有道德者主之，情願執勞服役，營辦堂宇，募化齋糧，以供大眾。此師與琢師之謙光德讓也，視今之以苞苴竿牘奔門薄戶謀爲方丈者，直不可同日而語矣。

五十一年丙午，師年五十有六。是年常州天寧方丈虛席，眾議非師來不可。於是監院玉峰師與悟性等同至嘉禾，延師主席。師辭不應。秋間，復以紳衿護法等書至，師仍堅辭。玉峰等見師意決，遂長跪懇請曰：「師若不去，天寧大眾誰將是歸？況天寧乃是大祖老人興修所在，此番不去料理，則前人一片苦心將化爲烏有矣。師詎肯坐視倒懸而不爲之相解乎？」師仍唯唯而已。琢師見玉峰師等長跪不起，乃勉師曰：「老兄不必堅辭，吾與兄同行相助可乎？」師乃允。玉峰師等喜色回常，擇日延師進院。師入院日，常住室如懸磬，兼之官逋積纍疊數千金，眾口嗷嗷，煎粥不繼。及至歲暮，債負盈門。師見如此，稍有隳退之意。琢師曰：「此一時，正是我等報效佛祖、盡心竭力保護叢林之際，若一捨而去之，則耐煩忍辱之行以缺，慈悲利濟之道有虧。豈可因一逆境而便退縮乎？」師乃默然不即答。將除夕，室中一無所有，師憂形於色。忽有西門陳姓者，不通名字，送來白米三千石以供大眾。師乃躍然曰：「天寧大眾從此漸有生機矣！」於是元旦日爲之設供，大眾始得一飽。蓋五十年，常郡歲荒，常住如洗。五十一年，官逋疊纍，日臨追逼，若不是琢師出力輔助，則吾師大願實難成矣。所以叢林須要得人爲上，若無取材，雖三二百眾，又將如何。五十三年，精嚴躬穎和尙退席，請琢師回嘉禾主錫，

師爲之戀戀不已。幸而龍天護祐，佛祖有靈，感眾善信，樂善不倦，由此官通債負漸得清還，天王大殿重新修葺，蓋有數也。嘉慶四年己未夏五月，蒙鎮江王夢樓太史等又延師駐錫竹林，而天寧常住囑咐同門鼎成、廣參、慧炬等爲之照應，內外得人，故能兩處皆爲修復。天寧田產本八百餘畝，今增置五百餘畝，可供合寺饘粥，皆師之儲積也。蓋師爲人慈和忍辱，不事積蓄，不喜迎送，故能感發檀越樂善好施之心，莊嚴佛果菩提。又以處眾寬洪，溫恭克讓，十方衲子，無不來歸。

年垂八十，謝絕院事，而學者聞名遠來請益者，而師猶爲誨之不倦。凡請開示之，或曰：「師乃禪宗，何得以念佛示人？」師曰：「汝將謂佛法有二耶？」即以拐棒打出。或問：「如何是祖師西來意？」師曰：「阿彌陀佛。」或有請教儒家精髓，師曰：「思無邪。」人多不以爲意。蓋師自幼能讀詩書，得悟聖人閫奧，故隨意拈來，皆與實相不相違背，而癡人不知，將謂別有奇特。師生平最喜老實，不事虛華，凡見學者穿著華美者皆痛斥之曰：「汝既出家，所爲何事？何不摩頭，看是何人？將謂得入緇門貴求衣食而已耶？」其法嗣達如親師最久，每聞清誨，時常淚下。無奈人心不古，陋習成風，聞好言以爲冤家，見奉承當爲好友，末法如斯，眞不可解。所以法門日趨於下，欲其興建叢林如我師者能有幾人乎！

今歲自春入夏，師之精神色力尚如常時，達如晨昏定省無缺。不意七月初旬身染寒疾，不可以風，飲食差減，大聚皆不以爲意。至十一日，忽曰：「十三廿一，不用揀日。」眾不解意。十四日，喚復參、靈植兩侍者快取水來洗浴，以便上堂。眾知師意，遂請遺言，垂訓永久。師遂示一偈曰：「學道無難事，一切且隨時。殷勤存正念，不可落邪思。此予之禪旨也。」夜半子時，端坐而逝，時嘉慶十七年七月十五日也。嗚乎！哲人往矣，我等何依，幸有遺言，永爲龜鑑而已。

師生於雍正九年辛亥三月十二日午時，示寂於嘉慶十七年七月五日子時，世壽八十有二，僧臘五十有六。眾議建塔於潤州竹林寺大山門之右菊花山枝焉。蓋師之道德仁慈，禪教嚴密，內外咸服，人所共知。以予與師忝屬同宗，故不敢駕辭妄加修飾，遂因達如所述之意，略爲更正之而已矣。（濮一乘纂：《武進天寧寺志》卷七《藝文二》，杜潔祥主編：《中國佛寺史志彙刊》第一輯第 35 冊，台灣明文書局 1980 年版，第 189～194 頁）

【題敘增陳翁小照】長不逾六尺，而詩書滿腹；榮不沾一命，而圭璧其

躬。劬勞砥行，睦族敬宗。祠宇雖側，猶□塗是庸；祀田既疆，勤終畝之功。蕭然世味，詠歎黃農。布衣芒屬，研北牆東，蓋庶幾隱君子之風。　　年家眷弟甌北趙翼（《江蘇毗陵雙桂里陳氏宗譜》凡例，清光緒六年鉛印本）

【陳節母都老孺人傳】孺人姓都氏，父仲英公，母錢孺人，皆早世。孺人依兄嫂，以女紅自資，戚里共稱其賢。年十九，歸於萬延陳君。陳故明望族，居於邑西之安東鄉觀巷村，業久落。孺人歸，以紡織佐夫，奉舅姑唯謹。年二十九，萬延公辭世，遺孤君務生祇六月耳。家徒壁立，二老頹然白髮，相對涕泣。孺人慟曰：「一死以報亡人，事甚易。顧吾死而舅姑與孤俱無生理矣。陳氏血食不自我斬乎？」於是益力操。室中祇有一嫗一婢，晝常扃門，夜乃籌燈掃室，機杼聲常達旦不絕，僅粥亦賴以給。越數歲，舅姑相繼歿，孺人益孑立，顧影自憐。人或覬孺人姿，欲奪其志。計已定，孺人廉得之，乃夜鍵戶，命婢嫗負孤，己抱木主，潛行至縣，控於令。令怒，立拘其人，欲杖殺之。孺人泣曰：「橫逆昧良，予杖固當。但氏所恃，祇此孤耳。脫逆銜氏，媒孽藐孤，氏無死所矣。」令怒解，命其人向孺人叩頭謝罪，取遵結保孤無恙狀。孺人自是得以少安。孤稍長，出就外傅，必忠且敬。歲大歉，饔飧不給，日成一縑，易米與肴，進於師，己則取樹皮屑之和糠粃，日飲數盂而已。迨孤授室，克有成立，家業日起，而孺人勤苦常如少時。嘗謂人曰：「飽暖者未必得壽，饑寒者未必即夭。」斯言可以醒世矣！壽九十，孤欲爲之祝嘏。孺人止之曰：「予不幸，少失怙恃。歸汝家，迭遭閔凶，家難外侮，幾不能自存，計唯早報命於地下。今幸獲上壽，天之於我厚矣！若輩愼無多宰牲畜，以重予過。唯飯僧賑乏，爲予作福而已。」孺人素嚴毅，人望而畏之。然見人疾苦，輒唏噓不能自已，故解衣推食之舉，常不絕云。雍正四年，有司以孺人節孝聞於上，詔予旌獎。年九十五，無疾而終。嗟乎！有孺人之才，而後可以完孺人之節。有孺人之才與節，而中正平易，外剛內和，斯益以見孺人之德。如孺人者，豈尋常節孝之可比哉！文孫賓國，嘗爲予言孺人事甚悉。予久欲爲孺人作傳，卒未得少暇。今其族人修葺宗譜，請於予，予因書曩所聞者歸之。　　賜進士及第、翰林院編修、廣西鎮安府知府，年家眷侍生趙翼頓首拜撰。（《江蘇毗陵雙桂里陳氏宗譜》，清光緒六年鉛印本）

三、文記奏表

【告祭巴爾魯克山文】惟神德符寧靜，休著崇高。壯西極之觀瞻，路通

月竂；鎮北庭之遼闊，脈接天山。昔效順於皇旅經臨，護營陣而比安磐石；今隸籍於職方紀載，奠疆圍而益固金湯。擬諸戴斗崆峒，聿昭拱衛；永藉作屏戎索，宜沛懷柔。用舉明禋，尚駢靈貺。（徐松：《西域水道記》卷四，清道光三年刻本）

【普免錢糧謝呈】具呈在籍□□等爲恭謝天恩，敬祈詳奏事：乾隆六十年□月□日，奉上諭：以丙辰元旦，舉行歸政典禮，將嘉慶元年各省地丁錢糧，普行蠲免。職等跪誦之下，感抃難名。伏以景運當郅治之世，鉅典肇興；洪禧有普被之庥，殊恩特沛。慶會既超於千古，隆施遂遍於九垓。何幸親逢，豈勝欣戴。欽惟我皇上健行不息，純嘏有常。久道化成，越羲、軒之上壽；繁祉永錫，邁堯、舜之博施。通免田賦者四番，普蠲漕粟者三度。固已湛恩汪濊，合萬姓以騰歡；化日舒長，無一夫不被澤。茲以寶圖久御，適符周甲之期；特教神器有歸，創舉紹庭之典。元良默選，寓傳賢於傳子之中；禪授親行，看後聖接前聖之統。卜以龍辰上日，行大禮以光昭；乃於鳳紀初元，降新禧而遍錫。比戶丁錢胥免，何論中黃？九州壤賦悉蠲，無分高下。數至於百千萬億而不斬，廣及於東西南朔以靡遺。無事輸將，群安耕鑿。扶杖而觀明詔，歸來其樂恬熙；釀酒而飲大脯，醉後惟餘歌舞。蓋國家有非常之慶，爲開闢所未聞；故閭閻有非分之施，出意望所不及。職等曾叨仕宦，歸享昇平。盛事欣遭，觀千載難逢之會；覃恩均被，頌萬年有道之長。爲此合詞具呈，伏乞賜詳代奏。（《西蓋趙氏宗譜・藝文內編》）

【重修奉先祠記】吾族之分支於懷南鄉者，舊有奉先祠，創自明正統間。諭德梅菴公仕宦三十載，僅克有成。雖名人榜額如林，而爲屋不過六楹，蓋其時居官之清貧可知也。歲久日圮，康熙丁卯，族祖皓采公始倡捐修之。以形家言，遷於村之西，爲屋亦如舊祠之數。又以其餘買祠田數畝。顧以力僅止此，慮無以安先靈稱族望也。臨歿，戒其子玉文曰：「是汝之責矣。」玉文翁志之，弗敢忘。則歲較田租之入，權子母，謹出納，積三十餘年，增祠田至四十餘畝。曰：「祀事可不憂於儉矣。而祠猶仍舊，無以慰先志。」乃復節縮數年。以乾隆戊寅，庀材鳩工，易腐爲堅，升卑爲崇，又增後寢三楹，以合前堂後室之制。凡數月落成。於是列饌有儀，合食有所。工既成，未有記。余歸田後，令嗣九齡兄來請記之。

余惟守家者能銖積寸累，以恢大其先業，斯已爲克家子矣。玉文翁乃能承父之志，以通族之事爲家事，勤勤懇懇，久而弗懈，增祠田十之九、祠屋三之一，可不謂難歟？祖宗既往，其子孫之賢與否，能料理其先緒與否，力

所不及，亦聽之無可如何，然幽冥之中，未嘗不望子孫之賢而料理之也。如翁者，固祖宗靈爽所式憑者矣。吾願族之子姓，皆仿翁之治祠事一如家事，尤願族之子姓，治家事一如翁之治祠事，庶各保其家，而因以共永其祠，弗墜益昌焉。公諱應禎，玉文其字，為人誠篤有行，鄉里咸推長德。九齡兄亦能以淳行世其家。（《西蓋趙氏宗譜・藝文內編》）

【重建天寧寺前殿記】常州東門外天寧寺崇敞宏偉，為一郡梵剎之冠。其興廢具載明正統中《胡忠安公碑記》。殿設彌勒龕及四天王像，規制視正殿稍殺，然闊六楹，高九尋有奇，勢穹廣亦相稱。自正統後至今又三百五十六年，樑柱構櫨日益朽腐，縛木以搘之，岌乎不可終日，瞻禮者恒有猝然之虞。顧以工費繁夥，莫敢議改造。

乾隆五十一年，僧了月來主方丈，慨然以興建為己任。其道行既高，足動人信嚮，江以南來作佛事者踵相接。乃以誦經所得，積埃匯涓凡三年，先有貲力十之三四，然後廣為勸募，果檀施雲集，牣於齋庫。於是庀材鳩工，一撤而新之。重價購堅木，棟隆楹覺大者合數抱。他如取石於山，運瓴於陶，亦莫不選密栗，汰觝窳，作千百年計，非僅一時觀美而已。

余嘗觀釋典所稱華嚴樓閣彈指湧現及黃金佈地諸說，本屬寓言，指引極樂世界，非真有七寶宮殿洞心絢目之境也。然自東漢笮融輩創興浮屠寺後，為佛之徒者，類無不以土木莊嚴窮壯極侈為能事。通都大邑，名山勝境，剎竿相望，高切雲而麗晃日，斯固足覘佛力之大，而亦傳燈受記萠者，代有人肩其締構焉。今了月一瓶一拂，蕭然苦行僧，無勢力之助，乃能於數年間成數萬金工作，俾三百餘年將圮之殿宇一旦鼎新，亦可謂難矣。

是役也，興工於乾隆辛亥八月，越壬子八月始上樑，將以癸丑冬落成。了月先來請記，用識其顛末於石。（濮一乘纂：《武進天寧寺志》卷六《藝文一》，杜潔祥主編：《中國佛寺史志彙刊》第一輯第 35 冊，台灣明文書局 1980 年版）（案：據濮一乘纂《武進天寧寺志》卷五《貞石》，《重建天寧寺前殿碑記》，清乾隆五十七年歲次壬子十二月吉日趙翼撰、蔣熊昌書丹）

四、書啟

【致費中堂書】去冬翼八旬賤降，遠蒙中堂大人寵賜錦屏，重以珍裘文綺，隨具蕪函布謝。嗣聞揆席即真，兼管工部，又有緘恭賀，諒俱達典籤。半年以來，有疏修候，實深歉仄。

茲有啟者：今歲江南雨澤稀少，時交夏至，正屆插秧，惟運河未竭，兩

岸稍有翻犁，其餘溝港皆乾，束手無措。洊及小暑，民心皇皇。忽於六月十三日得雨三四寸，皆趕緊添戽插蒔。而雨過之後，仍復晴乾。今已交大暑，並不能補種矣。看來今歲旱荒較乾隆五十年更甚。五十年麥收大熟，民有半年之糧，且插蒔遍野，其中尚有一二分收成者。今麥已歉收，插秧不及十之三四，又因六月十三日之雨，竭力補種，轉將歉收之麥，盡費在田功，而雨信仍復杳然。已種之禾，又將枯萎，須待明年麥熟，始可得生。而此一年中，待哺嗷嗷，鹿不擇音，何事蔑有？

昔人有云：「佛出世，救不得，只有帝王救得。」聞四川、湖南、湖北、江西旱禾俱熟，且一水可通，非北省之艱於轉運。若蒙皇上敕該四省督撫，發藩庫銀，每省各賣一百萬石，轉運來江。其買價及水腳，由各省督撫核明，移咨江省，出示官糶，其價較之商販牟利居奇者，必大減省，則一舉而三善備焉。賣價即歸還，帑項不致虧損，一也。官糶之米價較減賤，民間買商米一斗，即可買官米一斗幾升，並可省賑荒之繁費，二也。地方有米可買，奸宄自消，不至滋事，三也。恭逢皇上視民如傷，稍遇偏災，補救不遺餘力，所慮督撫大吏不肯直陳，九重之上無由洞悉。然地方有災荒，不能不辦，與其發賑而所費甚多，何如移糶而所費較少。況發賑但及下戶，而不復收回；移糶則惠既均霑，而仍堪歸本。俟明春即以賣價解還各該省，以歸帑項，此則不必損上，而自能益下，尤善之善者也。

中堂倘於召對時，將此說從容陳奏，幸邀俯允，實於國計民生，兩有裨益，不特活百萬生靈，陰功莫大而已。翼老朽跧伏，本不敢為出位之謀，而目擊災荒，不忍塞默，素叨雅愛，用敢陳其迂愚，伏祈鈞鑒。（《西蓋趙氏宗譜·藝文內編》）

【上簡齋先生書】賜拙稿一序，及看出訛謬之處，捧讀不勝狂喜。以公橫絕一代之才，尚肯於拙稿卷卷閱過，則瓦礫或不至見棄於匠門可知。生平不敢自信，今轉因公之獎借，而堅其信也。所稱濃圈密點，所不敢當。至摘出字句須酌改者，及抗以為不可者，急須寄示，乞即將拙稿塗竄發來，俟遵教改定，再求是正。

大序推許過當，殊非評騭之公。越女劍術，得之自天。此正公天僊化人，生平獨絕，不可追躡者。今仍以之序拙詩，豈公不便自譽，而借題發揮，以微露其端倪耶？抑第三人尚如此，則第三人所推為第一者，更不待言可知，而譽人正以自譽耶？然侍則已據以自誇，居之不疑，虎帥以聽，誰敢犯子？

有爲我登高而呼者矣。至文字之險橫蒼辣，以七十老翁尚如此凌紙怪發，不可逼視，益以此服公之天，豈眞楞嚴所謂「年老成精」者耶？另示《藏園集序》，亦適如其才分，非心餘不足以當此序，非公不足以序其詩。心餘得此，可無憾矣。但未知其尚在否？此序宜即寄去，使得及身親見之也。平山公舊遊地，秋涼時節，能果此約否？肅先布謝。雲松常稱，海內才人，子才第一，心餘第二，自己第三。且本係探花，故有第三人之說。（《續同人集》文類卷四，王英志主編：《袁枚全集》第六冊，江蘇古籍出版社1993年版，第356～357頁）

【致袁枚手箚】昨承賜函，敬悉山中起居，深慰遙祝。頒惠文集，如聆大教。碑版傳記，皆有至性深情，絕非近人所能。文章之工，一至於此，佩甚慰甚。弟邇年小有著作，俟另謄清本郵呈削政。率此復謝。敬請隨園先生著安。小弟趙翼頓首。（據上海圖書館藏趙翼手稿）

【致王昶手箚一】趙翼頓首謹稟

述庵大人閣下：范生南來，得手示，並藏香、鹿膏諸珍，不勝感謝。雲霄故人尚念林下舊雨，知大雅襟期，不存車笠之見也。敬想大人福履安和，勳勤日懋，總持風雅，戶屨益多。從來一代傳人，多藉名位年壽以□（養）其山斗之望，眞令人佩仰不已耳。茲上近刻詩鈔，以乞斧政，並乞賜序尤感。臨楮翹企，不盡依馳。

翼再頓首上

侄孫懷玉月底回南，如有賜示，命其帶來。（吳長瑛輯：《清代名人手箚集》）

【致王昶手箚二】趙翼謹稟

述庵大人閣下：去歲范生南回，奉到手書，並普茶、藏香諸珍，具似高誼。雲霄故人，尚念及林下舊雨，知大雅襟期，不存車笠之見也。敬想大人福履安和，勳勤日懋。總持風雅，戶屨益多。從來一代傳人，多藉名位年壽以養其山斗之望。

公學殖著作既雄蓋當代，而官位日進，足以登高而呼。精神復老而逾壯，能主一世之壇坫。可知天欲成就一傳人，非偶然也。可勝徒羨！翼老病日增，考訂之事，本非所長，惟詩中七律，工夫稍就熨帖。而年來氣力不加，日漸頹薾，終歸於無聞而已。因舍侄孫懷玉赴京之便，手肅附請臺安，附上近刻詩鈔，以博一笑。另有《皇朝武功紀盛》一本，係從四庫書方略內摘敘者，恐或有關礙，故未刷印送人。特先密呈，乞爲鑒定。倘或可存，並乞賜序一篇。以近時諸戰，大人俱親在戎行，尤覺甘苦備嘗也。

如不可示人，則不必賜序矣。

耑俟

指示到日再定，是以不勝顒望！雲泥暌隔，未知尙得相見否？臨楮翹企，不盡依馳！

翼再頓首上（吳長瑛輯：《清代名人手箚集》）

【與李雨村書】同年至好，一別三十餘年，萬里相望，無由通問。回憶春明征逐，詩酒流連，此景何可再得也？忽從姚姬傳處遞到《雨村詩話》一部，載拙作獨多，翻閱之餘，感愧交並，知足下之愛我有癖嗜也。伏念弟與足下出處大略相同，然足下動筆千言，如萬斛泉不擇地湧出；而弟循行數墨，蚓竅蛇聲，其才固已萬不能及。足下居有園亭聲伎之樂，出有江山登覽之勝，著書滿家，傳播四海，提唱風雅，所至逢迎；而弟終日掩關，一編度日，生計則僅支衣食，聲名則不出鄉閭。以視足下之晞髮扶桑，濯足滄海，又豈特楹之與莛耶？惟是年來海內故人多半零落，袁子才、王西莊俱於前歲物故，祝芷塘去多又卒於雲間，惟吾二人尙惷遺無恙，東西萬里，白首相望，不可爲非幸事也。

弟所著詩集外，已刻者尙有《陔餘叢考》四十三卷，未知曾得呈覽否？近有《廿二史劄記》三十六卷，今歲可以刻成，此後亦不能再有所著述矣。《雨村詩話》中有趙雲崧子叩謁於廣東學署一段。足下提學粵東時，小兒年僅勝衣，從未有遊粵者。此不知何人假冒干謁，遂使弟有此乾兒，可發一笑。並縷及之，想足下亦爲捧腹也。

聞蜀中流匪充斥，而綿州獨晏如，可爲遙賀。然烽煙俶擾中，恐亦不免戒心，昔日將軍之稱，或將弄假成眞。弟翹首西瞻，惟時時灑酒祝平安耳。州牧劉君，係弟內姪，聞其居官頗有循良之譽。倘地方有守禦之事，尙祈協力佽助爲禱。吳雲蜀嶺，相見何日？蘸筆縷述，不禁黯然。（李調元：《童山文集》卷一〇，清乾隆刻函海道光五年增修本）

【致趙懷玉手箚】拙詩承

覃溪謬賞，意欲乞其一序，賢再姪亦不可無一序。乞一併寄歸，是荷。

並侯

近好不一

味辛賢再姪

愚翼拜書（惲茹辛編：《清代毗陵名人手箚》）

五、聯語、書軸、扇面

【書法對聯（一）】慧日朗開仁壽鏡，慈雲長護吉祥門。（案：據趙翼手跡）

【書法對聯（二）】四時只有三春好，一歲都無十日閒。（案：據趙翼手跡）

【書法對聯（三）‧書爲仲山學長先生】花氣芝英凝玉圃，雲光霞彩映蓬壺。（案：據趙翼手跡）

【題東嶽廟聯】雲行雨施，不崇朝而遍天下；理大物博，祖陽氣之發東方。（梁章鉅：《楹聯叢話》卷四，清道光二十年桂林署齋刻本）

【題北京關帝廟聯】乃聖乃神乃武乃文，扶四百載承堯之運；自西自東自南自北，如七十子服孔之心。（《楹聯續話》卷一，清梁章鉅輯，清道光南浦寓齋刻本）

【《隨園詩話補遺》所收聯】野王之地有二老；北斗以南止一人。（《隨園詩話補遺》卷二）

【書軸七律一首（一）】老榦扶疏映碧苔，科頭俯視六雄哉。暫將伏櫪雄心斂，來試青衫倚馬才。愛他神駿任閒遊，千里天閑少匹儔。嫩草石林如意舞，春風吹入紫韁柔。題應渭川老長兄先生屬　趙翼。（案：據趙翼手跡）

【書軸七律一首（二）】不曾識面已交孚，況見真形五嶽圖。文筆瀾迴雄館閣，姓名風過滿江湖。相思字感頻年寄，大雅輪推隻手扶。安得旌麾到江國，從容鈴閣侍投壺。姑蘇舟次奉題梧門老大人清照並正。陽湖趙翼呈稿。（案：據趙翼手跡）

【書軸七律二首】（其一）扁舟訪舊浙江邊，早荷佳招擘彩箋。千里故人持使節，一時名士聚賓筵。牙籤插架書分軸，畫舫名齋屋似船。不是公餘多雅興，誰能結此盍簪緣。（其二）戢影菰蒲漸白頭，敢期相待作名流。高才君本陳驚座，好句吾慚趙倚樓。寒入綈袍思舊友，老將賦筆客諸侯。感深高誼還如昨，欵欵樽前話昔遊。　　己亥春暮薄遊武林，望之觀察招同袁簡齋、王夢樓、顧菽園、張諤庭讌集，即席賦呈，並求是正。陽湖弟趙翼呈稿。（案：據趙翼手跡。《甌北集》卷二五收有《陳望之觀察招同袁子才、王夢樓、顧洓園、張諤庭讌集，即席賦呈》二首，謂：「扁舟訪舊浙江邊，寵荷佳招櫻笋天。千里故人移使節，一時名士聚賓筵。油囊酒到杯浮露，畫舫齋成屋似船。不敢便將泉石傲，使君風雅自堪傳。」「佳麗餘杭宦轍留，花間喝道也風流。君才到處能驚座，吾老虛名愧倚樓。繡幕官高英蕩節，釣篷人擁木棉裘。惹他胥隸從旁笑，何處飛來此野鷗。」與此字句多有不同）

【書法扇面】（其一）百斛明珠富，清陰翠幕張。曉懸愁欲睡，露滴愛先

嘗。色映金盤果，香流玉碗漿。不勞蔥嶺使，常得進君王。（其二）五月華林宴，榴花入眼來。百株當戶牖，萬火照樓臺。絳帳垂羅裏，紅房□粉腮。江南逢巧笑，齲齒向人開。（其三）漢苑收名果，如君滿玉盤。幾年沙海使，移入上林看。對酒花仍豔，經霜實未殘。茂林肖曷（消渴）甚，任生拭不如。此詩知也，眞如有性情而成，否則敷衍成文矣。應鶴鳴大兄大人正之。雲松弟趙翼。（案：據趙翼手跡。經編者辨認並標點，扇面所題大致如上。當然，由於草書字體常常變形，有些文字的辨認不一定妥當，但大致情況如是，則是可以肯定的。以上文字不見於湛貽堂刊本《甌北全集》，但並非趙翼集外詩歌。以筆者目力所及，趙翼此扇面詩作者實爲吳梅村。當然，此詩與吳詩字句略有不同。趙翼推重吳偉業，所著《甌北詩話》取捨甚嚴，卻爲梅村專列一節，中謂：「惟錢〔編者案：謙益〕、吳〔編者案：梅村〕二老，爲海內所推，入國朝稱兩大家」，「梅村詩有不可及者二：一則神韻悉本唐人，不落宋以後腔調，而指事類情，又宛轉如意，非如學唐者之徒襲其貌也；一則它材多用正史，不取小說家故實，而選聲作色，又華豔動人，非如食古者之物而不化也。」甌北所論，建立在對梅村詩沉潛已久之上，熟諳程度自非一般。雲松先生於前人詩吟詠含玩之餘，受人之託，率將梅村詩作題於扇面之上，當是信手拈來，不費功夫，亦自在情理之中。以上趙翼書法扇面中的詩作雖非甌北親撰，但這幅扇面對其作品的輯佚仍有價值，因爲詩後還附有雲松的評語：「此詩知也，眞如有性情而成，否則敷衍成文矣。」此等言論，正與《甌北詩話》卷四「白香山詩」條所謂「詩本性情，當以性情爲主」的觀點遙相呼應，是趙翼一貫的詩學主張。〔參見趙興勤、趙韡：《〈袁枚書法作品中的集外詩詞九首考釋〉辨誤》，載《河池學院學報》2011 年第 6 期〕）

卷十一　年　譜

甌北先生年譜

〔清〕佚名編（案：《（光緒）武進陽湖縣志》謂此年譜爲趙懷玉編）

　　始祖體坤公。名孟堙，本宋室後。元末爲高郵州錄事，始居常州。五傳至竹崖公。名敔，明景泰甲戌進士，官御史，出巡按江西，陞江西按察使、山西按察使。凡公所蒞處，不設巡撫。湯潛庵《明史傳稿》中有傳。十二傳爲曾祖禹九公。諱州。祖駢五公。諱福臻，又名斗煃。自城中遷居西干里。後以先生貴，貤贈儒林郎。父子容公，諱惟寬。誥贈中憲大夫、貴州分巡、貴西兵備道。母丁氏。誥封太恭人。

雍正五年丁未

　　先生姓趙氏，名翼，字雲崧，號甌北。常州府陽湖縣人。生於是年十月二十二日寅時。

　　六年戊申

　　七年己酉

先生三歲。時贈公客授於外，叔父子重公教之識字，每日能記二十餘字。

　　八年庚戌

　　九年辛亥

　　十年壬子

先生年六歲。贈公客授於西黃埼張氏，先生就塾。是歲讀《名物蒙求》、《性理字訓》及《孝經》、《易經》等。

十一年癸丑

先生年七歲。隨贈公就塾於華渡橋管氏。以下四年皆隨贈公於華渡橋、蔣莊橋等處讀書。

十二年甲寅

十三年乙卯

乾隆元年丙辰

二年丁巳

三年戊午

先生年十二。隨贈公在塘門橋談氏讀書。贈公命作時文，一日成七藝。贈公閱之，笑曰：「他日不患不文，但諸經尚未全讀，宜以讀經為急。」遂不令作文，然同學五六人皆私乞捉刀，每課期五六藝，皆先生筆也。

四年己未

先生年十三。仍在塘門橋談氏館讀書。

五年庚申

先生年十四。隨贈公移館於東千埼杭氏。是歲始課舉業，落筆往往出人意表，然先生性好詩古文詞。時令甲不以詩試士，贈公恐以兼營妨舉業，每禁之。而先生輒私為之，襯書布下雜稿常數十也。

六年辛酉

先生年十五。贈公歿於是年七月十二日。家貧甚，僅老屋七間，田一畝八分。上有三姊，其一尚未嫁。弟汝明、汝霖、亭玉俱幼，家食無資。杭氏諸父老以先生學已優，即請接贈公講席，所課徒，皆同學友也。

七年壬戌

先生年十六。館於東齊黃氏。家益貧，賣老屋三間，僅存四間蔽風雨。館餼歲不過六金，除買紙筆外悉以養家，不敢用一錢，然食指嗷嗷，饘粥常不給。太恭人佐以織紝，猶至斷炊。

八年癸亥

先生年十七。仍館於黃氏。

九年甲子

先生年十八。館於東千埼杭氏。先生素不喜作時文，自贈公歿，莫爲督課，遂泛濫於漢、魏、唐、宋詩古文詞家，兼習爲詞曲。兩年中所著不下五六寸，皆無師之學也。父執杭應龍先生憫之，謂寒士進身惟恃舉業，舍本務而他涉，將何以救貧？遂延先生至家塾，課其幼子念屺；而令長子金鑑、次子士良偕先生課時文。先生已輟業數年，強而爲之，轉不如舊時之入律矣。是冬有明經莊位乾先生亦館於杭，相與講貫，始就繩墨。

十年乙丑

先生年十九。應童子試，學政祭酒崔公紀取入常州府學補弟子員。向例學政取覆試即入泮，無復去取也。府學例取二十五人，是年取覆試者乃八十六名，須再覆以定去取。先生覆試，文不加點，遂獲雋。

十一年丙寅

先生年二十。館於城中史翼宸明經家。

十二年丁卯

先生年二十一。館於北門顧氏，攜幼弟亭玉課之。夏六月，亭玉以痘殤。秋試鄉闈，報罷。冬娶劉恭人。先生爲童子時，貧甚，莫有議婚者。既入泮，有才名，會薦舉宏博，廩生劉皋聞公鶴鳴託府教授趙公永孝擇婿，教授公遂以先生應。是冬完姻。

十三年戊辰

十四年己巳

先生年二十三。失館無以自給，乃襆被入都，才名一日動輦下。劉文正公統勳時爲總憲，即延先生於家，纂修《宮史》。

十五年庚午

先生年二十四。以南籍生員，不能試北闈。會有族人在天津業鹺，招往試。商籍運使葉公昱得先生卷，歎爲奇才，拔置第一。學使呂公熾按試，取入泮。秋應順天鄉試，以五經卷獲雋。時頭場四書文三篇，經文四篇，其兼試五經者，則經各四篇，合四書文共二十三篇。先生興酣落筆，一日夜了之。

有同號舍之周某，亦試五經，而病不能完卷，先生又代草經文五篇。出闈日未午也。座師爲休寧汪文端公由敦、少宗伯嵩公壽，房師爲刑部員外梁公濟灤。試五經者二場，例增詔誥各一道，先生業古學已久，詔誥獨冠場。文端公知爲才士，欲以爲解首，因頭場文跅弛，乃改置二十一名。是秋家中有玫瑰一樹，九月中忽發花二十一朵，太恭人異之。及報至，京闈名次適如其數。既出榜，文端公知先生所修《宮史》已告成，即延先生於家代筆箚，凡應制詩文皆先生屬草。是冬又考取禮部義學教習。

十六年辛未

先生年二十五。會試報罷，文端公命兩子承霈、承霨從先生受業。秋又補義學教習。學館中無生徒從學者，每月恒朔望日一至，遂仍客授於文端第。

十七年壬申

先生年二十六。秋應恩科會試，仍被落。

十八年癸酉

十九年甲戌

先生年二十八。在文端第已三年有餘。文端老於文學，當世奉爲韓、歐，顧極愛先生才。插架書萬卷，恣先生翻閱，因是見聞日擴，益得肆力於古。初爲文端屬草，好以奇警見才，文端輒刪去，先生心竊以爲不然。及一年餘，浮豔矜氣日漸刊落，乃始服文端之深於此也。二年以後，凡所代擬，文端不復易一字。師弟間每相對忘言。先生嘗自謂生平古學多得力於文端公。是年春，先生會試取明通榜。連年皆在文端公第，而義學教習期將滿，欲於引見後歸省，遂辭文端公，出寓教習館。會考選內閣中書，先生就試取第九名，引見留用，遂具呈禮部，罷教習。秋七月，附舟南回省太恭人，稍贖回舊屋，兼買田十餘畝作饘粥資。是冬爲弟汝明娶婦周氏。

二十年乙亥

先生年二十九。入京補官。文端師仍延於家。六月，補授內閣中書，每三日一入直。與同年邵耐亭齊熊、賀舫莘五瑞、李寶幢汪度諸公同直，頗極友朋酬唱之樂。

二十一年丙子

先生年三十。是年夏，選入軍機處行走。時西陲用兵，軍報旁午，凡漢

字諭旨及議奏軍需事件，悉先生具草，頃刻千百言，無不中竅會。秋扈從木蘭，戎帳中無几案，則伏地起草，文不加點，大學士傅文忠公深倚之。先生治事之暇，出其餘力又沾漑數人。文端公應奉文字既以屬先生，其他隨駕諸大臣和御製詩亦多乞先生代草，頗藉潤筆資以給。

二十二年丁丑

先生年三十一。會試落第，仍直軍機處。秋又扈從塞外。弟汝明病歿於家。先生節縮俸金，寄歸爲弟汝霖娶婦杭氏。

二十三年戊寅

先生年三十二。是春文端公歿，先生始另僦邸舍以居。迎太恭人及劉恭人至京，弟婦周亦偕來。是秋又扈從出塞，弟婦及劉恭人相繼歿於京邸。先生歸之日，劉恭人已屬纊矣。傅文忠公以先生積勞久，欲擢爲部曹，先生志在入詞垣，乃力辭。已而爲同事中諸忌者造蜚語中傷，遂出軍機，仍直內閣。

二十四年己卯

先生年三十三。在內閣。是年繼娶程恭人，本大學士程文恭公景伊甥女，姓高氏，文恭公撫爲己女出。

二十五年庚辰

先生年三十四。春，會試又報罷。前歲之出軍機也，本非傅文忠之意，而去秋諸同人扈從出塞，時事多誤，文忠益念先生。至是會試榜出，知先生落第，即日傳先生仍直軍機。秋又扈從木蘭。是年汪文端長子承沆服闋，入京補官，病歿於途。弟承霈、承霱以書來告哀。先生念師門遂無登仕籍者，而聖主待文端素厚，倘得以此事上聞，當可邀恩。乃囑霈、霱以文端蒙賜祭葬事畢赴闕陳謝。上以承沆所得蔭官賜霈，而賜霱舉人，人咸以先生善畫策，能報師門也。

二十六年辛巳

先生年三十五。是年恩科會試中式，座師爲劉文正公統勳、于文襄公敏中、總憲觀文恭公保，房師爲工部郎中趙公瑗。出榜後，京師人以先生才望，群以大魁目之。會是科會試前，有軍機行走之御史眭朝棟奏請復迴避卷。上意其子弟有會試者，慮已分校，當迴避，故預爲此奏。乃特點朝棟爲同考官，而命於入闈時各自書應避親族，列單進呈。則眭別無子弟，而總裁劉、于二公應迴避者甚多。是年上南巡啓蹕時，曾密語二公留京主會試，疑語泄，而

睨為二公地也,遂下朝棟於獄。於是軍機大臣及司員為一時所指摘。且隔歲庚辰科狀元畢沅、榜眼諸重光,皆軍機中書也,故蜚語上聞,輒有歷科鼎甲皆為軍機所佔之說。而先生適以軍機中書中會試,傅文忠公傳語先生不必更望大魁矣。先生以平生所志在此,私心終不能已。會劉文正公及劉文定公綸又以軍機大臣派殿試讀卷官,先生慮其以嫌擯也,乃變易書法作歐陽率更體。兩劉公初不知,已列之高等,及將進呈十卷,文定慮先生卷入一甲,又或啓形迹之疑,且得禍。乃遍檢諸卷,擬以先生置十名外,彼此俱無累矣。及檢得一卷,獨九圈,當以第一進呈。九圈者,卷面另黏紙條,讀卷大臣各以圈點別優劣於其上。是歲閱卷者九人,九人皆圈者惟此一卷。文定疑是先生,以語文正。文正覆閱,大笑曰:「趙雲崧字迹雖燒灰亦可認,此必非也!」蓋先生昔館於文正第修《宮史》時,愛其公子石庵書法,每傚之。及直軍機,先生多起草不楷書,偶楷書即用石庵體,而不知先生另有率更體一種也。文定終以為疑,恐又成軍機結交之局。時兆將軍惠方奏凱歸,亦派入閱卷,自陳不習漢文,上諭以諸臣各有圈點,但圈多者即佳。至是兆公果用數圈法,則惟此卷獨九圈,餘或八或五,遂以九圈者定第一進呈。先是歷科進呈卷皆彌封,俟上親定甲乙,然後拆封。是科因御史奏改先拆封,傳集引見。上是日閱十卷,幾二十刻,見第一卷係趙翼,江南人;第二卷胡高望,浙江人,且皆中書。而第三卷王杰,則陝西籍也。因特召讀卷大臣,先問本朝陝西曾有狀元否,皆對未有,上因以王卷互易,先生遂以一甲第三人及第。傳臚之日,三人者例出班跪,而先生獨掛數珠。上陞座遙見之,後以問傅文忠,文忠以軍機中書例帶數珠對,且言昔汪由敦應奉文字,皆其所擬。上心識之。明日諭諸大臣,謂趙翼文自佳,然江浙多狀元,無足異;陝西則本朝尚未有,今王杰卷已至第三,即與一狀元亦不為過。次日又屢言之。於是雖不得大魁,而先生之名由是蒙聖主記憶矣。既入翰林,授職編修,即辭出軍機。尋充方略館纂修官,修《平定準噶爾方略》。是年子耆瑞生。秋,太恭人以先生既入翰林,無可顧慮,而少子汝霖在家,頗為繫念,乃南回。

二十七年壬午

先生年三十六。在翰林。是年京察列一等,引見,御筆記名。會考各省主試官,先生取一等第九名。是秋欽點分校順天鄉試,得江烺等十餘人。

二十八年癸未

先生年三十七。春，欽點會試同考官，得士十一人；館選者五人：董潮、祝德麟、祥慶、龔鏡文、李鐸；分部者一人：費淳。分校得士之盛，爲歷科所未有。是年散館，先生考列一等第二名。會大考翰林，先生方待試於圓明園，有旨纔散館者免考，遂槀筆歸。未幾，患傷寒症甚劇，幾不起，有醫士王又寧治之，得愈。

二十九年甲申

先生年三十八。在翰林，奉掌院派撰文。四月子廷英生。秋，改纂修《通鑑輯覽》。

三十年乙酉

先生年三十九。在翰林。考各省主試官，先生仍列一等。秋，欽點順天武鄉試主考官。

三十一年丙戌

先生年四十。是年春，欽點會試同考官，得士蔣兆奎等十一人；選館者一人：沈世煒；又鮑焜、陳理次科分部。是年六月，子耆瑞殤。冬十一月，特授廣西鎮安府知府。先生以不習吏事，乞傅文忠公奏辭，文忠力止之，而乘間以先生學問優長奏。及先生請訓於養心殿，凡舊時履歷、在軍機處行走及代汪文端擬詩文等事，上已知之甚悉，一一諭及。先生冀可仍留翰林，奏對時微露吏治未嫻之意。上諭之曰：「讀書人原有不能辦事者，汝在軍機處久，頗能事。廣西乃政簡民淳之地，汝初任留心練習，自可成好官。」乃叩頭出。以十二月十九日挈家出都。

三十二年丁亥

先生年四十一。正月抵家，奉太恭人遊蘇州、杭州，住西湖十餘日。太恭人以粵西路遠，不欲偕往，乃令汝霖侍養於家。先生由浙江歷江西、湖南境，以五月初抵桂林。謁巡撫宋公邦綏及藩司淑寶、臬司圖桑阿諸公畢，由灕江舟行。七月初抵鎮安任。地在粵西省之極西，其南與安南連界，西接雲南。所屬一縣二州，一通判四土司。廣袤八百餘里，層巒疊峰，摩雲插天，多瘴癘。然民俗甚淳，訟事稀簡，先生欣然樂之。初蒞任，夜聞城外擊鼓聲，問，門吏曰：「小民因旱求雨也。」先生曰：「民既愁旱，官當祈雨。」遂命詰朝出祈。有府僚馬偉稟曰：「火日當雨，向來官祈雨必預擇是日，否則恐徒勞也。」先生笑曰：「度是日有雨而後祈，此心已不可對神明，遑冀得雨乎？」

詰朝步行至城南之馬鞍山，行禮畢，歸途即大雨如注，民皆神之。八月，有緝犯安南之事，前守韋馱保因鎮民糾結安南民，至雲南土富州滋擾。事發後捕獲百餘人，尚有首犯農付奉逸去。韋守因此被劾，留於郡緝犯。至是募人入安南，訪知農付奉已死，有子阿細爲人奴，乃緝獲之。令阿細同往其父埋屍處，以屍棺偕來。先生以屍眞僞未可憑，而阿細係活口，可鞫也。傳集其親鄰數人來認，果不謬。阿細既眞，問其父死及埋，阿細皆在旁，起屍又阿細偕往，則事已確實。遂具文申報各上司，而總督李公侍堯祇許以阿細照罪人家屬例問擬，農付奉已死，其屍究未可憑，不得並詳。蓋恐實其屍，爲韋守復官地也。先生以死父與活子偕來，蹤迹既確，如謂其屍假，則又當跟究何人之屍及緝犯者買從何處，此案將無結期，遂又具文申辯。李公大怒，批行臬司，有「趙守祖護同官，恐嚇上司」之語，先生不爲動。是冬照例巡邊，凡與安南連界處，深山窮谷無不親歷，恐有奸匪竄伏也。

三十三年戊子

先生年四十二。以農付奉案未結，乃親自赴省。時滇省有征緬之役，廣西協濟馬萬匹，總督李公來駐梧州督辦。先生即赴梧，反覆辯論農案，觸其怒，遂被劾。適有旨令先生赴滇參軍事，李公乃追劾疏還。先生回鎮安，以從軍吉凶未可知，囑眷屬俟秋涼歸江南，而先生於五月九日束裝赴滇。至土富州，江水暴漲，筏橋三十餘丈悉沖斷，督土官續成之。橋長筏軟，輿馬俱難度，僕從皆匍匐，先生獨徒步過。兩岸觀者咸歎咤。先生笑曰：「余非不欲手足並行，以觀瞻所繫，恐爲人所笑也。」有地名老鬼壙，下臨絕澗，水湍悍，無橋可渡。雇土民三十，挾先生泅而渡，幾殆。行二十餘日至滇城，城中無一相識者。是年春，將軍明公瑞以征緬殉難於小猛育。大學士果毅公阿里袞來爲將軍兼總督，駐永昌。本軍機大臣也。巡撫明德亦在永昌辦軍需，乃自滇城又赴永昌。以途中夫役艱於雇，捨輿而騎，過博南，渡瀾滄江，凡行十八日至永昌。果毅公已竚望久，即令在幕下。巡撫明公又令兼辦軍需局事。時同在將軍幕者爲臬司諾穆親、員外郎明善、薩靈阿，皆軍機故人也。霜降後隨果毅公出邊，渡怒江，逾高黎貢山，歷龍陵、騰越，遍巡南甸、干崖、盞達、芒市、遮放各土司及虎踞、萬仞、鐵壁等關。周覽形勝，詢悉夷情，爲進兵計。冬，阿文成公桂以總督兼將軍來與果毅公同駐一營，先生乃兼值二公之間。是年大兵暫停進征，有旨以偏師剿忧緬人。於是剿南坎，剿頓拐，剿戞鳩。凡兩將軍出行，命先生守大營、護將印，一切緩急應援，皆

得便宜行事。是年十月，子廷偉生於鎮安官舍，程恭人即買舟歸。

三十四年己丑

　　先生年四十三。春，隨兩將軍駐騰越州。已而大學士傅文忠公來滇經略軍事，先生隨兩將軍以四月朔日迎於永昌。文忠素重先生，命入直幕下。時方議進兵道路，前歲明將軍由錫箔進，不得志。文忠在京時，有滇省送京之熟於緬地者數人，問知騰越州之西有戛鳩江，渡而西即緬屬之猛拱、猛養兩土司地。由猛養可直搗緬酋之木疏老巢，由木疏可搗緬酋所居之阿瓦城。於是定議大兵渡戛鳩進剿，別令提督五福以偏師五千從普洱進，遙爲牽掣。其奏摺由軍機定稿，攜至永昌。初六日將發矣，會壁間有地圖，先生指謂文忠曰：「圖中戛鳩、普洱相距不過三寸，其實有四千餘里。兩軍既進，東西遠隔，聲息不相聞，進退俱難遙度。去歲明將軍之不返，由不得猛密路消息也。」文忠始瞿然，問計安出。先生謂大兵既渡戛鳩之西，則偏師宜由江東之蠻暮、老官屯進取猛密，則夾江而下，造船以通往來，庶兩軍可互應。文忠是之，乃罷普洱之兵，改偏師循東岸以進。文忠命先生以進兵路另爲一折入奏。其後渡戛鳩之兵，遭瘴氣多疾病，而阿文成公所統江東一軍獨完，遂具舟迎公於猛養，渡而歸。又以此兵敗賊於蠻暮、老官屯，得以蕆事。先生嘗自愧從軍年餘無所贊畫，惟此一策不無小補云。是月又隨文忠至騰越。先生以戛鳩渡江究非萬全策，倘渡江後不能掃犁而撤兵歸，恐賊綴於後，江阻於前，此危道也。力言於文忠，勸改進兵路。文忠以已奏定，遂不從。時又議冒暑進師，不必避瘴，謂春夏之交瘴初發，或不可當，至夏秋當漸減也。先生在滇一年，知南中氣候，七八月中瘴益甚。力言於文忠，謂夜之冷，不冷於黃昏，而冷於五更；日之熱，不熱於清晨，而熱於午後。蓋氣以積而愈盛，故秋瘴愈不可支。至霜降則瘴自消，且無雨，兵行始便利。文忠謂，若是則須坐守數月，徒糜餉，非計也。會有旨，鄰省官在滇者，仍各歸本任。先生乃以五月九日辭經略、將軍等，自騰越起行，六月三十日抵鎮安。鎮安士民喜先生旋任，無不歡迎恐後。有天保縣令姜某與攝府事金某商，謀按民田給以照，俾息訟端，其實欲藉給照以斂錢也。已令土目向各邨造田冊矣。先生歸，廉知之，乃出示，寢其事。姜大失望，然民間免出此橫錢矣。冬收倉穀，又嚴禁各屬浮濫之弊。常平穀春借秋還，鎮安俗登穀皆連穗，故不斗量而盛於竹筐，以秤權其輕重。向例，出借時連筐五十斤，筐重五斤，則小民得穀僅四十五斤耳。及還倉，則五十斤之外加筐五斤，息穀五斤，又折耗五斤，爲一秤。民已加十五斤矣。相沿日久，亦視爲固然，不敢怨。而去歲

以購馬濟滇軍，有司不無所累，遂於收穀時別製大筐，可盛百二十斤者收之。先生在滇不知也。及是年已無購馬費，而各屬意欲以購馬年所收爲額，先生預聞之。會總督至南寧閱兵，例往迎，而府倉亦有社穀當收。乃於秤之六十斤處鑿一孔，貫錘繩於其中，不可動移，聽民自權。筐五斤，又息穀五斤，變價交司庫，故以六十斤爲一秤。於是民之以兩筐來者，剩一筐去，城內外酒肆食棚各醉飽，幾不能容。甫三日，秤穀悉收畢。先生至南寧，而歸順州民陳恂等赴寧來控收穀橫斂狀。先生立遣役縛其監倉奴及書吏，痛懲之，而各屬之收穀皆不敢逾檢矣。鎮郡民由此感先生甚，每出行，各邨民輒來舁輿至其邨。巡歷而過，又送一邨，其邨民亦如之。父老婦稚夾道膜拜，日不過行三十里。至宿處，土銼瓦盆，雞豚酒醴，各有所獻，不煩縣令供頓也。是冬，先生娶妾蔣氏。

三十五年庚寅

先生年四十四。三月，以事赴省，途次得旨調守廣東之廣州府。先是總督李公之至南寧也，語左江道宋淇源曰：「廣州府缺出，廣東知府內無可調者，欲向廣西選調。而廣西各府亦少能事者，惟鎮安趙守可勝任。」使宋公道意。宋出，語先生曰：「李公意已欲調君，但須君進見一面懇耳。」先生曰：「鎮安，天子所授也。廣州雖善地，而由制府奏調，則出制府之力。吾輩作吏，受上司特奏恩，將何以自行其志乎？」李公以其無私請也，另奏調梧州守吳九齡。會吳已陞糧道，而李公之奏至，上乃以先生特調廣州。是時先生赴桂林，適宋公亦在省，歎曰：「君命中合守廣州，然求而得與不求而得何啻霄壤！」乃益服先生之自立爲不可及也。先生即由桂林赴廣州任，遣人往鎮安接取眷屬。蔣氏妾肩輿出城，街民千百家無不設香案於門跪送，以不得再見先生爲恨，有泣下者。留族孫鶴沖交代倉庫畢，出鎮安，街民跪送亦如之。是年九月，歸順州陳恂等不遠四千里，又送萬民衣傘至廣，亦可以見此民情之厚云。先生每數平日宦途，輒念鎮安不置也。既至廣州，李公以先生奉特旨調守，特重之。巡撫德公保，故京師熟識，亦傾心委任。而省會事繁，酬應冗沓，先生日必坐堂訊獄，以八案爲率，雖夜深弗輟也。會有海盜拒官兵而竄，盡捕獲之，共一百八人。按律，江洋大盜不分首從皆斬。先生念諸盜無殺人，案情尙稍輕，乃條別其輕重，殺三十八人，餘皆遣戍。其他平情折獄，無枉無濫多類此。是歲以廣州距家稍近，乃迎太恭人就養官舍，程恭人並弟汝霖及其婦杭俱至。九月，子廷俊生，蔣氏所出也。

三十六年辛卯

先生年四十五。四月，奉旨陞貴州分巡貴西兵備道。以五月卸廣州事，七月交代事畢，挾畫士吳澐遊羅浮，歷梅花邨、華首臺、黃龍洞、沖虛觀諸勝，凡三日。先生以太恭人年高不能赴黔，欲解官歸養，乞李公代奏。李公不許，乃命汝霖夫婦奉太恭人歸。先生是時已有歸志。以家中老屋七間不能容眷屬，檢歷年宦橐稍有餘貲，付汝霖歸買邨後地，築室以待。八月，先生由廣西溯流至貴州之古州，陸行赴省。十月，抵貴陽。時蜀省方有進剿金川之役，上命將軍溫公福、故將軍阿文成公自滇赴蜀，路經貴西之威寧、畢節等處，皆先生所轄也。先生謁巡撫李公瑚出，即星夜馳赴威寧，辦集夫馬，過兵得無誤。

三十七年壬辰

先生年四十六。威寧、水程兩鉛廠，向由糧道經理，大小官吏漁利其中。州牧劉標虧空事發，正法者巡撫二人，臬司一人，糧道二人，州牧一人。至是改歸貴西道就近管理。先生以立法方始，凡給發廠丁工價、馬戶運腳，舊時剋扣短發諸弊盡剔除之。劉標案尚有在途未運鉛八百餘萬斤，巡撫圖公思德奏限半年運清。先生督州牧崇士錦等沿途勾稽催趲，以是年十月全運四川之永寧水次。圖公方以是為先生功，而先生以廣州讞獄舊案，部議降一級調用，奉旨送部引見。圖公欲奏留於貴州，囑學使孫公士毅、藩司韋公謙恒、糧道國公棟咸來道意。圖公又親至省寓勸留。先生以太恭人年高，乘此解任正可便道歸省，遂力辭歸。除夕至常德府。

三十八年癸巳

先生年四十七。以正月朔日自常德啟行，經洞庭湖、岳陽樓、黃鶴樓諸勝，皆生平所未到也。二月二十日抵里。太恭人年已七十有六，精力日衰，先生念再入仕途，恐抱終天之恨。乃遣人赴部具呈，乞暫留養。視膳之暇，手一卷披閱不輟，今所刻《陔餘叢考》諸書，皆此數年中所輯也。初歸里，以所營新居未就，暫僦屋於城中。子廷彥生，亦蔣氏出。十月，始至鄉，入新居，與弟汝霖仍同爨奉母，昕夕無間。自是里居不出者數年。

三十九年甲午

四十年乙未

四十一年丙申

四十二年丁酉

先生年五十一。是年六月，太恭人以疾卒。先生守制。

四十三年戊戌

四十四年己亥

先生年五十三。是年九月服闋，將赴補。先卜葬太恭人，以時日不利，暫厝於馬迹山之新塋。

四十五年庚子

先生年五十四。恭逢皇上南巡，乃渡河迎駕於宿遷。五月，起文赴部。行至臺莊，忽兩臂中風不能舉，療治不愈，乃回舟。計自癸巳歸里，侍養者五年，丁艱及營葬又四年，今赴補又病廢，知命有所限也，乃息意榮進，專以著述自娛。自此皆里居之日矣。是年葬太恭人。冬，為長兒廷英娶婦方氏。

四十六年辛丑

四十七年壬寅

先生年五十六。是冬，長孫公桂生。

四十八年癸卯

先生年五十七。以兒女漸長，鄉間所營新居不能容婚娶。適城中有入官房一所，在顧塘橋。郡守金雲槐，故同年也，勸先生以官價得之，先生乃移居入城。鄉間田宅，聽弟汝霖居守。

四十九年甲辰

先生年五十八。恭逢皇上南巡，迎駕於揚州。是冬兩淮鹺使全公德請主安定書院講席。先生以揚州距家不遠，可作近遊，乃就之。時揚州在籍鄉官，多京華故人。謝少司寇溶生、秦觀察鐄、張翰編坦、吳翰編以鎮、沈運使業富，皆翰林前輩，晨夕過從，頗極詩酒之樂。自是兩年，皆在揚州。

五十年乙巳

先生年五十九。是年大旱，運河日涸。六月初，自常州至蘇州，已不得行船。蘇州米價日貴，撫藩大吏出示有米之家減價平糶。攝常州守夏某亦彷行之。而不知自鎮江至常州尚可行舟，正當高價以來米船，使地方買以儲備，則價雖增而米尚不缺，此趙清獻救荒法也。會先生自揚州歸，見途次米船反

由常州往鎮江，問之，因常州有平糴之令，故不敢泊而卻回耳。先生亟告於夏守，夏守使人探市河，果無一船停泊，乃自知其誤，亟弛其禁。於是市價驟增，每升賣至二十六七文。小民無知，謂先生一言使我輩食貴米，遂相聚數百人至先生家肆掠。先生姑避之。律以城市聚眾劫搶，罪當置重辟，先生憫其無知，轉語地方官薄懲之。而弛禁後河已涸，雖高價以招，米船不能至矣。未幾，市價每升至五十文且不可得，於是始服先生先見。倘初貴時無此屬禁，則米船到常者多，地方收買充裕，當不至如此之缺而益貴也。

五十一年丙午

先生年六十。辭揚州講席歸。會袁簡齋枚來訪，備談武夷、天台、雁蕩諸勝，先生將以明年春往遊。是年，子廷偉補弟子員，就婚於固始縣謝聘署，以明年挈眷歸。

五十二年丁未

先生年六十一。會臺灣有林爽文之變，總督李公赴閩辦軍需，路過常州，邀先生佽助。先生以李公故上司，有舊誼，且便道可遊武夷諸處也，遂與偕行。時賊初起，閩省提督黃仕簡、任承恩已先後率兵過海。上又命前督常青為將軍往統師，咸謂不日可平。先生以二月十七日偕李公至閩之泉州，詢察情形，與道路之言迥異。乃以實情入奏，又囑李公預致書廣督孫公，密備兵四千待用。閱十餘日，軍報狎至：總兵郝壯猷往收復鳳山，途次為賊所阻，已五十餘日不得進。乃一面奏聞，一面飛調粵兵至廈門渡海。三月初，壯猷克復鳳山。甫三日，又為賊所陷。游擊鄭嵩被戕，壯猷遁歸臺府，是月之初十日也。臺府人心方驚懼，而粵兵前隊八百人以十八日至，知尚有後隊兵三千餘人繼發，人心始定。李公以是服先生預籌之精。軍需一切雖有則例，而亦有則例所無者，先生謂必先具奏，方免日後駁減。李公數嚴刻，先生諸事獨持大體，及奏入，悉報可。蓋聖明閱歷兵事久，知惜費則成功遲而費轉多，不惜費則成功速而費轉少。李公夙以綜覈為政，不能見及此也。於是軍需悉聽先生擘畫。海運則奏請照內地下水之例給雇價。於是海舟咸集，渡兵、運餉無誤矣。閩省皆山路，無騾馬可雇，惟恃丁夫挽運，而閩民刁悍，非如滇、蜀之可以按田給價雇夫也。則奏請照出口之例，每夫雇直外再給回空口糧，而州縣雇夫稍免賠累矣。閩驛無馬，文書例以人夫齎送，謂之跑夫。每名日給十四文。先生謂若是安可速羽檄也，則奏請增設跑夫，每站數十人，人各

照軍需例給雇值，而軍報得迅速矣。李公約計在臺兵將之數，按月撥運糧餉，蓋恐軍營多費也。先生謂，糧餉至而軍營多費，自有任其咎者；若糧餉不至，則誤在主運之總督。臺府遠隔重洋，風水難以刻期，而可作此鰓鰓計乎？李公悟。於是撥解亦充裕。其軍營所需食用，常將軍既不敢奏，李公又以身不統兵非己責也，而諸將訴各兵之苦甚切。先生則請以各兵鹽菜銀，照出口例增加。賬房為風雨所敝，過夏悉破爛，則請預製以給。臺地雖多暑，而夜宿甚寒，則又請製各兵棉衣運往。一一皆繕折，趣李公上之。李公以先生所奏，無不當上意，遂一一具奏，果皆得俞旨。於是軍營皆挾纊矣。李公倚先生如左右手，屢欲奏起先生在閩省補官。先生以家居已十四五年，年六十餘，再入仕途則無退休日。今暫在戎幕，事畢即可乞歸，且佐軍事即所以報國恩，亦不必服官而後宣力也。再四辭之。李公初意欲奏起先生，可長供臂指使，而先生不受也。是歲漳州有草賊竊發者再，先生皆隨李公往定變。冬十月，將軍福郡王康安渡海，解諸羅圍，乘勝攻破賊巢。林爽文遁。

五十三年戊申

先生年六十二。春正月，林爽文就獲。福將軍移兵南剿。二月，鳳山賊莊大田亦就擒。先生以軍事已畢，乃辭李公歸。以三月十一日起行，由浙江之溫州、處州、金華泛舟錢塘江，遊覽山水歸。而鹾使全公再涖兩淮，聞先生歸，即遣使請再主安定講席。先生以全公交好有素，又應其聘。自是常往來常、揚二郡。是年，廷英捐職府同知，廷俊補弟子員。

五十四年己酉

先生年六十三。孫忠弼生，廷偉出也。

五十五年庚戌

先生年六十四。是年為廷俊娶婦湯氏，廷彥補弟子員。

五十六年辛亥

先生年六十五。初夏，遊廬山，歷東林、開先、萬杉、棲賢諸寺及白鹿洞書院，乃歸。廷彥婦徐氏，童養於家，是年完婚。

五十七年壬子

先生年六十六。孫慶齡生，廷俊出也。是年冬，辭講席歸，自此不復應人聘矣。

五十八年癸丑

先生年六十七。夏四月，訪老友邵松阿於虞山。又遊杭州，十日始歸。

五十九年甲寅

先生年六十八。孫申嘉生，廷俊出；又鳴盛生，廷偉出。

六十年乙卯

先生年六十九。是年，中丞芸浦費公淳來撫江蘇，先生癸未禮闈分校所取士也。驪騎造訪，諮詢甚殷，先生以通省利弊詳語之。至官吏賢否，但舉其善者，餘不置一詞，蓋其慎也。

嘉慶元年丙辰

先生年七十。夏四月，閩省虧空大案，咨追各省。先生內弟原任甌寧令劉芳、友婿原任尤溪令金拱閶皆坐重罪，先生力為營救，皆得免罪。金令無力，先生並助以六百金繳官。十月二十二日，先生初度之辰，門下士江蘇巡撫費淳、山西巡撫蔣兆奎及副憲汪承霈、侍御祝德麟各製錦遣使稱祝。大江南北諸名士亦無不以詩為壽，凡二百餘首。多杪，先生所著《廿二史劄記》告成。

二年丁巳

先生年七十一。次子廩膳生廷偉，自上年四月患病，纏綿不愈。本年三月，先生挈往蘇州就醫，稍瘥復劇。七月十四日買船歸，次日抵家。十六日巳時遂不起，先生痛之甚。是歲，孫公樾生，廷英出。廷俊續娶黃氏。

三年戊午

先生年七十二。有蔣立崖郡丞業晉遊虎丘，用蘇東坡遊虎邱韻作詩索和，將刻於仰蘇樓下。先生閱杜少陵《壯遊》詩，有「東下姑蘇臺」、「闔廬丘墓荒」、「劍池石壁仄」等句，是少陵亦嘗遊此，而世莫有知者，囑立崖建一懷杜閣以表遺迹。藩司陳奉茲、蘇守任兆炯、江寧守李堯棟聞之，咸快此舉。適山塘有蔣氏塔影園出售，遂共捐貲買之。入門恰有一閣，即榜為「懷杜」。其右有堂三楹，任守以白香山曾守蘇，闢山塘路，因並祀香山於其中。最右又有一樓，乃移「仰蘇」榜額於此，總名曰三賢祠，遂成一勝地。遊虎丘者，無不遊焉。實先生一言倡之也。

四年己未

先生年七十三。恭聞高宗純皇帝升遐，先生以入仕時擢一甲、授翰林，

京察兩次記名，及出守鎮安、廣州，遷貴西道，皆荷特簡，歸田後又蒙垂詢者再，哀感無地，恭製輓詩。有「每叨除授皆親筆，歸免饑寒尚俸錢。」「搏顙有哀頻搶地，攀髯無路但號天」之句，讀者咸知其出於至誠。時費中丞擢任兩江總督，又蔣中丞擢任漕運總督，二公同在江南，人以爲門牆之榮。然先生惟以地方利弊爲二公告，未嘗干以私，故二公德望峻潔，皭然不滓。先生嘗有詩云：「門前兩督增光處，不在官高在品高。」亦可見道義之交矣。是歲《廿二史劄記》刻成。

五年庚申

先生年七十四。長夏消暑，編成《陸放翁年譜》一卷。

六年辛酉

先生年七十五。春仲遊茅山，歸與同鄉劉瀛坡總戎烜、劉檀橋中允種之、莊迂甫贊善通敏、洪稚存編修亮吉、蔣立庵太守熊昌、瑩溪別駕騏昌、陳春山明府、家緘齋比部繩男，爲看花之會，自山茶至牡丹，更番治具。婆娑諸老，杖屨過從，里中傳爲佳話。時稚存自塞外歸，與先生唱和尤數。七月中，先生遊金陵。以向未到牛首，遂偕孫星衍、汪爲霖兩觀察往遊，越宿而返。秋冬間，又遊鎮江城南之招隱寺、八公洞諸勝。是歲作《唐宋以來十家詩話》，共十卷。

七年壬戌

先生年七十六。廷英、廷俊各舉一子，先生遂有八孫。

八年癸亥

先生年七十七。春間，偕王仲瞿孝廉、蔣于野秀才遊洞庭東西兩山，歸又遊焦山，往揚州看芍藥。秋間，以費制府內召爲大司馬，赴清江浦敘別。是歲廷彥署崇明教諭。長孫公桂舉一子，先生遂有曾孫，因名之曰曾慶。

九年甲子

先生年七十八。

十年乙丑

先生年七十九。春初，食指、中指稍患風痹，有時竟不能把筆舉箸，然尚不至大害。先是，乾隆十年，先生補府學弟子員，今相距恰六十年矣。適學使者歲試之期，新進諸生爭請重遊泮宮，先生欣然赴之，有詩紀事。是冬，

廷俊又舉一子。

十一年丙寅

先生年八十。有《自壽》詩八首。京華故人宗室公裕瑞、大學士費筠浦及大江南北諸名流無不寄詩文稱祝。錦軸牙籤，兩聽事屏幛皆滿。先生彙而付梓，真大觀也。十月二十二日爲先生壽辰，廷英兄弟等爲先生稱觴，大合樂三日。先生顧愀然責其染紈綺習，方課僮僕醃白菜以禦冬。雖似矯情鎮物，而家教有素可知矣。是歲廷彥續娶蔣氏，而長孫媳查氏以病歿。

十二年丁卯

先生年八十有一。程恭人病膈噎，初不能飯，繼不能粥，最後並穀氣亦斷。金氏女歸省母疾，又病歿於家。是歲先生心緒甚惡。長孫公桂續娶湯氏。冬大饑，先生首捐銀千兩，以爲輸捐者倡。

十三年戊辰

先生年八十二。程恭人以正月十九日病歿，先生有《悼亡》詩，悲痛甚。七終後，即往江陰之楊舍遣悶。寓齋前有池長十餘丈，跨以石橋。橋東西故有紅白荷花。池上隙地半畝，雜植草花，藉以永日。九月初始歸，凡得詩七十餘首。長孫公桂進京候選縣丞。是歲爲子孫析爨，廷英、廷偉、廷俊、廷彥，凡四房。廷偉已故，其子忠弼、鳴盛亦已成立。先生共有十孫：廷英出者三，廷偉出者二，廷俊出者五。曾孫一人，公桂出。家既分產，凡少賤時有德於先生者，既屢酬之。嘗曰：「財債當償，心債尤不可負也。」至是親弗又各有贈遺，而於杭應龍先生子孫尤篤。

十四年己巳

先生年八十三。老境漸侵，目半明半昧，耳半聰半聾，喉音亦半響半啞，因自號三半老人，笑比桑維翰尚多兩半也。然猶督課諸孫，每塾藝必令呈閱，指疵改定。故忠弼、慶齡、申嘉、鳴盛、公樾等讀書日有進益。

十五年庚午

先生年八十四。是年恭屆庚午科鄉試，距乾隆庚午科恰六十年。先生與安徽省原任刑部郎中姚鼐，皆係乾隆庚午科舉人，循例懇重赴鹿鳴筵宴。奉上諭：廣厚奏本年庚午科鄉試有江蘇省原任貴州貴西道趙翼，現年八十四歲；安徽省原任刑部郎中姚鼐，現年八十歲。均係乾隆庚午科舉人，循例懇

請重赴鹿鳴筵宴等語。趙翼、姚鼐，早年科第，耄齒康強。賓興際周甲之期，壽考叶吉庚之歲，允宜加賜恩施，以光盛典。趙翼著賞給三品頂戴，姚鼐著賞給四品頂戴，准其重赴鹿鳴筵宴，以示朕嘉惠耆儒至意。欽此。原任貴州貴西道臣趙翼，原任刑部郎中臣姚鼐，為恭懇代為奏謝聖恩事：奉上諭，本年庚午科鄉試，據廣原奏江蘇省原任貴州貴西道趙翼，現年八十四歲；安徽省原任刑部郎中姚鼐，現年八十歲。均係乾隆庚午科舉人，循例懇請重赴鹿鳴宴等語。趙翼、姚鼐，甲午科第，耄齒康強。賓興際周甲之期，壽考叶吉庚之歲，允宜加錫恩施，以光盛典。趙翼著賞給三品頂戴，姚鼐著賞給四品頂戴，俱准重起鹿鳴筵宴，以示朕加惠耆儒至意。欽此。臣翼、臣鼐竊自思樗櫟菲才，草茅陋質。昔年入仕，曾無補於涓埃；中歲歸田，益優遊於作息。猥以林居晚景，適逢鄉舉初程，蒙皇上寵加舊秩以賞銜，准隨新班而赴宴。禮筵有座，聽廣樂於笙簧；章服增榮，耀襴衫於黼繡。與作人之化，彌知聖壽之無疆；遊化日之舒，又及引年之優賜。恩施非望，感切難名。惟有詠歌太平，虔祝純嘏。教兒孫經書奮迹，世篤忠貞；率鄉里孝弟力田，各勤耕鑿。以期仰報高厚洪慈於萬一。所有感激下忱，伏乞代為陳奏，恭謝天恩。奉旨：知道了。欽此。

十六年辛未

先生年八十五。猶兀坐作蠅頭小楷，點畫光勁，不減少壯時。盛夏消暑，書二十餘冊分給孫曾及親知輩。慶佑之方伯聞而索書，乃書十數頁寄之。是歲曾孫增榮生，公桂出。冬十二月，孫申嘉娶婦蔣氏。

十七年壬申

先生年八十六。二月曾孫增祿生，忠弼出。六月赴江陰之楊舍別墅避暑，月餘乃歸。是年四月，孫鳴盛娶婦葉氏。

十八年癸酉

先生年八十七。二月，赴吳門，寓孫子祠。肩輿至玄墓探梅，偕范芝岩編修、潘榕皋農部、張船山太守作詩酒會，船山因繪《虎阜雅集圖》。旬餘始返。六月，故相尹文端公曾制兩江，人念遺愛，為立專祠。是時出文端門下者止存先生一人，赴蘇恭送入祀。冬十月，過太湖，登馬蹟山，謁太恭人墓，猶能徒行里許。歸後月餘，精神漸減，步履遂艱。近歲作詩雖不能長篇，猶時吟短章以為樂。

十九年甲戌

先生年八十八。二月，孫增善生，廷俊出。公桂又舉一子增祥，於是曾孫四人矣。先是先生每患脾泄，至三月間食飲漸衰，迺示微疾，然猶起坐觀書，未嘗竟日臥也。四月既望，益憊。十七日，晨起沐浴更衣，端坐床上，以酉刻卒。

（清光緒三年重刻本，《北京圖書館藏珍本年譜叢刊》第 105 冊，北京圖書館編，北京圖書館出版社 1999 年版）

主要參考文獻

（按書名音序排列）

一、基本文獻類

A

《愛日吟廬書畫別錄》，清葛嗣浵撰，民國二年葛氏刻本。

《愛新覺羅家族全書》，李治亭主編，吉林人民出版社，1997年。

《娬雅堂詩續集》，清趙文哲撰，清乾隆五十六年刻本。

B

《八旗詩話》，清法式善撰，稿本。

《八千卷樓書目》，清丁仁撰，民國鉛印本。

《白苧詩集》，清張開東撰，清乾隆五十三年張兆騫刻本。

《白鶴山房詩鈔》，清葉紹本撰，清道光七年桂林使廨刻增修本。

《白華前稿》，清吳省欽撰，清乾隆刻本。

《白華後稿》，清吳省欽撰，清嘉慶十五年刻本。

《白香詞譜箋》，清謝朝徵撰，清光緒刻半廠叢書本。

《白雨齋詞話》，清陳廷焯撰，人民文學出版社，1959年。

《柏梘山房全集》，清梅曾亮撰，清咸豐六年刻民國補修本。

《百一山房詩集》，清孫士毅撰，清嘉慶二十一年孫均刻本。

《拜經樓詩話續編》，清吳騫撰，清鈔本。

《拜經樓詩集》，清吳騫撰，清嘉慶八年刻增修本。

《拜經堂文集》，清臧庸撰，民國十九年宗氏石印本。

《半巖廬遺集》，清邵懿辰撰，清光緒三十四年邵章刻本。

《葆沖書屋集》，清汪如洋撰，清刻本。

《抱沖齋詩集》，清斌良撰，清光緒五年崇福湖南刻本。

《抱經堂詩鈔》，清盧文弨撰，清道光十六年李兆洛刻本。

《抱經堂文集》，清盧文弨撰，清乾隆六十年刻本。

《碑傳集》，清錢儀吉纂，中華書局，1993 年。

《北江詩話》，清洪亮吉撰，清光緒三年授經堂刻洪北江全集本。

《避暑錄話》，宋葉夢得撰，明刻津逮秘書本。

《駁四書改錯》，清戴大昌撰，清道光二年刻本。

C

《藏書紀事詩》，清葉昌熾撰，北京燕山出版社，1999 年。

《茶香室叢鈔》，清俞樾撰，中華書局，1995 年。

《長安客話》，明蔣一葵撰，北京古籍出版社，1982 年。

《長蘆鹽法志》，清黃掌綸撰，清嘉慶刻本。

《稱謂錄》，清梁章鉅撰，清光緒刻本。

《澄秋閣集》，清閔華撰，清乾隆十七年刻本。

《持雅堂文鈔》，清尚鎔撰，清道光刻本。

《崇百藥齋三集》，清陸繼輅撰，清道光八年刻本。

《崇百藥齋續集》，清陸繼輅撰，清道光四年合肥學舍刻本。

《重論文齋筆錄》，清王端履撰，清道光二十六年授宜堂刻本。

《重修兩浙鹽法志》，清延豐撰，清同治刻本。

《疇人傳三編》，清諸可寶撰，清皇清經解續編本。

《樗園銷夏錄》，清郭麐撰，清嘉慶刻本。

《傳經堂詩鈔》，清韋謙恒撰，清乾隆刻本。

《船山詩草》，清張問陶撰，中華書局，1986 年。

《春草堂詩話》，清謝堃撰，清刻本。

《春融堂集》，清王昶撰，清嘉慶十二年塾南書舍刻本。

《春在堂詩編》，清俞樾撰，清光緒二十五年刻春在堂全書本。

《純常子枝語》，清文廷式撰，民國三十二年刻本。

《詞話叢編》，唐圭璋編，中華書局，1986 年。

《賜綺堂集》，清詹應甲撰，清道光止園刻本。

《存素堂詩初集錄存》，清法式善撰，清嘉慶十二年王墉刻本。

D

《大雲山房文稿》，清惲敬撰，四部叢刊景清同治本。

《戴簡恪公遺集》，清戴敦元撰，清同治六年戴壽祺鈔本。

《戴名世集》，清戴名世撰，中華書局，1986 年。

《淡墨錄》，清李調元撰，遼寧教育出版社，2001 年。

《（道光）廣東通志》，清阮元修、陳昌齊纂，清道光二年刻本。

《（道光）新修濟南府志》，清成瓘撰，清道光二十年刻本。

《（道光）肇慶府志》，清江藩撰，清光緒重刻道光本。

《（道光）遵義府志》，清鄭珍撰，清道光刻本。

《道咸同光四朝詩史》，清孫雄輯，清宣統二年刻本。

《帝京歲時紀勝》，清潘榮陛撰，北京古籍出版社，1981 年。

《雕菰集》，清焦循撰，清道光嶺南節署刻本。

《定香亭筆談》，清阮元撰，清嘉慶五年揚州阮氏瑯嬛僊館刻本。

《東華錄》，清蔣良騏撰，清乾隆刻本。

《東華錄》，清王先謙撰，清光緒十年長沙王氏刻本。

《東華續錄（嘉慶朝)》，清王先謙撰，清光緒十年長沙王氏刻本。

《東華續錄（乾隆朝)》，清王先謙撰，清光緒十年長沙王氏刻本。

《東里生燼餘集》，清汪家禧撰，清光緒二年許庚身刻本。

《東溟文集》，清姚瑩撰，清中復堂全集本。

《東塾讀書記》，清陳澧撰，清光緒刻本。

《讀白華草堂詩初集》，清黃釗撰，清道光刻本。

《讀史方輿紀要》，清顧祖禹撰，中華書局，2005 年。

《讀書雜誌》，清王念孫撰，清道光十二年刻本。

《獨學廬稿》，清石韞玉撰，清寫刻獨學廬全稿本。

《賭棋山莊詞話》，清謝章鋌撰，清光緒十年刻賭棋山莊全集本。

《杜詩鏡詮》，唐杜甫撰，清楊倫箋注，上海古籍出版社，1980 年。

《杜詩詳注》，唐杜甫撰，清仇兆鰲注，中華書局，1979 年。

E

《蛾術編》，清王鳴盛撰，上海商務印書館，1958 年。

《爾爾書屋詩草》，清史夢蘭撰，清光緒元年止園刻本。

《二十五史》，上海古籍出版社、上海書店，1986 年。

《二知軒文存》，清方濬頤撰，清光緒四年刻本。

《二知軒詩續鈔》，清方濬頤撰，清同治刻本。

F

《樊山集》，清樊增祥撰，清光緒十九年渭南縣署刻本。

《樊山續集》，清樊增祥撰，清光緒二十八年西安臬署刻本。

《仿潛齋詩鈔》，清李嘉樂撰，清光緒十五年刻本。

《芙蓉山館全集》，清楊芳燦撰，清光緒十七年活字印本。

《復初齋詩集》，清翁方綱撰，清刻本。

《復初齋外集》，清翁方綱撰，民國嘉業堂叢書本。

《復初齋文集》，清翁方綱撰，清李彥章校刻本。

《復莊詩問》，清姚燮撰，清道光姚氏刻大梅山館集本。

G

《陔餘叢考》，清趙翼撰，河北人民出版社，1990 年。

《甘泉鄉人稿》，清錢泰吉撰，清同治十一年刻光緒十一年增修本。

《高鶚詩詞箋注》，清高鶚撰，尚達翔編注，中州書畫社，1983 年。

《更生齋集》，清洪亮吉撰，清光緒三年洪氏授經堂刻增修本。

《龔定庵全集類編》，清龔自珍撰，夏田藍編，中國書店，1991 年。

《古微堂集》，清魏源撰，清宣統元年國學扶輪社鉛印本。

《管見舉隅》，清王培荀撰，清道光二十八年刻本。

《（光緒）重修安徽通志》，清何紹基撰，清光緒四年刻本。

《光緒重修兩淮鹽法志》，清王安定撰，清光緒三十一年刻本。

《（光緒）重修天津府志》，清徐宗亮修纂，清光緒二十五年刻本。

《（光緒）廣州府志》，清史澄撰，清光緒五年刊本。

《（光緒）湖南通志》，清曾國荃撰，清光緒十一年刻本。

《（光緒）順天府志》，清光緒十二年刻十五年重印本。

《（光緒）武進陽湖縣志》，清光緒五年刻本。

《（光緒）香山縣志》，清陳澧撰，清光緒刻本。

《廣清碑傳集》，錢仲聯主編，蘇州大學出版社，1999 年。

《歸田瑣記》，清梁章鉅撰，中華書局，1981 年。

《壬癸藏劄記》，清陳康祺撰，清光緒刻本。

《桂馨堂集》，清張廷濟撰，清道光刻本。

《國朝詞綜》，清王昶輯，清嘉慶七年王氏三泖漁莊刻增修本。

《國朝詞綜補》，清丁紹儀輯，清光緒刻前五十八卷本。

《國朝詞綜續編》，清黃燮清輯，清同治十二年刻本。

《國朝宮史》，清鄂爾泰、張廷玉等編纂，北京古籍出版社，1994 年。

《國朝宮史續編》，清慶桂等編纂，北京古籍出版社，1994 年。

《國朝閨閣詩鈔》，清蔡殿齊輯，清道光娜嬛別館刻本。

《國朝漢學師承記 國朝經師經義目錄 國朝宋學淵源記》，清江藩撰，中華
　　書局，1983 年。

《國朝畿輔詩傳》，清陶樑輯，清道光十九年紅豆樹館刻本。

《國朝畫徵補錄》，清劉瑗撰，清道光刻本。

《國朝名家詩鈔小傳》，清鄭方坤撰，清李登雲校刻本。

《國朝駢體正宗續編》，清張鳴珂輯，清光緒十四年寒松閣刻本。

《國朝詩別裁集》，清沈德潛編，中華書局，1975 年。

《國朝詩人徵略》，清張維屏撰，清道光十年刻本。

《國朝詩人徵略二編》，清張維屏輯，清道光二十二年刻本。

《國朝書人輯略》，清震鈞輯，清光緒三十四年刻本。

《國朝文錄續編》，清李祖陶輯，清同治刻本。

《國朝先正事略》，清李元度撰，臺灣明文書局，1985 年。

《國朝御史題名》，清黃叔璥撰，清光緒刻本。

H

《海國圖志》，清魏源撰，清光緒二年魏光燾平慶涇固道署刻本。

《海山存稿》，清周煌撰，清乾隆五十八年周氏葆素家塾刻後印本。

《海虞詩話》，清單學傅輯，民國四年銅華館鉛印本。

《漢口叢談校釋》，范鍇撰，江浦等校釋，湖北人民出版社，1999 年。

《漢書注校補》，清周壽昌撰，清光緒十年周氏思益堂刻本。

《合肥學舍箚記》，清陸繼輅撰，清光緒四年興國州署刻本。

《荷塘詩集》，清張五典撰，清乾隆刻本。

《紅豆樹館書畫記》，清陶樑撰，清光緒刻本。

《洪亮吉集》，清洪亮吉撰，中華書局，2001 年。

《紅椆書屋詩集》，清孔繼涵撰，清乾隆刻微波榭遺書本。

《湖北詩徵傳略》，清丁宿昌輯，清光緒七年孝感丁氏涇北草堂刻本。

《湖北通志檢存稿 湖北通志未定稿》，清章學誠撰，湖北教育出版社，2002

年。

《湖海詩傳》，清王昶輯，清嘉慶刻本。

《湖海文傳》，清王昶輯，清道光十七年經訓堂刻本。

《湖樓筆談》，清俞樾撰，清光緒二十五年刻春在堂全書本。

《花甲閒談》，清張維屏撰，清道光富文齋刻本。

《淮海英靈集》，清阮元輯，中華書局，1985年。

《淮海英靈續集》，清王豫、阮亨輯，清道光刻本。

《槐廳載筆》，清法式善編，清嘉慶刻本。

《篁村集》，清陸錫熊撰，清道光二十九年陸成沅刻本。

《蕙蓀堂集》，清昭槤撰，上海圖書館藏清稿本。

J

《寄庵詩文鈔》，清劉大紳撰，民國刻雲南叢書初編本。

《紀曉嵐文集》，清紀昀撰，河北教育出版社，1991年。

《嘉定錢大昕全集》，清錢大昕撰，陳文和主編，江蘇古籍出版社，1997年。

《（嘉慶）大清一統志》，清穆彰阿撰，四部叢刊續編景舊鈔本。

《（嘉慶）直隸太倉州志》，清王昶撰，清嘉慶七年刻本。

《家語疏證》，清孫志祖撰，清嘉慶刻本。

《簡松草堂詩文集》，清張雲璈撰，清道光刻三影閣叢書本。

《簡學齋詩》，清陳沆撰，清咸豐二年陳廷經刻本。

《江南女性別集初編》，胡曉明、彭國忠主編，黃山書社，2008年。

《江西詩徵》，清曾燠輯，清嘉慶九年刻本。

《交翠軒筆記》，清沈濤撰，清道光刻本。

《蕉廊脞錄》清吳慶坻撰，民國求恕齋叢書本。

《椒生隨筆》，清王之春撰，嶽麓書社，1983年。

《蕉軒隨錄 續錄》，清方濬師撰，中華書局，1995年。

《校禮堂詩集》，清凌廷堪撰，清道光六年刻本。

《校禮堂文集》，清凌廷堪撰，中華書局，1998年。

《今古學考》，清廖平撰，清光緒十二年刻四益館經學叢書本。

《金壺七墨》，清黃鈞宰撰，清同治十二年刻本。

《京都風俗志》，清讓廉撰，北京古籍出版社，1981年。

《經學通論》，清皮錫瑞撰，中華書局，1954年。

《經學質疑錄》，清秦篤輝撰，清道光墨緣館刻本。

《經韻樓集》，清段玉裁撰，清嘉慶十九年刻本。

《靜廉齋詩集》，清金甡撰，清嘉慶二十五年姚祖恩刻本。

《靜退齋集》，清戴文燈撰，清乾隆刻本。

《靜厓詩稿》，清汪學金撰，清乾隆刻嘉慶增修本。

《靜娛亭筆記》，清張培仁撰，清刻本。

《靜志居詩話》，朱彝尊撰，人民文學出版社，1990 年。

《九梅村詩集》，清魏燮均撰，清光緒元年紅杏山莊刻本。

《舊聞隨筆》，清姚永樸撰，張仁壽校注，黃山書社，1989 年。

《舊雨草堂詩》，清董元度撰，清乾隆四十三年刻本。

《娵隅集》，清趙文哲撰，清乾隆五十四年刻本。

《覺迷要錄》，清葉德輝輯，清光緒三十一年刻本。

K

《康南海自編年譜》，清康有爲撰，鈔本。

《科場條例》，清英匯撰，清咸豐刻本。

《快園詩話》，清凌霄撰，清嘉慶二十五年刻本。

L

《蘭韻堂詩文集》，清沈初撰，清乾隆刻本。

《瑯嬛仙館詩》，清阮元撰，國立中央圖書館藏手稿本。

《郎潛紀聞初筆 二筆 三筆》，清陳康祺撰，中華書局，1984 年。

《郎潛紀聞四筆》，清陳康祺撰，中華書局，1990 年。

《浪蹟叢談 續談 三談》，清梁章鉅撰，中華書局，1981 年。

《樂賢堂詩鈔》，清德保撰，清乾隆五十六年英和刻本。

《樂志堂詩集》，清譚瑩撰，清咸豐九年吏隱堂刻本。

《樂志堂文集》，清譚瑩撰，清咸豐十年吏隱堂刻本。

《冷廬雜識》，清陸以湉撰，中華書局，1984 年。

《蠡勺編》，清凌揚藻撰，清嶺南遺書本。

《歷代名人生卒錄》，清錢保塘撰，民國海寧錢氏清風室刊本。

《歷代畫史匯傳》，清彭蘊璨撰，清道光刻本。

《歷代紀事本末》，中華書局，1997 年。

《歷代詩話》，清何文煥輯，中華書局，1981 年。

《歷代詩話續編》，清丁福保輯，中華書局，1983 年。

《歷代竹枝詞》，王利器、王慎之、王子今輯，陝西人民出版社，2003 年。

《荔隱山房詩草》，清塗慶瀾撰，清光緒三十一年刻本。

《蓮子居詞話》，清吳衡照撰，清嘉慶刻本。

《梁園歸棹錄》，清余集撰，清道光刻本。

《兩般秋雨盦隨筆》，清梁紹壬撰，上海古籍出版社，1982 年。

《兩當軒全集》，清黃景仁撰，清咸豐八年黃氏家塾刻本。

《兩浙輶軒錄》，清阮元輯，清嘉慶刻本。

《兩浙輶軒錄補遺》，清阮元撰，清嘉慶刻本。

《兩浙輶軒續錄》，清潘衍桐纂，清光緒刻本。

《列朝詩集小傳》，清錢謙益撰，上海古籍出版社，1959 年。

《靈芬館詩話》，清郭麐撰，清嘉慶二十一年孫均刻二十三年增修本。

《靈巖山人詩集》，清畢沅撰，清嘉慶四年畢氏經訓堂刻本。

《琉璃廠小志》，清孫殿起輯，北京古籍出版社，1982 年。

《留劍山莊初稿》，清石卓槐撰，清乾隆四十年石卓椿刻本。

《劉文清公遺集》，清劉墉撰，清道光六年東武劉氏味經書屋刻本。

《蘿藦亭劄記》，清喬松年撰，清同治刻本。

《論語集注旁證》，清梁章鉅撰，清同治十二年刻本。

《論語正義》，清劉寶楠撰，清同治刻本。

《履園叢話》，清錢泳撰，中華書局，1979 年。

M

《埋憂集》，清朱翊清撰，清同治刻本。

《楳花盦詩》，清葉廷琯撰，清滂喜齋叢書本。

《楳花盦詩外集》，清葉廷琯撰，清滂喜齋叢書本。

《耄餘詩話》，清周春撰，上海圖書館藏清抄本。

《蒙古游牧記》，清張穆撰，何秋濤補，清同治祁氏刻本。

《夢樓詩集》，清王文治撰，清乾隆六十年食舊堂刻道光二十九年補修本。

《勉行堂詩集》，清程晉芳撰，清嘉慶二十三年鄧廷楨等刻本。

《邈雲樓集六種》，清楊鸞撰，清乾隆道光間刻本。

《（民國）杭州府志》，李榕修纂，民國十一年鉛印本。

《（民國）台州府志》，民國二十五年鉛印本。

《民國詩話叢編》，張寅彭主編，上海書店，2002 年。

《閩川閨秀詩話》，清梁章鉅撰，清道光二十九年刻本。

《茗柯文編》，清張惠言撰，清同治八年刻本。

《茗柯文補編》，清張惠言撰，四部叢刊景清道光本。

《明詩紀事》，清陳田輯撰，上海古籍出版社，1993 年。

《明詩綜》，清朱彝尊選編，中華書局，2007 年。

《名媛詩話》，清沈善寶撰，清光緒鴻雪樓刻本。

《墨林今話》，清蔣寶齡撰，臺灣明文書局，1985 年。

《墨香居畫室》，清馮金伯撰，臺灣明文書局，1985 年。

N

《南漘楛語》，清蔣超伯撰，清同治十年兩廬山房刻本。

《南山集》，清戴名世撰，清光緒二十六年刻本。

《南亭四話》，清李伯元撰，江蘇古籍出版社，2000 年。

《廿二史劄記校證（訂補本）》，清趙翼撰，王樹民校證，中華書局，1984 年。

O

《甌北集》，清趙翼撰，李學穎、曹光甫校點，上海古籍出版社，1997 年。

《甌北全集》，清趙翼撰，清嘉慶湛貽堂刻本。

《甌北詩話》，清趙翼撰，早稻田大學土岐文庫藏和刻本。

《甌北詩選》，清趙翼撰，〔日〕碓井歡選，文政十年丁亥東都書林新鐫本。

《甌北先生年譜》，清佚名編，清光緒三年重刻本，北京圖書館編，《北京圖
書館藏珍本年譜叢刊》第 105 冊，北京圖書館出版社，1999 年。

《偶然吟》，清尹嘉銓撰，清乾隆二十九年六有齋刻本。

P

《飽廬詩話》，清沈濤撰，清刻本。

《培蔭軒詩文集》，清胡季堂撰，清道光二年胡鏻刻本。

《佩弦齋詩文存》，清朱一新撰，清光緒二十二年刻拙盦叢稿本。

《頻羅庵遺集》，清梁同書撰，清嘉慶二十二年陸貞一刻本。

《瓶水齋詩集》，清舒位撰，上海古籍出版社，2009 年。

《蒲褐山房詩話新編》，清王昶撰，周維德輯校，齊魯書社，1988 年。

《樸村詩集》，清張雲章撰，清康熙華希閔等刻本。

《曝書雜記》，清錢泰吉撰，遼寧教育出版社，1998 年。

Q

《七錄齋詩鈔》，清阮葵生輯，清刻本。

《七錄齋文鈔》，清阮葵生輯，清刻本。

《千頃堂書目》，清黃虞稷撰，瞿鳳起、潘景鄭整理，上海古籍出版社，2001年。

《前塵夢影錄》，清徐康撰，遼寧教育出版社，1998年。

《乾嘉詩壇點將錄》，清舒位撰，清光緒丁未九月長沙葉氏刊本。

《（乾隆）江南通志》，清趙宏恩修，文淵閣四庫全書本。

《（乾隆四十二年秋）縉紳全書》，世錦堂刻本。

《（乾隆）騰越州志》，清屠述濂修纂，清光緒二十三年重刊本。

《錢文敏公全集》，清錢維城撰，清乾隆四十一年眉壽堂刻本。

《錢辛楣先生年譜》，清錢大昕自撰，清咸豐刻本。

《潛研堂集》，清錢大昕撰，上海古籍出版社，1989年。

《潛研堂文集》，清錢大昕撰，清嘉慶十一年刻本。

《橋西雜記》，清葉名灃撰，清同治十年湳喜齋刻本。

《巧對錄》，清梁章鉅撰，清道光二十九年甌城文萃堂刻本。

《切問齋集》，清陸燿撰，清乾隆五十七年暉吉堂刻本。

《欽定八旗通志》，李洵等校點，吉林文史出版社，2002年。

《琴隱園詩集》，清湯貽汾撰，清同治十三年曹士虎刻本。

《清稗類鈔》，清徐珂編，中華書局，1984年。

《清碑傳合集》，上海書店，1988年。

《清朝進士題名錄》，江慶柏編撰，中華書局，2007年。

《清朝通典》，乾隆官修，浙江古籍出版社，2000年。

《清朝通志》，乾隆官修，浙江古籍出版社，2000年。

《清朝文獻通考》，乾隆官修，浙江古籍出版社，2000年。

《清朝續文獻通考》，清劉錦藻撰，浙江古籍出版社，2000年。

《清朝野史大觀》，河北人民出版社，1997年。

《清詞紀事會評》，尤振中、尤以丁編撰，黃山書社，1995年。

《清代官員履歷檔案全編》，秦國經主編，華東師範大學出版社，1997年。

《清代廣東筆記五種》，林子雄點校，廣東人民出版社，2006年。

《清代閨閣詩人徵略》，施淑儀輯，上海書店，1987年。

《清代閨秀詩話叢刊》，王英志主編，鳳凰出版社，2010年。

《清代名人手箚》，吳長瑛編，臺灣文海出版社，1967年。

《清代名人軼事》，葛虛存編，琴石山人校訂，書目文獻出版社，1994年。

《清代名人軼事輯覽》，李春光纂，中國社會科學出版社，2005 年。

《清代毗陵名人小傳》，張惟驤撰，蔣維喬等補，臺灣明文書局，1985 年。

《清代七百名人傳》，蔡冠洛編撰，北京市中國書店，1984 年。

《清代文字獄檔》，原北平故宮博物院文獻館編，上海書店，1986 年。

《清代學者像傳》，清葉衍蘭、葉恭綽編，上海書店出版社，2001 年。

《清代燕都梨園史料正續編》，張次溪編，中國戲劇出版社，1988 年。

《清代軼聞》，裘毓麐撰，江蘇廣陵古籍刻印社，1993 年。

《清代硃卷集成》，顧廷龍主編，臺灣成文出版社，1992 年。

《清嘉錄》，清顧祿撰，中華書局，2008 年。

《清鑒綱目》，印鸞章編，上海書店，1985 年。

《清經世文續編》，清葛士濬輯，清光緒石印本。

《青笠山房詩文鈔》，清許登逢撰，清乾隆十三年綠玉軒刻本。

《清秘述聞三種》，清法式善等撰，中華書局，1982 年。

《清秘述聞續》，清王家相撰，清光緒十四年刻本。

《清人別集總目》，李靈年、楊忠主編，安徽教育出版社，2000 年。

《清人詩集敘錄》，袁行雲撰，文化藝術出版社，1994 年。

《清人詩文集總目提要》，柯愈春編撰，北京古籍出版社，2001 年。

《清儒學案》，徐世昌等編纂，中華書局，2008 年。

《清詩話》，清王夫之等撰，上海古籍出版社，1963 年。

《清詩話續編》，郭紹虞編選，上海古籍出版社，1983 年。

《清詩紀事》，錢仲聯主編，江蘇古籍出版社，1987、1989 年。

《清實錄》，清鈔本。

《清史稿》，趙爾巽等撰，中華書局，1998 年。

《清史紀事本末》，清黃鴻壽撰，民國三年石印本。

《清史列傳》，中華書局，1987 年。

《清文匯》，沈粹芬等輯，北京出版社，1996 年。

《青芝山館詩集》，清樂鈞撰，清嘉慶二十二年刻後印本。

《秋室集》，清楊鳳苞撰，清光緒十一年陸心源刻本。

《秋室學古錄》，清余集撰，清道光刻本。

《秋水閣詩文集》，清許兆椿撰，清道光二十五年刻本。

《訄書》，清章炳麟撰，清光緒三十年重訂本。

《曲話》，清梁廷柟撰，清藤花亭十七種本。

《全浙詩話》，清陶元藻輯，清嘉慶元年怡雲閣刻本。

《勸學篇》，清張之洞撰，清光緒二十四年中江書院刻本。

《群書箚記》，清朱亦棟撰，清光緒四年武林竹簡齋刻本。

R

《攘書》，劉師培撰，民國鉛印劉申叔先生遺書本。

《人海記》，清查慎行撰，北京古籍出版社，1981 年。

《日本近代漢文學》，高文漢撰，寧夏人民出版社，2005 年。

《容甫先生遺詩》，清汪中撰，四部叢刊景無錫孫氏藏本。

《容齋詩集》，清茹綸常撰，清乾隆三十五年刻乾隆五十二年嘉慶四年、十三
　　年增修本。

《儒林瑣記》，清朱克敬撰，臺灣新興書局有限公司，1988 年。

S

《三國志辨微》，清尚鎔撰，清嘉慶刻本。

《三借廬贅譚》，鄒弢撰，清光緒鉛印申報館叢書餘集本。

《三松堂集》，清潘奕雋撰，清嘉慶刻本。

《三松堂續集》，清潘奕雋撰，清嘉慶刻本。

《珊瑚舌雕談初筆》，清許起撰，清光緒十一年木活字印本。

《賞雨茅屋詩集》，清曾燠撰，清嘉慶二十四年刻增修本。

《上湖詩文編》，清汪師韓撰，清光緒十二年汪氏刻叢睦汪氏遺書本。

《尚絅堂集》，清劉嗣綰撰，清道光大樹園刻本。

《邵子湘全集》，清邵長蘅撰，清康熙刻本。

《射鷹樓詩話》，清林昌彝撰，清咸豐元年刻本。

《聖武記》，清魏源撰，清道光刻本。

《十駕齋養新錄》，清錢大昕撰，楊勇軍整理，上海書店出版社，2011 年。

《十七史商榷》，清王鳴盛撰，鳳凰出版社，2008 年。

《石渠隨筆》，清阮元撰，清阮亨揚州珠湖草堂刻本。

《石渠餘紀》，清王慶雲撰，北京古籍出版社，1985 年。

《石泉書屋類稿》，清李佐賢撰，清同治十年刻本。

《石泉書屋詩鈔》，清李佐賢撰，清同治四年刻本。

《時務通考》，清杞廬主人撰，清光緒二十三年點石齋石印本。

《石遺室詩集》，清陳衍撰，清刻本。

《石雲山人集》，清吳榮光撰，清道光二十一年吳氏筠清館刻本。

《石鍾山志》，清李成謀撰，清光緒九年聽濤眺雨軒刻本。

《史案》，清吳裕垂撰，清道光六年大成堂刻本。

《史記探源》，清崔適撰，清宣統二年刻本。

《是程堂集》，清屠倬撰，清嘉慶十九年眞州官舍刻本。

《守意龕詩集》，清百齡撰，清道光讀書樂室刻本。

《授堂金石文字續跋》，清武億撰，清道光二十三年授堂重刊本。

《書目答問》，清張之洞撰，清光緒刻本。

《樞垣記略》，清梁章鉅撰、朱智續撰，清道光十八年七峰別墅刻增修本。

《樞垣題名》，清吳孝銘輯，清道光十八年七峰別墅刻增修本。

《樹經堂詩初集》，清謝啓昆撰，清嘉慶刻本。

《樹經堂詩續集》，清謝啓昆撰，清嘉慶刻本。

《樹經堂文集》，清謝啓昆撰，清嘉慶刻本。

《雙節堂庸訓》，清汪輝祖撰，王宗志等注釋，天津古籍出版社，1995 年。

《雙硯齋詩鈔》，清鄧廷楨撰，清末刻本。

《水曹清暇錄》，清汪啓淑撰，北京古籍出版社，1998 年。

《朔方備乘》，清何秋濤撰，清光緒刻本。

《思益堂日箚》，清周壽昌撰，李軍政標點，嶽麓書社，1985 年。

《笥河詩集》，清朱筠撰，清嘉慶九年朱珪椒華吟舫刻本。

《四庫全書總目》，清永瑢等撰，中華書局，1965 年。

《松泉集》，清汪由敦撰，《文淵閣四庫全書》本。

《蘇州文獻叢鈔初編》，王稼句點校、編纂，古吳軒出版社，2005 年。

《粟香隨筆》，清金武祥撰，清光緒刻本。

《隨山館稿》，清汪瑔撰，清光緒年刻隨山館全集本。

《隨園詩話》，清袁枚撰，人民文學出版社，1982 年。

《邃懷堂全集》，清袁翼撰，清光緒十四年袁鎮嵩刻本。

《邃雅堂集》，清姚文田撰，清道光元年江陰學使署刻本。

《孫淵如先生年譜》，清張紹南撰，清光緒刻藕香零拾本。

《孫淵如先生全集》，清孫星衍撰，四部叢刊景清嘉慶蘭陵孫氏本。

T

《太乙舟詩集》，清陳用光撰，清咸豐四年孝友堂刻本。

《太乙舟文集》，清陳用光撰，清道光二十三年孝友堂刻本。

《泰雲堂集》，清孫爾準撰，清道光刻本。

《曇雲閣集》，清曹楙堅撰，清光緒三年曼陀羅館刻本。

《桃花源詩話》，清呂光錫撰，民國袖珍本。

《陶樓文鈔》，清黃彭年撰，民國十二年刻本。

《陶山詩錄》，清唐仲冕撰，清嘉慶十六年刻道光增修本。

《藤陰雜記》，清戴璐撰，北京古籍出版社，1982 年。

《天咫偶聞》，清震鈞撰，清光緒甘棠精舍刻本。

《天眞閣集》，清孫原湘撰，清嘉慶五年刻增修本。

《恬莊小識》，清楊希漈撰，廣陵書社，2007 年。

《鐵琴銅劍樓藏書目錄》，清瞿鏞撰，清光緒常熟瞿氏家塾刻本。

《聽秋聲館詞話》，清丁紹儀撰，清同治八年刻本。

《聽雨樓隨筆》，清王培荀撰，清道光二十五年刻本。

《銅鼓書堂遺稿》，清查禮撰，清乾隆查淳刻本。

《童山詩集》，清李調元撰，中華書局，1985 年。

《童山文集》，清李調元撰，清乾隆刻函海道光五年增修本。

《桐陰論畫三編》，清秦祖永撰，清光緒八年刻朱墨套印本。

《銅熨斗齋隨筆》，清沈濤撰，清光緒會稽章氏刻本。

《（同治）蘇州府志》，清馮桂芬撰，清光緒九年刊本。

《（同治）徐州府志》，清劉庠撰，清同治十三年刻本。

《退庵筆記》，清夏荃撰，清鈔本。

《退庵詩存》，清梁章鉅撰，清道光刻本。

《退庵隨筆》，清梁章鉅撰，臺灣新興書局有限公司，1987 年。

W

《晚晴簃詩匯》，徐世昌編，中華書局，1990 年。

《萬善花室文稿》，清方履籛撰，清畿輔叢書本。

《萬首論詩絕句》，林東海、宋紅編，人民文學出版社，1991 年。

《忘山廬日記》，清孫寶瑄撰，鈔本。

《文史通義》，清章學誠撰，中華書局，1994 年。

《文獻徵存錄》，清錢林撰，清咸豐八年有嘉樹軒刻本。

《文選旁證》，清梁章鉅撰，清道光刻本。

《問字堂集　岱南閣集》，清孫星衍撰，中華書局，1996 年。

《吳興詩話》，清戴璐撰，民國五年劉氏嘉業堂刻吳興叢書本。

《吳學士詩文集》，清吳鼐撰，清光緒八年江寧藩署刻本。

《梧門詩話》，清法式善撰，國家圖書館藏稿本。

《吾學錄初編》，清吳榮光撰，清道光十二年吳氏筠清館刻本。

《五百石洞天揮麈》，清邱煒萲撰，清光緒二十五年邱氏粵垣刻本。

《午窗隨筆》，清郭夢星撰，清光緒二十一年刻寶樹堂遺書本。

《午風堂集》，清鄒炳泰撰，清嘉慶刻本。

《武進縣志》，清乾隆三十年刻本。

X

《惜抱軒全集》，清姚鼐撰，中國書店，1991 年。

《惜抱軒詩集》，清姚鼐撰，清嘉慶三年刻增修本。

《熙朝新語》，清余金輯，清嘉慶二十三年刻本。

《西蓋趙氏宗譜》，2003 年九修本。

《希古堂集》，清譚宗濬撰，清光緒刻本。

《溪山臥遊錄》，清盛大士撰，清道光刻本。

《西域考古錄》，清俞浩撰，清道光海月堂雜著本。

《西域水道記》，清徐松撰，清道光三年刻本。

《西莊始存稿》，清王鳴盛撰，清乾隆三十年刻本。

《霞外攟屑》，清平步青撰，民國六年刻香雪崦叢書本。

《湘綺樓詩文集》，清王闓運撰，馬積高主編，嶽麓書社，1996 年。

《香石詩話》，清黃培芳撰，清嘉慶十五年嶺海樓刻嘉慶十六年重校本。

《香樹齋詩文集》，清錢陳群撰，清乾隆刻本。

《香蘇山館詩集》，清吳嵩梁撰，清木犀軒刻本。

《香亭文稿》，清吳玉綸撰，清乾隆六十年滋德堂刻本。

《湘西兩黃詩——黃道讓、黃右昌詩合集》，黃宏荃選編，嶽麓書社，1988 年。

《鄉園憶舊錄》，清王培荀輯，清道光二十五年刻本。

《響泉集》，清顧光旭撰，清乾隆五十七年金匱顧氏刻本。

《響泉集》，清顧光旭撰，清宣統二年顧氏刻本。

《瀟湘聽雨錄》，清江昱撰，清乾隆二十八年春草軒刻本。

《小倉山房詩文集》，清袁枚撰，周本淳標校，上海古籍出版社，1988 年。

《小重山房詩詞全集》，清張祥河撰，清道光刻光緒增修本。

《小謨觴館詩文集》，清彭兆蓀撰，清嘉慶十一年刻二十二年增修本。

《小匏庵詩話》，清吳仰賢撰，清光緒刻本。

《小峴山人集》，清秦瀛撰，清嘉慶刻增修本。

《筱園詩話》，清朱庭珍撰，清光緒十年刻本。

《小招隱館談藝錄初編》，清王禮培撰，民國本。

《嘯亭雜錄》，清昭槤撰，中華書局，1980 年。

《斅藝齋詩存》，清鄒漢勛撰，清光緒八年刻鄒叔子遺書本。

《新修濟南府志》，清成瓘撰，清道光二十年刻本。

《繡餘續草》，清歸懋儀撰，清道光八年刻本。

《續名醫類案》，清魏之琇撰，文淵閣四庫全書本。

《續疑年錄》，清吳修編，清嘉慶刻本。

《續印人傳》，清汪啓淑撰，清道光二十年海虞顧氏刻本。

《雪橋詩話》，楊鍾義撰，民國求恕齋叢書本。

《雪橋詩話三集》，楊鍾義撰，民國求恕齋叢書本。

《雪橋詩話續集》，楊鍾義撰，民國求恕齋叢書本。

《雪橋詩話餘集》，楊鍾義撰，民國求恕齋叢書本。

《雪盧聲堂詩鈔》，清楊深秀撰，民國六年鉛印戊戌六君子遺集本。

Y

《煙草譜》，清陳琮撰，清嘉慶刻本。

《燕京歲時記》，清富察敦崇撰，北京古籍出版社，1981 年。

《煙霞萬古樓文集》，清王曇撰，清嘉慶二十一年虎丘東山廟刻道光增修本。

《簷曝雜記》，清趙翼撰，中華書局，1982 年。

《硯溪先生集》，清惠周惕撰，清康熙惠氏紅豆齋刻本。

《揚州地方文獻叢刊》，江蘇古籍出版社、廣陵書社，2002～2005 年。

《揚州畫舫錄》，清李斗撰，中華書局，1960 年。

《揚州歷代詩詞》，李坦主編，人民文學出版社，1998 年。

《揚州休園志》，清鄭慶祜撰，清乾隆三十八年察視堂自刻本。

《揚州學派年譜合刊》，鄭曉霞、吳平標點，廣陵書社，2008 年。

《養吉齋叢錄》，清吳振棫撰，清光緒刻本。

《養吉齋餘錄》，清吳振棫撰，清光緒刻本。

《養默山房詩稿》，清謝元淮撰，清光緒元年刻本。

《養一齋集》，清李兆洛撰，清道光二十三年活字印四年增修本。

《養一齋詩話》，清潘德輿撰，清道光十六年徐寶善刻本。

《姚惜抱先生年譜》，清鄭福照撰，清同治七年桐城姚濬昌刻本。

《一斑錄》，清鄭光祖撰，清道光舟車所至叢書本。

《衣讔山房詩集》，清林昌彝撰，清同治二年廣州刻本。

《詒安堂詩稿》，清王慶勳撰，清咸豐三年刻五年增修本。

《頤彩堂文集》，清沈叔埏撰，清嘉慶二十三年沈維鐈武昌刻本。

《頤道堂集》，清陳文述撰，清嘉慶十二年刻道光增修本。

《藝風堂文集》，清繆荃孫撰，清光緒二十六年刻本。

《憶漫庵剩稿》，清余集撰，清道光刻本。

《憶山堂詩錄》，清宋翔鳳撰，清嘉慶二十三年刻道光五年增修本。

《藝舟雙楫》，清包世臣撰，清道光安吳四種本。

《亦有生齋集》，清趙懷玉撰，清道光元年刻本。

《尹文端公詩集》，清尹繼善撰，清乾隆刻本。

《楹聯叢話》，清梁章鉅撰，清道光二十年桂林署齋刻本。

《楹聯叢話全編》，清梁章鉅等編，北京出版社，1996 年。

《楹聯續話》，清梁章鉅輯，清道光南浦寓齋刻本。

《有正味齋駢體文》，清吳錫麒撰，清嘉慶十三年刻有正味齋全集增修本。

《有正味齋駢體文續集》，清吳錫麒撰，清嘉慶十三年刻有正味齋全集增修本。

《有正味齋詩集》，清吳錫麒撰，清嘉慶十三年刻有正味齋全集增修本。

《右臺仙館筆記》，清俞樾撰，上海古籍出版社，1986 年。

《虞初續志》，清鄭澍若輯，清咸豐小嫏嬛山館刻本。

《愚谷文存》，清吳騫撰，清嘉慶十二年刻本。

《愚谷文存續編》，清吳騫撰，清嘉慶十九年刻本。

《於湖小集》，清袁昶撰，清光緒袁氏水明樓刻本。

《畬經堂詩文集》，清朱景英撰，清乾隆刻本。

《於湘遺稿》，清樓錡撰，清乾隆二十年陳章刻本。

《雨村詩話校正》，清李調元撰，詹杭倫、沈時蓉校正，巴蜀書社，2006 年。

《與稽齋叢稿》，清吳翌鳳撰，清嘉慶刻本。

《鬱華閣遺集》，清盛昱撰，清光緒三十四年刻本。

《玉笙樓詩錄》，清沈壽榕撰，清光緒九年刻增修本。

《玉臺畫史》，清湯漱玉輯，清宣統香艷叢書本。

《豫章叢書·史部二》，江西省高校古籍整理領導小組整理，江西教育出版社，
    2002 年。

《豫章叢書·史部三》，江西省高校古籍整理領導小組整理，江西教育出版社，
    2002 年。

《豫章叢書・史部一》，江西省高校古籍整理領導小組整理，江西教育出版社，2000年。

《淵雅堂全集》，清王芑孫撰，清嘉慶刻本。

《緣督廬日記抄》，清葉昌熾撰，民國上海蟬隱廬石印本。

《元好問全集（增訂本）》，姚奠中主編、李正民增訂，山西古籍出版社，2004年。

《袁枚全集》，清袁枚撰，王英志主編，江蘇古籍出版社，1993年。

《沅湘耆舊集》，清鄧顯鶴輯，清道光二十三年鄧氏南村草堂刻本。

《元遺山詩集箋注》，金元好問撰，清施國祁注，人民文學出版社，1958年。

《月滿樓詩文集》，清顧宗泰撰，清嘉慶八年刻本。

《越縵堂讀書記》，清李慈銘撰，中華書局，2006年。

《越縵堂日記說詩全編》，清李慈銘撰，張寅彭、周容編校，鳳凰出版社，2010年。

《越縵堂詩話》，清李慈銘撰，民國本。

《悅親樓詩集》，清祝德麟撰，清嘉慶二年姑蘇刻本。

《雲自在龕隨筆》，清繆荃孫撰，稿本。

《蘊愫閣別集》，清盛大士撰，清道光五年刻本。

Z

《撝石齋詩集》，清錢載撰，清乾隆刻本。

《曾文正公家訓》，清曾國藩撰，清光緒五年傳忠書局刻本。

《查繼佐年譜　查慎行年譜》，清沈起、陳敬璋撰，中華書局，1992年。

《查慎行選集》，清查慎行撰，上海古籍出版社，1998年。

《張三豐先生全集》，清李西月撰，清道光刻本。

《昭代名人尺牘續集小傳》，陶湘編，臺灣明文書局，1985年。

《趙翼全集》，清趙翼撰，曹光甫校點，鳳凰出版社，2009年。

《趙翼詩編年全集》，清趙翼撰，華夫主編，天津古籍出版社，1996年。

《珍埶宦文鈔》，清莊述祖撰，清刻本。

《鎮安府志》，清羊復禮修，清梁年等纂，清光緒十八年刊本。

《鄭堂讀書記》，清周中孚撰，民國十年刻吳興叢書本。

《鄭堂箚記》，清周中孚撰，清光緒刻仰視千七百二十九鶴齋叢書本。

《之溪老生集》，清先著撰，清刻本。

《祇平居士集》，清王元啓撰，清嘉慶十七年刻本。

《芝庭詩文稿》，清彭啓豐撰，清乾隆刻增修本。

《知止齋詩集》，清翁心存撰，清光緒三年常熟毛文彬刻本。

《知足齋集》，清朱珪撰，清嘉慶刻增修本。

《止園筆談》，清史夢蘭撰，清光緒四年刻本。

《炙硯瑣談》，清湯大奎撰，清乾隆五十七年趙懷玉亦有生齋刻本。

《制藝叢話　試律叢話》，清梁章鉅撰，上海書店出版社，2001 年。

《中書典故匯紀》，清王正功輯，民國嘉業堂叢書本。

《忠雅堂集校箋》，清蔣士銓撰，邵海清校，李夢生箋，上海古籍出版社，1993
　　年。

《忠雅堂詩集》，清蔣士銓撰，稿本。

《忠雅堂文集》，清蔣士銓撰，清嘉慶刻本。

《朱九江先生集》，清朱次琦撰，清光緒刻本。

《諸史瑣言》，清沈家本撰，民國沈寄簃先生遺書本。

《竹初詩文鈔》，清錢維喬撰，清嘉慶刻本。

《竹坡詩話》，宋周紫芝撰，明津逮秘書本。

《竹汀先生日記鈔》，清錢大昕撰，遼寧教育出版社，1998 年。

《竹軒詩稿》，清劉秉恬撰，清乾隆五十一年刻本。

《竹葉庵文集》，清張塤撰，清乾隆五十一年刻本。

《竹葉亭雜記》，清姚元之撰，中華書局，1982 年。

《紫峴山人全集》，清張九鉞撰，清咸豐元年張氏賜錦樓刻本。

《紫竹山房詩文集》，清陳兆崙撰，清嘉慶刻本。

《自然好學齋詩鈔》，清汪端撰，清同治十三年刻本。

《棕亭古文鈔》，清金兆燕撰，清道光十六年贈雲軒刻本。

《棕亭詩鈔》，清金兆燕撰，清嘉慶十二年贈雲軒刻本。

《佐雜譜》，清李庚乾撰，清光緒刊本。

《左傳劄記》，清錢綺撰，清咸豐八年錢氏鈍研廬刻本。

二、研究、著述類

J

《家譜中的名人身影——家譜叢考》，卞孝萱撰，遼海出版社，2008 年。

L

《劉咸炘論史學》，劉咸炘撰，上海科學技術文獻出版社，2008 年。

M

《明清江蘇文人年表》，張慧劍撰，人民文學出版社，2008 年。

Q

《錢鍾書〈談藝錄〉讀本》，周振甫、冀勤編撰，上海教育出版社，1992 年。

《清代名人傳略》，〔美〕A・W・恒慕義主編，中國人民大學清史研究所《清代名人傳略》翻譯組譯，青海人民出版社，1990 年。

《清代樸學大師列傳》，支偉成撰，臺灣明文書局，1985 年。

《清代詩話東傳略論稿》，張伯偉撰，中華書局，2007 年。

《清代文人生卒年表》，江慶柏編撰，人民文學出版社，2005 年。

《清代學術概論》，梁啓超撰，中國人民大學出版社，2004 年。

《清代職官年表》，錢實甫編，中華書局，1980 年。

《清人室名別稱字號索引：增補本》，楊廷福、楊同甫編，上海古籍出版社，2001 年。

《清儒得失論》，劉師培撰，中國人民大學出版社，2004 年。

T

《臺灣詩乘》，連橫撰，臺灣大通書局，1987 年。

《談藝錄》，錢鍾書撰，中華書局，1984 年。

Y

《域外漢籍研究集刊（第二輯）》，張伯偉主編，中華書局，2006 年。

Z

《趙翼評傳》，趙興勤撰，南京大學出版社，2002 年。

《趙翼評傳》，趙興勤撰，江蘇人民出版社，2008 年。

《趙翼評傳》（上、下冊），趙興勤撰，南京大學出版社，2011 年。

《趙翼傳》，杜維運撰，臺灣時報文化出版事業有限公司，1985 年。

《中國史學史》，金毓黻撰，河北教育出版社，2003 年。

《中國文學家大辭典・清代卷》，錢仲聯主編，中華書局，1996 年。

後　記

　　我研究趙翼，起步於上個世紀九十年代中期，雖說十餘年間也先後出版了幾種專著，但終因甌北博覽該通，著述宏富，加之相關文獻的難以訪求，具體操作起來，時而有力不從心之感。多年來，一直想做一部有關趙翼研究的資料彙編，然而由於教學、科研工作繁忙，始終難以騰出時間。在多年的研究過程中，雖說也蒐集了不少資料，但涵蓋面仍遠遠不夠。

　　時光流轉，我積年而成的《理學思潮與世情小說》（文物出版社）、《元遺山研究》（臺灣文津出版社）、《話說〈封神演義〉》（江蘇人民出版社）等幾部著作於 2010 至 2012 年相繼出版之後，始有暇專注於趙翼研究。南京大學蔣宸博士師從名師俞為民先生，文獻功底紮實，且刻苦好學，上進心強，前些時從我攻讀碩士學位期間，聞知我的想法後，即表示樂於參與其事。我的兒子趙韡，對古代文獻亦情有獨鍾，在繁忙的工作之餘，幫助多方搜訪史料。他們二人，友誼深厚，志趣相投，在該書編纂的前期工作中，付出了艱辛與努力。這令我甚為感動。清人龔自珍在《己亥雜詩》中謂：「雖然大器晚年成，卓犖全憑弱冠爭。多識前言蓄其德，莫拋心力貿才名。」所講或即為「厚積薄發」之意。年輕人為學，不趨時尚，走所謂「捷徑」，而甘願在文獻搜訪、知識積纍上下工夫，以前賢之著述、學識，涵育個人之品格、素養，不以無謂之空言，騖一時之虛名，沉潛經典於目下，希冀成就於將來，這正是我所期待的。

　　記得曲集《大明天下春》收有《五桂記》一劇之散齣，其中有這樣幾句話：「為學如登萬仞山，層崖須用小心扳。前頭盡有無窮趣，只在工夫不斷間。」

（案：此詩實爲明吳與弼所作《枕上偶成》，字句略有不同）這種類似打油的詩句，卻也傳示出一種爲學的道理。做學問，自然離不開對文獻的梳理、尋繹。基礎文獻的整理，恰是「登萬仞山」時小心攀援的具體實踐。至於爲學之途不同階段的「無窮情趣」，只有在不間斷的攀登中才能逐漸有所領略。做學問離不開沉潛書海，爬羅剔抉，儘管它非常瑣細、具體，然而問題的發現，恰每每蘊藏於這一過程之中。

在本書即將出版之際，本人謹向臺灣花木蘭文化出版社表達最誠摯的謝意。感謝高小娟社長、杜潔祥總編輯以及楊嘉樂博士的盛情約稿和大度包容，使得篇幅浩大的拙作《趙翼年譜長編》、《趙翼研究資料彙編》得以付諸梨棗，先後推出，也使得筆者全方位的趙翼研究設想由藍圖變爲接近現實。當然，清代文獻浩如煙海，與甌北有交或受其影響者難以枚舉，若想窮盡資料，殊非易事，只能儘其可能，儘量使之趨於完善。至於遺憾，則只能留待日後的努力搜求來彌補。杜潔祥先生對拙作的評語：「蒐羅宏富，勾稽靡深，無異趙翼研究之當代功臣」，筆者愧不敢當，更願將其看作是對重視文獻、積極進取之治學態度的一種肯定，是對本人學術追求的殷切期許。

這些年，每本著作完成後，我總習慣在「後記」中交代些許下一步的打算。在未來的幾年裏，倘若身體條件許可，《民國時期戲曲研究學譜》、《莊一拂〈古典戲曲存目彙考〉補正》、《清代散見戲曲史料彙編》這幾部書的撰著計畫，將提上日程。這種學術願景的直白表達，既是慣性使然，同時也是對自己的一種鞭策和激勵。

最後，本書編排的不當或疏漏之處，還請博雅君子有以教我！

趙興勤

二〇一二年五月一日

古彭城鳳凰山東麓倚雲閣